colección **biografías y documentos**

Escritos imprudentes

Argentina, el horizonte y el abismo

José Pablo Feinmann

Escritos imprudentes

Argentina, el horizonte y el abismo

Grupo Editorial Norma

Buenos Aires, Barcelona, Bogotá, Caracas, Guatemala, Lima, México,
Panamá, Quito, San José, San Juan, San Salvador, Santiago

©2002. José Pablo Feinmann
©2002. De esta edición:
Grupo Editorial Norma
San José 831 (C1076AAQ) Buenos Aires
República Argentina
Empresa adherida a la Cámara Argentina del Libro
Diseño de tapa: Ariana Jenik y Eduardo Rey
Impreso en la Argentina por Gráfica Pinter S.A.
Printed in Argentina

Primera edición: marzo de 2002

CC: 20637
ISBN: 987-545-052-9

Hecho el depósito que marca la ley 11.723
Libro de edición argentina

Índice

*No nos convertimos en lo que somos
sino mediante la negación íntima y radical
de lo que han hecho de nosotros.*

SARTRE

Prólogo

Supongo –luego de releerlo, corregirlo, reescribirlo– que bien podría definir este libro como un Manual de la Argentina. Una de las primeras novelas de Juan Sasturain se llama *Manual de perdedores* y creo, entonces, que si lo que he dicho es cierto, si este libro es un Manual de la Argentina, debiera llamarse como la novela de Sasturain. Debiera llamarse *Manual de perdedores*, ya que la imagen que el mundo (y nosotros) tiene de la Argentina es la de la derrota. "Un país que pudo haber sido y no fue", me dijo una vez un editor francés. "Somos la mueca de lo que soñamos ser", diría Discépolo desde el pasado. Las causas son muchas, acaso demasiadas, y juro que el propósito desmedido de este libro ha sido el de abordarlas en totalidad. Sin embargo, todo podría reducirse a un chiste fundacional cuyo análisis no vamos a evitar aquí porque, se verá, el análisis de los chistes es una constante de estos textos. Dios, exultante, le dice a San Pedro: "Allá, en el Sur, bien abajo, voy a crear un país maravilloso. Nada habrá de faltarle. Tendrá llanuras, bosques, montañas, minerales, ganado, climas benignos, mar generoso, petróleo abundante. Oh, sí; nada le faltará". San Pedro, preocupado, se anima a decirle al buen Dios: "Pero, Señor, ese país será demasiado poderoso, nada podrá detenerlo, ¡dominará al mundo!". Dios se encoge de hombros,

13

chasquea su divina lengua y, calmándolo, le dice a Pedro: "No te preocupes: lo voy a llenar de argentinos".

Se trata de un chiste humanista: la historia la hacen los hombres, no la naturaleza. Sartre, en la *Crítica de la razón dialéctica*, escribió muchas de sus mejores páginas refutando un dinosaurio positivista que Engels escribió en el siglo XIX y llamó *Dialéctica de la naturaleza*. Básicamente Engels decía que la dialéctica se originaba en la naturaleza y que la dialéctica histórica era un reflejo de ella, que era la fundante. Sartre –el último gran humanista– dice no, la dialéctica existe porque existe la Historia, porque la Historia es obra de los hombres y la praxis humana es dialéctica. De aquí el humanismo del chiste sobre el *fracaso* argentino. La naturaleza puede ofrecerlo todo, pero quienes hacen la Historia son los hombres. Los argentinos, en este caso, y parece que la hemos hecho mal. Parece que la naturaleza lo tenía todo por estas latitudes, pero como no es ella la que hace la Historia sino los hombres, todo se echó a perder, porque, por estas latitudes precisamente, la Historia la ha hecho una muy precisa particularidad de hombres: los argentinos. Quienes, parece, hacen muy mal la Historia. O la hacen en la modalidad de la derrota. ¿O no son los creadores del tango? ¿O no es el tango la canción de la queja? ¿O la queja tanguera no es la queja por haber perdido a la mina? Entonces, si no saben retener a la mina, ¿cómo van a retener a la patria? ¿Cómo no habrían de perderla, de extraviarla? ¿Cómo no habrían de vivir llorándola ante la imposibilidad de reconquistarla? ¿Cómo, hartos ya de llorarla, de quejarse, no habrían de iniciar por fin un desplazamiento feroz, un movimiento lacerante que lleva de la queja al cinismo, del llanto al sarcasmo, del orgullo y la petulancia a la autodenigración más profunda?

No hace mucho leí una frase de Carlos Fuentes, una pregunta adolorida: "¿Qué han hecho los argentinos con su país?".

Nuestras desdichas se han ubicado en el centro de la atención mundial. Durante el agitadísimo mes de diciembre de 2001 tuvimos cinco presidentes en diez días. El país ha incorporado la frase "riesgo país" a su marco cotidiano, y todo indica que somos campeones en eso, que somos los campeones del "riesgo país". No todos somos iguales ni tenemos el mismo grado de culpabilidad en el desastre. Para mí, jamás serán lo mismo el banquero Escasany –por dar un ejemplo– que un desocupado que acude al piquete porque no tiene trabajo, ni inclusión social, ni dignidad sino, solamente, miseria y hambre. No niego que todos habremos hecho lo nuestro para que las cosas sean como son, pero será señalado una y otra vez a lo largo de este libro que el proyecto de "miseria planificada" que se inicia con el golpe de 1976 (y sigo y seguiré en esto el definitivo análisis que Rodolfo Walsh hace en su *Carta a la Junta Militar*) es el proyecto que, por medio de su triunfo, de su implementación absoluta y despiadada, ha llevado el país a los extremos del abismo en que se halla. O sea, aquí no hay inocentes. Pero hay culpables. Hay una continuidad entre Videla y Martínez de Hoz y Cavallo, entre el Alfonsín de las felices pascuas, la casa ordenada y las leyes de punto final y obediencia debida, el Menem del neoliberalismo salvaje, del thatcherismo brutal, del continuismo cavallista, de la corrupción sin fin, del sometimiento de la Justicia al poder político y del poder político al poder económico y, por fin, entre el De la Rúa que le entrega las riendas a Cavallo porque no se las pudo dar al "ultraduro" López Murphy, y la policía brava, de gatillo fácil que se propone bloquear por la violencia a los "delincuentes" que la miseria engendra. Diría, sí, que no sólo ellos son los culpables, ya que nosotros no supimos frenarlos, o no pudimos, o tuvimos tanto miedo, tanto terror metido desde los años de la dictadura, que lograron hacer lo que querían: la miseria planificada. Pero, en todo caso, vale lo siguiente: los ciudadanos honestos de este país no somos inocentes; no lo somos acaso sobre todo por nuestra ineficacia. Pero los culpables son los que entre 1976 y 1983 organizaron un régimen de terror que segó decenas de miles de vidas, y los que robaron, los que hambrearon, los que remataron el país, los que lo vendieron indignamente y se quedaron con el fruto de esa riqueza enajenada. Contra ellos está escrito este libro. Por eso es "imprudente". Porque no es "prudente" escribir contra personas impunes, que siempre están cerca del Poder, protegidas por él, por jueces que les son adictos porque los han comprado, contra personas que siempre zafan, contra políticos ligados a intereses mafiosos, contra periodistas empresarios, contra gente que si llega a ir presa es para salir a los pocos días luego de un descanso dorado, de un reposo de lujo, contra gente sin moral, sin respeto por la opinión de los otros, contra cínicos, contra provocadores que dicen sin hesitación alguna la más profunda de sus verdades, la que los protege y los tiene a salvo de todos los castigos de este mundo: "Tener poder es ser impune". Que alguien, alguna vez, los castigue. Porque "Dios y la Patria" (por quienes juran o hacen jurar a quienes representan sus intereses) raramente los han demandado. Tan raramente, que ya no les temen. Es la sociedad entonces la que deberá crearles instancias de temor, algo que los preocupe, que los frene, que definitivamente "los demande" cuando se desbocan. Ese "temor" es la Justicia, y es porque falta que a nada le temen, que arrasan con todo, que viven el jolgorio de la impunidad. Hay que crearla y se crea desde abajo. Algo de eso empezaron a entender últimamente los ciudadanos. El Poder no se toma, se crea. En el Poder están ellos y cuando uno "de los nuestros" llega, llega solo y nada puede hacer. Si dejamos de lado el viejo esquema de "llegar al Gobierno" para tener poder advertiríamos que el verdadero poder está en la potencia de los ciudadanos, en la solidaridad del llano, en la impaciencia compartida, en la bronca que hermana a los engañados, que los saca de la soledad de la casa –donde un desocupado es un humillado, donde un ocupado es un televidente pasivo y algo tonto– y los lanza al grupo, a la comunidad de los estafados, de los que no creen en nada porque sólo creen en una sola, única cosa: *esto debe cambiar*. Sería deseable que este libro contribuyera a alimentar esa certeza.

Los textos que agrupa –por temática o por estilo– en siete partes y una conclusión fueron publicados (no todos, ya que varios fueron escritos para este libro) como notas en diversos medios periodísticos. Sin embargo, la mayoría surge de mis contratapas de los días sábado en el diario *Página/12*. Alternándome con Osvaldo Bayer, hace más de diez años que escribo esas contratapas. Las que publico aquí corresponden al último quinquenio.

Aunque no son sólo las contratapas: este libro reúne mis escritos políticos o filosófico políticos de la etapa 1997-2002. No están todos, pero sí la mayoría. Muchos corresponden al suplemento *Radar*, otros a *Radar* libros, otros a la revista *3puntos* o *Latido* o *Mercado* o *Página/30*. Otros al diario *Clarín*. Pero la base –insisto– son las "contratapas de *Página*". La selección fue ardua, aunque sospecho no ha sido exhaustiva. Hay dos motivos por los que escribo mucho, por los que tiendo a descomedirme en la escritura: 1) la facilidad (gran enemiga de los escritores); 2) la autocomplacencia o –lo que es casi lo mismo– una persistente incapacidad de autocrítica contra la que lucho desde mucho tiempo atrás, sin mayores éxitos.

Como sea, confieso que estos textos han sido honestamente trabajados, que traman lo ensayístico con lo narrativo, que apelan al humor, al sarcasmo, que gustan incurrir –como dije– en el análisis de los chistes, que recurren a las palabras ásperas del lenguaje, ésas que suelen llamarse "malas", y que tienen estructura de cuentos clásicos: empiezan, se desarrollan y van en busca de su remate, que es, con frecuencia y aun dentro del campo conceptual, sorpresivo.

Sólo algo más: publico también este libro para solucionar un problema de espacio en los hogares –siempre algo exiguos– de varios amigos que tengo y suelen decirme: "¿Cuándo vas a publicar tus escritos? Ya tengo dos valijas llenas de recortes y no sé dónde ponerlas". Tener este libro sólo a medias les va a solucionar ese problema. Porque una de las dos valijas –insalvablemente– se la tendrán que dedicar a él. Ojalá valga la pena.

JPF, verano 2002

Primera parte

En busca de la Argentina

Introducción

En algún pasaje de su *Fragmento preliminar al estudio del derecho*, que escribe a los veintiséis años, Alberdi dice: "Hacemos un ensayo, no un testamento". Recupero aquí la provisoriedad del género ensayístico. Recupero también la ironía y el sarcasmo como sus herramientas insoslayables. Los textos que dan cuerpo a esta *primera parte* son decididamente arriesgados, esas cosas que uno escribe un poco desbocadamente, tratando de atrapar verdades a las que se llega por caminos extravagantes, irrespetuosos y hasta irresponsables.

Algo tiene que ver con esto que quienes me pidieran los textos fueran Rodrigo Fresán o el recordado Charlie Feiling o Alan Pauls, todos "escritores jóvenes", actitud que también asumía yo al escribir para la revista que hacían y que era *Página/30*. Mi certeza era que *Página/30* no la leía nadie, que era, como creíamos y seguimos creyendo, acaso la revista mejor escrita de la Argentina, pero carecía de lectores, algo que entregaba a quienes escribíamos en ella una libertad absoluta: la de sentir que nadie habría de leernos. Que podíamos escribir lo que se nos cantara, por decirlo así.

De este modo, las páginas siguientes son (creo) las más vitales y "locas" de este libro. O, si en algún otro lugar conseguí ir más lejos, fue porque antes había escrito para *Página/30* y ya me había animado a ciertas cosas, a mezclar textos narrativos con ensayísticos, chistes, palabras "feas" y juicios no muy fundamentados pero sugestivos, desafiantes, insolentes, acaso refutables –y hasta sencillamente refutables a veces– pero aun así, aun refutados, siempre incómodos.

Improbables reflexiones acerca
de la clase obrera

1.

Está esa frase. La conocen todos. La conocemos nosotros y la conocen los otros, cuando se acuerdan de nosotros. Nosotros somos los argentinos y la frase dice que nosotros, los argentinos, descendemos de los barcos. El hombre del mono y los argentinos de los barcos. La frase pretende ser un chiste, pero nadie ignora que Freud ha dejado caer sobre los chistes –como sobre tantas otras cosas– una sombra de sospecha: siempre encierran una verdad. La verdad de este chiste podría ser: al no tener los argentinos el mismo origen que los hombres, los argentinos no son hombres. Armemos el silogismo: a) el hombre desciende del mono, b) los argentinos no descienden del mono, c) los argentinos no son hombres. (No hay por qué confiar en este silogismo. Sobre todo por la siguiente razón: he sido, siempre, un pésimo alumno en Lógica. Más todavía: fui cruelmente aplazado por Gregorio Klimovsky en un examen que rendí en julio de 1963 en la mítica facultad de Filosofía y Letras de la calle Viamonte. Fue el único aplazo de mi carrera y juré nunca recordárselo a Klimovsky, juramento que acabo de traicionar en estas líneas. Con el paso de los años uno se

23

atreve a cualquier cosa. Digo, entonces, que no conviene confiar en el silogismo porque es muy posible que esté pésimamente armado, ya que ha sido armado por alguien que, en Lógica, fue aplazado y nada menos que por Klimovsky.) Sigo: si los argentinos no son hombres por no descender del mono sino de los barcos, son sin embargo otra cosa: los argentinos son inmigrantes. Porque, quién podría ignorarlo, quienes descienden de los barcos son los inmigrantes. Y los inmigrantes descendían para transformarse –mayoritariamente– en obreros. Con lo cual llegamos a la siguiente y fascinante afirmación: los argentinos son obreros.

Hay varios hechos fundacionales en nuestro país. Hay, por decirlo así, varios comienzos de la argentinidad. Del modo argentino de ser-en-el-mundo. Un surgimiento está en Mayo. Afirmación contra la autoridad española. Otro surgimiento está en el ochenta: terminación de las guerras civiles, aniquilación de los indios y conquista del territorio nacional. Y es esta generación (que fuera posibilitada por Sarmiento, Mitre y Alberdi, contradictoriamente) la que abre el país a los inmigrantes. Es decir, la que abre el tercer surgimiento.

Alberdi (que fue, también, un pensador del ochenta) tiene un texto conocido y contundente, terminante: jamás el roto americano podrá parangonarse con el más miserable obrero inglés que produce y consume. Hubo, en nuestras clases dirigentes, tal desprecio por el elemento nativo que, claro, reclamaron a los inmigrantes como condición de posibilidad del despegue histórico de este país. No voy a abrumar a nadie con citas de Sarmiento, Alberdi o Hernández. Brevemente: Sarmiento solía decir que la mezcla del indio y el español había generado al gaucho, el ser menos industrioso de la tierra. Alberdi, lo que ya le hemos leído decir: lo del roto y el obrero inglés. Y Hernández, que defendía a los gauchos, abominaba de los indios, que Roca prolijamente aniquilaría. Todo, en suma, reclamaba la inmigración. Este suelo estaba no solamente poco poblado, sino, muy especialmente, mal poblado. Poblado por gauchos y por indios. No había otra salida: los argentinos debían descender de los barcos. Debíamos abrirnos a los industriosos hombres de la vieja Europa, a los que quisieran poblar este país mal poblado; debíamos, sobre todo, abrirnos a la industriosidad sajona.

Todos lo sabemos: no vinieron los sajones. Llegó la hez, la canalla europea. Llegaron como inmigrantes. Llegaron pobres, harapientos, urdidos por el hambre y las ideas anarquistas y socialistas. Porque llegaron –y he aquí la cuestión– como obreros. Porque descendieron de los barcos y, al hacerlo, se hicieron argentinos. Porque, es cierto, los argentinos descienden de los barcos, pero descienden en tanto obreros. Pavada, entonces, de conclusión: si ser argentino es descender de los barcos, ser argentino es, entonces, ser obrero. La clase obrera es la esencia de la argentinidad. (Todo esto debe ser un poco falaz. Seguramente Klimovsky o alguno de sus discípulos encontraría de inmediato dónde está la falacia del razonamiento. Pero a mí me alcanza con que sea sugerente. Y nadie puede negar que es sugerente haber llegado a la afirmación que antecede a este paréntesis: la clase obrera es la esencia de la argentinidad.)

¿Cómo no iba a ser cortejada? ¿Cómo no habría de ser seducida? Tanto la derecha como la izquierda requieren de la clase obrera para existir. La derecha necesita a los obreros para que trabajen. La izquierda, para que hagan la revolución.

2.

Ahí está entonces: en el centro del escenario. Es ella, la clase obrera. La derecha reclama su laboriosidad, su obediencia, su inserción productiva en el sistema económico y, si es necesario, en el político. La izquierda le reclama nada menos que la

redención de la historia humana. Tampoco voy a abrumar aquí
con las responsabilidades que el marxismo le adjudicó a la
clase obrera. Pero digamos que no hubo padre más exigente
que Marx, quien es el padre teórico del proletariado. O, al
menos, el que ha descubierto la plusvalía, que es algo así como
la sangre de la clase obrera: aprieten fuerte a un obrero y le
brotará plusvalía. ¿Qué es un padre exigente? Seamos claros:
el que le pide todo a su hijo, el que espera que realice sus deseos frustrados, que vengue sus postergaciones, que otorgue
luz inapelable a su apellido. Bien, Marx pedía más todavía. Le
pedía, al proletariado, que fuera Dios. Debía ser el instrumento redentor de la humanidad. Debía conducirnos del reino
de la necesidad al reino de la libertad. De la sociedad sin clases
a la sociedad genérica (*Manuscritos* del '44).

Así las cosas, la clase obrera debía inevitablemente sufrir:
porque su lucha –como la de los santos, como la de los mártires– estaba atravesada por injusticias y por crueldades sin
nombre. Si uno observa la literatura que la izquierda (en todas
sus variables) ha producido, notará su constante, incesante
estado de queja. Sus relatos relatan sobre todo derrotas. Hay
un secreto, un recóndito placer en la narración de la derrota:
permite exhibir la crueldad capitalista y el estoicismo obrero,
su valor para soportar la injusticia. La Historia se desliza entre mártires y verdugos. Los verdugos son los capitalistas explotadores y represores, cuando no asesinos. Los mártires
son los obreros. Y todos saben dos cosas: 1) los mártires son
mejores que los verdugos; 2) los mártires acabarán por triunfar;
porque los verdugos (y esto lo escribió Sartre en su célebre
prólogo a *Los condenados de la tierra* de Fanon) sólo pueden
demorar la Historia, nunca detenerla. Hay, aquí, una identificación entre sentido de la Historia y destino de la clase
obrera. Digámoslo así: es el destino de la clase obrera el que
le otorga un sentido a la Historia.

Insistamos en la relación martirologio-clase obrera y derrota. El 1° de mayo es el Día de los Trabajadores porque es el día de los Mártires de Chicago. El día de los trabajadores no es un día festivo: es el día en que se recuerda un martirologio. Una derrota. Pero esa derrota evoca dos cosas: la crueldad capitalista y la injusticia que padecen los obreros. Como vemos, la exaltación de las derrotas obreras sirve a los armadores del relato socialista para explicitar la impiedad del capitalismo y la absoluta necesariedad de su superación. De aquí esa recurrencia en la narración de las derrotas.

Que es, esa narración, por estas pampas, así: no hay obreros en la Revolución de Mayo, ya que ésa debió haber sido una revolución burguesa, como la que hicieron los franceses; pero tampoco había burguesía en el Plata, sino una clase política de mercaderes y terratenientes que sólo deseaban el recambio político del sistema colonial. (Lean a Mariátegui: lo dice tal cual y Milcíades Peña lo cita.) Luego viene Rosas que hace populismo, que se apoya en las peonadas y en los negros, pero que apenas si impulsa un tenue desarrollo capitalista. Luego de Caseros vienen Sarmiento y Mitre que aniquilan las resistencias provinciales, que no eran obreras sino que eran precapitalistas. La clase obrera aún no había aparecido. En verdad, nos hemos pasado casi todo el siglo XIX sin clase obrera. Sin embargo, el mismo día de la muerte de Ángel Vicente Peñaloza aparece en Buenos Aires el primer periódico anarquista, que se llama *El Artesano*. (Verificar este dato: preguntarle a Bayer.) Con lo que se establece una simbólica unión entre los desastrados gauchos de Peñaloza y los obreros que no bien han llegado a la Argentina ya se alzan airados contra sus patrones. ¿Late en la flamante clase obrera el espíritu combativo de los gauchos levantiscos? Si es así, la clase obrera lo ignora pues ignora casi toda la lucha del federalismo en el siglo XIX. Sus referentes son otros. No lo olvidemos: descienden de los barcos.

Descienden, es decir: no estaban aquí. Mal podían saber si eran
o no continuación de algo. Y si de algo se sentían continuadores
era de las luchas sociales de la vieja Europa. Habían leído más a
Proudhon o a Kropotkine que a José Hernández y la "Ida" de
Martín Fierro. Conocían más el *Manifiesto comunista* que el
Manifiesto de Felipe Varela, al que desconocían por completo.
Es la izquierda peronista de los setenta la que se va a empeñar
en trazar analogías e identidades compartidas entre los bravíos
montoneros federales y los obreros descendientes de los barcos.
Porque los obreros, nada. Con ellos –así lo creían– empezaban
las tradiciones de lucha en el país. Ocurre que los militantes y
los intelectuales suelen atribuirle a la clase obrera genealogías
que ella, la codiciada y cortejada clase obrera, ignora.

Pero el siglo XX está lleno de clase obrera. En consecuencia:
de fracasos y lamentaciones terribles. Si miramos la Historia
desde la perspectiva de la clase obrera, el siglo XX es el siglo del
Mal. El relato socialista revela una y otra vez la crueldad del capitalismo, el dolor y la explotación de la clase obrera y, también, su heroicidad incansable. Todo dolor será reparado, toda
vejación será vengada. Y si no, hay que mantener en alto la voluntad de recordar, de no olvidar. Ningún dolor será olvidado,
ninguna vejación. La semana trágica y las terribles matanzas de
la Patagonia serán siempre un testimonio contra la crueldad del
capitalismo. Contra la cobardía de los políticos. Un testimonio,
también, de otra verdad incontestable: a partir de cierto estadio
de los conflictos sociales, el capitalismo –siempre– resuelve esos
conflictos apelando a la violencia.

3.

El relato populista exalta a la clase obrera del 17 de octubre
de 1945. El relato socialista demora en incorporar ese suceso
dentro de la progresividad de la conciencia proletaria: ¿no son,

esos obreros sin conciencia política ni sindical, meramente arcilla mansa en manos de ese prestidigitador, de ese manipulador de conciencias que es el coronel Perón? Contradictoriamente, el relato socialista ha ido, con lentitud, incorporando el 17 de octubre. Y éste es uno de los momentos no-quejosos del relato. Aquí la clase obrera... triunfa.

Sin embargo, ¿es así?

Esta clase obrera peronista que surge a la historia por medio de una voluntad autónoma, vigorosa, comienza a ser excesivamente halagada por su líder. El Estado de Bienestar peronista configura a un proletariado que todo lo espera de su líder y que sólo sabrá defenderlo auténticamente una vez. Esa vez, la del 17 de octubre. Ya lo defendió, ahora quiere ser feliz. Uno podría decir algunas cosas si se animara, claro. Podría, por ejemplo, decir que el error de la izquierda peronista fue creer que la clase obrera que forjó Perón era combativa. Error: no era combativa. Lo esperaba a Perón (esperaba el avión negro) no para hacer la revolución socialista, no para construir la patria socialista, sino para que retornara la patria peronista: los buenos y viejos tiempos, la protección del Estado, las ventajas sociales. En este sentido, la derecha del peronismo (que reclamaba el retorno de la patria peronista) estaba más cerca de la clase obrera peronista que los jóvenes de izquierda que daban la vida por ella. Uno, insisto, podría decir estas cosas si se animara. Yo, todavía, no me animo. Podría decir –si me animara, claro– que cuando los sindicatos, en el '73, reciben a Perón con la consigna *Bienvenido general a la patria liberada* estaban más cerca del "pueblo peronista" que la izquierda que reclamaba el pasaje al Poder por medio del Gobierno de Cámpora. No: para el pueblo peronista alcanzaba con que Perón volviera. No querían el Poder, querían las bondades del Estado Benefactor Peronista. Si el general volvía, ya estaba. Volvían los días felices. No se trataba de otra cosa. El resto... era cosa de esos zurdos a los que Perón, finalmente, echó de la plaza mientras la clase obrera les gritaba "troskos" y le pedía a la cana que los moliera a palos. Pero claro: ¿quién se anima a decir esto?

Y ahora, el final. Porque el peronismo (que se había asumido como el partido de la clase obrera; que había, incluso, moldeado a la buena y sensata clase obrera peronista, nunca ambiciosa del Poder, sino de las caricias cálidas del Estado Benefactor) es, hoy –o más exactamente: desde 1989–, el partido que ha eliminado a la clase obrera. Porque Perón (ese Keynes de la pampa húmeda: Estado Benefactor, producción nacional, desarrollo del mercado y el consumo internos) ha confluido en Carlos Menem, ese Friedrich von Hayek de la pampa húmeda: privatizaciones, endiosamiento del mercado, retorno salvaje a Adam Smith. Y con él, con Menem, se acabó la historia de la clase obrera en la Argentina. Sencillamente porque se acabó el trabajo. Ya no hay obreros, hay desocupados. Durante mucho tiempo han votado a Menem. Y tal vez lo sigan haciendo. O tal vez no. Por el momento, nadie sabe cortejarlos demasiado bien. Ellos, mientras cortan las rutas y ocupan las plazas, intuyen que el peronismo ha muerto. Pero ignoran, como ignoramos todos, cuál habrá de ser su reemplazo. O su deseable superación. Por ahora sólo hay fragmentaciones, luchas zonales que no se comunican ni práctica ni ideológicamente unas con otras. Hay bronca. Hay miedo. Ya no hay sentido de la Historia. Los desocupados de hoy no parecen herederos ni de los federales del siglo XIX, ni de los anarquistas, ni de la trabajadora y hogareña clase obrera peronista (que iba "de casa al trabajo y del trabajo a casa" porque *tenía* casa y trabajo) ni de nadie. Son nuevos, son el fruto salvaje del capitalismo salvaje. Habrá que escucharlos.

Veinte escenas de la vida peronista

Escena 1. Interior Ministerio de Trabajo – Día

El embajador norteamericano Spruille Braden se ha sentado frente al coronel Perón. El embajador sabe que el coronel ha logrado gran ascendiente entre los sectores obreros del país y desea neutralizarlo. El embajador sabe que el coronel es muy sagaz y la oposición política le ha dicho, al embajador, que el coronel es un nazi, un feroz dictador en potencia, un enemigo de la democracia y de los intereses de los Estados Unidos. El embajador le dice al coronel:

–Hay muchas cosas que usted podría hacer por las buenas relaciones entre su país y el mío.

El coronel carraspea. Pregunta:

–¿Qué cosas?

–Muchas cosas –responde el embajador. Y agrega–: Y permítame decirle, coronel, que si usted hiciera esas cosas, las cosas que yo voy a decirle, usted sería un hombre muy bien apreciado en mi país.

El coronel sonríe. Responde:

–Permítame decirle, señor embajador, que yo no quiero ser un hombre bien apreciado en su país al precio de ser un hijo de puta en el mío.

El embajador, enfurecido, se va.

Se olvida su sombrero.

El coronel se lo hace alcanzar por un ordenanza.

INTERPRETACIÓN DE LA ESCENA: El peronismo es un movimiento antiimperialista basado en los intereses de la clase obrera argentina. Y ese sombrero que Braden se olvida en el despacho de Perón es el primer trofeo que el peronismo logra en su lucha denodada contra los explotadores del Norte. La consigna "Perón o Braden" es la consigna que señala la lucha antiimperialista.

Escena 2. Interior Casa Rosada – Noche

Se oye el bramido de la multitud en la Plaza de Mayo. "¡Queremos a Perón! ¡Queremos a Perón!" Es el 17 de octubre de 1945. El pueblo ha salido a la calle para peticionar en favor de la libertad del coronel Perón, detenido en la isla Martín García.

Ahora Perón está en la Casa Rosada. El general Farrell –en ese momento presidente de la República– le dice:

–¡Calme a esa gente, Perón! ¡Van a asaltar la Casa Rosada!

–Hay que ofrecer elecciones, general –responde Perón.

–Lo que sea –acepta Farrell–. Pero mándelos a sus casas.

Perón se dirige hacia el balcón. Enorme bramido de la multitud. Se canta el Himno Nacional. Luego se oye la poderosa voz del coronel:

–¡Trabajadores!

INTERPRETACIÓN DE LA ESCENA: El peronismo surge como legítimo producto de la voluntad popular. Es, en su base, profunda y socialmente democrático. Es el pueblo quien a través de su protagonismo ha llevado a su líder al poder.

Escena 3. Interior Casa de Gobierno – Día

Las damas de la Sociedad de Beneficencia se entrevistan con Eva Perón. Le dicen:
–Siempre fue la señora del Presidente quien ha presidido nuestra Institución.
–¿Hay algún problema en que yo lo haga? –pregunta Eva.
–Sí, usted es muy joven. No tiene la experiencia que sólo los años pueden dar.
–Nombren a mi madre entonces –responde Eva–. Ella sí tiene la experiencia que los años pueden dar. –Silencio azorado de las damas. Eva se encrespa y dice–: Seamos sinceras, señoras. Ustedes me odian. No es por mi juventud que no quieren darme la presidencia de la Sociedad de Beneficencia, sino porque creen y dicen que yo soy una actriz, una trepadora y hasta una resentida y una puta. –Hace una pausa. Agrega–: Tienen razón en algo: soy una resentida. Pero mi resentimiento se ha transformado en amor por los pobres. Escuchen, señoras: queda disuelta la Sociedad de Beneficencia. De ahora en adelante yo me voy a ocupar de los pobres.
Las damas de la oligarquía se retiran, agraviadas. Días después, Eva Perón inaugura la fundación que habrá de llevar su nombre.
INTERPRETACIÓN DE LA ESCENA: El peronismo la tuvo a Evita. Evita fue antioligárquica y amó a los pobres como nadie los ha amado en el país. Evita fue una auténtica revolucionaria.
Ergo: el peronismo es antioligárquico y revolucionario. Porque como dijo Evita: "El peronismo será revolucionario o no será".

Escena 4. Interior Bolsa de Comercio de Buenos Aires – Día

El coronel Perón pronuncia un discurso ante importantes empresarios. Dice:

–Pronto se verá que no sólo no somos enemigos del capital, sino que somos sus verdaderos amigos.

INTERPRETACIÓN DE LA ESCENA: El peronismo es capitalista.

Escena 5. Exterior Plaza de Mayo – Día

Se festeja el 17 de octubre, fecha fundacional del movimiento. El general Perón sale al balcón de la Plaza de Mayo. Alza sus brazos, saluda. El pueblo, con fervor, canta la marcha partidaria.

Por ese gran argentino
que se supo conquistar
a la gran masa del pueblo
combatiendo al capital.

El general continúa alzando sus brazos. Saluda. Sonríe.

INTERPRETACIÓN DE LA ESCENA: El peronismo es anticapitalista.

Escena 6. Interior Escuela Superior Peronista – Día

Eva Perón da una de sus clases. Las clases tratan sobre la historia del peronismo. Eva habla con pasión. La escuchan cuadros de extracción sindical y mujeres del Partido Peronista Femenino.

Ésta es la cuarta de las clases de Eva y su tema es el de la ética peronista.

–Mis ataques a la oligarquía ustedes los conocen bien –dice Eva a sus azorados oyentes– porque los habrán oído no una sino muchas veces en mis discursos. Y estoy segura que algunos de ustedes habrán pensado lo que otros ya me han dicho tantas veces: "¿Por qué se preocupa tanto, señora, si esa clase de gente no volverá más al gobierno?". No, yo ya sé que la oligarquía no volverá más al gobierno, pero no es ésa la que a mí me preocupa que pueda volver.

Evita hace una pausa dramática. Siempre aparece en ella la actriz; siempre sabe en qué momento su auditorio está encendido, pendiente de sus palabras, esperándolas como a un agua salvadora. Continúa:

–Lo que a mí me preocupa es que pueda retornar en nosotros el espíritu oligarca. A eso es a lo que le tengo miedo, mucho miedo, y para que eso no suceda he de luchar mientras tenga un poco de vida –y he de luchar mucho– para que nadie se deje tentar por la vanidad, por el privilegio, por la soberbia y por la ambición. –Se detiene. Toma un aire imperioso. Dice–: Es necesario que los dirigentes del movimiento peronista no se dejen influenciar por el espíritu oligarca... Porque yo le tengo más miedo a la oligarquía que pueda estar dentro de nosotros que a ésa que vencimos el 17 de octubre.

INTERPRETACIÓN DE LA ESCENA: Hay dos líneas dentro del peronismo: una burocrática y otra combativa. La burocrática surge cuando el dirigente adopta los valores de la oligarquía y traiciona el sentido plebeyo del movimiento. La combativa es la de Evita: estar junto al pueblo; luchar contra la oligarquía.

Escena 7. Interior Casa de Gobierno – Día

Perón con sus ministros. Reunión de gabinete.

–Es absolutamente necesario –dice Perón–. El Congreso tiene que autorizar cuanto antes el contrato con la petrolera California.

INTERPRETACIÓN DE LA ESCENA: El peronismo es un movimiento amigo de los Estados Unidos y de las inversiones extranjeras en general.

Escena 8. Exterior Palco Casa de Gobierno – Día

Perón dirige su acalorada palabra a la multitud. Transcurre el mes de agosto de 1955. Perón, fieramente, dice:

–Y cuando uno de los nuestros caiga... ¡caerán cinco de ellos!

INTERPRETACIÓN DE LA ESCENA: El peronismo es un movimiento violento que impulsa la violencia, la lucha entre hermanos.

Escena 9. Interior lugar clandestino – Noche

John William Cooke con militantes sindicales. Transcurre el año 1956. Cooke dice:

–Hay que poner caños. Hay que sabotear la producción.

Los militantes sindicales adhieren con entusiasmo a la idea. Cooke se seca la transpiración.

INTERPRETACIÓN DE LA ESCENA: El peronismo es un movimiento insurgente, de base proletaria. Su horizonte ideológico y político es la radicalización hacia la izquierda. Así lo marca la lucha gloriosa de la "resistencia peronista" contra el gobierno de la "revolución fusiladora".

Escena 10. Interior departamento coronel Moori Koenig
– Atardecer

"Desde el gran ventanal del décimo piso se ve la ciudad en el atardecer, las luces pálidas del río. Desde aquí es fácil amar, siquiera momentáneamente, a Buenos Aires. Pero no es ninguna forma concebible del amor lo que nos ha reunido (...)

"–¿Dónde, coronel, dónde?

"Se para despacio, no me conoce. Tal vez va a preguntarme quién soy, qué hago ahí.

"Y mientras salgo derrotado, pensando que tendré que volver, o que no volveré nunca. Mientras mi dedo índice inicia ya ese infatigable itinerario por los mapas, uniendo isohietas, posibilidades, complicidades. Mientras sé que ya no me interesa, y que justamente no moveré un dedo, ni siquiera en un mapa, la voz del coronel me alcanza como una revelación:

"–Es mía –dice simplemente–. Esa mujer es mía."
(Escena tomada del cuento de Rodolfo Walsh, "Esa mujer".)
INTERPRETACIÓN DE LA ESCENA: El peronismo es un movimiento que ha generado mitos fascinantes, como el de Eva Perón. Mitos que han alimentado lo mejor de la literatura argentina. Sólo de un movimiento pasional y profundamente argentino como el peronismo podía surgir una figura tan poderosa (incluso para sus enemigos) como Eva Perón.

Escena 11. Exterior descampado – Día

El oficial montonero Abal Medina se acerca al general Aramburu.
–General, voy a proceder –dice.
–Proceda –dice Aramburu.
Abal Medina hace fuego.
INTERPRETACIÓN DE LA ESCENA: Jóvenes argentinos han sido arrojados a la crueldad de la violencia por la práctica dictatorial de sucesivos gobiernos antiperonistas. El peronismo es el "hecho maldito del país burgués" y toda una generación de jóvenes está dispuesta a llegar a los extremos por defender su causa.

Escena 12. Exterior autopista Richieri – Día

El coronel Osinde acaba de perder la paciencia. Toda esa gente subida a los árboles, carajo. Son, qué duda cabe, los "bolches subversivos", los malditos "zurdos". Aferra el micrófono y dice:
–Les aviso a los que están en los árboles que se encuentran bajo la mira de nuestras armas.
A su lado, Leonardo Favio se sume en una brumosa y triste confusión. ¿No iba a ser una fiesta eso?
Osinde gira hacia los mercenarios franceses y hacia los cuadros de la inminente Triple A y ordena:

–¡Fuego!
Desde el palco se dispara a mansalva.
INTERPRETACIÓN DE LA ESCENA: El peronismo es un movimiento militarista, fascista y represivo.

Escena 13. Interior residencia de Olivos - Noche

Por medio de la cadena nacional de radio y televisión el general Perón, al día siguiente de los trágicos sucesos de Ezeiza, dirige un mensaje al país.
Dice el general Perón:
–No hay nuevas banderas que identifiquen a nuestro movimiento. Somos lo que las veinte verdades justicialistas dicen.
INTERPRETACIÓN DE LA ESCENA: El peronismo es un movimiento dogmático que se aferra a sus ideas esenciales.

Escena 14. Exterior jardín residencia Puerta de Hierro – Día

Durante el mes de enero de 1973 –antes de regresar al país y durante la campaña electoral cuyos principales acitivistas son los militantes de la Juventud maravillosa Peronista– el general Perón declara al diario *Mayoría*:
–Esto lo arregla la juventud o no lo arregla nadie.
INTERPRETACIÓN DE LA ESCENA: El peronismo es un movimiento en perpetuo cambio ideológico y político. Esto se expresa en las consignas revolucionarias de la hora: socialismo nacional, trasvasamiento generacional y actualización doctrinaria.

Escena 15. Interior Municipio Colonia Vela – Día

"Ignacio Fuentes, delegado municipal, se ha atrincherado en el Municipio de Colonia Vela para defenderse de la agresión de los sectores armados de la derecha peronista. Uno de sus hombres, de nombre Mateo, le pregunta por qué los atacan. Ignacio Fuentes responde:

"–Dicen que somos bolches.

"Sorprendido, Mateo responde:

"–¿Bolches? ¿Cómo bolches? Pero si yo siempre fui peronista... nunca me metí en política."

(Escena tomada del film *No habrá más penas ni olvido*, 1983, de Héctor Olivera sobre libro de Osvaldo Soriano.)

INTERPRETACIÓN DE LA ESCENA: El peronismo forma naturalmente parte de la idiosincrasia de nuestro pueblo. Para el peronista el peronismo no es una "cuestión política". Es un sentimiento. Una manera de ser. Un sencillo y absoluto modo de existencia. Se es peronista como se es argentino. Se es peronista con tanta naturalidad y sencillez como se respira el aire de la mañana.

Escena 16. Interior CGT – Día

El dirigente metalúrgico Lorenzo Miguel dice:

–El peronismo es comer tallarines los domingos con la vieja.

INTERPRETACIÓN DE LA ESCENA: La misma que la anterior.

Escena 17. Interior Ministerio de Bienestar Social – Noche

López Rega se reúne con sus subordinados. Isabel Perón asiste a la reunión en la que el dinámico astrólogo se ha adueñado constantemente de la palabra. López Rega, finalmente, dice:

–Hay que hacerle la guerrilla a la guerrilla. Primero hay que liquidarles todos los cuadros de superficie. Éstas son las listas. ¿Quiere verlas, señora?

La presidente de la República asiente.

INTERPRETACIÓN DE LA ESCENA: El peronismo es un movimiento de extrema derecha que ha instrumentado el terrorismo de Estado por medio del Ministerio de Bienestar Social en el que Perón puso a su secretario privado López Rega.

Escena 18. Interior casona de San Isidro – Noche

Transcurre el año 1985. El histórico dirigente Antonio Cafiero se ha reunido con una serie de colaboradores. Dice:

–Hay que renovar al peronismo. Hay que democratizarlo. Cambio mil citas de Perón por una nueva idea para el peronismo.

–¿Quién dijo eso? –se alarma un histórico muy pero muy histórico.

–Uno de nuestros jóvenes intelectuales –responde Cafiero.

–¿Mil citas? –vacila el histórico muy pero muy histórico. Propone–: ¿No podrían ser cien?

–Tenemos que hacer la renovación peronista –continúa Cafiero–. Tenemos que unir la concepción social del peronismo con la democracia.

INTERPRETACIÓN DE LA ESCENA: El peronismo es un movimiento político socialdemócrata.

Escena 19. Exterior calle bonaerense – Día

Carlos Menem, en el menemóvil, hace la campaña electoral de 1989. Sonríe. Viste de blanco. Tiene largas patillas. Dice:

–¡Vamos a decretar el salariazo y vamos a hacer la revolución productiva!

INTERPRETACIÓN DE LA ESCENA: El peronismo es un movimiento nacional y popular, de honda raigambre federalista. Su horizonte es la justicia social desarrollada por medio del Estado de Bienestar

Escena 20. Interior Casa Rosada – Día

El presidente Menem se ha reunido con su gabinete.

–Con la caída del Muro el mundo ha cambiado –dice–. Hay que ajustar la economía. Hay que privatizar todas las empresas del Estado. Hay que desmantelar el sindicalismo. Tenemos que mantener relaciones carnales con los Estados Unidos.

INTERPRETACIÓN DE LA ESCENA: El peronismo es un movimiento liberal, antiestatista, antidirigista, neoconsevador, privatista, generador de desempleo y creciente desigualdad social y amigo incondicional de los Estados Unidos.

Escena 20 bis. Interior Casa de Gobierno – Noche

El presidente Carlos Menem –ya sin patillas y elegantemente trajeado– se ha reunido con sus colaboradores. Dice, con cierto tono paranoico:

–El enemigo acecha. Otra vez la Unión Democrática está contra nosotros.

INTERPRETACIÓN DE LA ESCENA: El peronismo es un movimiento constantemente asediado por sus enemigos, quienes forman una y otra vez la nefasta Unión Democrática y –tal como en 1945– se oponen a los intereses genuinos del pueblo. Sólo que esta vez el embajador norteamericano no desfila junto a la Unión Democrática, como en 1945, sino que juega al golf con el presidente justicialista Carlos Menem.

¿Cómo interpretar esto? ¿Otra faceta de las infinitas facetas del peronismo? ¿Otra contradicción de un movimiento rico en contradicciones y, por eso mismo, fascinante? ¿Un absoluto disparate? ¿El fin de toda posible interpretación?

Militante menemista:

–Pará la mano, tarado. No vas a volver a romper las pelotas con eso que te gusta decir. Esa huevada, sí: que el peronismo tiene tantas identidades que no tiene ninguna.

–¿Vos sos peronista?

–Claro que sí, carajo.

–¿Y qué es ser peronista?

–Mirá, puede que yo ya no sepa qué es ser peronista. Pero si todavía hay antiperonistas... es porque el peronismo alguna identidad debe tener, ¿no? Te maté, imbécil. ¿Cómo habría antiperonistas si el peronismo no tuviera identidad?

–Nombrame un antiperonista.

–¡Alsogaray!

–Es el patriarca del plan económico de tu presidente peronista.

–¿Y qué hay? Eso es táctico, no es estratégico. El peronismo es contradictorio. Perón lo tenía de secretario privado a López Rega. ¿Sabés por qué? Porque López Rega era la CIA y Perón quería tener cerca al enemigo. Lo mismo pasa con Menem y Alsogaray. El chochán es el enemigo, por eso Carlitos lo quiere tener cerca. Porque es como Perón: astuto, piola, maneja las contradicciones. Y el peronismo es eso, pibe. Una contradicción. Una enorme contradicción. Como la Argentina. Porque, al fin de cuentas, el peronismo es eso, che: es la Argentina. ¿Y quién mierda entiende a este país?

INTERPRETACIÓN DE LA ESCENA: Ninguna.

¿Continuará? (Sí.)

Superhéroes de nuestro tiempo

1. ¡Shazam!

Hacia fines de los treinta aparecen en Estados Unidos los superhéroes. Ni pienso detenerme en el motivo de esa aparición –en, pongamos, sus motivos políticos o sociológicos– porque el tema para el cual estoy invocando a los grandes protagonistas de los cómics (o historietas) es otro. Como sea, hay que ser medio bobo para no advertir que si Superman aparece en 1938 y Batman en 1939 algo tendrán que ver con la Segunda Guerra Mundial y la necesidad de contar con seres maravillosos para enfrentar a las potencias del Eje. Pero insisto: esto es sociología barata y prescindible.

La cuestión es otra: los superhéroes tienen una marcada tendencia a incurrir en la esquizofrenia. Todo indica que la esquizofrenia los torna más fascinantes. O que sólo pueden existir bajo la modalidad de la esquizofrenia. Con lo que estamos diciendo: los superhéroes sólo existen si apelan al doble discurso. Por decirlo todo: sin doble discurso no hay superhéroes.

Empecemos por el principio. Jerry Siegel y Joe Shuster son los creadores de Superman. (Doy como fecha de aparición de Superman la de la aparición del magazine que lleva su

nombre, y esto ocurre en 1938; el resto es tarea de arqueólogos.)
No hay quien no lo sepa (y el que no lo sabe no habita en el siglo XX, sino, digamos, en la tardía Edad Media): Superman tiene
dos personalidades. Es Superman y es el reportero Clark Kent.
Tiene siempre la misma cara, sólo que cuando tiene anteojos
es Clark y cuando no los tiene es Superman. (Yo, desde hace
unos meses, me he deslizado al uso de los anteojos. Esto, me
han dicho, tiene que ver con una cosa que se llama presbicie o
presbicia o dispepsia, qué sé yo. Bien, la cuestión es ésa: me
puse anteojos. Nadie, lo juro, dejó de reconocerme. Pongamos:
me acerco a un amigo, lo saludo y él no me dice "lo siento, no
tengo el gusto". Nada de eso. Me dice: "Qué hacés; te pusiste anteojos, boludo".) Nadie se da cuenta con Clark: se pone los
anteojos y nadie le dice "Ahí va Superman con anteojos". Todos dicen: "Hola, Clark Kent. El jefe quiere verte". O algo así.
Ni siquiera Lois Lane, que vive empeñada en descubrir la identidad de Superman, se da cuenta. Sospecha, pero sólo eso.

La cuestión es que los anteojos de Clark le permiten entregarse impunemente a la esquizofrenia. Al doble discurso.
Porque uno es el discurso de Superman y otro el de Clark
Kent. Superman es poderoso y no hay nada que no pueda, salvo masticar kryptonita. Clark es tímido, asustadizo, apenas un
periodista medianamente eficaz. Y esto es todo. (Con esto
Shuster y Siegel se hicieron millonarios.)

Batman tiene su patología aún más expuesta. En *Batman
Forever* Nicole Kidman, que hace de psicoanalista, le dice
provocativamente al superhéroe que puede, si acepta, tratarle
su esquizofrenia. (En verdad, conozco a más de uno que se
volvería esquizofrénico con tal de ser tratado por Nicole: yo
y yo.) Lo de Batman pareciera ser más sombrío: se pone una
máscara, una capa de murciélago y vive en una cueva. Durante
la vigilia es Bruce Wayne, el insípido millonario. Otro superhéroe con doble discurso.

Y llego a mi superhéroe favorito: el Capitán Marvel. Este espléndido superhéroe dejó de salir durante el primer quinquenio de los cincuenta porque los propietarios de Superman le ganaron un juicio por plagio. Lamentable. Realmente lamentable. Pleitos entre superhéroes, abogados ambiciosos y de escasos escrúpulos dirimiendo qué superhéroe tiene derecho a vivir y cuál no. Lo lograron: mataron al glorioso Capitán Marvel, algo que ni el archivillano Sivana (encarnación de la Ciencia en tanto Mal) había logrado.

Marvel tenía, también, dos personalidades. Era el pequeño y simpático Billy Batson, que hacía periodismo radial. Y era, claro, el Capitán Marvel. ¿Cómo se lograba el pasaje de uno a otro? Atención, que la cosa no es simple. Cierto día, Billy Batson se encuentra con un viejo sabio de nombre Shazam. (Algo que le puede pasar a cualquiera.) Y el viejo sabio le dice que habrá de darle superpoderes. Sólo tendrá que decir su nombre (Shazam) para lograrlos. Cada letra del nombre del sabio indica los poderes que habrá de lograr Billy. Veamos, es así: la S viene de Salomón y esto otorga sabiduría. La H viene de Hércules y esto otorga fuerza. La A viene de Atlas y esto otorga vigor. La Z viene de Zeus y esto otorga poder. La A viene de Aquiles y esto otorga coraje. Y la M viene de Mercurio y esto otorga velocidad. (Marvel se consolida en 1941 con deliciosos dibujos de Charles Clarence Beck, que tomó como modelo para la cara de Marvel la del actor Fred Mac-Murray, el oscuro personaje de *Pacto de Sangre*, la película de Billy Wilder basada en la novela de Cain.)

Así las cosas, siempre que el lábil Billy Batson decide enfrentar a las fuerzas del Mal exclama: ¡Shazam! Estalla un trueno: "¡Boom!". Y Billy se transforma en el Capitán Marvel. Otro caso de esquizofrenia. Doble discurso.

Todo parece indicar que para combatir el Mal uno tiene que dejar de ser el que es. Clark Kent se transforma en Superman.

Bruce Wayne en Batman. Y Billy Batson en el Capitán Marvel. Porque Clark, Bruce y Billy, juntos, jamás lograrían mucho. En cambio, Superman, Batman y Marvel... son imbatibles.

2. ¡Perón!

Cuenta la leyenda que, cierto día, visitando algunas ruinas romanas, un capitán del ejército argentino, que acababa de visitar a Mussolini y deseaba tener sus maravillosos poderes, se encontró con un viejo sabio y brujo. Sorprendido, detuvo su marcha y escuchó las palabras del sabio, quien dijo: "Si deseas ser poderoso y dominar la política de tu lejano país durante treinta años sólo debes decir una palabra". "¿Cuál?", inquirió el capitán. "¡Perón!", exclamó el sabio. Y le explicó que cada una de las letras del nombre era expresión de los poderes que habría de poseer al invocarlo. P de picardía. E de encantamiento. R de rapidez. O de obstinación. Y N de narcisismo. Dicho lo cual... el sabio desapareció. El capitán quedó solo en esa cueva, tuvo miedo, lo hirió la incredulidad. Pero entonces hinchó su pecho, un aire imperioso anidó en sus pulmones y exclamó: "¡Perón!". Y se convirtió en Perón: se le engominó el pelo, le nació una sonrisa irresistible y los brazos se le dispararon en un saludo triunfal. Volvió a la Argentina y no hubo quien pudiera con él.

Solía aparecer en los balcones de la Casa de Gobierno. Y saludaba al pueblo. Y el pueblo gritaba: "¡Perón! ¡Perón! ¡Perón!". Pero no, nada. El pueblo decía Perón y no se transformaba en Perón. El único que decía Perón y se transformaba en Perón era él, Perón.

Como buen superhéroe fue un campeón del doble discurso. Les habló a los militares con el lenguaje de los militares, a los empresarios con el lenguaje de los empresarios, a los obreros con el lenguaje de los obreros. Se los metió en el bolsillo a todos.

Y tuvo una espléndida Batichica, una maravillosa Lois Lane, una deslumbrante Mary Marvel: se llamó Evita y murió joven porque no vivió en el mundo esquizofrénico de los superhéroes. No tenía doble discurso, no tenía doble personalidad, era lo que era y, así, duró poco.

Pero él, no. Quiso ser presidente. Exclamó: "¡Perón!" y fue presidente. Quiso ser presidente otra vez. Exclamó "¡Perón!" y fue presidente otra vez. Tuvo una pequeña contrariedad en 1955. Se fue a España. Cooke le pidió que se mudara a la Cuba de Castro y abandonara la España de Franco. Exclamó "¡Perón!" y se quedó en la España de Franco. Quiso volverse revolucionario. Exclamó "¡Perón!" y se volvió revolucionario. Quiso tener tras su causa a todos los fogosos jóvenes de la patria. Dijo "¡Perón!" y los tuvo. Quiso volver al país. Dijo "¡Perón!" y volvió. Quiso frenar en Ezeiza a los jóvenes fogosos. Dijo "¡Perón!" y los frenó. (Los jóvenes fogosos, entre tanto, decían "¡Perón!" todo el tiempo. Decían Perón o Muerte. Decían Perón, Evita, la patria socialista. Decían Perón al Poder. Decían Perón todo el tiempo pero no se transformaban en Perón. Ni, menos aún, Perón se transformaba en ellos. Que era, en realidad, lo que ellos querían.) Quiso ser presidente por tercera vez. Dijo "¡Perón!" y fue presidente por tercera vez. Quiso poner a Isabelita de vicepresidente. Dijo "¡Perón!" y la puso. Quiso echar de la plaza a los jóvenes fogosos. Dijo "¡Perón!" y los echó.

Entonces se le volvió a aparecer el viejo sabio y brujo. Pero ahora –esas cosas de la vida– era más brujo que sabio. Y le dijo que le retiraba sus poderes. Perón lo sospechaba. Le dijo al brujo que no quería vivir sin superpoderes. Que no quería vivir sin ser Perón. Compasivo, López Rega sonrió y le dijo está bien, te permito un último deseo. Entonces Perón dijo "¡Perón!" y se murió.

3. ¡Menem!

Cierta cálida tardecita, un joven abogado derivaba por los caminos polvorientos de los llanos de La Rioja. Se le apareció un viejo sabio y brujo y le preguntó si quería tener superpoderes. El joven abogado aceptó. El viejo sabio le dijo que sólo debía pronunciar un nombre: "¡Menem!". Que cada letra de ese nombre, le dijo, expresaba el poder que poseería al pronunciarlo. M de mentira. E de engaño. N de narcisismo. E de engaño. Y M de mentira. El abogado dijo que no eran demasiados poderes. El viejo sabio le dijo que no tenía la culpa si su nombre repetía las letras, o, abundó, si era capicúa. Pero que con esos poderes le alcanzaría para lograr todos sus sueños. Y el abogado quiso tener el pelo como Facundo Quiroga. Y dijo "¡Menem!" y lo tuvo. Después quiso ser gobernador. Dijo "¡Menem!" y lo fue. Después quiso ser montonero. Dijo "¡Menem!" y fue montonero. Después quiso ser nacionalista, proteccionista, estatista. Después quiso ser presidente y cortarse el pelo. Después quiso ser liberal, desregulador y primermundista. Después quiso divorciarse. Después quiso ser presidente otra vez. Después quiso tener una gran fortuna y verse rodeado de amigos prósperos y famosos. Después quiso... Lo quiso todo y todo lo tuvo con sólo decir "¡Menem!". Si el doble discurso es la esquizofrenia, y si la esquizofrenia es la condición esencial de un superhéroe... fue el más grande de los superhéroes de la historia.

Ahora tiene miedo. A veces dice "¡Menem!" y no pasa nada. Para colmo, hay una senadora que dice "¡Graciela!" o dice "¡Meijide!" y gana todas las encuestas. Y hay un gobernador que se pasa el día exclamando "¡Duhalde!" y todo indica que loco no está, porque todo le sale bien. Y hay otros. Hay uno que dice: "¡Ruckauf!". Otro que dice: "¡De la Rúa!". Otro que dice: "¡Reutemann!". Y no les va mal. Al contrario, avanzan.

Como antes avanzaba él. Antes, cuando decía "¡Menem!" y siempre ocurrían cosas maravillosas. Teme, en su oscura soledad, que se le aparezca otra vez el viejo sabio y le permita el último de los deseos de su azarosa vida de superhéroe. Le permita decir "¡Menem!" y morirse. Y no quiere. No quiere morirse. Algunos –mala gente, sin duda– dicen que ha enloquecido. Que se pasea por los jardines de la residencia gritando "¡Menem!" sin detenerse jamás, todo el día. Todo el día, solo, y sin que pase nada.[1]

---

1 Es notorio que –luego de Menem– varios de los que empezaron a decir su nombre esperando transformarse en superhéroes se transformaron en supernadas o simplemente se esfumaron en el vértigo de la política argentina, la cual pareciera no poder ya engendrar no sólo superhéroes, sino meramente políticos que la conduzcan a alguna parte.

Muerte y resurrección del psicobolche

Sería, tal vez, adecuado comenzar por un análisis –aunque sólo fuese somero– del concepto psicobolche. Sería, también, adecuado decir que ese concepto, a mí, no me gusta. Sería, además, adecuado explicitar por qué.

El psicobolche es un psicoanalizado. Ésta es una característica marcadamente argentina. Existen, sin duda, personas que en otros países aún creen en causas de redención social. Pero no necesariamente transitan o han transitado por el diván del psicoanalista. La pasión por el psicoanálisis es típicamente argentina. Y hasta, diría, porteña.

Mi cálido acercamiento al psicobolche se dinamiza desde esta arista de su condición: respeto a quienes se psicoanalizan. Creo que la decisión de abordar un análisis (atención aquí: no me refiero exclusivamente al psicoanálisis, sino a todo tipo de análisis; a toda, pongamos, actitud que implique un ejercicio de introspección dentro del ámbito de un consultorio) implica un acto de valentía. Admito que este razonamiento puede acercarse peligrosamente a uno de los más transitados chantajes psicobolches. Que dice: quien no se analiza tiene miedo de sí mismo, de descubrir sus verdades ocultas, negadas, sus terribles abismos, por decirlo así. Pero si no nos ponemos paranoicos con los psicobolches, si no pensamos que todo lo que dicen pertenece a una cultura del pasado que intenta sobrevivir apelando a cualquier recurso, podremos admitir que iniciar un tratamiento analítico (concretamente: meterse en un consultorio a enfrentarse, uno, con sus verdades y, claro, con sus miedos) requiere alguna dosis de coraje.

Por ejemplo: ¿quién no se ha preguntado si el análisis habrá de cambiarlo? Tuve un psicoanalista que solía decirme: "El psicoanálisis lo cambiará estructuralmente". Esta frase me aterrorizaba. Yo me sentía mal, muy mal, pero ¿deseaba realmente cambiar o deseaba dejar de sentirme mal y seguir siendo el mismo? ¿Implicaba el dejar de sentirme mal transformarme en otro?

Ésta, desde luego, es una de las facetas más crueles que tienen ciertos terapeutas: la mejoría implica un cambio radical en la personalidad del paciente, sólo habrá mejoría (o curación) si este cambio se produce. Caramba, nadie se odia tanto a sí mismo como para desear ser otro. ¿No será posible acceder al maravilloso universo de la cura conservando aquello que de nosotros nos gustaba?

Sea como fuere, la idea central del análisis es el cambio. ¿Cómo no habría de ser constitutiva de la personalidad del psicobolche? Todo psicobolche busca el cambio. La idea del cambio lo constituye. El cambio social. El cambio político. El cambio económico. El cambio histórico. El cambio personal. Así, el psicobolche es un ser permanentemente abierto al cambio.

¿No refleja un acto de valentía animarse a cambiar? ¿No vive la mayoría de la gente aferrada a sus carencias, a sus miedos y hasta a sus mezquindades con tal de no cambiar, o, más exactamente, por miedo a cambiar?

Conozco a muchos tipos que han salido huyendo del análisis cuando arribaron a determinado estadio. Cuando se asomaron a ciertas zonas de sí mismos ante las que deseaban permanecer absolutamente distraídos. Creo que han hecho la siguiente evaluación: prefiero no meterme con esas cuestiones; al fin y al cabo, no estoy tan mal. Tal vez ése fue el tratamiento: descubrir que, al fin y al cabo, no estaban tan mal. Ocurre que muchos de los que permanecen en análisis y buscan cambiar es porque, sí, están mal, y hasta, con frecuencia, desesperados. Aquí es donde el análisis deja de ser una modalidad de época, un lustre de clase o una pose cultural para transformarse en lo que, supongo, debería ser: tratar de vivir sin sufrimiento. O, al menos, con un sufrimiento razonable, que no le impida a uno entregarse a la felicidad, al goce o al trabajo, a los otros.

Como vemos, no es casual que al psicobolche se lo llame psicobolche: se trata de alguien que cree en el psicoanálisis. Y si una terapia siempre implica algún tipo de cambio es, entonces, coherente que el psicobolche, por su amor al cambio, ame y se entregue a una disciplina que lleva en sí –inherente a su práctica esencial– el concepto de cambio.

Pero falta, ya que el concepto dice psico y también dice bolche. ¿Por qué se le dice bolche al psicobolche? Porque el psicobolche es un psicoanalizado de izquierda. O, si se quiere, un psicoanalizado progre. Lo que posiblemente sea una redundancia porque el psicoanálisis es parte de la cultura progre. No conozco muchos fascistas que se psicoanalicen. Aunque, lo admito, el motivo principal es que sencillamente no conozco muchos fascistas.

Pero insistamos: ¿por qué bolche? ¿Por qué decirle bolche a un tipo de izquierda? ¿No le dicen así los de derecha, los cavernícolas, los intolerantes, los que le dicen rusos a los judíos, bolitas a los bolivianos, negros (de mierda) a los pobres, a los villeros? En suma, el concepto psicobolche está tramado por un cruce de aberraciones. Coinciden en él el prejuicio antipsicoanalítico (los militares de la dictadura –es un dato– perseguían especialmente a los psicoanalistas porque los responsabilizaban de la subversión al haber minado la figura de la autoridad paterna y, con ella, la del Poder) y la ratio macartista.

En cuanto al macartismo, lo siguiente: ¿quién sino un macartista le dice bolche a un tipo de izquierda? ¿No pertenece el concepto bolche al vocabulario ni siquiera conceptual sino matonil de la derecha? Hagamos memoria: en cierta ocasión, hará un par de años, el señor Gerardo Sofovich, consejero conceptual del presidente Menem, nombró al diario *Página/12* como *Página Bolche*. Se armó, recuerden, un gran bochinche. A Sofovich se lo acusó de macartista. Y con razón: ¿acaso por ser *Página/12* un diario progre merecía ser calificado de bolche? ¿No es peligrosa (además de burdamente simplificadora) la calificación de bolche? ¿No equivale a la de zurdo? ¿No fue, en esta querida patria, la calificación de zurdo la antesala del infierno para miles de personas? ¿No llamaban los militares del Proceso zurdos o bolches a los que encerraban en el infierno de la ESMA o a los que tiraban desde los aviones al mar? ¿Se puede, en este país, usar tan impunemente el calificativo bolche?

Reconozco haberme puesto pesado con el concepto psicobolche. Más de uno, con total convicción, podrá decir: "Pará la mano, no es para tanto. Psicobolche es casi un calificativo jodón. Se le dice al tipo que va a La Paz, que usa barba, fuma en pipa y lee, todavía, a Freud y a Marx".

Que este espécimen existe, es cierto. Tratemos de dibujarlo. Usa, en efecto, barba, lentes si es posible, fuma en pipa y anda con libros de orientación psicoanalítica y marxista. Ha leído, pongamos, *Totem y tabú* o *El malestar en la cultura* y habla de Freud como si fuera Masotta. Y ha leído, pongamos, el *Manifiesto* y el *Anti-Dühring* y habla de Marx y Engels como si fuera Althusser. Pero este señor a quien obstinadamente se le dice psicobolche es, lisa y llanamente, un chanta. Un chanta de izquierda. Hay, claro, chantas de izquierda, de centro y de derecha. Y hay chantas-chantas, al margen de cualquier orientación ideológico-política.

Pero el que utiliza el concepto psicobolche no lo reemplazaría por el de chanta de izquierda, ya que considera que ser de izquierda es una de las formas (tal vez la más patética) de la chantada. En este preciso sentido: ser de izquierda, ahora, en el benemérito fin del milenio, es ser viejo, demodé, sesentista y hasta, cómo no, hinchapelotas.

Mi, por ejemplo, análisis del concepto psicobolche es, se dirá, típicamente psicobolche. No hay, se dirá, que tomarse la cuestión tan en serio. Al psicobolche, se dirá, se le dice así casi cariñosamente. Porque el psicobolche no jode a nadie, de aquí uno de los más esenciales aspectos de su figura: su inofensividad.

Es más: muchos de los que utilizan el concepto psicobolche han sido militantes de izquierda en el pasado. Hasta, diré, son ellos quienes con mayor delectación lo utilizan. En la Argentina de fin de siglo está de moda reírse de todo. Está de moda el sarcasmo, la absoluta corrosividad. Está de moda, también, reírse de uno mismo y de los viejos sueños.

Pongo un ejemplo: estamos en un bar, somos seis o siete u ocho. Estamos comiendo lomitos berretas al plato, con mostaza, o algún sánguche de milanesa o de jamón crudo y queso. Eso sí, el vino es bueno. Nada de vino de la casa o triste pingüino. No es cuestión de hacerse pelota: donde no se puede ahorrar, no se ahorra. Pongamos, entonces, Chateaux Vieux. O Rincón Famoso, que no está mal. Comemos y hablamos con entusiasmo. De pronto (no súbitamente, sino, digamos, de a poco) se hace un silencio. La conversación decae. ¿Nos aburrimos? Tal vez no, tal vez sólo se trate de un impasse. O, tal vez, el apetito les ganó a las palabras. Seguimos tomando vino. Alguien, entonces, dice:

–Digamos boludeces.

Todos lo miran. El tipo insiste:

–Sí, boludeces. Cualquier boludez que se nos ocurra.

Otra vez el silencio. Entonces alguien dice:

–No hay que pagar la deuda externa.

Grandes carcajadas. Muy bueno, sensacional: ésa sí que es una boludez. Otro tipo se entusiasma. O mejor: otra, es una chica.

–Escuchen –dice–, yo tengo otra. Una boludez exquisita.

–Dale, largá.

Larga. Y dice:

–Hay que nacionalizar la banca.

Más carcajadas. Buenísimo, flaca.

–Vamos –insiste el iniciador del juego–, más boludeces. Pero boludeces boludeces, eh.

Un flaco con raya al medio dice:

–Yo tengo la máxima.

–Dale, largá.

El flaco con raya al medio larga. Y dice:

–La patria dejará de ser colonia o la bandera flameará sobre sus ruinas.

Desaforadas risas hasta que las lágrimas corren alborozadas por las mejillas.

–¿No es la más grande de todas las boludeces? –dice el flaco con raya al medio.

Uno de los que más ha reído se llama Goldstein, Marcos Goldstein. El flaco con raya al medio le da una piña en un hombro.

–¿Qué hacés, boludo? –dice Marcos–. ¿Por qué me pegás?

–Porque sos judío.

Siguen las risas. Marcos le dice al flaco de la raya al medio:

–Servime más vino.

El flaco le sirve. Otro dice:

–No le des mucho vino al judío que se deprime y empieza a hablar del Holocausto.

Más risas. Inesperadamente, alguien dice:

–Paren, che. Hay cosas con las que no se jode.

Más risas todavía. Y alguien (tal vez la piba que propuso la suprema boludez de nacionalizar la banca) dice:

–Dale, boludo, no seas psicobolche, querés.

Y el que dijo "hay cosas con las que no se jode" se calla. No quiere ser un psicobolche. No quiere quedarse fuera de la apoteosis del sarcasmo. Que es, el sarcasmo, una de las más imaginativas y, con frecuencia, brillantes expresiones del estado espiritual de este país: la derrota.[2] Así, la desgracia del psicobolche es doble: es un derrotado en un país derrotado. Propone la justicia en un país sin justicia. Propone la equidad en un país de desiguales. La seriedad en un país de sarcásticos. Está fuera de moda. Es el convidado de piedra. Un aguafiestas. Un hinchapelotas. Un patético. Otra de las tantas boludeces de las que hoy ingeniosamente nos reímos.

Sin embargo, cuando nos hartemos de autoflagelarnos, cuando ya nos hayamos reído hasta reventar de nuestras desgracias y de nuestras derrotas y de todas las desgracias y todas las derrotas, cuando llegue el día en que finalmente nos preguntemos cómo diablos vamos a salir de esto, habrá llegado el momento de recordar que para salir de algo hay que hacer algo, y que hacer algo es, irremediablemente, cambiar, y que existieron alguna vez, lejos, en el pasado, unos ejemplares que vivían para el cambio, a quienes luego les dijimos psicobolches,

---

2 Utilicé algunos de estos diálogos tal vez feroces en un cuento que escribí después ("Digamos boludeces") y que figura en una cuidada antología de Sergio S. Olguín titulada *Perón vuelve*, que reúne cuentos de Bioy Casares, Borges, Castillo, Cortázar, Fogwill, Luna, Perlongher, Piglia, Rozenmacher, Soriano, Viñas y Walsh. La edición es de Norma y tiene un prólogo –valioso como siempre– de Jorge Lafforgue.

y de quienes deberemos recuperar algunas virtudes (esa pasión, aunque sea, por cambiar las cosas) para dejar de ser esta cínica desdicha que somos ahora.

Texto, lo sé, irreparablemente psicobolche que merecerá las piadosas sonrisas de muchos de mis mejores amigos. Y hasta, conjeturo, las mías propias, ya que, como buen hombre de fin de siglo, como buen argentino de hoy, acostumbro a identificar la flagelante autoironía con la lucidez. Así, por ahora, están las cosas.

El Mal en la historia argentina

1. La humanidad y el Mal

Se sabe: no hay problema más escurridizo que el problema del Mal. El Génesis trató de encuadrar la cuestión y narró una historia muy atrayente; ante todo, porque los protagonistas estaban desnudos y el desnudo vende bien. Luego porque es una historia con manzanas y las manzanas quitan el vértigo y allí donde el vértigo se detiene, sólo allí, es posible establecer una verdad. También porque es una historia con vegetación y con serpientes (al menos, una) y la vegetación y las serpientes sugieren exotismo y el exotismo, como los desnudos, es inescindible de toda historia interesante. También, claro, porque es una historia en la que trabaja Dios y en la que el mismísimo Diablo hace la voz de la serpiente. Y también, por último, porque es una historia con pecado y con castigo y con final lacrimógeno: Adán y Eva son expulsados del Paraíso y ahí es donde comienza la historia humana. Como vemos, si un marketinero de Hollywood hubiera delineado ese *plot* no tendríamos historia humana. Eva y Adán retozarían eternamente inocentes en el Paraíso luego de haber resistido y hasta abominado las tentaciones de la serpiente: un impecable *happy ending*. Pero la historia humana se hubiera detenido allí; lo cual no sabemos si es bueno o es malo.

Sólo sabemos que hubiera muerto menos gente, que se hubieran necesitado menos extras, efectos especiales y que el costo de producción hubiera sido considerablemente más reducido.

La Historia (así: mayúsculas) surge del pecado, de la desobediencia, del Mal. También surge de un *plot* efectista pero con final bajoneante, para nada feliz. Primera pregunta: si la Historia nace de una trama con final desdichado, ¿por qué habría de tener un final feliz? Más aún: ¿por qué habría de ser, ella, la Historia, feliz y no lo que es: un cúmulo pavoroso de desgracias, infortunios, de horrores sin número? Segunda pregunta: ¿no han surgido las religiones para prometer ese final feliz que no fue? ¿No promete el judaísmo la llegada del Mesías y, con su llegada, el final feliz? ¿No asegura el cristianismo que Jesús murió por el perdón de nuestros pecados y que el fin de la historia será feliz porque será el de la redención? ¿Y las otras religiones, las religiones secularizadas? ¿No asegura el positivismo que la ciencia dominará la naturaleza y seremos los felices dueños de nuestro destino, que será una línea incontenible lanzada hacia el horizonte y que se llama Progreso? ¿No asegura el marxismo que –luego del pecado original de la división del trabajo– el proletariado derrotará a la burguesía e instaurará una sociedad sin clases, sin opresores ni oprimidos, sin explotación del hombre por el hombre? ¿No asegura el capitalismo que la mano invisible del mercado establecerá una sociedad donde todos –guiados por la maravillosa fuerza del egoísmo– darán a cada uno lo necesario y suficiente? En suma, hay muchos finales felices.

Final feliz del judaísmo:

Llegará el Mesías y establecerá la paz y la justicia entre los hombres. (Caramba, ¿por qué demora tanto?)

Final feliz del cristianismo:

Jesús ha entregado su vida por la redención de nuestros pecados. Una vez recorrido este valle de lágrimas nos reencontraremos en el Cielo y (son palabras de Aliosha Karamasov) "allí nos lo contaremos todo de nuevo". (Un final feliz esbozado en *El cielo puede esperar* y *El manto sagrado*.)

Final feliz del racionalismo:

La Ciencia conquistará la Naturaleza y vencerá al dolor y hasta a la Muerte. El Progreso nunca se detiene. Lo racional siempre triunfa sobre lo irracional, el Bien sobre el Mal. (Esto, en verdad, ha tenido sus refutaciones: el Progreso se detuvo con el Titanic y el triunfo de la Razón naufragó en Auschwitz. Adorno dijo mucho sobre esto.)

Final feliz del marxismo:

La derrota del injusto sistema capitalista es parte de su propia estructura: genera proletarios y los proletarios habrán de enterrarlo para crear una sociedad genérica, redimida, sin clases. (Esto, también, ha tenido sus refutaciones: cada vez hay menos proletarios y más marginados. Y hasta el Departamento de Estado contrató a un oriental para decir que tampoco hay Historia.)

Final feliz del capitalismo de mercado:

Dicen, ellos, que ya no es necesario esperar el final. Que el final feliz no tiene que venir. Que ya vino. Que es éste. (Esto, todos los días, tiene su refutación: sólo hay que leer los diarios.)

2. Los argentinos y el Mal

No pienso dilatarme más en consideraciones cuasi metafísicas sobre el Bien y el Mal, por decirlo así, universales. Me permitiré ser confidente y decir que mi tema obsesivo gira sobre el Mal en la historia argentina. Ocurre que el tema es tan, tan simple que casi agravia mi capacidad analítica. ¿Quién no sabe cuál es el Bien y cuál el Mal en nuestra historia? Sarmiento, en célebre frase, dijo: "El mal que aqueja a la Argentina es la extensión". Si tenemos en cuenta que la Argentina se extiende desde La Quiaca hasta Tierra del Fuego no será azaroso concluir que el Mal que aqueja a la Argentina es muy grande; es, sin más, tan grande como la Argentina. Es, sin más, la Argentina. Es decir, el Mal que aqueja a la Argentina es la Argentina. Sin embargo (lo reconozco), ésta es una manera sofística y tal vez complicada –como todo sofisma– de resolver el problema. Algo innecesario, ya que el problema del Mal en nuestra historia es tan simple que no necesita de sofisma alguno para ser resuelto.

Veamos:

Para Saavedra el Mal era Moreno. Para Moreno el Mal era Saavedra. Saavedra era bastante tosco y no se preguntaba sobre el origen del Mal: sólo no le gustaba Moreno porque hablaba demasiado de Rousseau y a ningún militar (Saavedra lo era) le gusta Rousseau. Para Moreno el Mal era Liniers, que era el héroe de las invasiones inglesas, que era proespañol y tenía reconocimiento entre la plebe. Así, Moreno ordena que lo fusilen y, en efecto, lo fusilan, con lo cual Moreno cree haber acabado con el Mal. Pero Atanasio Duarte –un borracho divertido– cree que el Mal es Moreno y que el Bien es Saavedra y propone nombrarlo rey a Saavedra. Moreno, furioso, cree que el Mal es Atanasio Duarte y escribe el decreto de la supresión de los honores: "Ningún ciudadano ni ebrio ni dormido". Pero los provincianos creen que el Mal es Moreno y llegan a Buenos Aires y Moreno se tiene que ir. Y se muere en alta mar, muy posiblemente porque alguien que cree que él, Moreno, es el Mal, lo envenena. Y Saavedra, cuando se entera, dice: "Se necesitaba tanta agua para apagar tanto fuego". Una frase que algunos años después debió haberle dicho Steve McQueen a Paul Newman en *Infierno en la torre*.

San Martín cree que el Mal son los españoles y los enfrenta en San Lorenzo. Y el sargento Cabral, que cree que San Martín es el Bien, detiene con su cuerpo la lanza de un español que cree que San Martín es el Mal y dice "Muero contento hemos batido al enemigo" porque cree que el enemigo es el Mal, cree que lo han batido y cree que muere contento.

Lavalle lo fusila a Dorrego porque cree que Dorrego es el Mal y Dorrego muere digno y altivo porque cree que el Mal es Lavalle. Rosas no cree que Lavalle es el Mal, cree que es un pobre tipo tirando a cuadrado, lo derrota, se adueña del poder y dice que Dorrego era el Bien y que él, que es el Supremo Bien, habrá de vengarlo. Los unitarios dicen que Rosas es el Mal y se exilian en Montevideo. La Mazorca dice que el Mal son los unitarios y se dedica a cortarles la cabeza, forma expedita que tenían de acabar con el Mal. Los ingleses dicen que Rosas es el Mal y Rosas insiste en decir que él es el Bien y los enfrenta en la Vuelta de Obligado, encadenando los ríos. Urquiza dice que Rosas es el Mal y con los unitarios y con los brasileños lo derrota en Caseros y entra en la ciudad portuaria con la divisa punzó. ¡Horror!, exclaman los unitarios: Urquiza, dicen, es el nuevo Mal, el nuevo Rosas. Se unen con los antiguos rosistas, se abrazan Valentín Alsina y Lorenzo Torres y Valentín Alsina le dice a Lorenzo Torres "Usted es el Bien" y Lorenzo Torres le dice a Valentín Alsina "Usted también" y, a dúo, dicen: "El Mal es Urquiza". Y dan el golpe porteño del 11 de setiembre de 1852 y Urquiza, ahora el Mal, se va a Entre Ríos. Y Mitre dice "Yo soy el Bien" y se pone al frente de la provincia de Buenos Aires y enfrenta a la Condeferación. Y Urquiza dice "Yo soy el Bien" y enfrenta a Mitre en Cepeda y lo derrota. Pero luego dice –muy secretamente, como para sí– "El Bien es Mitre" o "Me conviene que el Bien sea Mitre" y le da por ganada la batalla de Pavón y se retira al Palacio de San José traicionando a los federales duros. Y dice "El Bien son mis ovejas, mis estancias", y también "El Bien son las entrerrianas" y preña a casi todas las mujeres de su provincia. Pero, ahora y como era de esperarse, los federales duros dicen "El Mal es Urquiza" y lo bordan a puñaladas en el Palacio de

San José. Y llega el ochenta y Roca dice "El Mal son los indios" y hace la expedición al desierto y los indios dicen "El Mal es Roca" y Roca, mientras los fusila, pregunta "¿Cómo se dieron cuenta?" y reparte tierras a sus amigos y funda la poderosa oligarquía terrateniente argentina para la cual el Mal son, lisa y llanamente, los otros, siempre los otros. Y vienen los inmigrantes y son anarquistas y dicen "El Mal son los patrones" y hacen huelgas. Y los patrones dicen "El Mal son los obreros" y los reprimen, los fusilan, los masacran. Y viene Uriburu y dice "El Mal es Yrigoyen" y viene Justo y dice "El Mal es Uriburu" y viene Lisandro de la Torre y dice "El Mal son los frigoríficos" y los frigoríficos dicen "El Mal es De la Torre" y lo matan a Enzo, que más bueno no podía ser. Y De la Torre se suicida porque barrunta que el Mal es invencible. Y viene Forja y dice "El Mal es el imperialismo". Y viene Perón y dice "El Bien son los obreros, los cabecitas". Y los cabecitas dicen "El Bien es Perón". Y la Unión Democrática dice "Perón es el Mal". Y Evita dice "El Mal son los contreras". Y Lonardi dice "El Mal es Perón". Y Aramburu y Rojas dicen "El Mal es Lonardi". Y el general Valle dice "El Mal son Aramburu y Rojas". Y Aramburu y Rojas lo hacen fusilar porque, claro, dicen "El Mal es Valle". Y Perón se va a Madrid y desde allí dice "El Bien son los sindicalistas", dice "El Bien son las formaciones especiales", dice "El Bien es la juventud maravillosa", dice "El Bien son todos los que están conmigo". Y la juventud dice "El Mal es Lanusse", "El Mal es el imperialismo", "El Mal son los sindicalistas", "El Mal son los militares", "El Bien somos nosotros". Y Perón vuelve y dice "La juventud maravillosa está cuestionada". Con lo que está diciendo "la juventud maravillosa ya no es maravillosa, ya no es el Bien". Y la juventud maravillosa empieza a mascullar: "El viejo no es el Bien, cada vez se parece más al Mal". Pero le cuesta creerlo. Le cuesta mucho, muchísimo. Y a Quieto y a Firmenich (cuenta un chiste que se cuenta hoy) los entierran vivos, Perón se acerca a la tumba, la mira y los mea encima. Y Firmenich le dice a Prieto: "¿No te dije que el viejo no nos iba a cagar?" Y la juventud maravillosa dice "El Mal es Rucci" y Rucci no queda hecho puré sino galletita: Terrabussi y de veintidós agujeritos. Y López Rega dice "El Mal es la juventud" y si lo dice él lo dice la Triple A y empiezan a aparecer cadáveres en las zanjas que son, para la Triple A, el Mal. Y se muere Perón que era el Bien, que era el Mal, que era el Más o Menos, que era... ¿qué demonios era? Y viene Isabelita que no era el Bien, que no era el Mal, que no era el Mal ni el Bien sino que era un patético mamarracho fascistoide. Y se viene el Mal. Ahora sí: se viene el Mal. El Mal como nunca se vino. El Mal más malo de todos los males que nos aquejaron. Se viene Videla. Que, para muchos, es el Bien. Porque va a poner orden. Porque va a terminar con la subversión. Porque organiza tan lindo ese Mundial de Fútbol. Porque grita los goles patrióticos en la cancha de River. Porque saluda con los pulgares enhiestos desde la Casa Rosada. Qué joder, es el Bien y si anda matando gente por algo será, será porque los que mueren son el Mal o algo tendrán o habrán tenido que ver con el Mal. Y después viene Galtieri que es el Bien porque invade las Malvinas, que las tienen los ingleses que son el Mal y los argentinos van a la histórica plaza y el militar etílico sale y saluda y todos lo ovacionan porque es el Bien, porque es la Patria, porque es el Honor Recuperado, porque nos devolvió las hermanitas perdidas, porque las tiene bien puestas, carajo, pero por ahí no, no las tiene tan bien puestas, porque los ingleses, que son el Mal, lo echan de las Malvinas, a él, a Galtieri, que es el Bien, y entonces viene Alfonsín, que es el Bien porque es la Democracia, y todos los demás son el Mal porque son unos malditos desestabilizadores, y después viene la hiperinflación y Alfonsín, claro, es el Mal, porque no hay nada más

malo que la hiperinflación, ni siquiera Videla, que con él esto
no pasaba, aunque, qué sé yo, amasijaba a cualquiera, dejalo
donde está y el Bien, ahora, es Menem, y se acabó, final feliz,
el Bien es el turco, el riojano, el gran varón argentino que frenó la inflación y nos hizo hermanos de los yankis y...

Progres de por aquí

1.

Progres hubo siempre. Lo raro es que todavía existan. Muy simple: no hay idea que se haya estropeado más a lo largo de las últimas décadas que la idea de Progreso. (Supongo que nadie negará que la figura del progre se relaciona, de modo insalvable, con la noción de Progreso en la historia. Así como la figura del reaccionario se relaciona con la idea de la reacción, dividiendo a la historia en dos secciones opuestas: progreso y reacción.) La idea de Progreso (así, con mayúsculas, tal como la escribían los positivistas de fines del siglo XIX) se estropeó seriamente en 1912 cuando el iceberg le ganó al Titanic por knockout en el primer round. Lo abrió de parte a parte y el navío invencible, fruto de la inteligencia humana y su correlato: el avance de la tecnología y de la ciencia, se hundió de modo inapelable llevándose con él las ilusiones del progreso indefinido y de la indestructibilidad de la inteligencia humana y sus destellantes creaciones. Muchos dicen "no somos nada" cuando van a un velorio. Otros dicen "no somos nada" cuando ven la imagen del Titanic hundiéndose en esas aguas heladas. (Lo confieso: se me ha dado por el Titanic durante los últimos tiempos. Ocurre que vi un documental formidable por Mundo

Olé y no me puedo plumerear el tema. Como sea, al margen de avatares personales, creo, sí, que la metáfora del Titanic es poderosa. Se reproduce constantemente. Mientras escribo estas líneas las radios y los diarios abruman con la derrota de Garry Kasparov a manos de la computadora Deep Blue. Otra vez el Titanic. Aquí, el Titanic es Gasparov y Deep Blue el iceberg. Es decir, la humillación de la inteligencia humana. Se dirá: la inteligencia humana hizo a Deep Blue, al iceberg lo hizo Dios. Y hay una respuesta: a Dios lo hizo la inteligencia humana. Y hay otra: a Dios no lo hizo la inteligencia humana, sino la ignorancia y el temor. Conclusión: creer en Dios no es progre.[3] De todos modos, siguen existiendo los progres. Los que consideran que la historia avanza, que hay un horizonte, un futuro abierto y posible. Y de esta clase de gente nunca hubo escasez en nuestra historia.

El primer progre fue Moreno, que había leído y traducido a Rousseau. Después Rivadavia que dictó una Constitución para minorías ilustradas. Después los jóvenes del Salón Literario y la Asociación de Mayo. Después los que rodean a Urquiza para voltear a Rosas: Sarmiento, Mitre, Alberdi. (Urquiza parecía progre porque era el destinado a terminar con la dictadura de Rosas, pero no tenía mañas de progre. Cuenta Sarmiento, en su libro sobre la campaña del Ejército Grande, que Urquiza

---

3 Como se ve, al escribir este texto aún no se había estrenado el *Titanic* de James Cameron que arrasó con todos los otros y dio verdadero final al siglo XX, que, así, iría del Titanic a *Titanic*, reemplazando la teoría de Eric Hobsbawm, la que da inicio al siglo con la Primera Guerra Mundial y lo termina con la caída del Muro. No: la idea de Progreso muere *ya* –en 1912 y no en 1914– con el hundimiento del Titanic y el mundo observa fascinado la derrota del neoliberalismo tecnológico *para todos* con el *Titanic* de Cameron, que se hunde *de punta* como la tecnología fin de milenio. Otra sugerencia: ¿el hundimiento del *Titanic* de Cameron no preanuncia en el imaginario norteamericano y hasta mundial, globalizado, el *hundimiento* de las Torres Gemelas? Estos temas retornan en la *séptima parte* de este libro: "Después de las Torres Gemelas", p. 519.

tenía en su tienda de general un perro que llevaba el curioso nombre de Purvis, quien había sido un simpático almirante inglés a quien Urquiza había combatido durante el sitio de Montevideo. Tanto despreciaba el entrerriano al almirante que le puso Purvis a su perro. Sin embargo, Purvis, el perro, no sólo no era almirante inglés, tampoco era simpático. Mordía vorazmente a quien se presentara en la tienda de su amo. Si Urquiza no lo frenaba con un "¡Purvis!" autoritario y seco... Purvis mordía. Asi, cierta vez, el general Paz encuentra a Sarmiento y le pregunta: "¿Lo ha mordido a usted el perro Purvis?". Orgulloso como siempre responde Sarmiento: "Jamás. Siempre he tenido mi sable entre él y yo". Si bien esto demuestra la sagacidad y el nunca desmentido coraje de Sarmiento confirma las maneras poco elegantes de Urquiza, que, luego de Caseros, entra en Buenos Aires con la divisa punzó y más tarde, en su provincia, se dedica al sexo salvaje. Y esto no es de progre.) Luego de Urquiza vienen los progres de la Organización Nacional y barren a los gauchos federales y arrasan el Paraguay. Aquí hay grandes discusiones y nunca nadie se pone de acuerdo, ya que muchos dicen que nada era más progre en el siglo XIX que el Paraguay porque tenía astilleros y fabricaba armamentos y que nada era menos progre que Buenos Aires porque se entregaba al capital británico y todo eso. Estas discusiones han generado distintos tipos de progres. El progre nacional-popular (que no ha dejado de existir, créase o no). Y el progre liberal (que tampoco ha dejado de existir).

Y ahora sí: hemos llegado donde queríamos llegar. Porque conocemos bastante bien a los progres. Pero hay un progre al que hemos conocido (muchas veces en medio de la más genuina sorpresa) durante los últimos años y es... el progre menemista. Y dije "llegamos donde queríamos llegar" porque el progre menemista es una mezcla del progre nacional-popular con el progre liberal.

2.

Durante, creo, el mes de agosto de 1989 se presentó en la librería Los Nuestros (que, como muchas otras cosas que solían estar, ya no está) el libro *Desde la incertidumbre*, de Carlos Auyero, que tampoco, dolorosamente, está. Tengo para mí que fue el primer acto opositor al gobierno de Menem. Tal vez no exactamente, pero por ahí. Estábamos en el panel Pasquini Durán, Alberto Piccinini, Auyero y yo. Termina la presentación, nos mezclamos con el público (estaba, recuerdo, Graciela Fernández Meijide) y se me acerca un conspicuo ex montonero. Qué tal, qué hacés, en qué andás. Trabaja, me dice, en la Secretaría de Cultura de la Nación. Y dice una serie de enfervorizadas cosas más: habla bien de la gestión de Menem, dice que las privatizaciones son necesarias, también la modernización de la clase política, la apertura de la economía y el federalismo, el siempre postergado y necesario federalismo. Como no soy muy afecto a las discusiones o argumentaciones o meras disquisiciones con este tipo de concluyentes personajes le digo que bueno, que está bien, que me alegro de encontrarlo tan feliz. "Tan feliz, no", dice. Le pregunto por qué. "Falta algo". Sus ojitos brillan. Permanezco en silencio, mirándolo. Y dice: "Falta la revolución productiva con justicia social". No sé si lo descubrí en ese exacto momento, pero acababa de conocer al progre menemista.

El progre menemista tiene tendencia a pertenecer a algún estamento del Estado. Tiene, en general, un pasado combativo en la izquierda peronista. Más claramente: ha sido, casi siempre, montonero. O cuadro de superficie o clandestino armado. Sigue creyendo en muchas de las cosas en que creía, lo que le permite decir que sigue siendo peronista. Y cree, sobre todo, en el federalismo. Esto es muy fácil de comprender: como el menemismo tiene en las provincias y en sus caciques adictos una fuerte base de sustentación, como la pobreza del ajuste no ha generado conciencia de repulsa sino adicción temerosa en las bases empobrecidas del interior, el progre menemista sería insensato si no hiciera federalismo. Hacer –hoy– federalismo es cuidar a la gran mayoría de los votantes del gobierno.

De modo que el progre menemista realiza una mixtura entre tradiciones políticas nacional-populares con valores libre-mercadistas. Pero su folclorismo –al no estar ya sustentado en una política y una economía populares– lo conduce a un odio severo por los zurdos, que son los otros progres, los progres antimenemistas. Así, acusa a la oposición de porteñista. Dirá que se ha actualizado la antinomia civilización y barbarie. Que los porteños son lo que eran los viejos unitarios: soberbios, bienudos, centralistas, ajenos al país real; que está, claro, en las provincias.

No le importa que su gobierno remate todo aquello que –él, el progre menemista, antes– consideraba sagrado: las bases del poder económico, el poder del Estado, YPF, Somisa, etc. No: esto es la modernización. Es el espíritu del fin del milenio. Entre tanto, ellos siguen defendiendo las esencias del federalismo, que reposan en las provincias. Y siguen odiando a los porteños, siempre unitarios, siempre rivadavianos, siempre incapaces de comprender a los pobres que, por algo será, votan a Menem. Realizan, de este modo, una síntesis perfecta entre liberalismo y fascismo.

Son liberales: reforma del Estado, apertura de la economía, privatizaciones, inserción en el Primer Mundo. Son fascistas: exaltación de la tradición, populismo, desdén por el progresismo zurdo de Buenos Aires.

Algunos creen verdaderamente en esta ficción. Otros no: sólo la utilizan para ocupar sin culpa cargos en un Estado que sabe ser muy generoso con sus agentes. Deberemos ser capaces de elucidar quiénes son unos y quiénes son otros.

Aventuras argentinas

1. La aventura fundacional

Nuestro despegue como nación –por decirlo de este modo– tiene que ver con la condición femenina y los utensilios de cocina. Atacaban los ingleses, desplegaban su poderío por las calles de Buenos Aires y nuestras bravas matronas, empeñadas en conservar su condición de españolas, les arrojaban un aceite hirviente, espumoso, que los cocinaba sin piedad. Así las cosas, tal vez nuestros orígenes debieran ser explicitados por el Gato Dumas o el impecable Ramiro Rodríguez Pardo, ya que tienen que ver con el arte de la cocina y sus utensilios: ollas, cucharones, sartenes.

Oponiéndonos a la decidida actitud de las matronas porteñas podríamos argumentar que ningún plato nuevo salió de esa gesta salvo el transitado postre de pizzería denominado sopa inglesa, que cambió su nombre a sopa Malvinas durante la heroica gesta de Galtieri y que volvió a recuperar el de sopa inglesa no bien los ingleses recuperaron a las hermanitas irredentas, que continuaron así, irredentas, pero, para colmo de males, con la enseña que Belgrano nos legó atada al carro de un vencedor de la tierra: los principitos ingleses, que se vengaron, por ese medio, del injurioso aceite de las patrióticas matronas.

Como sea, todos coinciden en situar a las matronas y al aceite hirviente como el momento en que nuestra nacionalidad despunta. (Durante los años setenta varios ideólogos nacionalistas afirmaban que el Pueblo y el Ejército habían surgido unidos en nuestra patria combatiendo al invasor extranjero, de donde se derivaba una teoría sobre el insoslayable papel del Ejército en toda gesta posible de emancipación. Como no hubo ninguna, la teoría cayó en desgracia. Los ideólogos nacionalistas también. Para sobrevivir se hicieron menemistas y embajadores en tierras del tequila y de Zapata. Cosas de nuestra patria.) Si habíamos derrotado a los ingleses, ¿cómo no atrevernos con los españoles? Nos atrevimos: jabonería de Vieytes y Revolución de Mayo. Nuestra revolución fue incruenta y de escasa participación popular. Su mayor enemigo fue la lluvia; su arma, coherentemente, fueron los paraguas. Dijo, el pueblo, que quería saber de qué se trataba. Se trataba de lo que siempre siempre habría de tratarse: el cambio de un gobierno por otro. Juan Carlos Mariátegui –gran teórico marxista y peruano– dijo que las revoluciones en América Latina fueron "políticas". En suma, se cambió a la administración virreinal por una administración criolla que afirmaba gobernar en nombre de Fernando VII. A esto se le llamó "máscara de Fernando". Nuestra historia surge enmascarada. No se atreve a mostrar su propio rostro. Retengamos esto: pocos conceptos más ricos que el concepto de "máscara" para entender nuestro país. Ya veremos al campeón de las máscaras: Juan Perón, desde Madrid, poniéndose todas.

2. La aventura federal

Abandonadas por el centralismo de la Revolución de Mayo, las provincias empezaron a generar una suerte de guerreros rurales, habitualmente ricos pero amigos de los pobres, con escaso talento para la elegancia, hasta, a veces, zarrapastrosos, que no frecuentaban la tienda de Dudignac y Lacombe, que usaban poncho, espuelas, cuchillo y lanza. Fueron los caudillos. Defendieron los intereses del Interior y a esto se le llamó federalismo.

La aventura federal fue colorida y fragorosa; escogió para sí el color colorado y lo agitó por las tierras calientes de La Rioja, San Juan, Catamarca y por las tierras húmedas de Corrientes y Santa Fe. Y hasta tuvo la osadía de plantarlo en Buenos Aires durante el año de 1820, en esa prefiguración del 17 de octubre que hicieron Francisco Ramírez y los suyos cuando se lavaron las patas en las fuentes el día en que murió Belgrano y dijo "¡Ay, patria mía!" y el año que los juiciosos historiadores académicos llamarían de la anarquía. Tal cual, "la anarquía del año veinte".

Pero el más colorido y el más fragoroso de los caudillos federales habrá de ser Juan Facundo Quiroga, cuya aventura histórica tendrá, entre otras virtudes, la de engendrar el mejor libro de nuestra literatura. Claro que sí: el *Facundo* sarmientino. (Borges solía decir que nuestro destino hubiera sido otro si hubiéramos entronizado como texto nacional al *Facundo* y no al *Martín Fierro*. Creía, erróneamente, que el *Facundo* y el *Martín Fierro* postulaban opciones políticas antagónicas. No acostumbraba a releer *La vuelta de Martín Fierro*: ahí –¡sí, como lo dijo antes que nadie Milcíades Peña!–, el gaucho de Hernández es más manso que caballo de calesita, en tanto que el gaucho del *Facundo* es siempre bravío y, con permiso, montonero.) Facundo ganaba y perdía batallas. Se las ganaba a Lamadrid y las perdía con Paz. Le ganaba a Lamadrid porque Lamadrid sabía más de componer vidalitas y cocinar empanadas que de ganar batallas. Y las perdía con Paz porque Paz era un matemático de la guerra: "Para él, una batalla es un problema por ecuaciones que resolverá hasta daros la incógnita, que es la victoria" (Sarmiento, citado de memoria, es decir, con un grado altísimo de posible inexactitud). Facundo culmina su aventura histórica con una gesta romántica admirable: reumático, quebrado por dolores inconfesables, elegante, trajeado en Dudignac y Lacombe, dialogando sobre la muerte con su secretario Santos Ortiz (doctor en filosofía), comiendo frugalmente pero sin abandonar su mondadientes de oro, presagiando y hasta anhelando lo peor, pero confiado en que no había nacido aún quien pudiera ultimarlo, parte rumbo al norte en una galera, con escasa escolta y un par de pistolas. Antes, en la Hacienda de Figueroa, ha conversado con Rosas sobre la institucionalización del país. Rosas le dice que no, que nada de Constitución. Facundo anhela para sí el rol del gran organizador de la República: le urge la empresa institucional. Se despide de Rosas, soluciona un par de cosas en el Norte y regresa. En Barranca Yaco lo espera una partida de asesinos al mando de un tal Santos Pérez. (Barranca Yaco es uno de los nombres de la tragedia y la derrota. Es posible decir "a todo caudillo le espera su Barranca Yaco" como "a todo Napoleón su Waterloo" como "a todo guerrillero socialista su Quebrada del Yuro".) Facundo se asoma por la ventanilla de la galera y pregunta quién comanda esa partida. Un balazo le atraviesa un ojo.

Rosas, prolijamente, atormenta a los hermanos Reynafé como culpables del salvaje acto. Pero Borges (¿otra vez Borges?) acusa a Don Juan Manuel en "Quiroga va en coche al muere". Y, confieso, a lo largo de los años, que no pasan en vano, sino que pasan para que uno abandone sus viejas ideas, es decir, para que abandone los viejos errores por otros nuevos, a lo largo de los años, digo, he llegado a coincidir con Borges: a Facundo lo hizo amasijar Rosas. ¿*Whodunit*? Rosas *dunit*.

Y es en Rosas donde continúa la aventura federal. Rosas es majestuoso, frío, implacable. Le gustan los bufones, los intelectuales napolitanos y le gusta su hija Manuelita: la más apasionada é incestuosa historia de amor satánico aún está por escribirse. (¿Conseguiré un buen adelanto de alguna editorial con esto?)

Rosas tiene su gran aventura con una batalla en la que (él) no participa: Vuelta de Obligado. Pierde pero gana. Le pone cadenas a los ríos. (¿No es maravilloso? Los menemistas, hoy, dicen que hacen federalismo y hasta lo pusieron al Restaurador en los billetes de veinte pesos, que son colorados, pero son campeones del librecambio y abren el país a la voracidad de todos los capitales, en tanto Rosas, el símbolo del federalismo, encadenaba los ríos. Cosa e'mandinga nuestra historia. Pero no, no tanto. Ya se verá.) Los ingleses atraviesan las cadenas pero no salen muy bien parados y hacen la paz. El día 20 de noviembre queda como el día de la soberanía nacional. Rosas, luego, es derrotado en Caseros y huye a la tierra de su enemigo, huye a Inglaterra, a Southampton. Años después lo sorprenderá allí la pluma de Andrés Rivera y le hará decir frases breves e inapelables.

3. La aventura de la organización nacional

Esta aventura empieza en Caseros. Su primer gran protagonista es Urquiza, que entra en Buenos Aires con la divisa punzó. Las clases ilustradas y pudientes se horrorizan: ¿se trata de un nuevo Rosas? A Urquiza no le temblaba la mano: en el campo de Caseros había hecho fusilar al coronel rosista Martiniano Chilavert y hecho degollar al mazorquero Santa Coloma.

Pero Buenos Aires ya tiene su héroe: el general Mitre. La aventura de la organización nacional es la aventura de Mitre y Buenos Aires. Mitre era el porteño por excelencia: había traducido la *Divina comedia* y tenía modales jactanciosos; era, en verdad, un perfecto fanfarrón. Antes de empezar la guerra del Paraguay, que duró cinco años, se permitió decir: "En tres días en los cuarteles, en quince días en el frente, en tres meses en la Asunción". Insisto: la guerra duró cinco años.

Los organizadores saben que su aventura habrá de ser sangrienta. Sarmiento dice a Mitre: "No ahorre sangre de gauchos". Mitre dice: "Quiero hacer en el Interior una guerra de policía". El general Paunero (en tanto aniquila federales) reflexiona: "No se puede hacer tortilla sin romper huevos". Sarmiento, cuando se entera de la muerte del Chacho Peñaloza, dice: "Aplaudo la medida precisamente por su forma". La "forma" fue lancear al Chacho –tarea a cargo del sanguinario mayor Irrazábal–, cortarle la cabeza, clavarla en una pica y exhibirla en la plaza de Olta.

Se levantan los últimos caudillos federales: Felipe Varela y López Jordán. A Felipe Varela le hacen una zamba. Tiene una versión unitaria: "Porque Felipe Varela matando viene y se va". Tiene una versión federal: "Porque Felipe Varela nunca mató por matar". Escuché la versión federal en septiembre de 1975, cuando se suponía en leve retirada a López Rega y a la Triple A; la escuché en una noche esperanzada, en una Unidad Básica de Flores que manejaba Horacio González y que tenía un lema marechaliano: "La patria es un miedo que nos gusta"; la escuché interpretada por un conjunto folclórico que dijo no llamarse, como otro muy conocido, Los de Antes, sino Los de Hoy porque "hoy –explicó uno de sus integrantes, en esa Argentina de cadáveres cotidianos– estamos y mañana no sabemos". Y la Triple A regresó –o, más exactamente, nunca se había ido– y después vino Videla y Horacio cerró la Unidad Básica y la patria metió tanto pero tanto miedo que hasta nos empezó a gustar menos.

A Varela lo derrotaron como habrían de recordarlo: con una zamba. Lo derrotaron en Pozo de Vargas y la zamba –sí, la de Vargas– la hizo tocar su adversario a la orquesta y los bríos de sus guerreros doblegaron a los de los hombres de Varela. Y luego vino la aventura de la guerra del Paraguay, que, como dije, duró cinco años. Pero del Paraguay nada, no quedó nada. Y Dominguito, el hijo de Sarmiento, murió en la batalla de Curupaytí, y Mitre le dijo a Sarmiento: "Usted me dio un hijo, yo le devuelvo un héroe". Porque Mitre era increíble para armar frases. En lugar de decir: "Vea, Don Domingo, a su hijo lo amasijaron". Le dijo: "Le devuelvo un héroe". Increíble.

Luego del Paraguay los organizadores nacionales la emprenden contra el último caudillo en armas: Ricardo López Jordán, quien ordenara acuchillar a Urquiza en el Palacio de San José. ¿Por qué se había hecho acreedor a semejante muerte el vencedor de Caseros? Lo dirá Alberdi en el tomo V de sus *Escritos póstumos*: "¿Para qué dio [Urquiza] tres batallas? Caseros para ganar la presidencia. Cepeda para ganar una fortuna. Pavón para asegurarla".

Y luego el ochenta. El héroe del ochenta es Roca. Es él quien consolida la aventura de la organización nacional. Y lo hace aniquilando impiadosamente a los indios de la frontera sur. De estas matanzas no hay historia. O hay poça. (Bayer, Viñas.) Hemos hablado mucho de las matanzas de gauchos. Nos han importado poco las matanzas de indios. Léase el *Martín Fierro*: la visión del indio es terrorífica. ("No son raros los quejidos / en los toldos del salvaje / pues aquél es vandalaje / donde no se arregla nada / sinó a lanza y puñalada (...) No preciso juramento / deben crerle a Martín Fierro / ha visto en ese destierro / a un salvaje que se irrita / degollar a una chinita / y tirársela a los perros".) Deben creerle a *Martín Fierro*. El texto en que se defiende al gaucho justifica la exterminación del indio.

4. La aventura inmigratoria

Un italiano –durante algún día del siglo XIX– llega a Nueva York. Tres meses después confiesa: "Antes de llegar a Nueva York yo pensaba que las calles estaban asfaltadas de oro. Ahora sé que no es así. Que no están asfaltadas de oro, que ni siquiera están asfaltadas y que tengo que asfaltarlas yo". Algo similar les ocurría a los inmigrantes que llegaban a la gran ciudad del Sur.

Alberdi lo había dicho: Gobernar es poblar. Los organizadores de la nación, desde su estricto punto de vista, no tenían otra alternativa: ¿cómo habrían de lanzarse hacia el Progreso con el material humano de estas tierras? Con los indios, ni hablar. Sólo restaba liquidarlos. Y en cuanto a los gauchos, ¿qué se podía esperar de ellos? Sólo ese payador José Hernández decía que eran útiles. Pero ¿lo eran? Mejor no preguntarle a Sarmiento: el gaucho respondía a una mixtura condenada. Mezcla de español y de indio. Escoria pura. Se sabe: Sarmiento no quería mucho a los españoles. Decía: "España salva a la Argentina de ser el peor país del mundo". Para Sarmiento Europa era Europa y España... España. (Lo confieso: he leído tanto a Sarmiento que me cuesta aún imaginar a España como un país europeo. Manuel Vicent viene a mironear un poco la reelección de Menem; se pasea por la plaza de Mayo, ve a los peronistas aplaudir al campeón del ajuste y las privatizaciones y dice: "No hay caso. Los europeos nunca entenderemos al peronismo". Sarmiento le diría: "Ése no es escollo para los españoles, ya que nada tienen de europeos". Borges le diría: "¿Quiere usted entender al peronismo? Caramba, ni se moleste en venir a la Argentina. Échele una miradita a Franco".)

Y llegan los protagonistas de la aventura inmigratoria: son italianos, españoles, polacos, judíos. ¡No son los industriosos sajones que esperaban Sarmiento y Alberdi! Miguel Cané los mira llegar y gruñe: "Violarán a nuestras vírgenes". Se refería –en lo profundo– no a las mujeres, sino al país entendido como patria virginal que sería mancillado por las heces del lumpenaje europeo.

El radicalismo nace al calor de la aventura inmigratoria. Hipólito Yrigoyen se asume como el representante de las masas humildes y laboriosas que llegan al país. Pero con los inmigrantes llegan las grandes pestes ideológicas: el anarquismo, el marxismo. Créase o no: se atreven a hacerles huelgas a los patrones, a los hijos de los organizadores de la nación, es decir, a los dueños de la nación. Cerca de dos mil obreros paran en los talleres de Vasena. ¡Leña! ¡Liga Patriótica! ¡Policía brava! ¡Masacres patagónicas!

Tanto la Semana Trágica como la Patagonia Trágica representan el pasaje al nuevo siglo del esquema exterminador con que los organizadores de la nación la "organizaron" en el siglo XIX. Y el viejo Don Hipólito amaina y permite. Y firma. Y luego Alvear "alveariza" al radicalismo. Y luego Don Hipólito vuelve el 12 de octubre de 1928. Pero ya Lugones –en el aniversario de la batalla de Ayacucho, allá, en Lima, en 1924– había anunciado la hora de la espada. Y entonces Uriburu da el golpe del 6 de septiembre. Y llega, en efecto, la hora de la espada.

(Continuará.

No se lo pierdan.

Falta lo peor.)

Esos extraños y lejanos tiempos, los tiempos de la revolución

1. Revolución y totalidad

Durante esos años en que la revolución andaba en boca de todos, una de las peores cosas que se le podía decir a un tipo era: reformista. El reformista era un blando, un mediocre, alguien que no se animaba a llegar a los extremos. O no se animaba o no quería porque –y aquí entraba a jugar la categorización moral del personaje– algún interés quería salvaguardar de la sociedad injusta en que vivía. También, al reformista, se le solía decir "pequeño burgués", que era un concepto muy ultrajante. Como sea, el reformista era un hombre que lejos de pensar al sistema como totalmente injusto, lo juzgaba parcialmente injusto. Y esta valoración de la parcialidad lo arrojaba a la hoguera de los reaccionarios. Porque el reformista deseaba conservar el sistema al precio de cambiar sólo sus aristas condenables. No advertía –por mala fe, miopía histórica o mero canallismo político– que el sistema era injusto en su totalidad, y que, por lo tanto, lo que había que cambiar era el sistema y no algunas de sus partes. Así, el pensamiento revolucionario se definía como un pensamiento de la totalidad: hay que cambiar todo. Y el

pensamiento reformista como un pensamiento de la particularidad o parcialidad: hay que cambiar algo.

Al reformista se le reservaba también otro concepto ultrajante: era gatopardista. Esto quería decir que el reformista era un
cínico, un mal bicho que hacía suya esa frase de Burt Lancaster
en la película de Visconti: hay que cambiar algo para que nada
cambie. (Los más cultos conocían esta frase porque habían
leído, además, la novela de Lampedusa.)[4] En todo caso, lo decisivo, siempre, era condenar a todo aquel que no coincidiera en
la decisión de cambiarlo todo porque todo estaba mal. Porque
lo que estaba mal era, lisa y llanamente, el sistema.[5]

Como vemos, el pensamiento de la revolución es un pensamiento de la totalidad. De aquí que, en los socialismos reales,
se haya deslizado como por un triste tobogán al totalitarismo.
Me explico: el concepto de totalidad lleva al de totalidad política. La totalidad en política se llama Estado. No es casual que
el pensamiento revolucionario se haya propuesto cambiar la
totalidad tomando el poder, entendiendo por toma del poder
–en una, al menos, de sus instancias decisivas– la toma del
Estado. Era necesario apropiarse del Estado para cambiar la

◆ —————————————————————————————

4 Véase en la *sexta parte*, "Pensar la Argentina", el texto "La muerte del gatopardismo" (pp. 482-486), donde hay un análisis más detallado de la novela de Lampedusa y su interpretación filosófico política hoy.

5 Sería imposible llevar a la sensibilidad de los lectores de hoy –digamos: de
aquellos que no vivieron la era de la revolución– la infinita sensación de horror y asco que debía apropiarse de uno cuando decía: el sistema. El sistema era una totalidad
aberrante. Perfecta y aberrante. En un pasaje de la película italiana *Sacco y Vanzetti*
–la época de la revolución era tan extraña y está tan lejos que aún se veían películas
italianas en la Argentina– un juez del sistema le dice a Vanzetti: "¿Cómo pretende
que el sistema se haya descuidado en un juez? ¿Cómo se le ocurre pensar que un engranaje tan perfecto haya descuidado uno de sus eslabones y no haya colocado ahí a
uno de sus lúcidos servidores?". Massera, desde las zonas del horror, gustaba usar la
palabra sistema. Algún "inteligente" de la muerte le escribía los discursos y, en uno
de ellos, había escrito: "El sistema, como dice el enemigo".

totalidad, el sistema. Pero claro: apropiarse del Estado fue instalar otro sistema. De aquí... el resto. Lo que ya se sabe. Lenin y *El Estado y la revolución*. Y Stalin y todo eso que los neoliberales fin de milenio se empecinan en recordar cotidianamente para justificar las canalladas del neoliberalismo real. De modo que no insistiremos en esta cuestión. Importa lo siguiente: la revolución siempre buscó transformar el todo, repudió a los reformistas y se lanzó a la toma del Estado para quebrar el sistema burgués. Tal cual.

2. Revolución y absoluto

El revolucionario –al ser un hombre de la totalidad– es un hombre de lo absoluto. La transferencia de sentido es inmediata y coherente. Nadie puede decir de un reformista: "Busca lo absoluto". No, el reformista es un pescado frío, gris, sin encanto alguno, que se conforma con medianías. En cambio, el revolucionario es un soldado de lo absoluto. Lo quiere todo. Y aquí entra la prosa poética. ¿Quién puede decir que un reformista tiene sed? Suena bastante idiota decir: "tenía sed de reformas". No suena idiota decir: "tenía sed de absoluto".

La cosa es así: totalidad, revolución, sed, absoluto. El revolucionario tiene sed, anhela, se juega la vida, ama los extremos, desplaza los límites, crea el futuro. Un revolucionario es campo fértil para la prosa poética. Un reformista sólo puede ser comparado con el folleto explicativo de una heladera. Un revolucionario enciende la imaginación. Convoca vastedades, desmesuras. Se le pueden componer canciones. Escribir poemas. En fin, es un romántico.

El revolucionario tiene una relación de cercanía con la muerte. Con la muerte bella. La muerte es, también, un absoluto. ¿Cómo no va a ser parte de la estética revolucionaria?

Un revolucionario siempre está dispuesto a "dar la vida". Que significa: "morir". Pero "morir luchando por un ideal" no es "morir". Siempre los revolucionarios son recordados como seres "presentes". ¿Por qué? Porque viven en la lucha por la que murieron. Así, es posible decir en sus días de recordación, tal vez junto a su tumba o en cualquier otra parte, algo como "no estamos aquí para lamentar su ausencia, sino para sentir su presencia". (Yo era muy jovencito y recuerdo que iba a los teatros de la revolución. Y recuerdo que, alguna vez, vi una obra que se llamaba *El Carro Eternidad* y, en el final, el protagonista, que había muerto, se levantaba, enfrentaba al público y decía: "El que muere luchando por un ideal, no muere jamás". Algo así. Y uno se emocionaba y derramaba algunas viriles lágrimas y se iba a un bar con una mina y le decía: "Nosotros somos los únicos que podemos reinventar el bello sentido de las bellas palabras". Y la mina se volvía loca, se reviraba toda y, después, en una cama salvaje, exclamaba: "Haceme tuya, Potemkin". Y uno se sentía Potemkin. Así de linda era la época de la revolución. Tan linda como para que uno leyera, sin desmigajarse a carcajadas, un texto como el siguiente: "...porque soy capaz de caminar una hora bajo el agua si en algún barrio que no conozco pasan *Potemkin* y hay que verlo aunque se caiga el mundo, Rocamadour, porque el mundo ya no importa si uno no tiene fuerzas para seguir eligiendo algo verdadero". Como vemos, las condiciones que tenían los personajes de Cortázar para el heroísmo han quedado en el pasado; en la época, justamente, de la revolución. Primero: porque si bien todavía hay días lluviosos, en ningún barrio pasan ya *Potemkin*, sobre todo, claro, porque ya no hay cines de barrio. Segundo: porque todo adecuado amante de Eisenstein tiene *Potemkin* en su videoteca. De modo que sólo hay que estirar un poco el brazo, tomar el video, ponerlo en la videocassettera y verlo, así nomás. ¿Cómo es posible ser heroico bajo estas condiciones?)

3. Revolución y futuro

La dimensión temporal de la revolución es el futuro. El revolucionario, por su condición de esencial de insatisfacción con el presente, es un navegante de la historia, un navegante que navega hacia el futuro. Todo navegante abre rumbos al navegar. Aquí, entonces, entran Serrat y el poema de Machado: se hace camino al andar. El camino lleva al futuro. En el futuro está la utopía. Esa utopía permite sobrellevar las desdichas presentes.

El pensamiento revolucionario cree –y esta creencia es inseparable de su definición, de cualquier intento por dibujar su estructura– que existe un futuro, que el futuro es una conquista de la lucha, que la lucha da sentido a la vida, y que si la historia tiene un sentido –y sí: lo tiene– es porque los que desean transformar la insoportabilidad del presente la empujan día a día hacia un estadio superior en el que las más angustiosas cuestiones de la condición humana habrán de superarse. O, al menos, creen que ese intento vale la pena. Más aún: que ese intento, creen, alcanza para justificar cualquier vida que se le dedique.

4. La derecha y la revolución

Entregada a su salvaje algarabía de fin de milenio, la derecha no se priva de nada. Incorpora los más queridos y perfectos símbolos de la izquierda. Ya no hay revoluciones, dice. Pero bueno: cuelguen en sus habitaciones los pósters del comandante Guevara. Miren esa mirada. Mira hacia el futuro. ¿Quién puede sentir que el futuro ha muerto si Guevara mira tan poderosamente hacia él? Es un consuelo. Todos venden pósters y remeras del Che. ¿Qué piensa la derecha? Piensa: no hay futuro, o, al menos, no habrá el futuro que ellos alguna vez desearon que hubiera, de modo que dejen que le canten al Che, que cuelguen el póster, que usen las remeras, que le hagan recitales de rock, todo eso nos sirve, nos viene bien, no vaya, caramba, a ocurrir que se den cuenta en serio que futuro, lo que se dice futuro, no hay, porque es totalmente nuestro, y se empiecen a poner incómodos otra vez, como antes, en la época esa, la de la revolución, cuando jodían tanto, tanto pero tanto que, al final, tuvimos que matarlos a todos.

Preferirían, claro, no hacerlo. Pero no puede uno sino conjeturar que tan fácil no les ha de resultar todo. Porque si bien resulta cómodo ver *Potemkin* en casa y no salir a la calle, a la lluvia, a los conjeturales cines de barrio, tampoco resulta imaginable que los hombres (que, en general, se han caracterizado por querer ser, sin más, Dios) dejen de buscar lo absoluto, la totalidad, los extremos, dejen de tener sed, de creer que la vida sólo tiene sentido si se la pone al servicio de un ideal trascendente, que la poesía y hasta la prosa poética y hasta esas frases como "vivió la vida que quiso vivir" o "di tu palabra y rómpete" o "somos los únicos capaces de devolverles su bello sentido a las bellas palabras" son espléndidas, porque sirven para crear un sentido, imaginarse un futuro, abrir un horizonte o, qué tanto, para levantarse algunas buenas minas (y las minas, cómo no, algunos muchachos indecisos), y dejen, los hombres, y también, claro, las minas, todos juntos, de creer que las cosas eran mejores cuando la historia se hacía con pasión, cuando sonaban las trompetas y los timbales, cuando el sol siempre asomaba aun después de las peores tormentas, cuando el mundo importaba (¿no es así, Julio?) porque uno tenía fuerzas para elegir algo verdadero, cuando eran esos tiempos, esos extraños y lejanos tiempos, los tiempos de la revolución.

Y el pueblo, ¿dónde está?

1. El pueblo y la Revolución de Mayo

–El pueblo quiere saber de qué se trata –dijo el pueblo.

Así empieza nuestra historia. Con la palabra del pueblo. ¿Qué dice esa palabra? Reclama el conocimiento, el saber. "El pueblo quiere saber". Qué quiere saber: de qué se trata. Es decir, lo que el pueblo sabe es que algo se está tratando y que de ese algo no tiene la menor idea. Desearía tenerla. Por eso pregunta. Se trata de un pueblo en busca de información. La historia la hacen otros. No el pueblo. El pueblo sólo quiere enterarse. ¿Qué reclama, en síntesis, el glorioso pueblo de Mayo? La eficacia de los *mass media*. Si en Mayo hubiera existido Mauro Viale, el pueblo habría sabido. Obscenamente. Todo: desde que Castelli tenía cáncer hasta que Saavedra tenía hemorroides y Moreno había padecido una cruel viruela.

Como sea, Moreno sabía que el pueblo quería saber y estaba dispuesto a informarlo. Por eso crea la *Gazeta de Buenos Aires*. Pero la crea como órgano de poder. Moreno es el primero que utiliza el periodismo como arma de manipulación y dominio del pueblo. En el Plan de Operaciones dice: "Los pueblos nunca saben ni ven, sino lo que se les enseña y muestra, ni oyen más de lo que se les dice" (30/8/1810). De modo

86

que –para Moreno– el glorioso pueblo de Mayo que quería saber sólo habrá de saber lo que Moreno y los suyos le enseñen y muestren. Moreno, entre muchas otras cosas notables, prefiguró a Ted Turner. Fue un espejo periférico de Robespierre y Saint-Just, pero creó el periodismo moderno que es, sin más, la formación de ese monstruo reflejo y pasivo que llamamos opinión pública. (Digresión sobre las encuestas: el arma manipuladora más poderosa del presente es la encuesta. Se supone que refleja las tendencias de opinión del pueblo. Pero no. Se fabrican siempre que hace falta. Y hace falta muy a menudo. Por ejemplo: A encarga a B una encuesta porque sabe que le va muy mal. B hace la encuesta y proclama que los sondeos de opinión favorecen a A, quien le encargara la encuesta. Estos resultados se publican de modo agobiante en los medios que controla A. Todo el "pueblo" se entera: A es el favorito. Ahora el pueblo sabe "su" opinión. Ahora sabe que lo prefiere a A. Y como el pueblo es triunfalista empieza a apoyar a A. Una nueva encuesta lo confirma. Ahora sí, ahora es cierto: el pueblo terminó comportándose como la primera encuesta se lo indició. El pueblo apoya a A. Quien le debe su triunfo a B.)

Sigamos con Moreno. El padre de nuestro periodismo (el hombre que prefiguró a Ted Turner: "Los pueblos nunca saben ni ven sino lo que se les enseña y muestra") se extendió en sus opiniones sobre el pueblo. No en el Plan sino en el decreto de Supresión de los honores del Presidente. Creo que se recordará esta divertida historia: un borrachín de nombre Atanasio Duarte colocó en la cabeza de Saavedra una corona de mazapán y lo nombró Emperador de las Américas. Algo así. Moreno se enfureció y escribió un decreto para controlar estos desbordes etílicos. Y ofreció sus fundamentos: "Privada la multitud de luces necesarias para dar su verdadero valor a las cosas; reducida por la condición de sus tareas a no extender sus mediaciones más allá de sus primeras necesidades; acostumbrada a ver los magistrados y jefes envueltos en un brillo, que deslumbra a los demás, y los separa de su inmediación, confunde los inciensos y homenajes con la autoridad de los que los disfrutan y jamás se detiene en buscar al jefe por los títulos que lo constituyen sino por el boato y condecoraciones con que siempre lo ha distinguido" (6/12/1810). En suma, el pueblo es tan desmedidamente estúpido que creerá que el corto de luces de Saavedra es un Emperador de las América sólo porque un borracho le ha puesto una corona de crema y canela en la cabeza.

Seamos cautos: quien así piensa sobre el pueblo es nada menos que Mariano Moreno, un personaje deslumbrante, excesivo, genial. Esto no puede sino llevar a preguntarnos: ¿no tendrá razón?

2. Borges y Discépolo

La definición que ofrece María Moliner (de pueblo, claro) es "conjunto de habitantes de un país". Todo sería muy sencillo si fuera así. El pueblo siempre es algo más que el conjunto de los habitantes de un país. Y también algo menos.

Es algo más cuando se habla del pueblo como alma, como esencia, como rostro. El pueblo, aquí, se personaliza. Y es una entidad espiritual. El *Volksgeist* hegeliano. Pero casi siempre es algo menos. Nunca nadie es totalmente el pueblo. Siempre –en el interior de un país, o de un pueblo– están los "enemigos del pueblo". Los que no solamente no son el pueblo, sino que lo niegan. Básicamente: que lo oprimen. Para el populismo, el pueblo se identifica con la pobreza. El pueblo es el pueblo pobre, el oprimido, el que trabaja. El pueblo trabajador. De aquí que uno de los sinónimos de pueblo sea "trabajadores". Los trabajadores son el pueblo. Son gente sencilla de costumbres sencillas. De esta sencillez surge una visión sencilla de la vida. A esta visión sencilla se le llama sabiduría popular. Todo sencillismo es un poderoso ejercicio antiintelectualista. La sabiduría popular –que es antiintelectual– ha fascinado, sin embargo, a masas de intelectuales. Son los que han dicho que hay que "acercarse al pueblo". Escuchar los "latidos profundos del pueblo". "Expresar al pueblo". "Escuchar al pueblo". Son los que han dicho que "toda gran literatura debe ser popular". Que los grandes escritores son los que llegan al pueblo. Luego –por medio de un demoníaco juego de traslaciones– el pueblo se transforma en el "lector" y el "lector" en el "mercado". Entonces "hay que escribir para los lectores" y hay que estar "abiertos a los reclamos del mercado".

Todo escritor –en algún inexorable instante de su vida– aprende a detestar al "lector", al "público", al "mercado" o a los "televidentes". Son conceptos que se esgrimen contra su libertad de creación. Siempre habrá un productor que le dirá a un guionista de cine que "el público no va a entender". O que se va a "aburrir". Luego rematará diciendo: "Yo conozco al público". Siempre habrá un editor que le dirá a un novelista que su novela no va a vender, que no tiene gancho, que habría que cambiarle tal y tal y tal cosa. Siempre habrá un productor de TV que le dirá al guionista que el televidente "hará zapping". Porque él –desde luego– "conoce al público". Aquí, el pueblo –transformado en lector, público, televidente o mercado– se hace tirano y es esgrimido por los poderosos para condicionar al escritor. Siempre, el que no escribe, conoce al público más que el escritor. La razón es sencilla y radica en la sencillez del pueblo. Los hombres de negocios, que no son intelectuales ni artistas, conocen al pueblo. La cultura no los ha alejado de él. Al escritor, sí. Al intelectual, sí. Al ser el pueblo esencialmente sencillo sólo los sencillos pueden comprenderlo. Es decir, los hombres de negocios, los productores, a quienes la cultura no los ha tornado complejos. Quienes, además, provienen con frecuencia desde abajo y conocen a los de abajo.

Estos esquemas han encontrado entre nosotros distintas figuras en las que se han encarnado. Por ejemplo: Discépolo y Borges. Discépolo es el poeta popular, el hombre que ha llegado al corazón del pueblo, que lo ha "expresado". Borges es el escritor culto. (Digresión: este esquema funcionó durante la década del sesenta y el setenta, antes de la divinización de Borges. Hoy, Borges es todo. Es el poeta erudito, el poeta popular y hasta el más grande conocedor de la política de este país. Nadie puede hablar si no cita a Borges; en ningún congreso o panel de literatura. Siempre está ahí: Borges. Este exceso se explica por la derrota del populismo. Me divierte con frecuencia encontrar a mis colegas citando opiniones políticas de Borges como si citaran, qué sé yo, pongamos a Gramsci. Borges, un hombre que adhirió a Videla, a Pinochet, que fue un tonto macartista, que abominó de la izquierda, la revolución cubana, del materialismo histórico sin saber nada de Marx, es hoy citado por escritores rebeldes, de izquierda o progres o anarquistas lúdicos como fuente de toda razón y justicia. Es una modalidad de estos tiempos. Al fin y al cabo, se dijeron tantas pavadas de Borges en las "décadas revolucionarias", que bien pueden decirse ahora exactamente las antagónicas. Pero la verdad no surge de compensar exasperaciones.)

Sigamos con Discépolo y Borges. Era uno u otro. Pero Discépolo no fue un poeta populista. Fue un poeta metafísico, existencial. No incurrió en la glorificación del pueblo. No hizo tangos socialistas. Ni anarquistas como Celedonio Flores ("Si no ayuda Jesús, ¡que ayude Satán!"). Su tango más citado –"Cambalache"– es muy claro en cuanto a su creencia en la necesidad de la estratificación social. Justamente el "cambalache" consiste en el igualitarismo: "es lo mismo un burro que un gran profesor", "todo es igual, nada es mejor", "los ignorantes nos han igualao". Creo que los populistas escuchan estas lapidarias estrofas y se hacen los distraídos. No se animan a enfrentar la verdad: su vate dilecto era un desesperado, un metafísico, puteaba contra Dios, la soledad, la falta de amor, de generosidad. Pero no le preocupaba la situación social de los pobres. O, al menos, no la expresó en sus tangos. Lo que dijo en su tango más negro y despiadado es lo que le hemos oído decir: los ignorantes nos han igualao; todo es igual, nada es mejor. "Cambalache" utiliza el discurso de los nacionalistas del treinta, indignados ante la atenuación de los desniveles sociales que expresaba el yrigoyenismo.

3. Rosas se hace gaucho

El 8 de diciembre de 1829 –cuando asciende a su primer gobierno– Rosas recibe a un representante del gobierno oriental, don Santiago Vázquez. (Si alguien se pregunta aquí por qué retrocedo a Rosas, aclaro: no retrocedo. No sigo orden cronológico alguno. Para ser más claro: no sigo ningún orden. El pueblo –su idea, su concepto, su fábula, su mentira– siempre estuvo. Podemos, por consiguiente, sorprenderlo y analizarlo en cualquier coyuntura.) Rosas, muy seguro, habrá de explicarle a Vázquez sus estratagemas para manejar al pueblo. Entreguémosle nuestra fascinada atención. Pocos supieron ganarse el amor del "pueblo" como Don Juan Manuel. Quien dice que los señores Rivadavia, Agüero y otros supieron congraciarse con la parte "moral" de la población, es decir, con los ricos, pero descuidaron la parte "física", los pobres. Vale decir: "los hombres de las clases bajas, los de la campaña, que son la gente de acción". Rosas quiere controlar la parte "moral" y la parte "física" del país. Gobernar para todos. Pero, lo sabe, hay que controlar a los hombres de la campaña. Porque, le dice a Vázquez, "usted sabe la disposición que hay siempre en el que no tiene, contra los ricos y superiores". Sabedor de esta condición, el llamado gaucho de Los Cerrillos –en un texto deslumbrante– confiesa: "Me pareció, pues, desde entonces, muy importante conseguir una influencia grande sobre esa clase para contenerla, o para dirigirla; y me propuse adquirir esa influencia a toda costa; para esto me fue preciso trabajar con mucha constancia, con muchos sacrificios de comodidades y de dinero, hacerme gaucho como ellos, hablar como ellos y hacer cuanto ellos hacían; protegerlos, hacerme su apoderado, cuidar de sus intereses, en fin, no ahorrar trabajo ni medios para adquirir más su concepto" (José Luis Busaniche, *Rosas visto por sus contemporáneos*).

Si Rosas escribió *Instrucciones para los mayordomos de estancias*, este texto bien podría llamarse *Instrucciones para los líderes populistas*. En ese país de 1830 el líder popular es Rosas. No Echeverría. Rosas es el que se ha tomado el trabajo de meterle el cuerpo al gauchaje. Cuando Echeverría fantasea con esa posibilidad, le sale *El matadero*, obra axial de la cultura argentina: un monumento antipopulista. ¿Qué es, entonces, "acercarse al pueblo"? Para Rosas, manipularlo, utilizarlo como base de poder. Para Echeverría, desdeñarlo. Y escribir, desde el desdén y, más aún, desde el odio, un texto imperecedero. Rosas hizo mejor política. Para un político (populista) hay que sumar. Rosas supo sumar. Para hacerlo, se hizo gaucho como los gauchos. Echeverría hizo mejor literatura. Para un literato no hay que sumar ni restar: hay que escribir y, si es posible, bien. Para Echeverría, pensar en el pueblo era pensar en la jauría del matadero. Para Rosas era pensar en las peonadas, en los negros, en los gauchos. ¿Quién estaba con el pueblo? ¿Con quién estaba el pueblo? ¿Dónde estaba el pueblo? ¿Exiliado en Montevideo o faenando en el matadero?

4. Perón se hace obrero

En uno de los escasos libros con algún rigor teórico que
dejó la izquierda peronista de los años setenta, se describe el
modo en que Perón –tal como Rosas se ganara a los gauchos–
sedujo a los obreros: "Perón se afirma través del lenguaje.
Aprende a pronunciar esas palabras directas y simples en las
que el pueblo ha depositado sus experiencias más ricas. Conoce los giros, los modismos y el sonido íntimo que adquiere el
idioma cuando es dicho entre compañeros. Se muestra hábil en
el manejo de la frase irónica, colorida, de todo ese lenguaje
resentido pero burlón que los sometidos, entre guiños, hablan
secretamente de sus patrones. Pronuncia los nombres prohibi-
dos, aquellos que la respetable fraseología oligárquica trata de
enmudecer. Dice década infame, cipayo, vendepatrias, semicolo-
nia, explotación. Llama compañeros y muchachos a sus amigos,
contras a sus enemigos, bolichero al comerciante, peliagudo a lo
difícil, queso a lo que ambicionan los políticos, cuento chino
a la mentira, pan comido a lo fácil, bosta de oveja a lo indefinido. Prefiere la frase entradora a la explicación". Sí, el texto es
mío. Pertenece a mi primer libro, *El peronismo y la primacía de
la política*. Durante los últimos tiempos recurro a este libro intentando elucidar por qué uno se equivoca tanto.[6] Como sea,

---

6 Se trata, sí, de *otra* ironía. Sé por qué me "equivoqué tanto" y parte de estas
razones se pueden encontrar en el capítulo "Polémicas de los setenta". Cada vez recupero más ese primer libro y su recuperación siempre implica su tenaz historiza-
ción: someterlo a la época que puede explicarlo. El filósofo Rubén Ríos ha dado un
curso en UTPBA y –al decidir incluirme como uno de los pensadores argentinos contemporáneos junto a Rozitchner, Gruner y González– le ofrecí un ejemplar de *El
peronismo y la primacía de la política*. Él sabrá leerlo y explicarlo. No sé si sabe el
favor que me hace. La relación de un escritor con sus primeros libros es siempre
conflictiva. Como dice Horacio González: "Hoy podemos decir que fuimos nosotros los que escribimos esas páginas, pero que esas páginas ya no somos nosotros",
El Ojo Mocho, Nº 16.

el texto señala bien el manejo que hizo Perón con el lenguaje, semejante al manejo que hizo Rosas con las costumbres gauchas. Hubiera debido señalar que todo eso se encuadraba dentro de un proyecto de manipulación del pueblo. Pero eran los años setenta: creíamos en el pueblo, creíamos que el peronismo era su identidad política, creíamos que había que entrar en el peronismo (ese libro mío es el poema teórico del entrismo) y hasta –a veces– creíamos en Perón.

El pueblo respaldó a Perón. Perón le dio una serie de beneficios sociales que el pueblo le agradeció votándolo obstinadamente a lo largo de las décadas. Perón, en efecto, se había conquistado "a la gran masa del pueblo". Lo que no otorga valor de verdad a la causa que la marcha partidaria ofrece de esa conquista: "combatiendo al capital". Como sea, los trabajadores reconocieron a uno de los suyos en Perón y, de este modo, Perón no tuvo empacho alguno en considerarse el primero de ellos.

5. El pueblo peronista

Esa frase de la marcha partidaria –la gran masa del pueblo– reconocía la existencia de otro pueblo cuya característica reposaba en no-ser una gran masa. Eran los que eran el pueblo pero no eran el pueblo trabajador, sudoroso, grasita y peronista. Como ese pueblo no adhería al justicialismo, Perón lo llamó el antipueblo. Que era, también, la antipatria, ya que el otro pueblo, el trabajador y peronista, era el pueblo de la patria. Había una identificación entre pueblo y patria. Y los que no estaban con el pueblo peronista eran enemigos de la patria. Eran los viejos oligarcas, era la Sociedad Rural y, paulatinamente, fueron siendo todos aquellos que no eran peronistas: radicales, comunistas, demócratas progresistas, socialistas, todos. Estar con Perón era estar con el pueblo.

Estar contra Perón era formar parte del antipueblo. Quien manejó estas antinomias con mayor apasionamiento fue Eva Perón, una jacobina con traje sastre y rodete.

Perón adulaba al pueblo. Decía: "Lo mejor que tenemos es el pueblo". Decía: "Yo haré lo que el pueblo quiera". Eva adulaba a Perón. Decía frases increíbles. Decía: "Los argentinos, en esta hora incierta de la humanidad, tenemos el privilegio de soñar en un futuro mejor; ese privilegio se lo debemos a Perón. ¿Quién en el mundo puede soñar? ¿Qué pueblo en el mundo, en este momento, puede soñar un futuro mejor? El mañana se les presenta incierto... Y aquí, los argentinos están pensando en su casita, en sus hijos, en que se van a comprar esto o aquello, en que van a ir a veranear. Es que el nuestro es un pueblo feliz. Eso solo bastaría para que todo el bronce y el mármol del mundo no nos alcanzara a los argentinos para erigir el monumento que le debemos al general Perón" (5ª clase dictada en la Escuela Superior Peronista). Este texto es axial para entender al peronismo.

¿Qué es el pueblo peronista, el pueblo del que tanto esperará en los setenta la izquierda peronista, al que invocará una y otra vez, al que se remitirá siempre para justificar sus acciones? En palabras de Eva Perón (que era tremendamente agresiva con la oligarquía y que por esa arista fue recuperada por la izquierda peronista y que, se decía, si viviera sería montonera) el pueblo peronista era, ante todo, un pueblo feliz. "El nuestro es un pueblo feliz". El futuro del mundo es incierto pero no el del pueblo argentino. El pueblo peronista, según Eva, piensa ("están pensando") en las siguientes cosas: 1) en su casita; 2) en sus hijos; 3) en comprar "esto o aquello"; 4) en "ir a veranear". Y sabe que todo esto se lo debe a Perón. (También lo dice la marcha partidaria: "Esa Argentina grande / con que San Martín soñó / es la realidad efectiva / que debemos a Perón". Es notable aquí la presencia del poderoso concepto hegeliano de lo efectivamente real. No hay nada más real que lo efectivamente real. Así, efectivamente real, es la Argentina grande, soñada por San Martín y realizada por Perón.) Por consiguiente, al deberle tanto a Perón, no basta todo el bronce y el mármol del mundo para erigirle el monumento que, claro, se le debe.

La izquierda peronista sale a discutirle a Perón esa imagen del pueblo peronista. El pueblo peronista es un pueblo combativo: apoya a los combatientes y quiere la revolución. Una consigna: "A la lata, al latero / las casas peronistas son fortines montoneros". Otra consigna (lanzada luego de la tragedia de Ezeiza): "Osinde, Osinde / Osinde gorilón / el pueblo peronista / te reserva el paredón". Otra (luego del enfrentamiento con Perón el 1º de mayo de 1974): "Conformes, conformes, general / conformes los gorilas / el pueblo va a luchar". Rechazo a la concepción festiva del 1º de mayo: "No queremos carnaval / Asamblea popular". Odio letal por los dirigentes sindicales: "Rucci, traidor / saludos a Vandor". Exigencia de muertes violentas: "Perón, el pueblo te lo pide / queremos la cabeza de Villar y Margaride". ¿Qué surge de todo esto?

La derecha peronista no se equivocó al calificar de "infiltrados" a los jóvenes socialistas. Tampoco Perón, que no bien regresó al país levantó las banderas de la derecha y de los sindicatos. Y dijo frases como: "...que esos troskos se saquen la camiseta peronista". Pero la izquierda peronista o, si se prefiere, los Montoneros no estaban sólo infiltrados en el Movimiento Nacional Justicialista. Ocurría algo peor: estaban infiltrados en el pueblo peronista.

Analicemos qué le exigen al pueblo las consignas que hemos detallado: 1) que las casas peronistas, las casas del pueblo no sean casas sino fortines, es decir, construcciones guerreras; 2) que el pueblo envíe "al paredón" a un hombre del cercano entorno del General. Es decir: que el pueblo fusile, como fusilaron los cubanos, de quienes la izquierda latinoamericana hereda el concepto de paredón; 3) que luche; 4) que no haga del 1° de mayo un día festivo, sino una asamblea popular, un término reminiscente de las borrascosas páginas de la Revolución Francesa; 5) que festeje los asesinatos de dirigentes sindicales y exija la cabeza de dos policías nombrados por el General. ¿A qué pueblo se dirigían? ¿Cuál era el pueblo peronista? ¿El de la izquierda peronista o el de la pasionaria Evita? Evita (justamente ella: esa llamarada de pasión combativa) había definido al pueblo peronista. El pueblo peronista nunca dejó de ser aquel pueblo peronista, el de los dorados años cuarenta y cincuenta. Para decirlo todo: quería ser feliz y no guerrero; quería su casita y no quería que su casita fuera un fortín, un refugio de guerrilleros, una guarida, sino lo que era: una casita en la que vivir con sus hijos; quería comprar "esto y aquello", quería consumir y no matar, la palabra paredón la desconocía por completo, no era peronista; quería "ir a veranear" y no agredir a los dirigentes sindicales que eran, por tradición, los que conseguían los veraneos para los obreros; quería festejar el 1° de mayo, quería festejarlo como lo decía esa marcha que cantaba Hugo del Carril, un verdadero peronista: "Hoy es la fiesta del trabajo, unidos por el amor de Dios". Y quería a Perón y quería a los que Perón elegía y si el General ponía dos policías duros... él sabría la causa, por eso era el General y no alcanzaría el bronce ni el mármol para agradecerle. El pueblo peronista no quería el Poder. Quería que Perón volviera al Gobierno y que retornaran los días felices. Quería volver a ser –como lo había sido– un pueblo feliz.

Éramos, sí, infiltrados. Todos: la izquierda peronista y los Montoneros. Los Montoneros siguieron hasta el delirio. Los que habían sido la numerosa y entusiasta izquierda peronista se fueron a su casa. Se comportaron, por primera vez, como peronistas: de casa al trabajo y del trabajo a casa. Éramos infiltrados. Yo escribí mi libro desde Hegel, Marx y Sartre. Y le puse muchas citas de Perón para disfrazarlo de peronista. Había ocurrido algo que –tal vez– es muy simple: muchos, a mediados de los sesenta, se preguntaron ¿qué mierda hay que hacer para que alguna vez este pueblo deje de espantarse de la izquierda y la revolución? La respuesta fue: nos tenemos que disfrazar de peronistas. Así surgió la oximorónica izquierda peronista. Todos sabemos cómo murió.

Los Montoneros –en el choque con Perón del 1° de mayo de 1974– le disputan a Perón la posesión del pueblo. Para los Montoneros, el pueblo son ellos. Cuando abandonan la Plaza dicen: "Aserrín, aserrán, es el pueblo que se va". Perón no les va a entregar esa preciada posesión: el pueblo es él. O lo tiene él, es suyo. De esta forma, organiza –con algunos sectores sindicales– un nuevo acto el 12 de junio. Ya está muy enfermo. Y sus últimas palabras al pueblo peronista –que tan bien conocía– son: "Yo llevo en mis oídos la más maravillosa música que, para mí, es la palabra del pueblo argentino". A su lado, con fervor, aplaudía López Rega. Y Perón se fue con esa música a otra parte.

6. Conclusiones

A la izquierda peronista (los perejiles) y a los Montoneros los destruyó Videla. Al pueblo peronista lo destruyó el peronismo. (En el film *Eva Perón* puse en labios de Eva la siguiente frase: "Mi mayor temor es que sean los peronistas quienes acaben con el peronismo". Esther Goris la decía con tanto fervor que se le hinchaban las venas de la frente. Pero Evita no la dijo nunca. Dijo muchas otras de las que dice en esa escena, en la Escuela Superior Peronista, pero no ésa: ésa la inventé. Estaba dedicada al menemismo. Nadie se dio cuenta. O sí, algunos; ya que algunos le llevaron la película a

Menem y le dijeron que era "basura montonera" –coincidiendo estos funcionarios hipermenemistas con el juicio de mis amigos de la revista *Punto de Vista*, quienes no dijeron "basura" pero sí "montonera". Menem ni se preocupó. La vio y dijo: "Me gusta". Los funcionarios hipermenemistas, veloces, dijeron: "A nosotros también". Uno puede imaginarlo al Presidente. "¿Eso decía Evita? ¿Que los peronistas iban a terminar con el peronismo? Y bueno, decía cada cosa Evita. Qué buena está la Goris, che".)

Para ser más preciso: si los tres pilares del pueblo peronista eran el trabajo, la protección sindical y social y la vivienda, el menemismo le quitó todo eso. Acabó, así, con el pueblo peronista. Lo que ahora existe no es ni pueblo ni peronista. Es una creciente masa de desesperados, que no esperan nada del Estado y que saben que los sindicatos no lucharán por ellos porque –como el gobierno es peronista– los sindicatos, como buenos sindicatos peronistas, le están subordinados.

Además, la muerte del populismo ha arrojado las sombras del desprestigio sobre el concepto de pueblo. Ya nadie dice pueblo. Cautelosa, pudorosamente se dice la sociedad. O se dice la gente.

–La gente quiere saber de qué se trata.

–Y los grandes del mundos responden a la gran gente argentina, salud.

–La gente nunca sabe ni ve sino lo que se le enseña y muestra.

–Perón, la gente te lo pide / queremos la cabeza de Villar y Margaride.

–Aserrín, aserrán, es la gente que se va.

–Si ésta no es la gente, ¿la gente dónde está?

La gente es Doña Rosa, un personaje de la mezquindad mediática creado por Bernardo Neustadt. Doña Rosa es –en los medios de comunicación– la imposibilidad de todo lo que no sea imbécil. "Esto no es para Doña Rosa". "Esto Doña Rosa no lo entiende". "Pensá en Doña Rosa, no seas intelectual". La gente ve a Susana Giménez. Adora a Susana Giménez. La llama por teléfono. Le dice que es divina. La gente compra *Gente*, que es la revista de la gente. Susana Giménez sale en la tapa de *Gente* dos veces por mes. "Su en Disneylandia". "Su bajó de peso". "Se separó". "Se enamoró". La gente vive comprando en cuotas y atemorizada por el miedo recurrente del borrascoso fin del paraíso de la convertibilidad. La gente ve a Mauro Viale. A Chiche Gelblung. Se encandila con los fuegos artificiales de los Rolling. Oye (escuchar no sabe) una música horrible, hecha de estridencias y boberías. La gente hace cola para ver *Titanic* y sublimar su terror: que todo se hunda, que se salven pocos. Si el pueblo ha muerto, la "gente" merece morir. Y todo volverá a empezar. Y será mejor. Créanme. Algo peor que todo esto, difícil. (Esta última línea es, con honestidad, todo cuanto puedo concederle a la utopía. "Utopía" es una palabra de la gente. La gente compra utopías como vidrios de colores. Y no faltan quienes las ofrecen. Para colmo, con mala prosa.)

Segunda parte

Fragmentos de la Argentina

Introducción

El concepto "fragmento" que utilizo aquí poco tiene que ver con el sentido que la posmodernidad le ha impuesto. "Fragmento" no significa la absolutización de una parcialidad; considera que esa parcialidad tiene valor en sí misma (cada texto de esta *segunda parte* lo tiene) pero considera también que cada una de las parcialidades tiene sentido en tanto contribuye a dibujar una totalidad. Así las cosas, cada uno de estos "fragmentos" de la Argentina va en busca de su resignificación abarcativa, totalizadora, ya que cada uno de ellos va en busca de la Argentina como totalidad.

Desde este punto de vista podemos decir que esta *segunda parte* –tal como la primera– sigue "en busca de la Argentina", como lo seguirá todo este libro, acaso porque nunca encontraremos "la" Argentina, posiblemente porque tal cosa no exista, porque si creyéramos encontrarla definitivamente la cosificaríamos, le daríamos un ser (el "ser nacional" que tanto dijeron encarnar los militares) y, dándoselo, le cortaríamos su posibilidad, su trascendencia, su condición cambiante que le permite "ser" buscando siempre lo "diferente", eso que todavía no es. Todo "ser nacional" es totalitario y fascista en tanto busca absolutizar una esencia, establecer un fundamento que aniquile toda diferenciación. Pero –a su vez– la exaltación absolutizadora de lo diferente, la estética vertiginosa del fragmento, el caleidoscopismo posmoderno, nos impide establecer conceptos totalizadores o parcialmente totalizadores o en constante destotalización que nos permitan comprender lo real y no vivir sujetos al vértigo irracional de lo infinitamente desagregado.

De aquí que estos "fragmentos" se establezcan para ir en busca de una comprensión más amplia, que los supere, que los una a otros fragmentos que otorguen una síntesis comprensiva de un país que se niega a ser aprehendido en tanto totalidad libre, en tránsito perenne y, a la vez, permeable al conocimiento.

Los "fragmentos" de esta *segunda parte* se llenan de personajes (Maradona, Charly, Favio, Menem, María Julia Alsogaray, De la Rúa, Chacho Álvarez, Su Giménez, Cavallo, etc.) y de hechos, acontecimientos, sucesos. Desde la "moda" hasta los agitados días de diciembre de 2001 y los cacerolazos, los saqueos, el corralito, en fin, la infinita Argentina en cuya busca estaremos, qué duda cabe, hasta el fin de nuestros días, aunque no los vivamos aquí, aunque huyamos, emigremos entre el fracaso y la furia, porque nosotros, los argentinos, tenemos muchas condenas (la finitud, el dolor, tal vez la alegría) pero sobre todo una: estamos condenados a ser argentinos. Algo que somos en medio de una ilevantable diferenciación: buena gente y canallas, políticos corruptos, banqueros ladrones, jubilados sin pan, obreros sin trabajo, chicos con hambre y sin futuro. Porque (insistiremos sobre esto) "nosotros" no somos "nosotros". No somos ni buenos ni malos, ni inteligentes ni bestias, ni petulantes ni modestos. Tampoco somos (¡que alguien nos libre de semejante bobería!) "atrozmente encantadores". Somos una totalidad urdida por contradicciones, por antagonismos inconciliables, feroces, a veces resueltos y casi siempre (digamos: desde mayo de 1810) irresueltos.

De la moda como guerra

Si uno se pasea, pongamos, por los kioscos de la avenida Santa Fe y mira las revistas advierte que el verano –el verano como *concepto*– implica la desmedida liviandad de lo leve. Todo es liviano, fugaz: los romances, las fiestas, las bifurcaciones de la política.

La política, por ejemplo, se lee así: ¿se unen Fulano y Zutano?, ¿se va Fulano del PJ para pasar al Frente?, ¿se enojan los del Frente?, ¿se va Zutano del Frente porque se arregló con Fulano?, ¿y si Mengano vuelve al PJ? *Todo esto es impecablemente simétrico a los romances de la farándula.* La farándula, por ejemplo, se lee así: ¿durará lo de Nico y Florencia?, ¿romperán Mariana y Cani?, ¿Andreíta seguirá hablando con Jeffrey por medio de su movi y gastando fortunas?, ¿será la fiesta de Scarpa tan maravillosa como siempre o más?, ¿siguen bien Fito y Cecilia?, ¿siguen bien Susana y Huberto?, ¿y si no?, ¿no se la ve algo triste a la Alfano?, ¿algo solitaria a la Borges?, ¿y si no?, ¿todo queda así o nace un nuevo amor?

Así es el verano: todo es leve. También lo es la ropa, ya que uno usa poca durante su transcurso. Sin embargo, la ropa nunca es leve. Es una cuestión decisiva. Lo descubrí –como nunca antes lo había descubierto– cuando me di de narices con el número 3833 de la revista *Para Ti*. Nada de Barthes ni Lipovetsky.

Para Ti, señores. Tal vez algunos agrios memoriosos tengan malos recuerdos de esta revista. Tal vez recuerden que entregaba fichas para que sus lectoras respondieran heroicamente a la nefasta *campaña antiargentina* enfatizando que éste era el más maravilloso país de la tierra y que los derechos humanos se respetaban con ética implacable. Tal vez algunos recuerden que desde sus inocentes páginas se denunció como *cura subversivo* al párroco Domingo Bresci (el hombre más cercano a la santidad que conocí en mi vida) con el casi insalvable costo de arrojarlo a las fauces de los comandos de la dictadura. Pero lo dicho, dicho está: sólo algunos agrios memoriosos se detienen hoy en esas borrascas del pasado. Hoy, la levedad de este verano. Hoy, el número 3833 de *Para Ti*. Hoy, la hora de los trapos.

Hay un aforismo impecable que dice: "Si quieres odiar a las mujeres lee las revistas femeninas". Es, digamos, de autor anónimo. Ocurre con estas revistas –las femeninas, digo– que se colocan en un punto de vista arbitrario pero poderoso: asumen la condición de la mujer, es decir, a través de ellas es el alma femenina la que se expresa. El número de *Para Ti* a cuya lectura hemos decidido seriamente consagrarnos comienza con un sólido editorial. Su título: "Los mejor y los peor vestidos". Su estilo es ejemplar: quienes han escrito esas líneas hablan en plural porque expresan un plural: *las mujeres*. Para decirlo claramente: *Para Ti* habla en nombre de *todas* las mujeres. De aquí la recurrencia al plural: *vivimos, somos, nos pasa a todas, nos vestimos, sabemos*.

El editorial, desde su primera frase, asume un conocimiento absolutamente privilegiado de la condición femenina. Dice así: "Comentar la ropa que usan los otros es el más popular de los deportes femeninos" (*Para Ti*, Nº 3833, p. 4). Hay, aquí, una premisa que no se discute, un *saber* que no se discute: el más popular de los deportes femeninos es uno y sólo uno: *comentar la ropa que usan los otros*. Que ninguna mujer se atreva a aseverar otra cosa: *Para Ti* sabe lo que dice. Habla *desde* la mujer y *para* la mujer. Una cosa, claro, le permite la otra: es por su hondo conocimiento de la esencia de lo femenino que *Para Ti* puede hablarle a las mujeres con la certeza que lo hace. Esta certeza básica le permite continuar desplegando o deduciendo las otras certezas. ¿Para qué practican las mujeres su deporte predilecto? *Para Ti* responde: "Para elogiar o criticar. Para envidiar o destruir". (Es notable cómo esta visión de la mujer convalida la visión machista: las mujeres son seres superficiales, que se la pasan hablando de trapos, que se miran con envidia, que se critican por detrás, lenguas viperinas que se destruyen mutuamente por medio de mezquinos chismeríos.) Y continúa, *Para Ti*, con una afirmación de matices sociológicos, acotada a la Argentina. Dice: "Vivimos en un país donde todas nos vestimos para los demás. Para salir en las fotos, para hacer reventar de odio a las otras mujeres". De este modo, la ropa es un arma, un instrumento de guerra para las mujeres. Una mujer se viste para hacer *reventar de odio* a las otras. *La moda es un espacio de guerra.* ¿Cómo no evocar a Hobbes? Para este campeón de las visiones pesimistas de la condición humana (*Leviathan*, 1650), el hombre, en su estado de naturaleza, vive en una lucha de todos contra todos. Así, el hombre es el lobo del hombre. La moda, en la visión de *Para Ti*, es también un estado de naturaleza, entendiendo por tal un estado de guerra de todos contra todos. O todas contra todas. La mujer es la loba de la mujer. En Hobbes, el *estado de naturaleza* se supera por medio de la autoridad del Estado. ¿Cómo se supera el estado de naturaleza de la guerra que plantea *Para Ti*? No está muy explícito en este editorial, pero algo podemos aventurar: son las grandes casas creadoras de la moda las que vienen a reemplazar en este conflicto la misión del Estado hobbesiano. Dice *Para Ti*: "Somos, para colmo, prisioneras de lo que se usa". Es decir: hay una instancia superior a la guerra de las meras individualidades. Hay estamentos empresariales que deciden *lo que se usa*. Y las individualidades –*las mujeres, todas*– deben someterse a esa férrea legislación. "Es así. Nos pasa a todas. A las famosas y a las ilustres desconocidas". *Es así*, es decir: es inmodificable, es un autoritarismo al que sólo resta someterse. Y, también, *nos pasa a todas*, es decir: quienes escriben el editorial de *Para Ti* se incluyen en el espacio de la guerra. Dicen, entonces: "Nadie sale victoriosa del juicio implacable de las mujeres". Observemos que se trata de una guerra sin triunfadores: *todos pierden*. Porque el juicio de las mujeres es tan impiadoso, tan implacable que no deja nada en pie. *Ser mujer es estar condenada a la derrota en una guerra cuyas armas son los trapos, los vestidos, en suma: la moda.* Y las editorialistas de *Para Ti* incurren (sin saberlo, sospecho) en una venerable verdad sartreana: *el experimentador forma parte del sistema experimental*. Ellas no están afuera, escriben sobre un tema que, dramáticamente, las incluye: "Este número especial de *Para Ti* (...) está hecho por mujeres que nos vestimos todos los días (...) Por mujeres que sabemos que lo que a nosotras nos pasa, les pasa a todas" (p. 4).

Sin embargo, a la hora de elegir los blancos sobre los que hacer fuego, *Para Ti* elige a los famosos. "La fama –dice– tiene su precio". Y el precio de la fama es, sí, el de la infinita visibilidad, que implica el del juicio infinito, el de la infinita ex-posición. Desfilan, entonces, en un desfile vertiginoso, de a uno o de a varios por página, los famosos. *Para Ti* abre el paraguas: sólo se trata de un juego, el "más divertido y apasionante juego de mujeres". Así las cosas, divide a quienes se visten en dos categorías: a) las mejor vestidas; b) las peor vestidas. Y la enumeración es larga. Larga, arbitraria, caprichosa, ligera pero... siempre late, en sus ardientes entrañas, el poder del enjuiciamiento. "Una peor vestida de hoy puede ser una mejor vestida de mañana", advierte el editorial. Pero, claro, rige la contraria: una mejor vestida de hoy puede ser una peor vestida de mañana. La guerra continúa y continuará. *Amalita,* de este modo, está entre las más elegantes porque "no tiene prejuicios y agrega joyas increíbles" (p. 10), *Susana* es una estrella y se le perdona todo ("hace lo imposible para que le perdonemos todo", p. 14), *Mirtha* es "siempre una señora" (p. 19), *Claudia Maradona* es de lo peor ("¿Se vestirá con lo que a ella le gusta o con lo que quiere verla Diego?", p. 25), *Zulema Yoma* mal, pero a veces mejor (pp. 31-33), *María Julia Alsogaray* muy pero muy bien: "ella sabe que su fuerte son las piernas y las muestra" (p. 46) (*Nota*: cierto amigo mío suele decir que la ingeniera Alsogaray tiene las piernas de Demi Moore; otro cierto amigo mío suele responderle que puede ser, pero que, definitivamente, Demi Moore no tiene la cara de Álvaro Alsogaray), *Canela* y *Teté* zafan, *Nacha* condenada a los infiernos (a *Nacha* –en el fondo– no le perdonan su pasado *ditelliano* ni que cante, aún hoy, poemas de Neruda), *Mariana Nannis* pésimo ("No siempre lo más caro es lo mejor", p. 70) y así sucesivamente, porque el desfile es interminable, porque los famosos son muchos y porque "el juego preferido de las mujeres" es impiadoso como la más feroz de las guerras y nunca se detiene, ya que forma parte sustancial de la condición femenina. Según *Para Ti*, claro. Visión que sería importante refutar, y en cuya refutación las mujeres deberían ocupar el primer plano, porque son ellas –destinatarias directas de estas revistas "femeninas"– las primeramente menoscabadas.

No llores por mí, Inglaterra
Breves consideraciones
sobre la muerte de Lady Di

La versión antimediática

Fue la primera y parecía prometer grandes e inteligentes debates. Tengo un semiólogo amigo –un tipo algo malévolo que odia y envidia a Umberto Eco, cosa comprensible– que se empeñó en decir no bien se enteró de la catástrofe: "Es lo mejor que podían darle a este mundo esos dos frívolos multimillonarios: un gran símbolo para el fin del milenio". Convengamos: la muerte cruel de los dos amantes que buscaban resguardar su amor del acoso feroz de los paparazzi era a la vez romántica y teórica. Unía el amor y la inteligencia. Eran Romeo y Julieta ultimados por la voracidad mediática fin de milenio. Eran buen material para las revistas del corazón y para los congresos de medios, comunicación, semiología, semiótica, sociología de lo público y lo privado, etc. Un manjar para los opineitors. Un driver alcoholizado arruinó todo. Porque seamos sinceros: una cosa es que –en medio de la revolución comunicacional– una tragedia sirva para teorizar sobre los medios y su relación con la privacidad y la muerte, y otra que se ponga al servicio del macaneo sobre los buenos modales de tránsito y la relación del alcohol con los reflejos para eludir obstáculos o comérselos sin piedad.

Como sea, esta primera versión de la tragedia de Di y Dodi ya se había armado como una gran impugnación a la voracidad mediática. El director de un diario norteamericano que –justiciero– dice que no comprará ninguna foto del accidente. Sesudas notas de gente muy inteligente que tiene la desdicha de ser consultada con excesiva prisa y se pone a escribir sobre los crueles medios cuando ya en las redacciones están pidiendo nuevas notas sobre alcoholismo y reflejos, sobre choferes imprudentes o sobre asesinatos políticos. Lo que nos lleva a la segunda versión.

La versión conspirativa

Surge como una superación de la *versión etílica* (que no desarrollé por su insustancial bobería: "Todo se debió a un chofer que tomó unos tragos de más"). No: con la *versión conspirativa* la cosa vuelve a levantar vuelo. Al cabo, Dodi pertenece a ese mundo, siempre exótico, de los Emiratos Árabes. Esto ya aviva la imaginación. Su fortuna se calculaba en más de doscientos millones de libras. Era un hombre de vida tempestuosa. Había tenido romances con la actriz Valerie Perrine (la coprotagonista de *Lenny),* con una nieta de Winston Churchill, con una hija de Frank Sinatra, con Britt Ekland, Brooke Shields, con varias modelos y con la exquisita Winona Ryder. Un hombre, cuando menos, de vida azarosa. Un hombre, además, no querido por la monarquía inglesa y por los ingleses en general, quienes veían algunas zonas oscuras en sus negocios, en su desmesurada fortuna.

Con Di, la *versión conspirativa* también tiene anclajes sólidos. Era odiada por la familia real. Era la princesa que quería vivir. Era rebelde, tenía lindas piernas y las lucía, vivía apasionados romances con quien se le antojaba, era libre, bailaba en la Casa Blanca con John Travolta, respaldaba a Tony Blair, era una monárquica laborista, abrazaba a enfermos con sida y era buena y era linda y quería a los pobres. ¿Cómo entonces no habrían de matarla?

¿Quién la mató? Aquí la *versión conspirativa* se desboca. Que el chofer, dice, era un kamikaze, que recién ese día se había hecho cargo del Mercedes, que lo pusieron para que hiciera puré el coche contra una columna, cosa que hizo. Que los árabes suelen ser letales cuando se la juran a alguien y que Dodi es hijo de una mujer que es hermana de un traficante de armas. Que Di se la había buscado porque nadie, siendo monárquico, puede apoyar a Tony Blair. Que Di se había vuelto demasiado populista. Casi progre. Que era un peligro para la economía del Reino Unido. Y así sucesivamente. En suma: no fue una muerte mediática ni un mal volantazo de un chofer etílico: los mataron. Así nomás.

La versión cinematográfica

Y aquí (con todo derecho, qué tanto) entramos en escena los argentinos. Ésos a quienes los ingleses llaman despectivamente *argies*. Se dice que varios grupos del justicialismo –comandados por Alberto Brito Lima– han iniciado una colecta de fondos para financiar una película sobre la vida de Lady Di. Habría una firme esperanza de apoyo oficial para tal proyecto. El guión destacaría los avatares amorosos de la princesa que quería vivir; insistiendo, por medio de una mirada implacable, en ciertos aspectos oscuros, cercanos, tal vez, al libertinaje.

Se detallarán los desbordes irracionales del angustioso y macabro y fúnebre día del final. Harán falta muchos extras, aunque nada podrá superar el material documental de ese triste día: dos millones de desesperados que lucirán como fanáticos, casi como incultos sudacas. De modo que aquí –exactamente aquí– habrá que poner a un personaje nacional emblemático (Carlos Gardel, Maradona, Perón o la mismísima Evita) que exclamará ante el despliegue funerario: *"Oh, what a circus, what a show"*. Se solicitará autorización para filmar en los interiores del Buckingham Palace, lo que desatará ardorosas polémicas entre los ingleses. El film será dirigido por Jorge Polaco y protagonizado por Sylvia Süller. Y su título será... Acertaron: *No llores por mí, Inglaterra.*

Zafar de Dios

Durante los días que transcurren, en este país, en este rincón del planeta, en este ínfimo punto del universo, la sociedad argentina se dedica obsesivamente a girar alrededor de los intentos desaforados que un hombre –un solo y simple hombre– hace por zafar.[7] Referirnos a esta curiosa situación nos permitirá elucidar qué significa –para los argentinos– el verbo zafar, cuyo desciframiento nos convoca. El hombre en cuestión no es cualquier hombre. Tiene cierta relevancia. Al menos formalmente. Se trata del presidente de la república. Siempre –lo confieso– me sorprendió la a-crítica veneración que se tiene por los presidentes. Son, al cabo, funcionarios, están obligados a muchísimas cosas, tienen más obligaciones que derechos y no se debe creer que la serie de gestualidades y habitualidades que los circundan significan algo más que una mera representación de la importancia.

◆ ───

7 Los intentos eran los del obstinado presidente Menem en busca de su reelección. Más exactamente: de su re-reelección. Esos intentos marcaron todo un año en la vida de este país, el año 1999, en el que no pasó nada, hasta el punto de poder decir, algunos, "fue el año que vivimos en ninguna parte". Esta obstinación de Menem por ser reelecto obedecía a la obstinación de seguir con su línea política. No fue re-reelecto pero quienes lo sucedieron muy poco hicieron por cambiar nada de lo que él había hecho.

Recuerdo una foto en que Jorge Luis Borges se levantaba humilde y dificultosamente de una silla para darle la mano al presidente Alfonsín. Se lo veía feliz a Borges. Como si estuviera accediendo a cierta revelación: la de ver, en persona, al presidente. Yo daba clases por esos días –no recuerdo dónde ni sobre qué– y tenía un vasto auditorio de alumnos que se dedicaban a la literatura y a la filosofía (conjeturo, aquí, que mis clases algo tendrían que ver con esas arduas y azarosas disciplinas) y –esto sí lo recuerdo bien– comenté: "Qué lamentable, caramba. Observen la actitud humilde, casi mendicante de Borges. Se siente empequeñecido por estar frente al presidente de la república. Él, que es nada menos que un gran escritor, parece feliz de poder estrechar la mano de un político que sólo ha tenido la ventura de llegar a presidente". Es decir, intentaba afirmar que un presidente no es tan importante y mucho más lo es un escritor, sobre todo, claro, un gran escritor.

Supongo que en un país arrasado por dictaduras anticonstitucionales la figura presidencial debe ser amparada con verdadero celo. Pero nada de esto autoriza a exagerar. Hoy, se exagera. Todo el país vive pendiente de la obsesión de un hombre que quiere zafar. De un hombre que hará lo imposible por zafar. Hablo de nuestro presi. Quiere un tercer mandato y lo busca con uñas y dientes, durante todo el día todos los días y toda la sociedad vive pendiente de esos avatares.

¿Por qué y de qué quiere zafar nuestro presi? Uno quiere zafar de algo cuando no quiere establecer un compromiso con eso que acabamos de llamar "algo". "Algo" puede ser todo. Porque de todo uno puede intentar zafar. Nuestro presi –concretamente– quiere zafar de una revisión parlamentaria de sus dos mandatos. No quiere zafar del Poder. Quiere retener el Poder para poder zafar de la Justicia. Si alguien en este desastrado país ha identificado al Poder con la impunidad, y si ese alguien fue el cartero del misterioso, inextricable suicidio, no podemos dudar de la verdad de sus sabias palabras (basadas en la más profunda empiria): *tener Poder, en la Argentina, es tener impunidad.* (Es decir, tener poder es poder zafar.) Esta definición es tan buena que debería concluir aquí esta nota, ya que dudo poder escribir algo que supere esta línea en las líneas que siguen. La frase *tener Poder, en la Argentina, es poder zafar* justifica, también, mi precedente verborragia (esa anécdota sobre Borges y Alfonsín durante 1984, etc.) a la formulación de la misma. Debo, en verdad, jactarme aquí de haber distraído al lector con consideraciones insustanciales sólo con el bienintencionado propósito de conducirlo a una formulación tan precisa: *tener Poder, en la Argentina, es...* Bueno, no la voy a repetir.

Quien no necesita que le repitan esta verdad absoluta, este axioma fundante, es nuestro presi. Lo sabe mejor que nadie: por eso quiere retener el Poder. Sabe que si sigue siendo presi podrá zafar. Y si no sigue siendo presi... los demás zafarán de él remitiéndolo a los parajes del desprestigio, a ese lugar en que hoy –aún, al menos, mientras escribo estas líneas– está el otrora Todopoderoso general Videla. Quien parece no poder zafar.

El no-zafamiento de Videla angustia durante estos días al doctor Menem. Más aún, es posible conjeturar (siempre es posible conjeturar algo, uno vive conjeturando, verbo del que no hay que permitir se apodere Borges para la eternidad) que el destino aciago que atraviesa el otrora Todopoderoso general se deba a algún demoníaco artilugio del presi de los mandatos sucesivos. La cuestión sería así: *les entrego al general para que se entretengan con él mientras yo me ocupo de articular mi zafamiento.* Así las cosas, Videla no puede zafar porque Menem quiere zafar y lo utiliza para su zafamiento personal. Sin embargo, se equivoca. El no-zafamiento de Videla se constituye en un peligrosísimo antecedente para el no-zafamiento de

Menem. Si no zafó Videla (del escarnio, de la indignidad carcelaria), ¿por qué habría de zafar Menem? El hombre de La Rioja no avisora un futuro lejos de los muros fríos y sordos de las más toscas prisiones argentinas. Sabe que ese futuro se lo tiene que construir él. Sabe que tiene que zafar de ese futuro. Para zafar tiene que seguir manteniendo el Poder. El Poder es la garantía de la impunidad. Un presi en el llano se transforma en un ciudadano punible. Un pobre tipo que no podrá zafar. Un presi en la presidencia –es decir, en el espectacular, redituable y garantizable sitio en que están los presis– se mantiene como un piola que puede zafar de cualquier cosa. Así, al menos, lo entiende el hombre que hoy habita la Rosada y que lucha con uñas y dientes para continuar habitándola.

Estas desordenadas líneas (siempre que uno sabe que un texto no le está saliendo bien dice que se trata de unas *desordenadas líneas*, amparándose en las prestigiosas bondades de la escritura automática) no pueden no incurrir en el intento más trascendente que expresa el verbo zafar. Zafar de la Muerte, señores: eso sería, sí, verdaderamente zafar. (Se me permitirá escribir Muerte con mayúscula; tal vez consiga expresar así algo de la veneración, respeto y absoluto terror que le tengo a esa parte de la existencia humana, la peor.) El hombre –filosóficamente considerado– es el ser que busca zafar de la Muerte. Así como nuestro presi quiere zafar de la justicia para no sentirse incómodo en Caseros como ahora se siente el otrora poderoso general, los seres humanos, es decir, todos nosotros, los patéticos habitantes de este errático planeta, queremos zafar de nuestra condición de seres finitos.

Digámoslo así: *el hombre es el ser que quiere zafar de la Muerte*. Todo lo que hacemos es para zafar de la huesuda. Queremos tener dinero para pagarnos planes de salud. O vacaciones que prolonguen nuestro tiempo vital. Queremos escribir grandes libros para dejar huellas imborrables (*eternas*) de nuestro fugaz paso por esta mezquina temporalidad que nos toca. Escribir libros o pintar cuadros o componer música. Nuestra sed de absoluto es desaforada. Tan desaforada como nuestro desaforado miedo a la Muerte.

Pero la gran creación del miedo a la Muerte, el producto más puro, imaginativo y desmesurado de nuestro infinito deseo de zafar es también infinito. Adivinaron: es Dios. *Hemos creado a Dios porque queremos zafar de la Muerte.* Si Dios existe las ventajas que esta existencia otorga a los hombres son descomunales. *Dios es la condición de posibilidad de todos los intentos que los hombres han elaborado para zafar.* Observemos.

Si Dios existe, zafamos de tener que explicar el origen del universo. Lo creó Dios y a otra cosa.

Si Dios existe, nos encontraremos todos en el Paraíso, en el fin de los tiempos. O también: si Dios existe, todo dolor encuentra su amparo, su justificación, ya que es parte del plan divino, de la infinita sabiduría del Creador. Es decir, zafamos de la angustia de la finitud, zafamos de la inexplicabilidad del dolor.

Si Dios existe, todo está bien. Todo tiene un sentido. Una explicación. Zafamos de la incertidumbre, de la angustia, de la imperfección, de la pequeñez.

Dios ha tenido a lo largo de los tiempos muchas mutaciones, diversos rostros, figuras, modalidades. Dios es la certidumbre de la razón, dice Descartes. (No importa que no lo diga jamás: todo el cartesianismo dice eso.) Dios es la Revolución y el Terror, dice Robespierre, y Saint-Just acuerda con él. Dios es la ciencia positiva, dice Auguste Comte. Dios es el proletariado, dice Marx. Dios ha muerto, dice Nietzsche. Dios es el superhombre, la voluntad de poderío y la raza de señores, dice Nietzsche. Dios son las especies y la evolución, dice Darwin. Dios es la revolución proletario-campesina, dice Lenin.

O Dios es el Estado. Cosa que también dice Stalin. Dios es el Tercer Reich, dice Hitler. Dios es América, dicen los norteamericanos. Dios es la rebelión, dice Camus. Dios es el cogito prerreflexivo, dice Sartre. O la praxis. Dios es el simulacro, dice Baudrillard. Dios es la fragmentación, dice Lyotard. Dios es el mercado, dice Milton Friedman. Y así, y así, y así. En suma, Dios es el *subjectum*, el *Grund*, el fundamento. Dios es aquello sin lo cual nada de lo demás se explica. De aquí que los hombres se pasen la vida inventándolo. Porque se puede prescindir de todo... menos de Dios. *De Dios no se puede zafar. O sí: al costo de aceptar que, entonces, no podremos zafar del dolor, de la incertidumbre, de la muerte, del sinsentido absoluto de la existencia.*

La experiencia más fascinante a la que podría entregarse el hombre del tercer milenio sería, precisamente, ésa: *zafar de Dios.* Como experiencia (insisto) es fascinante. No es nueva, ya que la han asumido diversos nihilistas a lo largo de la historia. No muchos. El costo es demasiado alto: zafar de Dios (en todas sus formas: el arte, la historia, la revolución) es no poder zafar de la locura. "Oh, dame una máscara". No permitan que me enfrente a rostro descubierto con el absoluto sinsentido del universo. Bien, esa máscara es Dios.

Nota final: Se me disculpará que me haya disparado a cuestiones tan trascendentes desde una temática y un personaje tan, cómo decirlo, mínimos. La temática es la re-reelección y el personaje es nuestro presi. Sin embargo, y con el deseo de ponerle un cierre formal adecuado a estas líneas, incurriré en otra vuelta de tuerca sobre la cuestión. Para nuestro acorralado presi, Dios es el Poder. El Poder es lo que le garantizará zafar de las inclemencias de la vida, de la justicia de los hombres –que es finita, azarosa y arbitraria– y de las piedras silenciosas y heladas de las cárceles, en medio de las que la presencia de la Muerte se torna ostensible. Tanto, que se llega a la certeza de ser estragado inevitablemente por ella. Certeza, según habíamos visto, cuya elusión constituía el sentido de la existencia humana.

Transición: Los textos que siguen son los más riesgosos de este libro, pues se le atreven a tres ídolos intocables de nuestra condición nacional. El primero es Maradona, de quien un escritor argentino dijo: "Sólo hay tres palabras que no tolero: Diego, Armando y Maradona". El segundo es Charly García y el tercero, Leonardo Favio. (A quien, en verdad, lejos de atacarlo, le dedico un detallado análisis sobre la estética del populismo.) Seguramente no me haré querer por estos textos, pero uno, contrariamente a lo que suele declarar García Márquez, no escribe para que lo quieran. A veces, absurdamente, escribe, no para que lo odien, pero sin ignorar que no habrá de cosechar amores ni leves simpatías siquiera. Así es este trabajo.

En torno a Maradona o infinitamente Diego

Ese jugador, ése a quien le dicen la *brujita* Verón, se equivoca cuando se enoja con los periodistas. Cuando dice "no le hinchen más las bolas a Diego". Diego es un tipo público y le gustó mucho la gloria, que, en el mundo actual, requiere al periodismo para existir. Había cámaras y fotógrafos y relatores y columnistas cuando Diego les hizo a los ingleses el inolvidable gol. Ahí, a Diego, le gustó que estuvieran. Si no, su gol se habría perdido entre los muros de un estadio azteca. No lo hubiera visto, como lo vio, el mundo entero. Y Diego, feliz. Y luego le gustó que lo recibieran los presidentes, que el pueblo bramara su nombre, que lo llevaran a las alturas de un dios terrenal, en una época en que los otros, los viejos dioses, se han devaluado y el mundo requiere otros: jugadores de fútbol, boxeadores, divas de la televisión y demás. ¿Qué es lo que cambió? ¿Por qué quienes en el pasado eran tan necesarios son ahora unos desdeñables hinchapelotas? El que cambió fue Diego. Antes, el periodismo registraba su gloria. Ahora, su decadencia. O peor aún, su tragedia. Es cierto que lo hace de un modo abrumador. Es cierto que también nosotros podríamos pedir que no nos hinchen más las pelotas. Que ya estamos hartos de la infinitamente larga *cuestión Maradona*. Sin embargo, ¡cuánta soberbia hay en esas frases de los famosos acerca del periodismo! Muchachos que apenas ayer se morían por una nota, por una conexión desde los vestuarios con el relator de moda, por una invitación al programa de alguna diva de la tele, hoy gruñen: "No nos hinchen las pelotas".

Uno, con Maradona, ya no sabe qué hacer, decir ni escribir. Te piden una nota sobre él, suspirás y te decís: "¡Otra vez! ¿Y ahora qué hizo, qué le pasó, de qué siniestro y cercano, siempre cercano, personaje fue víctima?". Uno lo sigue y lo quiere a Diego desde hace muchos años. Y desde el gol a los ingleses todos lo adoramos. Y la mano de Dios y la picardía criolla que nos hace ganar, en una cancha de fútbol, una guerra perdida en los helados campos de batalla. Y después el Mundial del '94. Uno –yo, al menos, y desde las páginas de este diario– me jugué a fondo por Diego. Y escribí una nota que se llamaba "El sueño no terminó". Y anduve por la calle gritando *Diego no se drogó, antidoping a Menem..., etc.* Y también dije, patéticamente dije que Diego era el antisistema, el enemigo de las mafias. Que era mejor que Pelé, que Pelé era un fantoche domesticado, que había hecho campaña para el Mundial de la dictadura, que era el genio de la buena letra, el exitoso, el que nunca sufre, el que no sabe qué es el dolor. En cambio, Diego sí. Está tramado por las contradicciones. Es un desprolijo. Un impresentable. Un tipo fascinante, ya sea en la gloria o en el abismo. Todas estas cosas, lo juro, escribí sobre Diego.

Hoy no me sale ninguna. Hoy me gana la fatiga. Un gol maravilloso, una destreza inigualable para un hermoso deporte, ¿justifican este *eterno* bochinche? Me produce la enorme piedad de esos tipos que no pueden salir de su abismo. Creo en ese abismo. Creo en el doloroso abismo de Diego Maradona. *Pero hay otros.* Hay otros abismos en este mundo, y no tienen prensa, son desoladoramente anónimos, y cada bochinche maradoniano sirve para taparlos un poco más. Ya está, Diego. Buscate buenos amigos, rajale a los círculos estridentes del poder y la farándula. Desintoxicate de la fama. Buscá tu camino en medio del silencio. Ojalá tengas toda la suerte del mundo y nosotros podamos –algún día, por fin– descansar de vos.

Las grandes preguntas

Siempre que intentó predecir el futuro, el pensamiento filosófico incurrió en todo tipo de errores. Básicamente podría
dar un ejemplo de –todavía– ardiente contemporaneidad: la
filosofía marxista, que funcionó acertadamente en tanto crítica, fracasó en la mayoría de sus enunciados utópicos. Punto.
Seguir en esto nos llevaría muy lejos. Aquí sólo habrá de ser-
virnos para lo siguiente: la filosofía es un preguntar acerca de los
hechos acaecidos. Siempre viene después. De aquí que Hegel la
comparara con el ave de Minerva, ésa que levanta su vuelo al
anochecer. No vamos a encontrar en Heidegger –de quien me
propongo partir– la respuesta sobre el futuro de Maradona. Pero sí una reflexión sobre la modalidad en que esa desdicha (la
de Maradona es, ya, una larga desdicha argentina) tiene lugar.

Si alguna vez la filosofía acertó en una visión del futuro lo
hizo en un texto, en un memorable texto de Heidegger. El
texto es de 1935, es de un curso sobre metafísica que dio en la
Universidad de Friburgo y dice más sobre nuestro *presente
histórico* que, por decirlo de este modo, los diarios de mañana.
Dice el autor de *Ser y tiempo*: "Cuando el más apartado rincón
del globo haya sido técnicamente conquistado y económicamente explotado; cuando un suceso cualquiera sea rápidamente
accesible en un lugar cualquiera y en un tiempo cualquiera;

cuando se puedan 'experimentar', simultáneamente, el atentado a un rey en Francia, y un concierto sinfónico en Tokyo; cuando el tiempo sea sólo rapidez, instantaneidad y simultaneidad, mientras que lo temporal, entendido como acontecer histórico, haya desaparecido de la existencia de todos los pueblos; cuando el boxeador rija como el gran hombre de una nación (...) entonces, justamente entonces, volverán a atravesar todo este aquelarre, como fantasmas, las preguntas: ¿para qué? - ¿hacia dónde? - ¿y después qué?" (*Introducción a la metafísica*, capítulo 1). O sea, en lo que atañe a nosotros, a este momento que tratamos de entender y que gira en torno a este explosivo personaje que es Maradona, detectamos lo que sigue: no es un boxeador, como dice Heidegger, el que rige como gran hombre de una nación, es un futbolista, un hombre del deporte entendido como espectáculo. Este futbolista, hoy, rige el destino de esta nación ya que todos hablamos de él. Y al hacerlo estamos infinitamente lejos de las preguntas que, según señala densamente Heidegger, dan hondura y autenticidad a la existencia: ¿para qué?, ¿hacia dónde?, ¿después qué?

Nosotros, los argentinos, *hemos puesto las grandes preguntas en Maradona*. No nos preguntamos por el *hacia dónde* de nuestro país, sino por el *hacia dónde* de Maradona. (¿Hacia Estados Unidos, hacia Cuba? Hacia Cuba, con un infinito peligro para Fidel: la maradonización de la isla hará más por la destrucción de la Revolución Cubana que la burocracia partidaria y el bloqueo norteamericano.) No nos preguntamos por el *para qué* de nuestra existencia histórica (si aún somos un país, si debemos serlo o entregarnos a la westernización, si tiene sentido buscar *todavía* un sentido), nos preguntamos por el *para qué* de Maradona. (¿Para qué debería restablecerse? ¿Para volver a jugar? ¿Para dirigir la selección o a Boca o a River?) No nos preguntamos por el *después qué* de nuestro país, sino por el *después qué* de Maradona. (¿Qué pasará *después* del ídolo? ¿Tendrá reemplazo en nuestro fútbol o será único, irrepetible? ¿Cuánto habrá que esperar para que surja uno como él *después* de él?)

Lo que nos constituye como una *sociedad cobarde* ante las grandes preguntas es que seguimos girando en torno a un personaje del que deberíamos estar hartos. Hartos de él, de su entorno, de la instrumentación mediática que se hace de él, de la utilización de los medios para cubrir obscenamente todo lo que le pasa, del mercantilismo burdo, descomedido. Si Maradona y su patética historia de ídolo caído cubren la totalidad de nuestro presente histórico es porque, entonces, estamos tan enfermos como él.

Maradona aparece como víctima de los medios y los medios claman "déjenlo en paz", pero es Maradona quien los convoca y es Maradona (o su representante, *de quien Maradona es responsable y no víctima,* porque uno es responsable *de todo* en su vida, de sí mismo y de los que elige para que estén con uno) quien negocia con los medios una costosa, fructífera entrevista, de ésas que llegan a cifras que el pobre tipo que ve la tele y sufre por el ídolo no llegará a tener en su vida. En tanto, el tema de la droga –que debería convocar a un debate serio, racional, profundo– se degrada en el amarillismo periodístico, en las declaraciones sensacionalistas, en esas cámaras espasmódicas de los canales de tevé, en la verborrea de esos periodistas que miran a cámara y lo banalizan todo, presentándolo en la modalidad del escándalo, de la estridencia fácil, siempre rentable.

Todo se presenta, además, con las características del vértigo. El tiempo –esa temporalidad que Heidegger decía se había degradado en rapidez– se ha perdido en esta Argentina del vértigo maradoniano. Todo tiene que ser rápido, todo tiene que ser inmediato. Incluso la vida del ídolo se presenta como inminente a la muerte. O sea, hablemos ya, hablemos rápido *porque se nos muere.* Y las luces se encienden, y las cámaras buscan los más secretos intersticios, y las niñas del ídolo caído están con Giordano, ese símbolo del país banal, *fashion*, que sobrevive a Menem porque, lamentablemente, encarna algo más hondo y permanente que eso que llamábamos el menemismo, acaso encarne a la Argentina y su más patética verdad: la estupidez.

De esto tal vez estemos definitivamente hartos: de la estupidez. Si pudiéramos recuperar el verdadero sentido del tiempo, si nos detuviéramos un segundo y preguntáramos ¿para qué? Si pudiéramos parar la pelota (como, sí, tantas veces lo hizo el ídolo en tantos partidos y de aquí su genialidad perdida), mirar el horizonte y preguntarnos ¿hacia dónde? Si pudiéramos advertir –dolorosamente, con vergüenza incluso– la futilidad de este bochinche grosero y preguntarnos ¿después qué? Si supiéramos que *después de esto*, alguna vez, irremediablemente, nos vamos a olvidar del ídolo y sus estridentes avatares y tendremos que preguntarnos por nosotros mismos, por el país del éxito injurioso, de la lujuria monetarista, de la corrupción rentable, de la estupidez infinita que dejó el menemismo, si supiéramos esto, si lo supiéramos incluso durante estos días atronadores, si nos invadiera, lentamente, entre el bochinche idiotizante, la angustia de saber que todo está pendiente, que nuestros grandes problemas aún esperan y nada tienen que ver con el maradonismo, si esto ocurriera, digo, acaso alguna luz asomara en el horizonte de este país, lleno de sonido, de furia y hueca bobería.

Transición: El texto que sigue es ficcional, pertenece a la literatura, es, en suma, un cuento. Como sea, creo que casi todos los textos de este libro tienen un armado narrativo. "Dieguito" lo tiene explícitamente. Decidí incluirlo porque –aunque ya figura en un par de antologías sobre fútbol y en una sobre Maradona– dice más de lo que podría decirse en un texto ensayístico. Luego –para abundar– desarrollé una explicación del cuento, calificada de "sobreabundante pero no desdeñable". Ustedes juzgarán.

Dieguito

Según su padre, que tal vez lo odiara, Dieguito era decididamente idiota. Según su madre, que algo había accedido a quererlo, Dieguito era sólo un niño con problemas. Un niño de ocho años que no conseguía avanzar en sus estudios primarios –había repetido ya dos veces primer grado–, taciturno, solitario, que apenas parecía servir para encerrarse en el altillo y jugar con sus muñecos: los cosía y los descosía, los vestía y los desvestía, vivía consagrado a ellos. Un idiota, insistía el padre, y un marica también, agregaba, ya que ningún hombrecito de ocho años juega tan obstinadamente con muñecos y, para colmo, con muñecas. Un niño con problemas, insistía la madre, no sin deslizar en seguida alguna palabreja científica que amparaba la excentricidad de Dieguito: síndrome de tal o síndrome de cual, algo así. Y no un marica, solía decir contrariando al padre, sino un verdadero varoncito: ¿acaso no amaba el fútbol? ¿Acaso no se prendía a la tele siempre que Diego Armando Maradona aparecía en la mágica pantalla haciendo, precisamente, magia, la más impecable de las magias que un ser humano puede hacer con una pelota?

Dieguito se deslizaba por la vida ajeno a esos debates paternos. Se levantaba temprano, iba al colegio, cometía allí todo tipo de errores, torpezas o, siempre según su padre, imbecilidades

129

que luego se expresaban en las estólidas notas de su libreta de calificaciones, y después, Dieguito regresaba a su casa, se encerraba en el altillo y jugaba con sus muñecos y con sus muñecas hasta la hora de comer y de dormir.

Cierto día, un día en que incurrió en el infrecuente hábito de salir a caminar por las calles de su barrio, presenció un suceso extraordinario. Fue en un paso a nivel. Un poderoso automóvil intentó cruzar con las barreras bajas y fue arrollado por el tren. Así de simple. El tren siguió su marcha de vértigo y el coche, hecho trizas, quedó en un descampado. Dieguito no pudo dominar su curiosidad. ¿Quién conduciría un coche tan hermoso? Corrió –¿alegremente?– a través del descampado y se detuvo junto al coche. Sí, estaba hecho trizas, negro, humeante y con muchos hierros retorcidos y muchísima sangre. Dieguito miró a través de la ventanilla y se llevó la sorpresa de su, corta, vida: allí dentro, algo deteriorado, estaba él, el hombre que más admiraba en el mundo, su ídolo.

Una semana después todos los diarios argentinos dedicaban su primera plana a un suceso habitual: Diego Armando Maradona llevaba más de diez días sin acudir a los entrenamientos de su equipo. Hubo polémicas, reportajes a variadas personalidades (desde ministros a psicoanalistas y filósofos) y conjeturas de todo calibre. Una de ellas perseveró sobre las otras: Diego Armando Maradona había huido del país luego de ser arrollado por un tren mientras cruzaba un paso a nivel con su deslumbrante BMW. ¿Adónde había huido? Muy simple: a Colombia, a unirse con el anciano y desfigurado Carlos Gardel, quien aún sobrevivía a su tragedia en el país del realismo mágico. Ahora, desfigurados horriblemente, los dos grandes ídolos de nuestra historia se acompañaban en el dolor, en la soledad y en la humillación de no poder mirarse a un espejo. Ellos, en quienes se había reflejado el gran país del sur.

En medio de esta tristeza nacional no pudo sino sorprender al padre de Dieguito la alegría que iluminaba sin cesar el rostro del niño, a quien él, su padre, llamaba el pequeño idiota. ¿Qué le pasaba al pequeño idiota?, le preguntó a la madre. "No sé", respondió ella. "Come bien. Duerme bien". Y luego de una breve vacilación –como si hubiera, demoradamente, recordado algún hecho inusual–, añadió: "Sólo hay algo extraño". "Qué", preguntó el padre. "No quiere ir más al colegio", respondió la madre. Indignado, el padre convocó a Dieguito. Se encerró con él en su escritorio y le preguntó por qué no iba más al colegio. "Dieguito no queriendo ir al colegio", respondió Dieguito. El padre le pegó una cachetada y abandonó el escritorio en busca de la madre. "Este idiota ya ni sabe hablar", le dijo. "Ahora habla con gerundios." La madre fue en busca de Dieguito. Le preguntó por qué hablaba con gerundios. Dieguito respondió: "Dieguito no sabiendo qué son gerundios".

Transcurrieron un par de días. Dieguito, ahora, ya casi no bajaba del altillo. Sus padres decidieron ignorarlo. O más exactamente: olvidarlo. Que reventara ese idiota. Que se pudriera ese infeliz; sólo para traerles desdichas y papelones había venido a este mundo.

Sin embargo, hay cosas que no se pueden ignorar. ¿Cómo ignorar el insidioso, nauseabundo olor que se deslizaba desde el altillo hacia el comedor y las habitaciones? ¿Qué diablos era eso? ¿A quién habrían de poder invitar a tomar el té o a cenar con semejante olor en la casa? Decidieron resolver tan incómodo problema. "Esto", dijo el padre, "es obra del pequeño idiota". Llamó a la madre y, juntos, decidieron emprender la marcha hacia el altillo. Subieron la estrecha escalera, intentaron abrir la puerta y no lo consiguieron: estaba cerrada. "¡Dieguito!", chilló el padre. "¡Abrí la puerta, pequeño idiota!" Se oyeron unos pasos leves, giró la cerradura y se abrió la puerta.

Dieguito la abrió. Sonrió con cortesía, dijo "Dieguito trabajando", y luego se dirigió a la mesa en que yacía el ídolo nacional ausente. Sí, era él. El padre no lo podía creer: no estaba en Colombia, con Gardel, sino que estaba ahí, sobre esa mesa, y el olor era insoportable y había sangre por todas partes y el ídolo nacional ausente estaba trizado y Dieguito, con prolija obsesividad, le cosía una mano (¿la mano de Dios?) a uno de los brazos. Y la madre lanzó un aullido de terror. Y el padre preguntó: "¿Qué estás haciendo, grandísimo idiota?". Y Dieguito (oscuramente satisfecho por haber sido, al fin, elevado por su padre a los dominios de la grandeza) sólo respondió:

–Dieguito armando Maradona.

Sobreabundante pero no desdeñable explicación de "Dieguito"

¿Desde dónde narrar a Maradona? Surgen varias posibilidades. Prevalece una: el cuerpo. El cuerpo se localiza en una de sus partes: la mano. Recordemos: "la mano de Dios". La *mano de Dios* remite a las manos de Perón, las que, a su vez, remiten al cercenamiento de los cuerpos. Esto ya nos incluye en el género de terror. ¿Incluir a Maradona en un cuento de terror? Sí, al menos, en un muy específico género de cuentos de terror: el de las manos. Recuerdo una película que acabo de ver (me la mostró Diego Curubeto, que la incluirá en su libro *Cine bizarro*): *La bestia con cinco dedos*, con Peter Lorre. Siempre quise ver esa película ante todo por su título: uno de los más estremecedores de la historia del cine. Bien, alguien cortará la mano de Dios, la mano de Maradona. Así, la narración ya está casi armada: Maradona ha sido despedazado (con lo que se incluye en la saga de los cuerpos mutilados de los ídolos argentinos: Gardel ardiendo en Medellín, Evita errabunda y profanada, Perón el manipulador con sus manos mutiladas) y alguien se propone armarlo de nuevo. El gerundio del verbo armar es *armando*, que es el nombre de Maradona. Un niño, entonces (personaje que se emparenta con el de una, ¿injustamente?, olvidada novela que publiqué hace unos años: *El cadáver imposible*), que se llamará *Dieguito*, será el encargado de *armar* a Maradona.

Maradona, para Dieguito, es como uno de sus muñecos. Esto revela la condición muñecoide de Maradona: hoy te inflo, mañana te desinflo. Hoy lo meten en cana, mañana es el rey de la Argentina. Hoy es el rey de la Argentina, mañana está en el abismo de la droga.

Dieguito tiene ocho años y es decididamente idiota. Esto remite a *El idiota de la familia*, el texto de Sartre sobre Flaubert. Así, Maradona es un muñeco informe armado constantemente por un niño idiota. Por supuesto: el niño idiota es la sociedad argentina.

Maradona es arrollado por un tren. Desaparece. Todos conjeturan que está en Colombia, con Gardel, quien ha sobrevivido, desfigurado, al accidente de Medellín. De este modo, es en el país del realismo mágico donde se refugia la idolatría monstruosa de los argentinos.

La ausencia de Maradona alimenta la voracidad de los medios. Reportajes a ministros, psicólogos y filósofos. ¿Dónde está Maradona? La Argentina se conmueve. Nos hemos quedado sin nuestro ídolo. Los padres de Dieguito detectan la presencia de lo nauseabundo en la casa. El olor desciende del altillo. Ahí, donde se recluye Dieguito con sus muñecos. Dieguito ha dejado de ir al colegio. Habla cada vez peor. Habla con gerundios. Paul Groussac, cuando quería aniquilar a un escritor, lo acusaba de ejercitar una *prosa gerundiosa*. Dieguito abusa de los gerundios. Dice: "Dieguito no queriendo ir al colegio". La madre le prohíbe que hable con gerundios. Dieguito responde: "Dieguito no sabiendo qué son gerundios".

Los padres suben al altillo en busca del niño idiota. Dieguito les abre la puerta. Dice: "Dieguito trabajando". Sobre su mesa está el ídolo ausente, hecho trizas. Dieguito está, precisamente, cosiendo su mano –sin duda la *mano de Dios*– a uno de sus brazos. Ante la furiosa inquisitoria de su padre, Dieguito responde: "Dieguito armando Maradona".

Así, la narración ha partido de la mano de Maradona, la separó de su cuerpo, trizando, de este modo, a ese cuerpo. El trizamiento del cuerpo se une a la necrofilia argentina en relación a sus ídolos. Mano de Maradona-manos de Perón. Y la narración concluye con un nuevo advenimiento de Maradona, ya que si *Dieguito armando Maradona*, esto significa que Maradona volverá, del brazo de un niño idiota, a ocupar su privilegiado lugar en el corazón de la sociedad argentina.

Otro argentino genial

¿De dónde le viene a Charly García la convicción de ser impune? Impune significa que él está más allá del bien y del mal, que puede estar en un lado, en otro, decir esto y luego aquello. Muy simple: cree que es un genio y que su genialidad lo autoriza a la incoherencia ética, a utilizar la muerte para el barullo mediático, a abrazarse con Menem, después con Hebe y después con quien se le cante. Tal vez, Charly, debieras ya saberlo: este país está lleno de gente que se cree genial. Por ejemplo: todos los días, a eso de las nueve de la noche, entre Corrientes y Callao y Corrientes y Talcahuano, debe haber cerca de 500 otarios que se creen geniales. Y si yo ando por ahí, 501. Se trata, sin embargo, de empezar a poner en duda esta cuasi condición nacional. Por decirlo claro: *uno deja de ser un argentino boludo cuando deja de creerse un argentino genial*.

Le han dicho que tiene oído absoluto y también se cree genial por eso. Sin embargo, el oído absoluto no garantiza nada. Un buen afinador de pianos puede tenerlo. He escuchado de musicólogos que respeto una frase deliciosa e impecable: "Charly García tiene oído absoluto y Beethoven era sordo".

Sale entre los personajes del año de *Gente*. Al frente de la foto está el menemato en pleno, sonriente, aplaudiendo a la gilada: el Presi, la Diva, Lady Zu y Valeria Ma. Atrás, se lo ve a Charly.

Mira hacia el techo, como distraído. Él no aplaude. Posa de genio inmortal. Uno abre la revista (el número 1743 del gran semanario de los argentimedios) y ahí, otra vez, está él, ahora abrazándose con el Presi. El gran semanario los hermana al titular: "Charly & Charly". Conmovedor. Luego se lee: "El presidente Menem le dijo a García: 'Hoy te escuché todo el día'. El rockero, agradecido". Más adelante, otra vez Charly. Pero ahora solo, despatarrado sobre la gran tarima roja. Se lee: "Faltaban veinte minutos para las diez de la noche. La producción de tapa de *Gente* había terminado. Todos, excepto Charly, pasaron a otro salón. Pero él, el único, el genio, la figura, no se movió del estudio". ¿Será por esto que Charly se cree un genio? ¿Porque se lo dicen en *Gente*?

Ahora bien, ¿cómo es posible que Hebe de Bonafini sea amiga de un tipo que se abraza con el presidente del indulto, de la insensibilidad social, con el protector de María Julia Alsogaray y Amira Yoma? ¿Ya nada importa? Que Charly se crea un impune, un tipo que puede hacer lo que quiera ("yo hago lo que quiero") porque, digamos, tiene oído absoluto, vaya y pase. Pero que lo acepten, que lo reciban, que lo cobijen, a la vez, las Madres y el menemato es demencial. Confunde. Da bronca. Alguien, aquí, se está equivocando mucho y todo no hace sino contribuir al cambalache general. A la desesperanza.

Lamento estar escribiendo sobre Charly García. Lamento colaborar con lo que él, esencialmente, quiere: barullo para su show. Deberíamos estar discutiendo otras cosas. Se impone que hablemos de otros temas y no de las travesuras de uno de los tantos argentinos geniales que habitan estas tierras. Que si en verdad tuviera tantos genios, otro debiera ser su destino. Y no lo es.

Retrato del artista primitivo

Siempre se ha insistido en la simpleza de Favio como artista. En esa simpleza residiría su genialidad. Sería, así, un genio de lo simple, de lo llano, de lo inmediato. Un genio alejado de todo gesto intelectual. Recuerdo a un productor diciéndome: "La primera vez que recibí un guión de Favio casi lo largo a la primera página. Estaba lleno de errores de ortografía. Seguí leyendo. A la quinta página estaba llorando". Se dibuja entonces la figura de un artista cuya simpleza le permite captar lo simple. Un genio en estado puro. Sin cultivar. Un genio silvestre, primitivo. Coherentemente este hombre simple se ocupa de la gente simple, es decir, del pueblo. Nadie –se afirma– como un genio no cultivado para ahondar en el alma de los seres puros, inocentes.

Hay, en esto, varios supuestos. Veamos. 1) El pueblo es puro y simple. En él residen los valores que la "cultura" ha venido a deteriorar o a complicar inútilmente. Hay que "saber escuchar el alma del pueblo". Hay que "saber leer en el alma del pueblo". 2) De este modo, la llaneza del artista genial es la que lo autoriza a acercarse con más legitimidad que nadie a ese "objeto": el "pueblo", el "alma popular", el "espíritu del pueblo". (Eso que los filósofos alemanes llamaban el *Volksgeist*.) Por el contrario, los artistas cultivados –por exceso de intelectualismo, de lecturas, de teorías– están alejados de las almas simples y condenados a no poder expresarlas. 3) El artista silvestre, el genio inmediatista no se maneja con la razón, sino con el sentimiento, ya que la razón pertenece a los intelectuales y el sentimiento es el patrimonio central, insoslayable del pueblo. De aquí que haya una correspondencia inmediata, natural, entre el artista no cultivado y el pueblo al que sólo él (por ser parte del pueblo en tanto hombre no deteriorado por la racionalidad) puede expresar.

Éste es el esquema de pensamiento que ha consagrado a Favio. El encuadre populista. Favio sólo tenía una opción política para acondicionarse a este esquema y es la que adoptó siempre: el peronismo. Un peronismo originario, sencillo, de verdades esenciales, eternas, jamás cuestionadas y comprometidas todas con el sentimiento. *Perón, sinfonía de un sentimiento* es su opus más reciente. Así las cosas, Favio es un hombre del peronismo que pertenece al "pueblo peronista", ese concepto básico, algo indeterminado pero ligado a las cosas más elementales de la vida. Si nos preguntamos qué es el "pueblo peronista" encontraremos –a lo largo de una historia borrascosa y tramada por distintas definiciones– dos de ellas que podríamos calificar de "favianas". Una pertenece al sindicalista Lorenzo Miguel, otra al escritor Osvaldo Soriano.

Lorenzo Miguel solía decir que el peronismo era "comer tallarines los domingos con la vieja".[8] Asoma aquí ese sencillísimo esencial del pueblo. La "madre" es la "vieja". La comida son los "tallarines", comida de gente simple, de inmigrantes, comida de bajo costo que las "viejas" de los hijos simples y peronistas

---

8 Esta definición fue citada y analizada en "Veinte escenas de la vida peronista" (pp. 31-42, en este mismo volumen). También la que luego citaremos de Osvaldo Soriano. Volvemos, aquí, sobre ellas pues son decisivas para entender la estética de Favio.

saben cocinar con infinito, inexpresable sabor. El sabor de lo verdadero, de lo cálido, el sabor de la familia. El "domingo" es, además, el día del descanso y también el día de la fe, porque el pueblo simple cree en Dios y el Dios de los argentinos es el Dios católico, es Jesús, ese hijo de un carpintero, hombre del pueblo también, que vino a salvar a los "pobres de espíritu". (Lorenzo Miguel decía esto para diferenciar al verdadero peronismo de los intentos "marxistas", "subversivos", "apátridas" de los jóvenes de los años setenta, de esos infiltrados que no entendían al pueblo ni al peronismo, que eran, claro, lo mismo, esa sencillez dominguera y plena de los tallarines y la vieja, y no todo ese barullo "intelectual" y "foráneo" de los libros y del marxismo, que viene siempre con los libros, ya que es posible conjeturar que para Lorenzo Miguel "marxismo" y "libros" son lo mismo.)

La otra frase que expresa la interpretación "faviana" del peronismo está en un libro de Osvaldo Soriano, escritor al que Favio le dedicó su *Gatica*, precisamente por haber escrito esa frase. Un personaje de Soriano, un hombre de ese pueblo de Colonia Vela agredido por los "infiltrados", se defiende cuando lo acusan de "comunista". El tipo dice: "Si yo nunca me metí en política, siempre fui peronista". Soriano, en verdad, resume toda una línea de interpretación en una frase. Ser peronista, para ese hombre simple, para ese hombre del "pueblo", es como respirar, no es una elección política, ya que no se elige respirar sino que sencillamente se respira. El peronismo forma parte del pueblo tan naturalmente como el mate, como las zapatillas, como, claro, los "tallarines".

Así, la existencia se divide entre lo complejo y lo simple, entre la razón y el sentimiento, entre los libros y los tallarines. Y también entre lo malo y lo bueno. El "pueblo" es lo "bueno" y la "verdad". Todo lo demás es lo "malo" y lo "falso". Tenemos entonces: lo complejo es "malo" y "falso". También la "razón", que lleva a lo "complejo", a esas complicaciones que se arman siempre para engañar al "pueblo", para sorprenderlo en su inocencia. Los libros son malos y están llenos de falsedades entre las que se pierde la pureza esencial de las almas sencillas. En cambio: lo "simple", los "sentimientos" y los "tallarines" (la "vieja" y los "domingos" y la "religión") son, sin más, lo "bueno" y lo "verdadero".

Ningún film como *Gatica* expresa esta concepción "faviana" del peronismo y de la historia de este país. Sería así: durante diez años existió "lo bueno". El gobierno de Perón. Ahí fue la plenitud. Favio expresa aquí ese territorio extraviado que también Hernández dibuja en *Martín Fierro* para poder, luego, describir todo lo que los gauchos han perdido y deben recuperar. "Ricuerdo ¡qué maravilla! / como andaba la gauchada / siempre alegre y bien montada / y dispuesta pa' el trabajo" (205). Y también: "Aquello no era trabajo / más bien era una junción / y después de un güen tirón / en que uno se daba maña / pa' darle un trago de caña / solía llamarlo el patrón" (225). Algunos conjeturan que estos tiempos arcádicos que Hernández describe eran los de Rosas. Supongo que la estética de Favio debería incorporar esta teoría. Ese patrón-amigo es Don Juan Manuel y el Estado de Bienestar de Perón lo es para los descamisados. De este modo, Perón es el patrón que toma caña con los gauchos. Y lo hace porque es uno de ellos: un trabajador como ellos, el primero. Favio podría decir como Martín Fierro: "Y ansí muy grandemente / pasaba siempre el gauchaje" (245). Y luego: "Pero ha querido el destino / que todo aquello acabara" (250). El esquema de *Gatica* es muy similar. El boxeador es un hombre del pueblo, sencillo, vital, sexuado, algo fanfarrón pero esencialmente bueno y puro. Además es alguien que le da alegría al pueblo, ya que el pueblo ve en él a uno de los suyos en la cumbre. "Mire, General, cómo ruge la leonera: dos potencias se saludan". Las dos potencias son Perón y el pueblo peronista, al que Gatica encarna. Sin embargo, una vez expulsado Perón del Gobierno empiezan los días negros para Gatica (y para el pueblo). Desesperado, al ganar un combate lateral, marginal, pues sólo los márgenes le restan, Gatica le grita al público: "¡Viva Perón, carajo!". El otro, en cambio, el pulcro Alfredo Prada, el héroe del antipueblo, triunfa en la vida y gana buena plata con su restaurante, en el que Gatica, noche a noche, sólo atina a decir a la concurrencia: "Buenas noches, buen provecho". Por fin, apartado, olvidado, físicamente disminuido, Gatica muere bajo las ruedas de un colectivo: es el pueblo el que muere, ya que la historia lo ha abandonado, ya que el patrón (el Estado de Bienestar peronista) ha dejado de protegerlo. De cobijarlo.

Las instancias serían: extravío (Argentina preperonista), plenitud (Argentina peronista), vía crucis (Argentina posperonista) y reencuentro con la plenitud (regreso del peronismo). A esta instancia no llega Gatica pero sí llegará el pueblo peronista, porque los días felices volverán, porque la "patria" es la "vieja", porque la "vieja" no abandona a sus hijos y sus hijos son el "pueblo", es decir, son "peronistas".

Algo notable de esta versión del peronismo (que estructura el cine de Favio) radica en que se presenta como la exacta contracara de la otra versión, la antiperonista, la versión que el peronismo llama "gorila". (Para los "gorilas" todo el peronismo fue malo. Para los peronistas favianos todo el peronismo fue bueno.) Restarían dos cosas por resolver: 1) si el artista que se maneja dentro de este encuadre teórico (mal que pese a algunos: este encuadre es teórico, el populismo es una teoría, y decir que el peronismo es "comer tallarines con la vieja" es tan teórico como decir "el peronismo es un movimiento bonapartista que tendió a la conciliación de clases" o "un movimiento que expresa la heteronomía de la conciencia proletaria") puede arribar a las cumbres de la genialidad; 2) si Favio ha ido más allá del sencillismo y ha logrado expresar algo de la complejísima historia de este país. Tarea para la cual –presumo– se lo ve (y creo que estas líneas habrán contribuido en algo a demostrarlo) escasamente equipado, ya que su sencillismo ha confluido en una versión lineal, partidista y hasta propagandística inadecuada para los pliegues casi infinitos de este infinito país.

El país de los boludos

Bastará con verificar que –en el lenguaje de los jóvenes, sobre todo– la palabra *boludo* ha reemplazado al modismo, típico de la argentinidad, *che*. Hoy, los jóvenes no dicen: "Cortala, che". No dicen: "Ni ahí, che". No dicen: "No me cabe, che". Los jóvenes dicen: "Cortala, boludo". Dicen: "Ni ahí, boludo". Dicen: "No me cabe, boludo". Pareciera, la palabra "boludo", un reconocimiento (tal vez no consciente) del estado de las cosas, no un agravio. Pero no nos adelantemos. En principio bastará con verificar este decisivo desplazamiento lingüístico: del tradicional "che" se ha pasado al "boludo", extrayéndole toda connotación agresiva para, limándolo, mantenerlo en el nivel referencial. Así, cálidamente, se dice: "Escuchame, boludo". O "no vayás, boludo". O "el bondi te deja mejor que el subte, boludo".

Nadie ignora todo lo que un buen chiste expresa de una situación social o política. Los chistes que ha generado el menemismo son interminables y todos dicen algo de la situación básica que los ha producido: el menemismo, por supuesto. Pero yo elegiría uno entre los más destellantes y representativos. Uno en que la palabra "boludo" es decisiva y denota una situación histórica. Un tipo le dice a otro: "¿Sabés cómo le dicen a Menem?". El otro tipo dice: "No". El primero dice: "El

rey de los boludos". El otro pregunta: "¿Por qué?". El primero
explica: "Porque él es el rey y nosotros los boludos". La gracia
del chiste (si me lo preguntan, creo que se trata de un chiste
muy gracioso y bien armado) radica en atribuirle, primero, a
Menem, una expresión tradicionalmente despectiva: sería, en
efecto, "el rey de los boludos", es decir, el más boludo de todos,
el más tonto, el más idiota. Sin embargo, luego, sorpresivamen-
te (un chiste siempre, o casi siempre, esconde un remate sorpresivo), la expresión "el rey de los boludos" deja de ser despectiva
y es valorativa, porque "el rey de los boludos" es un rey, es
un monarca, alguien que gobierna y, como todo monarca, tiene súbditos. Esos súbditos tienen un nombre, que primero
creíamos se atribuía al rey, pero no, no se atribuye al rey sino
a los súbditos: porque "los boludos" son los súbditos, los
súbditos del rey. De este modo, "el rey de los boludos" es el
monarca que ejerce poder sobre una especial categoría de
súbditos llamados "los boludos". Que somos, más exactamente, nosotros. El chiste, que en el inicio parecía agredir o
señalar peyorativamente a Menem, nos señala, en su remate,
a nosotros: los boludos somos nosotros y él es el rey, el monarca, el que nos transforma en boludos gobernándonos. Porque
si por algo somos boludos es porque Menem es nuestro rey.
Y lo hemos elegido.

Cuando alguien escucha este chiste se ríe, jamás se indigna.
Nadie dice: "Yo no soy un boludo ni Menem es mi rey". No,
los buenos y sufridos (y boludos) argentinos nos reímos y decimos "qué buen chiste, boludo". Y nos asumimos como boludos y ya está claro por qué hemos dejado de decir "che" para
señalarnos y ahora decimos "boludo". Porque es así: antes
nos señalábamos diciéndonos "che". Por ejemplo: un amigo,
luego de despedirse, se va del bar y de pronto descubrimos
que hemos olvidado decirle algo. Lo llamamos. Le gritamos:
"¡Che!". No más. Ahora le gritamos: "¡Boludo!".

Todo esto no lo digo porque sí. Se me ocurrió, como muchas otras cosas, tomando un café en el bar de la esquina de mi casa. Estoy con un amigo y mi amigo lee el diario. Lee los sucesos de Ramallo. Que la bonaerense acribilló a los secuestradores y a los rehenes. Eso lee. De pronto, me dice que el comisario a cargo declaró que le habían tirado a las gomas. A las gomas del coche en que se escapaban los asaltantes con los rehenes. Tiraron, parece, entre ochenta y ciento setenta balas. Ni una le pegó a las gomas. Mi amigo me mira y pregunta: "¿Nos toman por boludos?". Le digo que sí, que por supuesto, que nos toman por boludos. Que hace tiempo nos toman por boludos. Tanto, que los argentinos ya no somos los "che", somos "los boludos".

Cuando Alsogaray decía "hay que pasar el invierno", nos tomaba por boludos. Y después Onganía, y Lanusse, y el viejo Perón muchas veces, nos tomaron por boludos. Y cuando Videla decía "los desaparecidos están en el exterior" nos tomaba por boludos. Y cuando hablaron de la "campaña antiargentina" nos tomaron por boludos. Y cuando hicieron el Mundial y cuando le ganamos a Perú seis a cero nos tomaron por boludos. Y Alfonsín nos tomó por boludos cuando les dijo "héroes de Malvinas" a los carapintadas, y nos tomó por boludos cuando dijo "la casa está en orden". Y Menem se hartó de tomarnos por boludos. Nos tomó por boludos durante más de diez años. Menem y los Yoma y María Julia Alsogaray y los que mataron a Cabezas y los que suicidaron a Yabrán. Todos nos tomaron boludos. Y ahora los de LAPA, y los acribilladores de Ramallo y los que ultrajaron tumbas judías en La Tablada y, antes, los que volaron la Embajada de Israel, los que volaron la AMIA, ésos –muy especialmente ésos– nos tomaron por boludos. Y quienes los cobijan, quienes deberían descubrirlos y encarcelarlos y no lo hacen, ésos, día a día, cada día que pasa un poco más, nos toman por boludos. Porque eso es lo que somos, porque al fin sabemos lo que somos: somos el país de los boludos. Hoy, al comandante Guevara no le dirían Ernesto Che. Le dirían Ernesto Boludo. Y no por culpa de él, sino nuestra.

Mi amigo, ahí, en el bar de la esquina, tristemente dobla el diario y lo deja sobre la mesa. Llama al mozo. Pide un café. Veo en sus ojos el destello de la bronca. De la indignación. Tal vez de la rebeldía. Me mira. Y dice: "No se puede seguir así". El mozo le trae el café. Bebe un lento sorbito, con cuidado, como para no quemarse. Me mira otra vez y dice: "Hay que hacer algo, boludo".

Es un comienzo.

La Dama de Lata

Su modelo es Margaret Thatcher. Quiere ser dura, implacable, quiere despertar el odio antes que el amor. Se siente viva y vigente cuando agrede, molesta, hiere. Representó el rostro más impiadoso del menemismo. Pareció disfrutar con las desdichas de los ajustes, con la cirugía mayor sin anestesia que proclamaba su líder. (La truculencia que posee la frase "cirugía mayor sin anestesia" es infinita. Lejos de ser la descripción de una política económica, es la descripción de la tortura. En la ESMA también se hizo "cirugía mayor sin anestesia".) No le importó la reprobación del periodismo independiente. Se adelantó a los asesinos de Cabezas. Porque fue la primera que ejerció violencia contra los fotógrafos de la revista *Noticias*. Sus custodios los matonearon, los golpearon con saña, con brutalidad. Ella era así, fuerte y dura. Parecía disfrutar con el papel de villano. La maldad era su reino.

Quiso luchar contra los rasgos fatídicos de su padre dibujados en su cara. Se hizo *liftings*, mostró sus piernas, se fotografió con pieles costosas. Quiso ser una mujer, pese a conducirse con la dureza del más duro del pueblo. Se mezcló en una y muchas causas dudosas. Hizo esquí en Las Leñas con Susana Giménez, el otro símbolo del menemismo con faldas (también hoy acosada por la Justicia argentina). Fue la multifuncionaria.

Se le incendiaron los bosques y ni se dignó a mirarlos, ya que el desdén era su estilo. Fue intocable porque fue la protegida del gran jefe. Porque él siempre la cubrió, cuidó sus espaldas. Nadie sabe por qué, aunque no hay quien no diga saberlo. Importa poco. Es una historia pequeña, insultante pero pequeña.

Posiblemente el horizonte no le sea favorable. Se ganó muchos odios. Le guste o no, lo sepa o no, se transformó en la imagen de la ostentación menemista, de la insensibilidad social, del conservadurismo rancio, de la corrupción torpe y pomposa. No fue la Dama de Hierro. La Thatcher tuvo a Inglaterra en un puño, convocó la prosa enfática y extasiada de Vargas Llosa, humilló a los sanguinarios militares argentinos. Fue la Dama de Lata, la pequeña bruja mala de un gobierno con estética kitsch, con vahos de opereta, disfrazado por Elsa Serrano, esa costurera que hoy reclama millones de dólares a quienes se desvivió por servir.

Será –ahora– presa fácil de sus adversarios. Sólo manejaba la caja chica pero asumió la impostura de ser la cifra perfecta del régimen, su concepto. Eso le gustó, la hizo feliz, hedonizó su sadismo. Ya anda diciendo que aceptará ir presa si corresponde. Si ella lo dice, sabrá por qué lo dice. Por de pronto, según Landrú, le ha encargado a Elsa Serrano un vestido a rayas para usar si la ponen a la sombra. Ojalá le quede espléndido.

Addenda: El Aleph del menemismo

La Dama de Lata es el Aleph del menemismo. *Es el punto donde convergen todos los puntos.* De aquí su condición de intocable. Tocarla sería desenredar la madeja, desnudar las tramas secretas, llevar a la luz lo que ha crecido en las sombras. Porque ella es el Aleph. Así como Borges –en ese cuento dedicado a Estela Canto– vio en un punto el entero universo desde todos sus puntos de vista, mirar abiertamente a la Dama de Lata nos entregaría, también desde todos los puntos de vista, los rostros secretos del menemismo.

Ella es la imagen del apoyo del establishment. Junto a su padre, representa la vertiente liberal-empresaria que acompañó a Carlos Menem desde el inicio. Ella es la imagen de la frivolidad: se fotografió con pieles o junto al mar luciendo unas piernas que cree hermosas y gusta, por consiguiente, lucir. Ella es la imagen de la relación intimidad-Poder: ahí está bailando con el Presidente y arrojándole miradas y sonrisas que muchos creen se han prolongado en otros ámbitos. Ella es la imagen de la impunidad: ni los incendios forestales la hicieron hesitar, cuestionar su adecuado desempeño en las funciones asumidas. Ni el reclamo de enormes sectores de la población la inquietó. Siempre se sintió segura. Como si fuera intocable. Y tal vez lo sea. Ella es la imagen de la insensibilidad social: desdeñó toda posible atenuación de los costos del ajuste salvaje. Se solazó en exhibir su dureza, en ser el reflejo lejano pero no menos impiadoso de la impiadosa Dama de Hierro, esa Margaret Thatcher a quien debe amar tanto como a sí misma. Ella es la imagen de un Gobierno que, como ningún otro, sostiene a funcionarios cercados por causas penales. Ella es la imagen del funcionario protegido expresa y públicamente por el Poder: no hubo una sola ocasión en que el Presidente no saliera presto a cobijarla con su esmerado amparo. Tantas cosas es la Dama de Lata de Hierro que cualquier partido que aspire a suceder al gobierno de Carlos Menem debería poner como punto central de su plataforma: "Investigación perentoria de todo lo actuado por la ingeniera María Julia Alsogaray como funcionaria durante la gestión del anterior gobierno". Es tanto lo que ha abarcado la Dama de Lata que esa investigación revelaría todo lo que es necesario revelar. Porque ella es el Aleph: el punto en el que todos los puntos convergen.

Establishment, privatizaciones oscuras, frivolidad, intimidad-Poder, insensibilidad social, impunidad, soberbia, desdén por la Justicia. Tan hondamente ha encarnado al menemismo que sólo se lo dejará atrás dejándola atrás a ella, ya que el día de su caída —de su verdadera caída— caerá el sistema empresarial-populista de los ajustes salvajes y la Justicia turbia, ésa que está más cerca del Poder que de la verdad.

El chico del pastel

La chica que emerge del pastel es un clásico del cine. Está en todo tipo de películas. Musicales, comedias o de gángsters. La escena siempre se desarrolla en medio de alguna fiesta, ya que la chica del pastel es un toque de alegría, una sorpresa bonita e inesperada que se le entrega a quienes participan de esa fiesta. Acaso la que ustedes recuerden sea la que recuerdo yo: Debbie Reynolds en *Cantando bajo la lluvia*. La cosa es así: Debbie había llevado a Gene Kelly hasta una fiesta en una residencia de Hollywood. Ella le dice que no va a entrar porque es una actriz seria y desdeña esas fiestas. Se va con su pequeño auto. Gene entra a la fiesta y anda por ahí, algo perdido y triste. De pronto aparece un enorme pastel, se escucha un charleston y del pastel sale una chica que saluda y sonríe y es Debbie, la "actriz seria". Gene se burla algo de ella ("¿No era que sólo hacías obras de Shakespeare?") y luego la ve bailar el charleston y se enamora sin remedio alguno.

Cierta vez, haciendo zapping, me detengo en algo que anuncia ser un partido de básquet, deporte que no me interesa mucho pero, a veces, un poco. Ese día me interesó porque la cámara se detuvo ante un gran aro forrado en papel brillante. Por ahí habrían de salir a la cancha los jugadores. Me pareció original, me devastó la curiosidad y me olvidé del zapping. Y entonces los jugadores salieron. Salió el primero y el primero era el presidente de la República, de la nuestra, de la Argentina. Aparece rompiendo el papel destellante y surgiendo del aro tal como Debbie Reynolds surgía del pastel hollywoodense. ¡Aquí estoy yo! Era el chico del pastel. Era Carlos Menem y sonreía y hacía picar la pelota y así, sonriendo, fue hasta el centro de la cancha. Los otros jugadores lo rodearon y entonces, acaso patéticamente, algo se volvió notorio: el chico del pastel era mucho más bajito que los otros jugadores. Pero mucho. Todos saben que los jugadores de básquet son demasiado altos, y eso está bien porque tienen que meter la pelota en un aro que está allá arriba, un poco lejos. De modo que el chico del pastel se veía más bajito que nunca. Esta situación, sin embargo, no parecía incomodarlo. El era el rey de la fiesta. El había roto el círculo de papel brillante, él había salido primero a la cancha y él era el presidente de la república y tenía ganas de divertirse, de disfrutar de la fiesta. Incluso, jamás olvidaré esto, metió la pelota en el aro lanzándola desde mitad de cancha, cosa que muy pocos argentinos sabrían hacer.

Desde ese día, siempre que veo *Cantando bajo la lluvia*, siempre que la veo a Debbie Reynolds surgir del pastel, me acuerdo de Menem apareciendo a través del aro cubierto en papel brillante, sonriendo, haciendo picar la pelota, diciendo "aquí estoy yo y no me para nadie". Y así fue, no lo paró nadie. Porque nuestro chico del pastel no sólo surgió rutilante desde su interior, no sólo surgió para divertirse y divertir a los pocos invitados de la fiesta, sino que, además, se morfó el pastel. Por completo y se fue.

Transición: El siguiente texto nos introduce ya en el corazón del delarruismo, que dio, como la era Menem, para todo. El delarruismo quebró la sobria estética radical: o por el desaforado ausentismo pavo de su líder máximo o por las desbocadas aventuras del jefe de los sushi boys. O por las travesuras del "otro" hijo presidencial, un aparato informático que respondía al bulímico nombre de Aíto. Fue sorpresivo el delarruismo. Se esperaba el gobierno de un sensato y honesto neoconservador que equilibraría los desquicios del menemismo y sujetaría también el entusiasmo progre de los jóvenes halcones del Frepaso. Bien, el sensato neoconservador se transformó en un servidor obsecuente de la extrema derecha económica (digamos: el neoliberalismo centrado en la ratio bancaria) y los halcones del Frepaso fueron palomas que se aterrorizaron ante las asperezas del Poder y regresaron mansamente a sus casas. Se dice de ellos que no robaron y que si huyeron del Poder fue porque no quisieron pagar los costos morales que gobernar la Argentina implica. Es lo mejor que se dice. Luego, furiosos, algunos dicen otras cosas: que no lucharon, por ejemplo. O que volvieron al llano para no construir nada. Estas cuestiones se tratan en varios de los textos que seguirán.

Ahora, las braguetas desbocadas.

El país de las braguetas desbocadas

En algún momento de la década menemista, un abogado de triste memoria, célebre en ese entonces, se tomó unas vacaciones amorosas con una mujer fragorosa, ligada al oscuro mundo de la prostitución y las drogas, devenida estrella mediática por esas cosas de la televisión-basura. Él se llamaba Cúneo Libarona y ella, Samantha. Se sacaron una foto en algún idílico lugar, muy abrazados, sonrientes, mirando a cámara. El abogado, luego, habría de declarar: "Me mandé una joda". Como si dijera: "¿Y qué?". Como si dijera: "¿Por qué no?". Como si, en fin, dijera lo que siempre dijo el menemismo: "Hay que pasarla bien. La moral y la decencia son cosas viejas. Que la gilada mire y aguante". Después, por televisión, se disculparía: sólo había sido un mal momento. Algo que no había podido evitar.

El menemismo fue un festival de braguetas desbocadas. El poder sirvió para conseguir sexo y dinero. Las revistas se llenaron de imágenes de señores con trajes de tela brillante acompañados por jovencitas pulposas, siempre modelos o vedettes o pretendidas actrices. Habitualmente las llevaban a Miami. (Miami es un monumento a la frivolidad, la ostentación y la indecencia de las clases dirigentes de la Argentina, ya sea las del show, las de la economía o la política.)

154

El número del 30 de mayo de la revista *Gente* describe el romance entre el hijo del presidente De la Rúa y la cantante colombiana Shakira en términos de una ardorosa relación establecida entre la nueva *Reina del pop latino* y el flamante *Príncipe argentino*.

Que ella sea la *Reina del pop latino* no me sorprende ni incomoda. Confieso, sin pudor, que nada sabía de esta niña *antes* de su affaire con el joven Antonito. Además, entre los cantantes, suelen propinarse estos títulos reales sin mayores rodeos. Como sea, todos sabemos que Rey hubo uno solo y es el Rey Elvis. Pero aceptemos la condición real de Shakira. Aceptemos que es la Reina del pop latino. Es la condición monáquica del otro personaje la que preocupa. ¿Quién lo nombró Príncipe a Antonito de la Rúa? ¿Qué elegimos los argentinos cuando votamos, presidentes republicanos o monarcas?

Este nuevo caso de braguera desbocada (el primero del austero Gobierno que nos dijo venía a acabar con las lacras éticas y estéticas del menemismo) hirió hondamente a la sociedad civil porque coincidió con un duro plan de ajuste que el Gobierno conducido por el papá del travieso Príncipe infligió al país. Todos –con mucha bronca, con despiadada ironía también– señalaron la asimetría entre un Gobierno que exigía e imponía nuevos sacrificios a un pueblo ya sacrificado y un Sushi-péndex consagrado a desatinar sábanas en Bariloche y en Miami. Pero hay otro contraste que también nos debe herir, que reclama nuestra indigación.

En tanto el joven Príncipe vivía sus horas de amor, la Universidad de Buenos Aires echaba a la calle a los siguientes profesores: David Viñas, Noé Jitrik, Ana María Barrenechea, José Carlos Chiaramonte, Elvira Arnoux, Carlos Astarita y Héctor Schenone. Arguyen cuestiones formales. Sea. Supongamos (incluso) que quieran abrir paso a profesores más jóvenes. Hay algo definitivo: *la Universidad no puede prescindir de esta gente.* Hay que crearles algo. Algo que los retenga. Que les dé el cobijo y el respeto que merecen. Viñas, que dijo quedarse en la calle con esta medida, comentó: "Si éste es el destino, será. Qué fulero destino". Qué fulero país. ¿No iba a cambiar esto? ¡Hasta se hablaba de una Conadep contra la corrupción! Pero no. Los Príncipes se pavonean con las Reinas y los hombres de la cultura van a la calle. El mismo país, la misma mierda.

En 1965, desde el Centro de Estudiantes de Filosofía y Letras, conseguimos que Jitrik dictara una cátedra paralela de Historia de la Literatura Argentina. Yo era de Filosofía, pero asistí como oyente. ¡No iba a perderme ese curso! Noé era muy joven y fue un vendaval de aire fresco en una carrera dominada por profesores secos, sin imaginación ni talento. La carrera de Letras era un páramo, el reino de la bobería. Noé deslumbró a todos con sus clases sobre Cambaceres, sobre Arlt. Por esos años, Ana María Barrenechea publicaba su libro sobre la irrealidad en la obra de Borges. También escribía sobre el significado de las campañas pastoras en el *Facundo*, texto que me sería de insoslayable utilidad para mis trabajos sobre Sarmiento, para *Filosofía y nación*. En 1964, Viñas había publicado la primera edición de *Literatura argentina y realidad política*. Y no se detuvieron nunca. Y Noé y Viñas, desde luego, fueron perseguidos por la dictadura y tuvieron que exiliarse. Y ahora los exilian otra vez. Qué fulero destino. Qué fulero país.

Se dice que el Sushi-péndex fue al camarín de la Reina del pop latino para felicitarla luego de uno de sus recitales. Ahí se conocieron. Se flashearon. Ahora bien, supongamos que el Sushi-péndex la visita a la Reina *antes* de las elecciones de 1999, antes de devenir Príncipe, ¿hubiera logrado los mismos resultados? El chico no luce muy agraciado. Sonríe y los dientes se le desbordan. Un pelo insidioso le crece entre las cejas, como al *Manolito* de Quino. Sin embargo, el poder vuelve bellos a los hombres. Por eso, ahora, luego de las elecciones que lo hicieron Príncipe, la Reina Shakira dice que sí, que claro, que cómo no. *Ella sabe.* Sabe que en un país latinoamericano ser el hijo de un Presidente es muy importante. Sabe que ese muchacho, *antes*, ni se le hubiera atrevido. Ni se hubiera acercado a su camarín. Sabe que si lo hizo es porque el pibe sabe, sabe que puede, que las Reinas están a su alcance, que las puede bancar, deslumbrar, que puede correr tras ellas, de Bariloche a Miami y adonde se les antoje ir, porque el pibe tiene, porque Argentina es un país grande y rico, y quienes llegan allá, a lo alto, al Poder, son Príncipes.

Hay algo que sorprende: el Presidente, que es un hombre moderado, que ganó *por eso* las elecciones, por la promesa de que todo iba a ser distinto del menemismo, lo cubre al pibe. Habla del amor, desliza reparos a los medios, a ese sensacionalismo que no deja en paz a los Príncipes y a las Reinas, habla del conflicto entre los sentimientos y la libertad, habla de todo esto en lugar de llamarlo al pibe y darle una soberana patada en el exacto lugar en que toda la humillada sociedad civil se la querría dar.

Entre tantas incertidumbres, hay una certeza. Podemos, cálidamente, asegurarle al Sushi-péndex que sí, que Shakira va a ser la mujer de su vida, que jamás se la va a sacar de encima, que siempre habrá un argentino para preguntarle *¿todo bien con Shakira, pibe?* Que todos recordaremos, durante todos los fuleros años que aún nos toque vivir en este fulero país, que él, mientras el ajuste sembraba el hambre y la desocupación, mientras Viñas, Jitrik y Barrenechea eran arrojados a la calle, la pasaba tan bien, allá, en Bariloche, en Miami, con ella, con la Reina del pop latino, haciéndole eso que a este país, brutalmente, todos los días, le hace el Fondo Monetario Internacional.

Un chiste argentino (I)

Hay un chiste y ningún chiste es casual. Voy a narrar la versión que yo conozco, ya que seguramente hay otras, aunque, no lo dudo, dirán lo mismo que la mía. Porque, como dije, ningún chiste es casual y éste, en cualquiera de sus versiones, refleja una cara verdadera de la sociedad argentina. Y todos sabemos lo difícil que es, hoy, en el mundo del vértigo informático, donde todo se sabe y, a la vez, todo se ignora, atrapar una, al menos una, verdad.

El chiste, digamos, es así: una mujer de cuarenta años visita al ginecólogo y le confiesa que es, aún, virgen. El ginecólogo se sorprende y le pregunta cómo han sido las cosas para que tal hecho (es decir, su virginidad) persista. ¿Nunca ha tenido un novio? Sí, aclara la mujer, tuve tres amantes. Aumenta la sorpresa del ginecólogo: ¿cómo, si ha tenido tres amantes, es todavía virgen? La mujer explica. Dice: "Primero tuve un amante que militaba en el Frepaso. Y era pura lengua". El ginecólogo pregunta por los otros dos. La mujer dice: "Mi segundo amante era peronista. Y me rompió el culo". El ginecólogo pregunta por el tercero. La mujer dice: "Mi tercer amante era radical. Y cuando estaba arriba no sabía qué hacer".

Sabemos que el Frepaso siempre se presentó (y fue visto así por la sociedad) como el ala izquierda de la Alianza. De aquí que la modalidad discursiva, enunciativa y polemista de la izquierda le sea atribuida. También su escasa efectividad. La visión "popular" que refleja el chiste dice: la izquierda siempre estará lejos del Poder. No sólo porque se atomiza (y esta atomización es fruto de sus interminables debates internos, y todo debate implica la palabra, el logos, y el logos implica la lengua), sino porque está más cerca del pensamiento que de la acción, aun cuando se la pase hablando de la praxis. Pero la izquierda *habla* de la praxis, no la ejerce. De aquí la primacía en ella del nivel lingüístico. Si, abundando, leemos esta primacía como una primacía potenciada por las influencias que el postestructuralismo tuvo en los últimos veinte años sobre la izquierda (el último gran libro sobre Marx lo escribió Jacques Derrida, tal vez el filósofo más destacado de eso que se llama el *giro lingüístico*) será inevitable concluir que la incidencia de la palabra es cada vez más fuerte. Muchos de los más refinados exégetas de Marx lo han leído, no ya desde Althusser, ni hablar desde Lenin, sino desde Lacan, lo que implica leerlo desde el lingüista suizo Ferdinand de Saussure. Así las cosas, la izquierda sigue hablando. O porque cree que "el inconsciente está estructurado como un lenguaje" o porque cree (aquí con un toque fanoniano) que al discurso del opresor hay que oponer el discurso del oprimido. Mal podía liberar de su virginidad a la dama del chiste. Es posible que la haya hecho meditar sobre las más complejas cuestiones de este mundo, pero eso fue todo. El vértigo del logos deslumbra, el giro lingüístico accede a una visión poética (acaso retórica) del mundo basada en Nietzsche y en el último Heidegger, pero le ha añadido más palabras a las palabras. Por decirlo claramente: la lingüística no erradica la virginidad.

El segundo amante de la dama del chiste fue un peronista. Aquí, nuestra dama, tal vez algo directamente, tal vez contagiada por esa rusticidad innata del peronismo, le dice al ginecólogo que este amante le "rompió el culo". No podía ser de otro modo. La palabra *traidor* forma parte esencial de la identidad peronista. (Si es que tal cosa existe, ya que los peronistas son tan desmedidos que hasta, digamos, le han "roto el culo" a su propia identidad.) Los peronistas no disienten, traicionan. Sobre la traición suele decirse: "El que avisa no es traidor". O sea, los traidores no avisan. No avisar es atacar por la espalda. Atacar por la espalda es, si me permiten decirlo así, culear. Pero esta modalidad del sexo (y esto es lo que la sabiduría del chiste explicita) expresa una rusticidad inapelable. En el sexo anal, el culo se rompe, el que penetra le rompe el culo al penetrado. Si esto suena poco delicado es porque es así como es. Es rústico, primitivo, brutal. Pero se relaciona con la fuerza. El chiste dice: *los peronistas saben gobernan*. Y no es casual que el chiste haya surgido luego de la gestión Menem. Durante los días que corren (en una reivindicación repentina y sorprendente) muchos dicen: Menem gobernaba. No había huelgas, los militares no hacían declaraciones, todos estaban en caja. Por supuesto, dicen, se afanó todo. Pero los peronistas no gobiernan impunemente. Se adueñan del país. Lo gobiernan como patrones viriles, enérgicos, como, en suma, auténticos machos peronistas. Los peronistas no se andan con vueltas. Ya lo dijo el líder: "Mejor que decir es hacer, mejor que prometer es realizar". (Obsérvese, de paso, que Perón no sólo había inventado la tercera posición, sino que ya refutaba las filosofías del giro lingüístico.) En suma, la izquierda dice, el peronismo hace. Y la acción es –casi siempre– directa, no vacila, no se sofoca en palabras. De aquí su rusticidad. Su dureza. Los peronistas tienen malos modales. Se suele decirles "negros" o, más exactamente, "gronchos", que es la modalidad rústica, primitiva, pedestre, en fin, ordinaria de "lo negro". La dama del chiste es arrasada por su amante peronista. Su amante peronista la maltrata, la embiste por la espalda, le rompe, sí, el culo, pero no le quita la virginidad. Será porque los peronistas detestan la virginidad o –hipótesis muy probable– necesitan que la dama siga virgen, inocente, crédula, ingenua, para seguir rompiéndole lo que siempre le rompen.

El tercer amante respeta a la dama. Quiere hacerle el amor, quiere librarla de su virginidad, quiere ser un amante exquisito y no un bruto o un charlatán. Pero no sabe cómo. Cuando está sobre ella, cuando llega arriba, cuando ha logrado estar ahí por haber seducido a la dama, por haberle despertado sus mejores esperanzas... no hace nada. O trata de hacer lo que ya hizo el bruto, pero mal; porque no es el bruto, porque su conciencia lo atormenta y porque la conciencia es mala consejera para el sexo. Donde, se sabe, el que piensa, pierde.

Interesa señalar que el tercer amante hizo algunas señales voluntaristas. No en vano su "asesor de imagen", es decir, el hijo del presidente, se ofreció a sostener un fogoso y publicitado romance con una *star* del pop latino, emitiendo claramente a la sociedad un mensaje que, conjeturo, podría leerse así: "Esta vez vamos a gobernar. Vamos a saber muy bien lo que hay que hacer cuando se está arriba. Aquí estoy yo y los que son como yo. Con nosotros, no hay virginidad que dure". Pero no. Hace tiempo que no se lo ve por el país a este joven ardoroso y todo queda en manos de su padre, hombre ligado al catolicismo y a esa obstinación, tan católica por cierto, por respetar, por honrar incluso, las virginidades. También el vicepresidente (que venía del tronco grosero del peronismo, esos imbatibles rompedores de culos) ha cedido en sus hábitos populistas. Ya no viaja en subte al Congreso. Ya no mantiene con la gente esa cercanía que solía mantener. Y para librar a la dama de su virginidad hay que estar cerca, no lejos. Menos aún lejos y angustiado.

Se plantea, así, el problema de la gobernabilidad. Todos hablan hoy de la gobernabilidad. Y lo dicen porque la dama del chiste lo ha dicho: los radicales, una vez arriba, no saben qué hacer. Esto, en verdad, viene de lejos. Hay otro chiste, otro venerable y sabio chiste, anterior al que hemos analizado en estas breves líneas, que dice así: "Los radicales son como los caballos de plaza; no van a ninguna parte, pero no te cagan". Curiosamente, los radicales (que se han comido a los lingüistas del Frepaso, ya que eso, el internismo, lo hacen bien) se presentan hoy con un sesgo amenazador. *Ya no son como los caballos de plaza*. No saben, como siempre, adónde ir, pero están aprendiendo, aceleradamente (léase, impuestazos, ajustes, aflojadas ante el Fondo y el establishment), a cagarnos. Y esto –lamentablemente– ni siquiera es un chiste, sino el viejo, renovado, recurrente rostro del desencanto argentino.

Un chiste argentino (II)

Ya que este texto se presenta como continuación de uno anterior creo que es mi obligación recurrir a un viejo recurso de las seriales de los años cuarenta. O sea, resumir el, digamos, capítulo primero. La cosa es así: hay un chiste y, como siempre que hay un chiste, no es casual que lo haya. El chiste existe por algo, expresa algo. Todos saben que Freud –campeón de todas las teorías de la sospecha, de esas teorías que dicen que siempre hay algo detrás de lo que se ve, y Freud, perdón por insistir, al descubrir el inconsciente descubrió lo que está detrás de todas las cosas de este mundo, siempre que uno crea que el inconsciente no sólo existe, sino que es eso que Freud obsesivamente llevó a primer plano– estableció una relación entre todo chiste y el inconsciente. No me voy a meter mucho con eso, pero digamos que, según el enfoque del maestro vienés, un chiste siempre dice más de lo que dice. Es decir, siempre es expresión de algo oculto, no evidente; algo que expresa una zona de no explicitación, que es negada o sofocada, y que se torna visible por mediación del chiste, siempre que sepamos leerlo y explicitar eso que *realmente* está diciendo. (No escribo esto desde un conocimiento hondo de la obra de Freud. Por desdicha, conozco el psicoanálisis, pero desde el lado de los pacientes. Y una regla de oro para un neurótico aplicado es no leer a Freud, sino escuchar a su analista. Para un neurótico, leer a Freud sería algo así como leer los prospectos de los remedios que un médico le receta: somatizaría todas las contraindicaciones. En suma, si usted quiere curarse su neurosis, dos consejos: *Primero*: no lea a Freud, confíe en su analista. Si lee a Freud, en un par de sesiones advertira que sabe más de Freud que su analista, y esto acaso fortalezca su ego, pero no habrá de curarlo. *Segundo*: no lea los prospectos de los psicofármacos, que, según todos sabemos, están reemplazando exitosamente a los psicoanalistas. A quienes, no obstante, aún necesitamos: para que nos hagan las recetas. Y tal vez para que nos digan qué contraindicaciones debemos razonablemente somatizar, ya que si ellos no nos lo dijeran, leeríamos los prospectos y somatizaríamos todas.)

El *chiste argentino* del que me vengo ocupando es el siguiente: una mujer de cuarenta años visita al ginecólogo y le dice que aún es virgen. Éste es el chiste, nuestra materia prima. Ya hemos analizado las tres modalidades que dice de la política argentina: la izquierda (el Frepaso entendido como ala izquierda de la Alianza) es discursiva, habla pero no hace; el peronismo es tosco, áspero, tal vez brutal; gobierna, pero de un modo arrasador: le rompe el culo a la dama. Y los radicales saben subir, pero no saben gobernar. El chiste dice: cuando están arriba no saben qué hacer. Cosa que remite a los días presentes: todos hablan de la gobernabilidad, y muchos se preguntan si De la Rúa realmente gobierna, si realmente emite a la sociedad una imagen fuerte.

Tratemos, ahora, de avanzar. ¿Qué problema deja irresuelto el *chiste argentino*? ¿Qué ausencia señala? ¿Qué carencia explicita? Señala, en primer término, una permanencia: la dama sigue virgen. Y esto no es bueno, no es normal, no es saludable. Que una señora de cuarenta años permanezca virgen no habla de una vida sexual plena, satisfactoria; hay algo

ahí que no anda bien. Señala luego una ausencia: ninguno de
sus tres amantes ha sabido hacerle el amor exitosamente, ya
que los tres la han dejado insatisfecha. De aquí que haya ido
al ginecólogo y preocupada le haya dicho: soy, aún, virgen.
Hay otro aspecto y es fundamental: ningún amante le ha hecho el amor en la modalidad vaginal. El del Frepaso es un lingüista. El peronista está fijado en la pulsión anal. El radical
–indeciso, vacilante– roza los campos siempre infértiles de la
impotencia. (*Nota sobre la pulsión anal pero menemista*: el
chiste argentino, al describir la modalidad peronista, tiene como verosímil la gestión-Menem, por cercanía y por relacio-
narla con cierta devastación del país, cosa que popularmente
se expresa como "romper el culo". Hay un texto de Freud
que se titula: "Sobre las transmutaciones de los instintos y especialmente del erotismo anal", *Obras completas*, tomo XVII.
Aquí, Freud escribe que el erotismo anal es *sustitutivo*. Se
realiza en busca de una sustitución. ¿Cuál? *La sustitución de
las heces por dinero*. Conclusión: el menemismo, hasta la caca
transformó en dinero. Vulgarmente dicho: hasta de la mierda
hizo guita.)
 Sigamos. Ninguno de los tres amantes –decíamos– le ha
hecho el amor a la dama en la modalidad vaginal. En suma, no
sólo la condenan a la virginidad, sino a la infertilidad. Ninguno puede fecundarla. Ninguno puede darle vida. Ninguno
puede darle un hijo. De este modo, la patria es lo que ha sido.
Es decir, estéril. Terrible conclusión que uno apenas se atreve
a formular, salvo a través de la ficción. De modo que –si se me
permite, y espero que sí– no puedo sino introducir aquí la temática decisiva de mi reciente novela, *El mandato*. No es casual
que el *chiste argentino* me haya convocado tanto. Dice lo que
dice una trama que vengo trabajando desde hace dieciocho
años. El *chiste argentino* dice: "Somos incapaces de fecundar
a la patria. Esta incapacidad la ha tornado estéril. O, más

exactamente, ha sido estéril a causa de esta incapacidad. De nuestra incapacidad para amarla bien". *El mandato* cuenta la historia del patriarca Pedro Graeff y su hijo Leandro. El patriarca le dice que, al nacer, dejó estéril a su madre, que, en consecuencia, le dé un nieto, para reparar esa culpa. Leandro se casa con Laura Espinosa, pero el hijo no viene. Leandro es estéril. Así, le pide a un empleado suyo y de su padre que le haga a su mujer el hijo que él no puede hacerle. La potencia vendrá de afuera. La mujer será penetrada y preñada por Otro. A su vez, un teniente uriburista, al fracasar la revolución, al ver que el Poder va otra vez a manos de la vieja oligarquía probritánica, dice en el tono altisonante de los nacionalistas: "Este país, si no lo fornican los extraños, no tiene vida". Y esta frase, dolorosa, terrible, expresa la conclusión del *chiste argentino*. A la dama no han sabido darle vida, fecundarla los hijos del país. Siempre le hicieron mal el amor. De este modo, tuvo una vida histórica subordinada, porque, como dice el sombrío teniente nacionalista, siempre la fornicaron los extraños.

¿Cómo fue expresada esta situación por el lenguaje político nacional? Durante los sesenta y los setenta (al calor de las teorías de la dependencia o del antiimperialismo) una palabra asomaba una y otra vez: *penetración*. La patria había sido y era penetrada por Otro, y ese Otro era el imperialismo. Así, la penetración era la penetración imperialista. La denuncia incesante de la *penetración imperialista* exigía una praxis de liberación. ¿Qué era la *liberación nacional* sino la lucha por impedir, por librarnos de la penetración imperialista? Hoy, a comienzos del siglo XXI, luego de muchas luchas, dolores infinitos, fracasos, muertes innumerables, desencantos, democracias que no curaron, no educaron, no sanaron, democracias que fueron instrumentadas para el desmantelamiento del país, para la corrupción, para la obscena frivolidad, democracias que siguen el camino de la obediencia, de la sumisión a los poderes económicos nacionales y transnacionales, el *chiste argentino* proclama la inexistencia de una posible *penetración nacional*. Queda en pie la otra. La que se llamó penetración imperialista. La que hoy, si se prefiere, podríamos llamar penetración financiera. O, por qué no, globalización. Queda en pie –en suma– la penetración del Otro. Del que penetra a la dama en exterioridad. Del que la fecunda sin amor. Y acaso sin culpa. Porque quienes debimos amarla bien, no supimos hacerlo.

Creativos

Hará, creo, un mes publiqué una nota en un semanario y la nota tuvo repercusiones sobre la realidad.[9] El semanario era *3puntos* –que dirige el venerable Jorge Halperín– y la nota narraba que durante los ochenta el venerable Halperín y otros que entonces no lo eran y ahora también lo son se reunían en un restaurante de nombre *Mimo* y comían, casi siempre, unas buenísimas milanesas. Esos otros venerables eran Carlos Ulanovsky, Carlos Trillo, Álvaro Abós, Carlos Marcucci, José Luis Castiñeira de Dios, Horacio Salas y Chacho Álvarez. La nota, luego de recordar la calidez de esos encuentros, le recordaba a Chacho cómo era entonces y en qué corría peligro de convertirse ahora o en qué, según muchos, ya se había convertido. Después pasaron dos cosas: leí en *Página/12* que un vocero de Chacho comunicó que al vice esa nota le había, digamos, dolido. Y Carlitos Marcucci, que era el *alma pater* de los encuentros, decidió armar otro, a partir de los buenos recuerdos que mi nota despertara en los viejos adherentes a esos

---

9 El texto en cuestión es "Cercanía y lejanía de Chacho" y se encuentra unas páginas más adelante (220-223).

almuerzos. Dicen las malas lenguas (o sea, dice Marcucci) que se le envió un telegrama al vice y al telegrama se le puso una posdata, por decirlo así, expresiva: *Si no venís, sos un cagón.* No voy a revelar aquí si el vice vino o no. Creo, sí, que hoy esa condición que le endilgaba la posdata si no venía a la cena se juega para él en escenarios más importantes, más decisivos, ya que si ahí, en esos escenarios, él, hoy, nos falla, acaso entonces se haga acreedor a esa condición, y sea entonces eso, es decir, *eso.* Habrá, todavía (sobre todo para que nadie nos diga que tenemos el desencanto fácil), que esperar.

¿A qué viene esto? A que la cena fue memorable. Ese lugar de los ochenta, *Mimo,* no existe más, como tantas cosas. Ahora hay un restaurante de comida japonesa, que es, parece, lo que hay que comer hoy si uno quiere triunfar en la vida. Llegué tarde y me senté junto a uno de los venerables cincuentones. Que me dice: "Ni se te ocurra pedir este arroz. Es una basura. Está grumoso, pegajoso, un asco". Miro el plato del venerable y veo que hay también ahí unos fideos como serpentinas plateadas. Pregunto si se trata de un adorno navideño. Me dice que no, que no sabe qué cuernos es. El venerable llama a la chica que atiende nuestra mesa y le dice: "Señorita, este arroz no se puede comer". "¿Por qué?", asombrada, pregunta la niña, que viste una chaquetita negra y cortita que deja, desde luego, su ombliguito a la vista de los venerables. "Porque está todo pegajoso. Lleno de grumos", dice el venerable. La niña lo mira con un desdén que es infinito y dice: "Señor, es así. Así servimos aquí el arroz". El venerable, como humillado, farfulla: "Disculpe". Miro, entonces, las otras mesas. No hay ningún venerable en ellas. Son todos tipos de, digamos, treinta o treinta y pico. Ríen, destellan, viven su gran momento histórico. Adivinaron: son "la generación que hoy está en el Poder". ¿Observaron que los medios hablan una y otra vez de eso, de la generación que hoy está en el Poder? Bueno, esa noche, muchos de ellos estaban ahí, en el resto japonés y se comían con inenarrable goce el arroz pegajoso, lleno de grumos y los fideos plateados. Y tomaban agua mineral sin gas. Y no parecían echar de menos las milanesas cuya ausencia llorábamos nosotros, los venerables.

Me exalté. La vida te da sorpresas, me dije. ¡Estaba en un resto sushi! Marcucci había elegido bien. Ése era el lugar para estar hoy. Nada de milanesas del pasado, sushi de hoy. Llamo a la señorita y le pido, claro, sushi. Me pregunta: "¿Con qué lo acompaña?". "Con arroz, no", digo. "Con fideos tampoco", añado. "¿Solo, entonces?", pregunta. "Sí, solo". Me trae el sushi. Dije que esa noche había sido memorable. Ahora verán por qué. Ahí, ante mí, tenía la droga del éxito. El codiciado, valorado, ascendente, esplendente sushi, el alimento de la generación que –perdón por decirlo otra vez– hoy está en el Poder. Para ser sincero: me pareció un asco. Uno es un tipo normal y el pescado crudo le repugna. Me acordé del Pingüino en *Batman vuelve*. El tipo come pescado crudo, el pescado crudo se le cae por un costado de la boca y yo casi vomito. "No tengo arreglo", tristemente pensé. "Nunca voy a ser un exitoso". Coraje, comamos algo. Observo entonces que al costado del plato hay una cremita de color verde, algo así como palta. Eso pensé: que era palta. Me comí la mitad. No era palta, era el picante. Escupí todo y me despedí de los venerables. Les dije que sólo me invitaran otra vez a ese lugar el cercano o lejano día en que uno pudiera, como Dios manda, comerse una milanesa.

Días después veo la tapa de la revista *Noticias*. Están Pergolini, Lanata, Suar y Agulla. El título dice: "Son representantes mediáticos de la generación de los treinta y pico". ¡La generación que hoy está en el poder!, me digo. Compro la revista a ver si aprendo algo. Busco la nota y leo: "Sólo desde uno mismo se conquista lo desmedido, lo que destella y es poderoso". La frase me resulta conocida. Sigo leyendo: "...dice José Pablo

Feinmann en su última novela *El mandato*". Me sofoca el orgullo: no seré capaz de comer sushi pero utilizan un texto mío para explicar cómo son los sushi kids. Sigo leyendo: "Con excepción de Jorge Lanata –el único ferviente lector del grupo–, es seguro que ninguno de los chicos brillantes ha leído esa novela". Me parece justo. Una cosa por otra: yo no como sushi, ellos no leen mi novela. Dejo de leer y miro las fotos. Una certeza se impone de inmediato: Lanata no come sushi, no come arroz pegajoso, fideos serpentina ni toma agua mineral sin gas. El sushi no engorda, y Lanata flaco, lo que se dice flaco, no está. O sea, no es un sushi kid. De Pergolini y de Suar no sé mucho. (De Suar sé que cualquiera de mis amigos actores, cuando lo llaman de Pol-ka, exclama incontenible: "¡Zafé! ¡Me llamó el chueco!".) Me detengo en el otro, en el publicista Ramiro Agulla. En una foto luce fumando un cigarro y más transpirado que obrero de la construcción. En otra se ve con anteojos negros, camisa rosada con tres botones abiertos, cadenita y sonrisa canchera. Éste sí come sushi. Es un triunfador, un exitoso de hoy. Tanto, que ha hecho un *Himno de los creativos*. (¿Qué es un creativo? Brevemente: no es Mahler ni Joyce, sino un tipo que tiene el don de convencer a "la gente" o a "la gilada" de que un vino-basura, *que él jamás tomaría*, es un elixir de los dioses.) Se siente tan seguro que baja línea. Se siente seguro, él y los suyos, porque dice: "Nadie es piola como nosotros, nadie la tiene tan larga". Y dice: "Los artistas se visten raro. Nosotros andamos en coches muy caros". Y dice: "Descubriste una fórmula secreta. Pero no tenés casa con pileta". Y dice: "Los escritores son unos amargados. Son creativos frustrados". Y concluye: "A crear, con un éxito rotundo. De nosotros depende este mundo".

Si es así, hay que preocuparse. Hay que dar este debate. ¿En qué consiste? Se me acaba el espacio y sólo podré señalar un par de puntas. Ésta es la segunda experiencia del radicalismo en la democracia. La de Alfonsín dejó un documento, el discurso de Parque Norte, que escribieron Pablo Giussani, Juan Carlos Portantiero y Juan Carlos Torre, hasta donde yo sé. Era un texto denso, abierto a los más ricos debates. Si el radicalismo de los ochenta se expresaba en esas líneas, y el del nuevo siglo en el *Himno* de Agulla y sus amigos, significa que se ha pasado de la cultura a la publicidad. La sociedad se piensa desde la comunicación, desde el marketing, desde los negocios. Entre un radicalismo y otro hay diez años de devastación cultural menemista. Lo triste es que –como en otras áreas– la actual administración no se plantea salir de ese abismo ético, estético y cultural, sino continuarlo, lo que implica, inexorablemente, su profundización.

Sexo y pobreza

Tengo un amigo que suele atribuirse la siguiente frase: "La comida es el sexo de los viejos". Significa –supongo– que en la decadente medida en que la gente envejece y su potencia sexual decae, el goce se traslada hacia un territorio que aún lo permite: la comida. También significa que aquellos que comen mucho –cualquiera sea la edad que tengan– están reemplazando el placer sexual por el gastronómico. Así, al incurrir en la gula, confiesan su impotencia. Como sea, el ingenioso proverbio no le cabe a los pobres. Comer mucho es, siempre, caro y los pobres no tienen dinero, cualidad esencial que los define. De este modo, invierten el proverbio, que, aplicado a ellos, diría: "El sexo es la comida de los pobres". Lo cual es irrefutablemente cierto. Bajo la modalidad francesa (hegemónica décadas atrás) diríamos: "Los pobres hacen mucho el amor" (*faire l'amour*). Bajo la modalidad norteamericana (hegemónica hoy) diríamos: "Los pobres tienen mucho sexo" (*to have sex*). Bajo la vieja, venerable y sumaria modalidad argentina, diríamos: "Los pobres cogen mucho".

¿Por qué hacen esto? Porque son pobres y carecen de casi todo menos –todavía– de sus instintos elementales. No tienen comida. Cogen. No van al cine. Cogen. No van al teatro. Cogen. Ni saben que existe el Teatro Colón. Cogen. No leen libros.

Cogen. Y así acaso hasta el infinito. Todas sus carencias los impulsan hacia la cama, el catre, lo que sea. O para dormir una buena borrachera y olvidarse de todas las desdichas. O para tumbar allí a su sufrida compañera y *faire l'amour* o *to have sex* o coger con ella. Bajo un texto de zinc, sobre el que tal vez repiquetea una lluvia fría y ajena, ya que ellos encuentran en sus propios cuerpos el único calor que conocen en este mundo.

De esta habitualidad surgen los hijos. Porque los pobres no van a la farmacia a comprar Prime ultradherente, suave y sutilmente lubricado. Ni saben que esto existe. Y coherentemente vienen los hijos; que no vienen con un pan bajo el brazo, ya que los hijos de los pobres, lejos de traer un pan bajo el brazo, traen hambre en sus desolados estómagos. Y los padres, para olvidar el horror de no poder alimentarlos, siguen haciendo, desesperadamente, el acto elemental que los trajo al mundo. Y lo siguen haciendo y siguen teniendo hijos y tenerlos aumenta su condena. Porque para los pobres tener hijos no es tener una familia, es ser cada vez más pobres. Así, el sexo, el único placer que la pobreza permite, los hunde cada vez más, sin retorno posible, en el abismo social que oscuramente habitan.

Situación: El texto que sigue –como tantos otros de este libro– es producto de una bronca. Son muchas las broncas que los argentinos sensibles se agarran en este país que las provoca incesantemente. Creo que la oportunidad fue la asunción de los funcionarios del Gobierno de la Ciudad Autónoma de Buenos Aires. Ellos fueron el pretexto, ya que no eran los que más bronca me habían producido, ya que conocía a varios y no los tenía por malas personas. Quiero decir: esta bronca venía de lejos. Quiero decir: uno ya está harto del bochinche opulento en medio del que asumen los gobernantes. Señores, si la cosa empieza así, empieza mal. Ante todo, mesura, por favor. La "patria" que tanto invocan no está para festejos ni tiene fondos para realizarlos. (Pocas veces mis no siempre amistosos lectores me hicieron llegar tantas muestras de adhesión.)

Pompa y circunstancia

¿Por qué el Poder contamina? ¿Por qué los que llegan ahí cambian, ya no son los que eran o, al menos, les cuesta mucho serlo? Ocurre que todo empieza mal. Todo empieza de un modo desmedido, sobreactuado, operístico. No en vano la reunión de gala de asunción de los gobernantes se hace en el Teatro Colón, el corazón de la ópera en la Argentina. Ese despegue solemne y espectacular tiene relación profunda con los dislates que siguen. ¿Dónde encuentra su origen? En la Argentina burguesa, clerical y militar que hizo este país pomposo y autoritario. Uno los ve asumir –a ellos, a los que van a gobernar– y ya siente algo raro, un extrañamiento. Las mujeres se visten de largo, los hombres con sus galas más impresionantes, todos suben escaleras alfombradas, hacen solemnes juramentos. Todos parecen decir: *Esto es la Historia*.

Los juramentos, por ejemplo. Alguien me dijo durante estos días: "¿Viste? Ibarra no juró por Dios". Lo dijo como si dijera: "Es un progresista de verdad". Creo que Ibarra hizo bien. Creo, también, que es un progresista. Creo que va a tener que ser algo más que eso para hacer algo nuevo en el Gobierno. Lo que no creo es que jurar o no jurar por Dios –hoy, en este país– signifique algo. No creo que los juramentos signifiquen algo. Todos hemos visto jurar por Dios, por todos los santos y las vírgenes a cuanto sinvergüenza llegó a la cima. Habría que dejarlo tranquilo a Dios. Aquí Dios sólo sirve para dar lustre de trascendencia e infinitud a un acto que se realiza para ser violado. "Dios y la Patria os lo demanden". Sería más sensato, menos pomposo y deseable que los demandara la Justicia.

La cosa, entonces, empieza mal. Con trajes de lujo, brillos enceguecedores, banderas, himno, juramentos y Teatro Colón. Ahí –*ahí mismo*– el futuro gobernante ya se empieza a marear. Ya siente que él es una cosa y la sociedad civil, otra. ¿O acaso cuando uno consigue un laburo nuevo jura por Dios bajo los acordes de la sinfónica nacional?

Sé por qué escribo esto. Tal vez no lo sepan quienes gobiernan o quienes organizan el show del Poder. Pero uno –nosotros, los que estamos en el llano– mira ese espectáculo con resignación. Como una fiesta ajena. Y se dice: "Y bueno, es así. Si no arman todo este despelote no pueden gobernar". Tienen que empezar en la modalidad del exceso. Por más republicanos que intenten ser. Es inútil. Todo está organizado para el exceso. Todo está organizado para que se la crean. A los dos o tres días, se la creen. ¿La alternativa? Cómo no: aquí hay una alternativa. Ganan las elecciones (las ganan porque nosotros los hemos elegido) y cuando llega el día de la asunción van y firman donde hay que firmar. Y luego –sin fiestas ni juramentos inútiles, sin todo ese circo versallesco– se ponen a trabajar y punto. Es todo.

Pero no. El Poder exhibe sus brillos, sus galas descomedidas. Son tan distintos a nosotros que ahí nomás, de entrada, nos acostumbramos a aceptar lo que debería ser inaceptable: que tienen privilegios, que son más que nosotros, que el país les pertenece, que no sólo están para gobernarlo, sino para apropiárselo.

Tato Bores solía firmar sus cartas a los diarios de modo singular. Firmaba: *Tato Bores, actor cómico de la Nación.* Y era gracioso porque utilizaba la desmesura lingüística del Poder para su noble oficio, el de cómico. ¿Por qué los diputados, los senadores, son de la Nación? ¿No hay dentistas de la Nación? ¿Arquitectos de la Nación? ¿Periodistas de la Nación? ¿Por qué el Concejo Deliberante es Honorable? ¿Por qué la Cámara de Diputados es Honorable? ¿Qué significa Honorable? María Julia Alsogaray fue diputada. ¿Era Honorable? Manzano fue diputado y sin duda juró por Dios y los Evangelios y por la Patria y por lo que viniera e hiciera falta, ¿fue *honorable*?

Toda esta gestualidad del Poder es nefasta. Y no sólo se restringe al ámbito político. No: aquí, todo el que tiene poder se vuelve un mal bicho. Desde un policía hasta un portero. (Ni hablar de los porteros.) Pongo un ejemplo. Tengo un amigo ingeniero. Al tipo le fue bien y ahora es vicepresidente de una anónima. Ahora uno lo llama y él ya no atiende el teléfono. Tiene secretaria. Las secretarias son esenciales a la escenografía del Poder. Las secretarias están para no comunicarnos con los hombres importantes. Para hacernos sentir que llegar a ellos no es fácil. Que por eso son importantes. Sigo con el ejemplo: llamo a mi amigo ingeniero. Atiende la secretaria. Pregunto: "¿Está Carlos Rodríguez?". Secretaria: "El ingeniero Carlos Rodríguez está en reunión". Ha dicho *ingeniero* como escupiéndome. ¿Ignoro yo, pobre imbécil, que Carlos Rodríguez es ingeniero? ¿Cómo me atrevo a decirle, a secas, Carlos Rodríguez? ¿Cómo me atrevo a presumir que habrá de atenderme así nomás? ¿O ignoro que la gente importante siempre está en reunión, es decir, nunca está disponible? Con cierta tristeza, digo: "Ah". Secretaria: "¿Cuál es el motivo de su llamado?". Con entusiasmo, digo: "De pibes jugábamos al fútbol en el potrero del barrio". Secretaria: (Tenso silencio). Añado: "También remontábamos barriletes". Secretaria: "Perdón, señor: el motivo de su llamado, ¿cuál es?". Digo: "Soy amigo de Carlos... Perdón, del ingeniero Rodríguez". Secretaria: "Sí, pero... el motivo".

Digo: "Ése es el motivo: soy su amigo y quería hablarle". Secretaria: "Acerca de qué tema, por favor". Digo: "Preferiría decírselo a él". Secretaria: "Bueno, tendrá que ser en otro momento. Ahora el ingeniero está en reunión". Digo: "Si es tan amable, ¿en qué momento del día no está en reunión? Así aprovecho y lo llamo ahí". Secretaria: "El ingeniero siempre está en reunión. Y cuando no está en reunión es porque salió. ¿Quiere dejarle algo dicho?". Y ahí es cuando uno le deja algo dicho, cuando uno le dice a la secretaria que, por favor, le diga a su viejo amigo, al querido amigo con el que jugábamos al fútbol en el potrero del barrio, con el que remontábamos barriletes, que sí, que queremos dejarle algo dicho, que le dejamos dicho que se vaya a la puta madre que lo remil parió.

Todo este ceremonial es constitutivo del Poder, en cualquiera de sus formas. Estas formas no son formales. Son el contenido. Vestuarios, misas, tedéums, alfombras, himnos, juramentos, fotos y más y más fotos, secretarias infranqueables, el Poder es la ostentación del Poder. Y esa ostentación surge en busca de nuestra pequeñez. Surge para producirla. Para que nos sintamos pequeños. Impotentes y pequeños ante la magnificencia del Poder. Y sobre esa pequeñez, sobre esa impotencia, el Poder construye lo que realmente busca: su impunidad.

Resignación y lenguaje (I)

Pero bueno

Cada vez decimos más "pero bueno". Creo que si por algún motivo se nos impidiera decir "pero bueno" ya no sabríamos cómo concluir la mayoría de nuestras frases. O, al menos, muchas de ellas; demasiadas. Creo que "pero bueno" es una habitualidad lingüística –por decirlo así– cuya habitualidad crece en la medida en que lo hacen otras cosas. Sobre todo nuestra resignación.

"Pero bueno" no es necesariamente un giro de resignación. Ernesto Guevara pudo haberlo utilizado. Pudo haber dicho: "Será muy difícil crear las condiciones del foco guerrillero en Bolivia. Será muy difícil integrar a los campesinos. O a la gente del Partido Comunista. Pero bueno, lo intentaremos". Aquí "pero bueno" funciona como elemento de cierre del razonamiento previo, lo totaliza. "Pero bueno" es "esto es así". Y también "qué haremos ahora". Guevara dijo: "Lo intentaremos". La otra posibilidad es: "Será muy difícil crear las condiciones del foco guerrillero en Bolivia. Será muy difícil integrar a los campesinos. O a la gente del Partido Comunista. Pero bueno, habrá que esperar". Este "pero bueno" es el de hoy.

Uno dice dos palabras. Primero dice "pero". Después dice "bueno". "Bueno" funciona como calificativo de "pero". Se trata de un "pero" que es "bueno". Estamos diciendo: "Este pero es bueno". Si pensamos que "pero" significa "sin embargo", "no obstante", "pese a" o "a pesar de" y si pensamos que "pero" es una conjunción adversativa, obtendremos que "bueno" califica como buena a la adversidad. En suma, la acepta. (Un chiste acerca del aciago destino del Racing Club me permitirá mostrar hasta qué punto utilizamos ciertos giros del lenguaje como metáforas de la realidad. Es así: esto surgió durante unos meses en que a Racing decidieron no embargarle la boletería. Todos saben que Racing vive al borde de la quiebra, de modo que embargarle las entradas habría sido hundirlo. Racing consiguió evitar el embargo. Entonces, en lugar de Racing, empezaron a decirle "no obstante". Porque era "sin embargo".)

El "bueno" de "pero bueno" califica como "bueno" al "pero". Califica, por carácter transitivo, como "bueno" a "sin embargo", a "no obstante", a "pese a" y a "a pesar de". *Acepta la adversidad como buena*. Y aceptar la adversidad como buena es resignarse ante ella. En suma, "pero bueno" es la expresión que utilizamos para aceptar la adversidad, para resignarnos.

Uno dice: "Me pagan una miseria en mi trabajo. Pero bueno, no tengo otro". O sea, mi adversidad es buena porque no tengo otra y es preferible tener una adversidad que no tenerla, lo que hace de mi adversidad una adversidad "buena". "Hay corrupción en el Senado. Pero bueno, siempre fue así". O sea, está mal que haya corrupción en el Senado pero está bien porque siempre fue así. La conjunción adversativa "pero" calificada por el sustantivo "bueno" conduce a la aceptación del hecho. "Pero bueno, siempre fue así." Lo que debe leerse como: "¿Qué se puede hacer, qué puedo hacer yo? Si siempre fue así es porque no se puede cambiar".

Si uno dice: "Hay corrupción en el Senado, pero terminaremos con ella" dice "una" cosa. Pero si dice: "Hay corrupción en el Senado, pero bueno...". Cualquier cosa que diga de aquí en más se debilita por la calificación que el "bueno" otorga. Aunque se diga: "Pero bueno, terminaremos con ella" el "bueno" ya introduce un matiz de espera, de paciencia, de "alguna vez". (*Nota*: Acaso Ernesto Guevara nunca habría dicho "pero bueno". Ni siquiera para totalizar el sentido de la oración principal. Ese matiz de espera, de paciencia cercana a la inacción habría sido intolerable para él.)

El "pero" es una conjunción adversativa y coordinante que enlaza las dos oraciones. Puede tener distintos matices de adversidad con la principal. Puede impedirla, justificarla, contrarrestarla o atenuarla. Un ejemplo de atenuación sería: "El traje era caro, pero de muy buena calidad". Suelo hacer un chiste con este "pero" de atenuación. Utilizarlo como atenuante pero hacerlo funcionar con sentido contrario a la atenuación. Es así: "La comida era poca, pero mala". O "la comida era mala, pero poca". Que no es *exactamente* lo mismo, pues si era "mala" es mejor que sea "poca". Lo que aumenta la avaricia del anfitrión (su comida no sólo es mala, sino poca) pero disminuye las penas del huésped (de lo malo al menos le han dado poco).

¿Pero qué relación establece el "pero bueno" entre las dos oraciones? Sólo una: de aceptación. El "pero bueno" existe para aceptar la adversidad. No para impedirla o contrarrestarla. Tampoco –exactamente– para atenuarla o justificarla. Sino para aceptarla en el modo de la resignación. Oración principal: "Las comitivas de De la Rúa son tan ostentosas como las de Menem". Oración subordinada: "Pero bueno, es así". Ni siquiera decimos "es así" Sólo nos encogemos de hombros y decimos "pero bueno". El "es así" está implícito.

Diez-ejemplos-diez para concluir: 1) "Tengo tres trabajos y no llego a fin de mes". 2) "Tengo mujer y tres hijos y no tengo trabajo". 3) "Tengo cáncer de pulmón". 4) Famoso chiste psicoanalítico: "Me cago encima tres veces por día". 5) "El patrón, cada vez que me ve, me escupe". 6) "Mi mujer se fue con mi mejor amigo". 7) "La próstata me tiene loco". 8) "En la tele sólo dan basura". 9) "Me gustaría irme de este podrido país". 10) "Esta nota es fantástica y no me la pagan ni tres mangos". Antecedidas por la gloriosa conjunción argentina "pero bueno" estas oraciones se completan así: 1) "Pero bueno, peor sería no tener ninguno". 2) "Pero bueno, por lo menos tengo una familia". 3) "Pero bueno, de algo hay que reventar". 4) "Pero bueno, ya no me importa". 5) "Pero bueno, a veces me erra". 6) "Pero bueno, me puse Direct TV". 7) "Pero bueno, mear cada diez minutos me mantiene en forma". 8) "Pero bueno, peor sería que no dieran nada". 9) "Pero bueno, ya es tarde". 10) "Pero bueno, por lo menos me la publican".

Nota final: Luego de releerla no sé si esta nota es fantástica. Pero bueno, no se me ocurrió otra cosa. Tiene, acaso, un mérito: de aquí en más, cada vez que uno de ustedes diga "pero bueno" se va a acordar de mí. Bien o mal, no sé. Pero se va a acordar. Pero bueno, un rato nada más. Nada dura mucho en esta vida. Porque todos sabemos cómo es: triste, pero corta.

Resignación y lenguaje (II)

Ma sí

"Ma sí" no expresa necesariamente resignación. Su intención es, siempre, resolutiva. Lo que varía es aquello que resuelve. O sea, "ma sí" no tiene la univocidad de "pero bueno". Luego de "pero bueno" siempre la resignación, la aceptación. "Ma sí", no. Uno dice "ma sí" cuando decide algo. A menudo esa decisión lanza al sujeto a la acción. A menudo, no. Claro: hay dos decisiones fundamentales posibles, uno actúa o no actúa. En rigor, siempre está actuando, ya que la inacción es una de las formas de la acción, su ausencia. Estoy haciendo algo cuando me quedo quieto. Casi siempre, estoy aceptando.

La primera modalidad de "ma sí" (la primera sobre la que aquí nos volcaremos reflexivamente) será la que resuelve en favor de la acción. La que me impulsa a accionar sobre lo real. Por ejemplo: "Ma sí, yo lo hago". O también: "Ma sí, yo me mando". (Que no significa "mandar" en tanto "ejerzo dominio sobre mí" sino "me lanzo", "lo hago", "no lo pienso más".) En verdad, un matiz fundamental de "ma sí" es ése: "no lo pienso más". Es en ese sentido que resulta siempre *conclusivo*. "Ma sí" es "no perdamos más el tiempo", "basta de dar vueltas" o "cortala". De aquí que una de sus formulaciones más habituales sea: "Ma sí, cortala". Que obliga o impone la conclusividad al Otro. "Ma sí, terminala". "Ma sí, no hablés más". O exige la aceptación del Otro, la aceptación de su suerte y –con frecuencia– el sometimiento de su criterio al mío: "Ma sí, jodete". Cuando el Otro acepta este sentido de sometimiento dice: "Ma sí, me jodo". Y suele añadir: "No me queda otra". Con lo cual pasamos a la otra cara del significante "ma sí": la aceptación como modo de la resignación.

El "ma sí" se forma con el lunfardismo "ma" y el adverbio de afirmación "sí". "Ma" es "pero", un italianismo. O sea, "ma sí" es "pero sí". El "pero" es el que le da ese matiz conclusivo. Como un ramalazo fastidioso. "¡Pero sí, cortala!" "Pero sí, no lo pienso más. Yo me mando". No sería lo mismo decir: "Sí, yo me mando". O: "Sí, cortala". "Sí, no hablés más". El "sí" –solo– carece de ese matiz de irritación, de urgencia, de "terminemos de una vez con esto". El "sí" –solo– tiene un inevitable matiz reflexivo que le otorga frialdad o, al menos, le quita a la expresión "ma sí" la densidad, el *pathos* que suele tener.

Uno puede inteligir la época histórica por la que atraviesa detectando qué modalidad del "ma sí" se ha tornado hegemónica. Hoy, la hegemonía está en el matiz que opta por la resignación, por la aceptación. Por ejemplo: "Ma sí, qué vas a hacer". "Ma sí, esto no lo cambia nadie". "Ma sí, hay que joderse". "Ma sí, no nos queda otra". Aquí, con toda lógica, el "ma sí" se acerca al "pero bueno". No obstante, si reemplazamos –en las expresiones anteriores– "ma sí" por "pero bueno" veremos que todas pierden calor, *pathos*, bronca contenida. El "ma sí" no tiene la mansedumbre extrema del "pero bueno". Diría: quien dice "ma sí, hay que joderse" o "ma sí, esto no lo cambia nadie" expresa un matiz menor de aceptación que el que dice "pero bueno, hay que joderse" o "pero bueno, esto no lo cambia nadie". Todavía late un aliento de furia –de furia derrotada– en el "ma sí, hay que joderse". Todavía hay un resto de indignación. El "pero bueno, hay que joderse" es casi cristiano. Se acerca a la cada vez más extendida frase: "éste es un valle de lágrimas".

Hay una verdulería a la vuelta de mi casa. Todos hemos observado que los verduleros aún existen. No los carniceros, por ejemplo. Devorados por los supermercados, se han ausentado de la realidad. Verdulerías, todavía, existen. Y donde hay una verdulería hay —coherentemente— un verdulero. Yo, decía, tengo las dos cosas a la vuelta de mi casa: la verdulería y el verdulero. Suelo comprarle unas exquisitas manzanas que, sospecho, ya no conseguiré cuando él no esté más. Porque eso es lo que él atisba en su horizonte: que pronto no va a estar. Que también a él se lo va a devorar algún supermercado. De modo que ha caído en un estado de, digamos, sabia o, si se quiere, religiosa resignación. Su lenguaje está incesantemente habitado por expresiones como "y bueno, éste es un valle de lágrimas" o "y bueno, venimos a este mundo a sufrir". O también: "No hay mal que dure cien años". A las dos primeras suelo no responder. Él las dice y yo me callo. Tienen un peso bíblico (la primera) y de existencialismo trágico (la segunda) que uno no se atreve a refutar. Si quiere creer eso —piensa uno— será porque lo necesita. Pero la tercera (que proviene del saber vulgar) me permite irritarlo un poco. Cada vez que dice "no hay mal que dure cien años", le digo velozmente: "Usted tampoco va a durar cien años". Me mira y pregunta qué le quiero decir con eso. Digo: "Que tiene que hacer algo. Que tiene que resolver su mal. No es un consuelo decir que no va a durar cien años. Lo sería si usted tuviera doscientos de vida asegurada. Pero no los tiene. O sea, su mal va a durar siempre". Me dice: "Usted se olvida de la segunda parte del refrán". Y cita: "No hay mal que dure cien años ni cuerpo que lo aguante". Le pregunto qué significa eso. "Que el mal sólo puede durar cien años", dice. "Que uno no va a sufrir más de cien años porque se va a morir y se va a ir de este mundo."

Ma sí, tiene razón. El dicho estaba bien armado. No sirve de nada decirle al verdulero "usted no va a durar cien años, haga algo". No, lo que él quiere es no hacer nada. Por eso dice "no hay mal que dure cien años". Y por eso añade "ni cuerpo que lo aguante". Porque –con esta segunda parte– introduce el gran consuelo de los consuelos: la aceptación de la muerte. Mi verdulero, en suma, dice: "El mal siempre termina". Aquí parece un optimista. Pero dice: "Porque no dura cien años". No es un optimista: una profunda aceptación del mal lo constituye. "O muere el mal o muero yo". Pero ninguno de los dos hechos reclama mi compromiso, mi intervención. Yo no debo hacer nada. Sólo esperar. Primero: que muera el mal. Segundo: morirme yo. La "otra" posibilidad –luchar, yo, para que el mal muera– no existe.

Esta mansa aceptación del mal es eso que los filósofos de las religiones llaman la "fe del carbonero". La fe del hombre simple. Que no sólo cree en Dios, sino que acepta la totalidad de la Creación tal como es. "Dios lo quiso". "Dios da y Dios quita". "Dios, en Su infinita sabiduría". Si el mundo es fruto de la infinita sabiduría de Dios, sólo resta aceptarlo. He desarrollado aquí, no la fe del carbonero, sino la del verdulero, la del tipo que vive a la vuelta de mi casa esperando que alguna corporación lo elimine. Porque así lo habrá querido Dios "en Su infinita sabiduría". Esta fe –envidiada a menudo por desgarrados filósofos de la religión como Berdiaeff o Chestov o aun Kierkegaard, quienes pueden llegar a ponerla como ejemplo de actitud ante lo sagrado– es el punto más alto de la resignación. A ella se refería Marx cuando –en la *Crítica a la filosofía del derecho de Hegel*– habla de la religión como "opio de los pueblos". Acaso no debió extender tanto la cuestión –no cuestionar *toda* forma de religiosidad– sino señalar esta fe del carbonero (o la de mi verdulero) como el sofocamiento total del espíritu de rebelión.

Esta "fe del carbonero" se expresa, no por medio del "ma sí" (que, vimos, tiene un matiz de rabia, de furia), sino por medio de otra expresión que no quisiera olvidar y que he venido olvidando: "Y bueno pero". Es absoluta e inmediatamente detectable en el habla actual de los argentinos. La resignación que introduce el "y bueno pero" tiene un matiz de trascendentalidad que no tiene el "pero bueno". "Pero bueno" es una resignación cotidiana. Me resigno y a otra cosa. "Y bueno pero" (al introducir la conjunción copulativa "y" un matiz reflexivo, una hilación del razonamiento, un kantiano "hilo conductor") se presenta como la conclusión de un razonamiento sabio. No riguroso, sino eso: sabio. "Y bueno pero" expresa la santa aceptación de todo lo creado. Lleva a frases trascendentes como "la vida es así", "éste es un valle de lágrimas" o "no hay mal que dure cien años". Lleva a la formulación más radical, más absoluta de la resignación. A la aceptación de Dios (de un Dios cuyos motivos no puedo comprender ni cuestionar, sino sólo aceptar) y a la aceptación de la Muerte. Lleva, en fin, a la más perfecta de las simetrías: la de la resignación y la muerte.

Luis XXXII y los fantasmas

Los chistes adversos señalan la debilidad del poder. O –para ser más exactos– del Gobierno, esa expresión política del poder que, en la Argentina, ha sido sometida a la expresión económica, la del establishment que realmente gobierna y que, durante estos días, se mantiene a la espera, observando qué cuernos hacen los políticos con el poder representativo que la democracia les concede. Los políticos hacen todo tipo de cosas. Pero uno de ellos –que es, nada menos, el presidente de la Nación– hace muy poco, lo que hace lo hace mal y, lo que aún es peor, lo que hace pareciera no ser él quien lo ha decidido. Así, le caben los chistes adversos.

No todos los chistes sobre los presidentes son adversos. Menem gobernó diez años en medio de un enjambre de chistes. Se publicaron, incluso, antologías: *El humor en los tiempos de Carlitos*. Pongamos un ejemplo de "chiste que concede poder". Todos lo conocemos. Es, incluso, el que analizamos en *El país de los boludos*: "A Menem le dicen el rey de los boludos". Uno pregunta por qué y la respuesta es: "Porque él es el rey y nosotros los boludos". Este chiste concedía poder a Menem y se lo restaba a la sociedad. En todo caso, reconocía algo que muchos dicen durante los erráticos días que corren: *Menem gobernaba*. El vacío de poder es hoy tan hondo que, aun quienes lo detestaban, extrañan al detestado: Menem, dicen, sabía al menos qué hacer con el país.

Lo que nos lleva al otro tipo de chistes: los que no otorgan poder, sino que detectan su cuasi inexistencia. De la Rúa ha merecido innumerables. Algunos tienen sesgo peronista. Quiero decir: han sido elaborados por los militantes o dirigentes del partido que espera recibir otra vez el Gobierno como una fruta madura o directamente podrida por la ineficacia de sus adversarios. Chiste peronista sobre De la Rúa: "Le dicen papel de calcar, porque es transparente pero no sirve ni para limpiarse el culo". La aspereza del lenguaje revela el *touch* peronista. Luego ha florecido otro chiste que –conjeturo– ha de haber salido del Frepaso, ya que aunque tiene una palabra áspera (suponiendo que "boludo" sea una palabra áspera en la Argentina de hoy), exhibe un *touch* cultural que lo remite a la Revolución Francesa, a los bastillazos de París y –en su aspecto más temible– a la guillotina. Dice así: "A De la Rúa le dicen Luis XXXII". Uno pregunta "por qué" y recibe la siguiente respuesta: "Porque es el doble de boludo que Luis XVI". Es un chiste cruel. Cabe tal vez preguntarse qué desmedidos errores ha cometido un gobernante para merecer –en apenas diez meses de gestión– un chiste tan cruel. Sería deseable que el gobernante –si su entorno le permite enterarse de la existencia de tal chiste– se lo pregunte a sí mismo.

Quienes desean defender al débil De la Rúa de las municiones gruesas (en verdad, para un presidente débil no hay munición que no sea gruesa) lo hacen desde, por decirlo así, las "advertencias de la Historia". Hay un fantasma que recorre la Argentina y ese fantasma viene en defensa de De la Rúa. Cosa que acaso revele más que cualquier otra la debilidad presidencial. Porque como le habría dicho Maquiavelo al Príncipe: "Si sólo puedes defenderte con un fantasma es porque ya eres uno". Como sea, los delarruistas han convocado al fantasma de Illia.

En un clima de miedo (como hoy vive la Argentina) lo mejor es convocar miedos que nos fortalezcan, piensan en el cerrado y escaso entorno del Presidente. Recurren, entonces, a eso que hemos llamado las "advertencias de la Historia". ¡Recuerden lo que hicieron con Illia!, le espetan a la ciudadanía. Bien, recordemos: a Illia le hicieron todo tipo de perradas para demostrar su debilidad y reclamar su reemplazo por la fuerza del estamento militar. Le tiraban tortugas en la Plaza de Mayo. El mensaje era: "Este presidente es lento". Y vino Onganía. Así, los delarruistas dicen: "Ahora no va a venir Onganía, es decir, no van a venir los militares, pero van a venir los autoritarios, los violentos: Ruckauf, Patti, Rico". El razonamiento reclama una visión repetitiva de la Historia. Lo que pasó ayer, pasará hoy: De la Rúa es Illia y Ruckauf y los suyos son Onganía. Aquí siente uno la tentación de recordar al Marx de *El 18 brumario de Luis Bonaparte*. Esa célebre frase que abre el texto: la historia se despliega una vez como tragedia, otra vez como comedia. De la Rúa sería la versión cómica de la tragedia-Illia. Sin embargo, no. Lo que hoy está sucediendo *también* es una tragedia. Porque, en la Argentina, las cosas (y ésta es una percepción popular) son siempre trágicas. No nos reímos nunca. Se producen como tragedia y se repiten como tragedia. La tragedia de un país que no resuelve nunca sus conflictos. (Hay otra lectura de esta situación: al no resolver nunca sus conflictos, al ser una tragedia perenne, el país termina por ser patético. Un patetismo que lo acerca a la comicidad. Sólo podemos reírnos y nos reímos al verificar que, aquí, en esta tierra desangelada, las cosas se producen una vez como comedia y otra vez, también, como comedia.)

Otro fantasma (no sólo el de Illia) recorre la Argentina: el de Isabel Perón. El fantasma de la debilidad entendida como entorno. Y el relato de este fantasma recurre a otro: a un fantasma brasileño, el de Collor de Mello. La cuestión se arma así: De la Rúa, como Collor, ha sido un presidente mediático. Un producto de una publicidad afortunada, de un ingenio leve como leves son los tiempos, un producto de unos chicos traviesos que jugaron a crear la realidad. "Dicen que soy aburrido", decía De la Rúa y luego añadía: "Será porque no ando en Ferrari". La idea era buena. El candidato le decía a la sociedad: "Llaman aburrimiento a mi espíritu austero, a mi integridad moral, a mi seriedad republicana". Dio en el clavo. La sociedad reclamaba –luego de la farra menemista– ese tipo de presidente. Sin embargo, ocurrió algo inesperado: quienes idearon esa campaña (que asimiló la eficacia mediática de De la Rúa con la que llevó al poder a Collor) se transformaron en su entorno y decidieron ser divertidos. Sobre todo el hijo del mandatario, quien, curiosamente, era (es) el "asesor de imagen". Ante el romance con Shakira el Presidente pudo hacer dos cosas: 1) darle una patada soberana o republicana al joven divertido; 2) decir: "Y bueno, se enamoró". Esto último fue lo que hizo. Para peor, el asesor de imagen decidió fortalecerse atacando y dijo: "Es bueno que la sociedad vea que estoy vivo". Esta respuesta vitalista expresa una de las mayores cegueras políticas de la administración delarruista. Pibe, a ver si nos entendemos: quienes votaron a la Alianza lo hicieron porque estaban hartos de vivos. Porque durante diez años habían sido gobernados por unos vivos bárbaros y querían que no volvieran más. Ahora –gracias a De la Rúa y su entorno de vivos– van a volver, ya festejan, ya heredan un poder que la increíble torpeza de quienes decían ser sus adversarios está entregándoles en bandeja. Acaso De la Rúa deba preguntarse qué falla hubo en el manejo de su imagen, que torpeza infinita llevó a que hoy le digan, como le dicen, "Luis XXXII".

La verdadera diferencia entre esta situación y la de Illia o la de Isabel Perón o la de Collor de Mello radica en un político que abandonó el Gobierno en el momento justo, que dio un portazo y despertó esperanzas. Si hoy la clase política no está condenada es porque uno de ellos consiguió sacudir a la sociedad civil y mantener la difícil llama de la credibilidad. ¿Cómo lo hizo? Lo hizo con un acto, no con una imagen. Dijo: "Aquí hay ladrones, yo me voy". Dio un portazo y se fue. Lo primero que percibió una sociedad harta de la corrupción política (una sociedad que asimila la política a la corrupción) fue: "Este tipo es decente. Puede denunciar a los ladrones porque él no es uno de ellos. Y si renunció a la vicepresidencia es porque le importa más hacer política que robar". De este modo, el portazo de Chacho abrió una hendija en la puerta eternamente cerrada de las ilusiones argentinas. Será deseable que sepa que un gesto es un gesto y se agota pronto, aun cuando haya sido claro y fuerte. Será deseable que sepa que de él se dice que sabe desarmar mejor que armar. Que sabe irse mejor que estar. Que es un gran opositor, pero no sabe crear poder. Si lo sabe, tal vez su portazo no sea el que Favaloro le dio a la vida. Y que no sirve para nada.[10]

---

10 Hasta la fecha de edición de este libro el portazo de Chacho fue el de Favaloro: no sirvió de mucho, acaso de nada. No pudo armar nada en el llano y ni siquiera lo intentó. Es una pena. Llegó al poder para decir "no puedo" y no regresó a la base de la sociedad para crear poder desde ahí; eso que Toni Negri –basándose en Spinoza– llama "potencia". Así, permaneció ajeno al "poder" y a la "potencia". Insisto: una pena. Debiera volver a la política, ya que la sociedad le reconoce algo que reconoce –con razón– a muy pocos: no tuvo que ver con la corrupción.

Los gallegos somos nosotros

Este país surgió de un chiste de gallegos. Porque eso fue la Revolución de Mayo: un chiste de gallegos. Fue decirles ostensiblemente a ellos, los gallegos, que no se los quería más por estas tierras, ya que eran un pueblo que históricamente atrasaba, ya que eran, ellos, la "barbarie" en comparación con los países a los que la Revolución quería unir su destino: Francia e Inglaterra. De este modo –y durante casi todo el siglo XIX–, la historia argentina se hizo *contra* España: debíamos liberarnos de los "gallegos", tanto en lo militar como en lo cultural. Convengamos que en esos tiempos todavía no se les decía "los gallegos", pero España representaba aquello que había que abandonar, dejar atrás. En suma, la barbarie en su expresión colonialista y arcaica. Los nuevos tiempos reclamaban otros horizontes geopolíticos, otros rostros de la Europa: los que encarnaban el Progreso, es decir, el librecambio smithiano inglés y el contractualismo roussoniano francés, con una osada condimentación jacobina en lo político. Tal fue la urdimbre del gesto "antigallego" de Mayo.

Los jóvenes románticos de la generación del 37 (Echeverría, Alberdi, Vicente Fidel López, Juan María Gutiérrez) se lanzaron, desde el Salón Literario, a la búsqueda de una *identidad nacional*. Había que encontrar una filosofía para constituir un país, según la fórmula de Alberdi. Mayo había sido el triunfo de la espada, era ahora el momento del triunfo de la inteligencia. Para tal empresa, nuestros jóvenes próceres se lanzaron a contar chistes de gallegos. Es decir, a hablar pestes de España, a denigrarla. Echeverría dijo: "Somos independientes pero no libres. Los brazos de España no nos oprimen pero sus tradiciones nos abruman". Gutiérrez fue aún más hiriente, su chiste de gallegos fue acaso el más virulento: "La nación española (...) nunca ha salido de un puesto humilde e ignorado en la escala de la civilización europea". Alberdi acercó lo suyo: "La España nos hacía dormir en una cuna silenciosa y eterna". Y también: "A la España le debemos cadenas; a la Francia, libertades". Luego propuso cambiar el idioma español por el francés, que tenía, dijo, una "armonía más íntima con nuestro pensamiento americano". (Estas citas están en mi libro *Filosofía y nación*, Ariel, 1996, pp. 98-99.) Pero nadie como Sarmiento. Campeón de la desmesura, literato genial, sólo él podía llegar al extremo de los extremos. Sólo él podía ofrecernos el mejor chiste de gallegos de la Independencia: "Témese que el cerebro español haya experimentado contracciones en estos tres últimos siglos de dominación terrífica de la Inquisición" (*Obras completas*, tomo XLV, Luz del día, Buenos Aires, 1953, p. 204). En suma, a los gallegos se les achicó el cerebro durante tres siglos. Son, por consiguiente, *brutos*, afirmación que constituye el fundamento de todos los chistes de gallegos y que, según vemos, nos ha sido legada, tal vez no casualmente, por el gran educador argentino, el padre del aula, Sarmiento inmortal.

¿Cuándo se les empezó a decir "gallegos" a los españoles? Esto tiene que ver con el fenómeno inmigratorio. Como todos saben, este país se hizo con la inmigración.[11] Todos conocemos

---

11 Si a usted le incomoda que escriba "este país" y no "nuestro país", me permitiría preguntarle: ¿de veras todavía cree que este país es "nuestro"? La pregunta es tan irritante como necesaria, y nadie debiera dejar de formulársela.

ese viejo chiste: el hombre desciende del mono, los argentinos de los barcos.[12] Pero –para ser precisos– digamos que quienes descendieron de los barcos para convertirse en argentinos fueron ellos. Sí, los gallegos. Venían de Galicia, se embarcaban en el puerto de Vigo y soñaban con hacer la América. No la hicieron. Se transformaron en anarquistas libertarios, en sindicalistas o –masivamente– en dueños o mozos de bares. Así, el español que el argentino medio conoció fue "el gallego". El gallego pobre, el que venía con una mano atrás y otra delante, el que no tenía estudios, el que era lanzado a estas costas por la pobreza, por el desencanto con el espacio natal. Fue blanco fácil para los porteños piolas que habitaban los bares. Se convirtió en símbolo de la torpeza, de la estupidez, de la incultura. Ser "un gallego" fue, sin más, ser un bruto. No es casual que la muy exitosa antología de Pepe Muleiro se llamara: *Los más inteligentes chistes de gallegos*. El título jugueteaba con el oxímoron "gallego inteligente", pero otra posible e inmediata lectura expresaba que los chistes eran "inteligentes" porque los habíamos hecho nosotros, los argentinos. Así, los chistes de gallegos eran el divertido resultado de la inteligencia argentina trabajando sobre la materia prima de la brutalidad gallega.

El concepto de gallego quedó pegado a la figura del español inmigrante, y asumió tal poder que cubrió, enturbiándolo, a todo lo hispánico. En poco tiempo y para siempre todos los españoles fueron gallegos, aun aquellos que nos aclaraban que no lo eran, que venían de otras partes de España. Vano intento: el que venía de España era gallego y punto. En el diccionario de

---

12 Se trata de un chiste tan fundacional que este libro no ha podido evitar lanzarse "en busca de la Argentina" sino por medio de su análisis. Cfr: "Improbables reflexiones acerca de la clase obrera", pp. 23-30, en este mismo volumen.

María Moliner, "gallego" –en una de sus acepciones– se explicita como un giro hispanoamericano: "Se aplica a los inmigrantes españoles". No obstante, por esas cosas de la historia, por la contra-inmigración protagonizada por los argentinos durante las últimas décadas del siglo XX y la primera del XXI, pronto María Moliner incorporará la palabra "sudaca" a su diccionario. Y dirá: "Se aplica a los inmigrantes argentinos". Y los argentinos piolas habrán de reconocer algo: esa palabra, *sudaca*, tramada por las palabras *sudor* y *caca*, expresa un refinado nivel de crueldad. Pocas veces el desdén fue tan ingeniosamente expresado. Ahora los piolas argentinos lo saben: los gallegos son muy inteligentes. Pero ese saber lo sufren en carne propia, como una fiera venganza de la historia.

¿Por qué estas líneas? Porque un presidente argentino (un presidente que en diez meses de gestión realizó la asombrosa hazaña de protagonizar casi todos los chistes de gallegos) ha viajado a la Madre Patria para consolidarse, pedir dinero, respaldo, confianza, en fin, futuro. El presidente español, generoso, lo ha recibido y hasta ha dicho que le dará un "cheque en blanco al país". No es nada tonto este "gallego": sabe que si a ese cheque le pone alguna cifra, aquí se lo afanan. No son nada tontos los "gallegos": sus grupos económicos en el país de los piolas son Repsol-YPF, Telefónica de España, Banco Santander, Endesa (Edenor y Edesur) y SEPI (Aerolíneas Argentinas), entre otros. O sea, si los "gallegos" quieren, los argentinos piolas nos quedamos sin petróleo, sin teléfonos (ya no podremos contarnos por teléfono chistes de gallegos), sin agua, sin luz y sin volar a ninguna parte. ¿Qué pasó?

Acaso algunos chistes (pero no ya "de gallegos", sino "de argentinos") arrojen algo de luz. Se dice que, en su pueblo natal, le han hecho un monumento al abuelo de nuestro presidente. Se dice que eternamente le agradecerán que haya emigrado, porque si no nuestro presidente habría nacido en España y tal vez sería el presidente de ellos. Se dice que los niños argentinos ya no juegan a las escondidas porque a nadie le interesa encontrarlos. Se dice que Dios hizo a Videla con lo que le sobró de Hitler. Que los argentinos son tan boludos como para poner un huevo en el microondas y agarrarse el otro al cerrar la puerta. Que se ahogan si les ponen un espejo en el fondo de un lago. Que cuando hay tormenta y relampaguea miran hacia arriba porque creen que Dios les está sacando una foto. Que tienen el mejor antitranspirante del mundo: la desocupación.

Por último, usted sabrá, como sabemos todos, que la OEA dice que la esperanza de vida es en España de 77 años y aquí de 67. Que ellos –sí, los "gallegos"– destinan 4600 millones de dólares para investigación y desarrollo y nosotros –de piolas que somos– sólo 1700. Que el PBI español duplica al nuestro y también el PBI por habitante. Que el desempleo es notoriamente menor y que están 15 lugares más arriba en el ranking mundial de productividad. Que no hay película argentina donde no aparezca un "gallego" porque para hacer cine tenemos que pedirle dinero a España. Entonces, aquí, usted, yo, todos los argentinos piolas que durante años nos divertimos con esos chistes sobre gallegos brutos, nos preguntaremos: *¿Quiénes son los gallegos?* Sí, acertó. Somos nosotros.

¿Y qué?

Gilles Lipovetsky es un filósofo francés que se especializa en trazar brillantes diagnósticos sobre nuestro tiempo. Uno puede o no acordar con sus propuestas, pero sus señalamientos suelen ser impecables. O, al menos, los que se permite hacer, ya que no se mete con todo. Pero tiene un ojo especialmente certero para diagnosticar la cotidianidad epocal. Uno de sus textos dice: "La seducción y lo efímero han llegado a convertirse en los principios organizativos de la vida moderna". ¿De dónde tomé esta cita? De la revista *Caras*. Son tan vivos los de *Caras* que se permiten citar a Lipovetsky. Ocurre que *Caras* hace una lectura positiva de ese texto. Está de acuerdo con el diagnóstico y le parece bien. Si la vida moderna es eso (la vida moderna o, pongamos, la sobreposmodernidad, que sería algo así como la posposmodernidad) está bien que sea eso, y si es eso ellos son quienes mejor lo representan. Ellos, *Caras*, serían la verdadera encarnación del espíritu de los tiempos. Si uno recuerda que Hegel solía –muy a menudo, en verdad– decir que sólo vive aquello que es expresión del espíritu del tiempo y que el resto –eso que no expresa la *actualidad* de una época– ha devenido pura positividad sin posibilidad de desarrollo dialéctico alguno, si uno, digo, recuerda esto, tal vez conjeture que Hegel diría que los de *Caras* expresan el ser de estos tiempos, su verdadero espíritu. Que es, claro, no tenerlo. Porque estos tiempos no son, no tienen la densidad del ser sino la ligereza de la seducción y de lo efímero.

Desde este punto de vista, los tiempos actuales se alejan, sobre todo, de la ética. Toda ética requiere de un conjunto de valores en los que se cree porque son absolutos, porque tienen la espesura del ser, porque se acercan a una concepción generalizada (aquí entraría la búsqueda de la universalidad kantiana) que apunta a eso que una sociedad entiende por lo bueno. Pero la muerte de los valores implica la muerte de toda ética posible. Voy a ser más claro.

Durante los meses de enero y febrero de este año se rodó en Buenos Aires una película cuya trama –o buena parte de ella– transcurría en una revista a la que dieron el nombre de... *Cosas*. Ahí trabaja el protagonista de la historia. Necesitaban hacer muchas tapas de *Cosas* para pegotear en las paredes de la redacción. Se las encargaron a una diseñadora gráfica que se llama Verónica Feinmann y que es mi hija, detalle que, espero, no desmerezca su talento. Verónica tiene mucho humor, es muy joven y tiene una aguda percepción de estos tiempos. Una de las tapas que hizo fue reveladora. Tomó una foto de mi madre (que anda por los noventa años) y otra de su novio (que tiene veinticuatro o veinticinco). Mi madre aparece en primer plano, muy sonriente, muy feliz. Con una de sus manos abraza o acaricia el rostro joven del novio de Vero y ambos miran angélicamente a cámara. El texto dice: "Somos pareja, ¿y qué?". Ésta es la frase que expresa el espíritu de los tiempos que vivimos: "¿Y qué?".

Somos pareja, ¿y qué? Soy peronista, ¿y qué? Soy radical, ¿y qué? Soy xenófobo, ¿y qué? Escribo novelas históricas, ¿y qué? Veraneo en Pinamar, ¿y qué? Uso microbikini, ¿y qué? Esta Suzuki 65XR me costó 15 mil dólares, ¿y qué? Voto a la Alianza, ¿y qué? No voto a la Alianza, ¿y qué? Creo en Dios,

¿y qué? Soy ateo, ¿y qué? Soy corrupto, ¿y qué? Soy gay, no soy gay, soy bisex, soy travesti, soy hetero, ¿y qué? Soy skinhead, si me sacás esa foto te mato, hago fierros y soy una mina con bíceps, me gusta el pibe, me gusta la pendeja, ¿y qué? Soy amigo de Alfredo Astiz, ¿y qué? Volvería a decir lo que dije en *La fiesta de todos*, ¿y qué? Fui asesor de Videla, ¿y qué? Curro créditos en el Instituto de Cine, ¿y qué? Salgo entre los personajes del año de *Gente*, ¿y qué? ¿Dónde querés que salga? ¿Vos me creés tan idiota como para desperdiciar una oportunidad así? ¿Vos conocés a alguien que, en serio, no quiera salir en la tapa de *Gente*? ¿Vos jurarías que cualquiera en cualquier momento (aun ese amigo por quien pondrías las manos en el fuego) no va a salir en *Gente*? ¿Querés que te diga quiénes salieron? Salgo en *Gente*, salgo en *Caras*, ¿hay otro lado dónde salir? ¿Hay un verdadero motivo que me impida salir ahí? ¿La estupidez, la frivolidad, la banalidad? ¿Soy responsable del espíritu de los tiempos? ¿Soy responsable de que no haya otra cosa sino la estupidez, la banalidad, la frivolidad? ¿Voy a sacar los pies del plato? ¿Hay, acaso, otro plato? ¿Hay otro plato donde poner los pies o te caés de *Gente*, de los multimedios, de Suar y dejás de existir? Voy a hacer esa película, voy a hacer esa telenovela de mierda, ¿y qué? Voy a hacer todo, absolutamente todo lo que sea necesario hacer para no ser un perdedor, ¿y qué?

Acaba de aparecer una nueva revista. Dice traer "los temas que más interesan en nuestro tiempo". En realidad, es un libro. Es, seamos exactos, una revista que ha sacado un libro. Una vieja revista, amada por nuestros niños. Es la revista *Anteojito* y acaba de publicar... ¡El libro *Anteojito* de la globalización! Su propaganda dice: "No prive a sus hijos de esta fundamental obra que los preparará para afrontar exitosamente el tercer milenio". Y añade: "Cursos completos de inglés y computación". E insiste: "Indispensable para entrar en el mundo del mañana y preparar a sus hijos para enfrentar el futuro". *Anteojito* ya no es *Anteojito*, *Anteojito* se globalizó, ¿y qué? Otro símbolo de nuestro tiempo.

Ahora bien, toda nota llega a su fin y uno deja para el fin el más impecable de los elementos que ha elegido para tramarla. Si el tema de esta nota ha sido el intento de dibujar (insisto: no de juzgar) las modalidades de nuestro tiempo, creo que ha llegado el momento de entregar su más perfecta imagen. La acción transcurre en el aeropuerto de Miami. Se prepara el vuelo para Buenos Aires. Una persona que viajará en él y que es amiga de Susana Giménez se sorprende al encontrarla ahí. "Susana, ¿qué hacés aquí? Creí que volabas a África para hacer tu safari". "No soy yo la que viaja, querida. Viaja *Jazmín*. Lo acompaña mi chofer. Encargué que lo alimentaran con lomo y vitina". Si hay una imagen que yo elegiría como la apoteosis del espíritu menemista es ésta: *Jazmín* viajando de Miami a Buenos Aires en *business class*, almorzando lomo y vitina, acompañado por el chofer de Su. Tal vez, al fin y al cabo, debamos agradecerle a nuestra diva nacional entregarnos con tal perfección el espíritu de una época. Que, insisto, no pretendo juzgar. Aunque me parezca una mierda. Porque es exactamente eso lo que me parece, ¿y qué?

Post scriptum: Con frecuencia, muchos de nosotros nos sentimos acorralados, fuera de época, perdidos. Sentimos que lo único que nos queda es la indignación y que no podemos transmitir otra cosa. Sin embargo, la indignación es un noble sentimiento. Mientras uno lo tenga, mientras uno se indigne, uno está vivo. Puede plantarse frente al espíritu de los tiempos y decir, sencilla y poderosamente, no.

Siempre el establishment

Hace muchos años IDEA quería decir Instituto para el Desarrollo de Ejecutivos en la Argentina. Después –cuando la palabra *ejecutivo* pasó de moda– se llamó Instituto para el Desarrollo de Empresarios. Siempre nucleó al establishment. En mi novela *Ni el tiro del final*, escrita en 1980, un personaje poderoso, lleno de dinero y misteriosas relaciones, enuncia sus concepciones políticas. Dice así: "Sólo hacen falta dos cosas. Una ya se la dije: crear una elite dirigente. La otra, renunciar al prejuicio democrático. Porque la democracia es el vicio de Occidente, Ismael, y estoy seguro que será su perdición". Ismael –el protagonista de la novela– comenta: "Seguramente habría hecho un par de cursos de IDEA y le gustaba aprovecharlos".

También hace muchos años trabajaba yo en una pequeña o mediana empresa familiar. Era el encargado de las ventas y –en cuanto tal– viajaba por todo el país. Me recuerdo en San Juan esperando ser recibido por un cliente. Transcurría el año 1981 y desde el 24 de marzo gobernaba Roberto Viola, que había reemplazado a Videla. Todos creían que Viola le habría de dar un giro populista a la economía, pero esto quedó descartado cuando nombró a Jorge Aguado y Eduardo Oxendorf. Las cosas seguirían por el mismo camino.

Retorno, ahora, a la escena en San Juan: estoy esperando a mi cliente, estoy en una pequeña salita en la que hay una radio encendida. De pronto, un flash de noticias. La radio informa que el general Viola se presentó ante los empresarios de IDEA para disertar sobre *La lucha contra la subversión*. Me pareció casi fuera de lugar que Viola le hablara a los empresarios sobre ese tema cuando ya la lucha a la que se refería había sido aplastantemente resuelta por las fuerzas armadas. Pero no: habló sobre eso. "El general Viola se refirió a la 'organización territorial' de la subversión". Recuerdo el escozor que me produjo esta frase. Me recuerdo ahí, en San Juan, solo y escuchando que Viola les contaba a los empresarios cómo era la "organización territorial" de la subversión. Esto que los militares llamaban "organización territorial" era cualquier cosa, era el terror, era la indeterminación total. Llamaban "organización territorial" a las expresiones de superficie de la "subversión". Periodistas, maestros, sindicalistas, obreros de comisiones internas. En fin, todo. Viola hablaba y los empresarios escuchaban. Viola les decía cómo habían exterminado absolutamente todo lo que pudiera importunar el desarrollo feliz de sus intereses. Les hablaba de una patria salva y segura.

Ahora, en plena democracia, los candidatos presidenciables también van a IDEA. Y les cuentan los temas de hoy: seguridad, desempleo, educación y política externa. Y dicen cómo piensan encararlos y resolverlos para que ellos –la buena gente de IDEA– puedan seguir adelante con sus intereses. Porque en el país han cambiado muchas cosas pero no este acto reverencial y fundante de todo orden político: ir a IDEA y ofrecer explicaciones. Ayer la dictadura, hoy la democracia. Siempre el establishment.

El FMI y el orgullo nacional

Perón, durante su primer gobierno (1946-1952), solía decir que se cortaría un brazo antes de firmar un empréstito con algún organismo financiero internacional. No obstante, su ministro Ramón Cereijo, en 1951, marcha hacia Washington a demostrar que la Argentina es un país confiable para el desarrollo del gran capital. No es mucho lo que consigue. El gobierno de Perón (para orgullo de los peronistas de la vieja guardia) nunca fue confiable para los Estados Unidos. El ingreso al Fondo Monetario Internacional se realiza bajo el aramburato. El Decreto-ley N° 15.970 del 31 de agosto de 1956 nos mete dentro del Fondo y de ahí no saldremos jamás. Menos aún después del peronista Menem.

Eso que los viejos peronistas solían enarbolar como bandera de orgullo (que Perón no nos metió en el Fondo sino que lo hicieron los pérfidos gorilas de la "libertadora") fue dado vuelta por los nuevos, aggiornados peronistas de los noventa. Ningún gobierno como el justicialista de Carlos Menem cifró su orgullo en *pertenecer* al Fondo. Fue más allá que todos. Interpretó el extravío del país por sus conflictos con la banca internacional. *Habíamos fracasado por haber sido orgullosos.* En el cacareado "orgullo nacional" estaba la clave de la siempre irresuelta felicidad argentina.

Ahora, el peronista Duhalde compadrea ante el Fondo y saca a relucir la sombra del viejo nacional-populista Perón. Lo hace como si no hubiera formado parte esencial del gobierno del peronista Menem, que nos entregó a la banca internacional y cacareó que era el orgullo lo que nos había perdido. Ocurre que Duhalde está en campaña electoral y en esa situación ningún político les dice a sus posibles votantes lo que realmente hará con el Fondo, es decir, hacerle caso. Duhalde no es original en esto. Todos los políticos argentinos han hecho lo mismo: prometen y defraudan. Uno de los pocos, de los muy pocos que cumplió lo que prometió (de aquí el célebre cacareo "Perón cumple") fue, sí, el primer Perón, el del '46 al '51. Lo que dijo en campaña lo hizo luego en el Gobierno. *De esa promesa cumplida aún se alimenta el peronismo*. Por el contrario, el Perón del '73 mintió fervorosamente. En el diario *Mayoría*, enero de 1973, declaró: "Aquí hay que darles el poder a los jóvenes". Fue, como todos saben, precisamente lo que no hizo. Pero en enero del '73 necesitaba a los jóvenes para ganar las elecciones. Cuando las ganó, les mostró la cara payasesca y cruel de López Rega.

Hoy queda poco margen de maniobra ante el Fondo. El orgullo nacional se ha evaporado entre la sangre y los negocios turbios. Para el Fondo, los díscolos somos nosotros, nuestros Gobiernos, que reciben los préstamos y los malogran en los laberintos de la corrupción. El Fondo es transparente. Es un Fondo "Monetario". Le interesa la estabilidad de la moneda más que el país. Le interesan los poderosos, los grandes capitales afines a sus intereses, no los jubilados, ni los desocupados ni la cultura. Esto último debiera interesarle al Estado argentino, esa entidad práctica y conceptualmente destrozada en este país. Así las cosas, será hora de mirar para adentro en busca de las causas de los fracasos y no seguir demonizando al Fondo, que, todos lo sabemos, es demoníaco... pero ha estado siempre bien acompañado por los demonios de nuestras pampas.

Nos van a entretener hasta morir

1. *Buenos Aires, 13 de febrero de 2000 (ANC-Utpba)*: "La fusión de America Online y Time Warner ratifica que las comunicaciones dominarán la economía en el siglo XXI. El proceso global de concentración de las comunicaciones tuvo en la fusión de empresas de soporte y de contenidos uno de sus capítulos más notables en los últimos años, a través de innumerables operaciones en todo el planeta, de las cuales las más destacadas fueron la unión del proveedor de accesos a Internet America Online (AOL) y la corporación de medios de comunicación Time Warner, por un lado, y la fusión de la francesa Vivendi con la canadiense Seagram.

"Time Warner posee cableoperadoras, revistas, producción y comercialización musical, producción de contenidos visuales y cinematográficos. Para la etapa que se avecina negoció durante largos meses una fusión con la más grande proveedora de accesos a Internet, AOL, que venía de derrotar a Microsoft en una costosa y prolongada batalla judicial por el abuso de posiciones monopólicas, tras una investigación que, dicho sea de paso, AOL no lograría trasponer exitosamente si fuese la acusada".

2. *Nueva York, 11 de enero de 2000 (ANC-Utpba)*: "La fusión también pone de manifiesto, en una primera mirada, que en los próximos años el ritmo de la economía mundial estará dominado por los sectores de alta tecnología de la información y las comunicaciones.

"En el terreno comunicacional, la fusión entre America Online (AOL) y la Time Warner es una etapa más en el *inexorable* camino que deberán transitar todas las compañías de medios de comunicación, telecomunicaciones y entretenimientos en el corto plazo si desean sobrevivir, esto es, la unión de los contenidos (nuevos y tradicionales) con los nuevos soportes tecnológicos.

"Time Warner es el mayor conglomerado mundial de medios de comunicación y entretenimientos que agrupa empresas de periodismo gráfico, radial y televisivo; productoras y distribuidoras cinematográficas; productoras y distribuidoras discográficas, cadenas de televisión por cable; productoras de señales para la televisión por cable, productoras y distribuidoras de videos y productoras de espectáculos.

"Los productos de Time Warner llegan por alguna vía *a más del ochenta por ciento de la población mundial*.

"Aunque todavía faltan algunos años para que el sistema se desarrolle a pleno, la fusión de ambas empresas une a las dos más grandes empresas de los sectores *complementarios* de la comunicación: los contenidos y el soporte, en este caso digital".

3. *Nueva York, 11 de enero de 2000 (ANC-Utpba)*: "Time Warner ocupa el primer lugar entre las empresas de comunicaciones del mundo, tiene una valoración bursátil de 83.302 millones de dólares y entre sus activos agrupa a una de las mayores productoras del planeta, la Warner Brothers y a una de las cuatro mayores discográficas, la Warner Music.

"Solamente sus treinta revistas semanales, quincenales, mensuales y bimestrales venden más de 120 millones de ejemplares en todo el mundo, con títulos famosos como *Time, People, Fortune* y *Sports Illustrated*, entre otras. AOL factura 4780 millones, gana 762 millones y tiene 12 mil empleados. Time Warner facura 26.800 millones y tiene 70 mil empleados".

4. *Buenos Aires, 13 de enero de 2000 (ANC-Utpba)*: "La valuación del nuevo complejo multimedios creado oscila entre 280 mil y 350 mil millones de dólares (...) La cifra, considerada como inversión de mercado, es equivalente a dos veces y media la deuda pública argentina, o equiparable a la deuda brasileña, sea externa o interna (...) Si el gobierno argentino tuviera en sus manos y vendiera una empresa de un valor equivalente a poco más de la tercera parte de AOL-Time Warner, podría cancelar totalmente su deuda externa y disponer, por año, de 15 mil millones de dólares extra de presupuesto que hoy destina al pago de intereses por dicha deuda. Estos 15 mil millones son algo así como la tercera parte del Presupuesto Nacional, o cinco veces lo que espera conseguir el gobierno con el paquete impositivo recientemente lanzado".

5. *Nueva York, 2 de mayo de 2000 (ANC-Utpba)*: "La libertad de prensa y el derecho a la información que tanto dicen respetar parecen haber sido valores poco importantes para los gigantes de la comunicación Time Warner y Disney que, como consecuencia de una disputa comercial, dejaron a más de 3,5 millones de televidentes sin la señal de noticias ABC News.

"El conflicto se desencadenó cuando el mayor productor de contenidos para televisión del mundo, Disney, exigió a la mayor corporación de comunicaciones y entretenimientos de los Estados Unidos, AOL Time Warner, 300 millones de dólares por la provisión de las señales de noticias ABC, deportiva ESP y para chicos Disney Channel.

"Time Warner consideró excesivo el precio reclamado por Disney y directamente retiró esas señales de sus sistemas de cable de Nueva York, Los Ángeles, Houston y otras ocho grandes ciudades estadounidenses, según reveló el diario de negocios *Financial Times*.

"Mientras que ejecutivos de Disney dijeron que el retiro de las señales era 'un atemorizante presagio de las implicancias de la fusión entre TIme Warner y America Online (AOL)', ésta retrucó que la Disney 'trata de explotar su condición de productor dominante de programaciones para la televisión por cable'".

6. *Nueva York, 12 de octubre de 2000 (ANC-Utpba)*: "Con una valoración final que oscilará en la desmesurada brecha existente entre los 355 mil y los 275 mil millones de dólares, según las cifras más optimistas y más pesimistas, AOL Time Warner es ahora la mayor corporación mundial de comunicación y entretenimientos del mundo".

7. *Buenos Aires, 22 de enero de 2001 (De un reportaje al filósofo argentino León Rozitchner en* Página/12*)*: "Nunca hubo un poder tan bien organizado, voraz y despótico como el que está apareciendo ahora (...) Nunca hubo tantos instrumentos de destrucción, tanto control, *tanta sujeción de la subjetividad*. Te divide la cabeza, no podés imaginar siquiera, porque el imaginario viene de afuera y se mete en vos. Y el movimiento interno de imaginación y pensamiento te lo interrumpen a cada rato, pasándote. Todo está, en alguna medida, organizado de una manera siniestra. Todos los niveles de la relación del poder con la realidad están organizados técnica y tecnológicamente. Este sistema está hecho para destruir la subjetividad de la gente, impedir el pensamiento, impedir el afecto. Y por eso la superficialidad".

feria del libro

aparecí por la feria del libro en 1981 porque decidí que en lugar de resistir a la dictadura no concurriendo acaso fuera mejor resistir estando ahí ya que había publicado dos años atrás una novela que había sido bien leída por algunas personas a las que me interesaba conocer y tal vez humildemente firmarles un par de ejemplares porque ya me sentía otra vez un escritor y los escritores se hacen cargo de estos avatares o sea firmar en una feria algunos libros a sus lectores de modo que ahí estuve y algunos aparecieron con esa edición de tapas azules de últimos días de la víctima y yo firmé y firmé como cuatro creo y estaba en eso cuando por el altoparlante dicen que estoy firmando en el stand no sé cuánto y dicen mi nombre y era la primera vez que mi nombre se decía en un lugar público desde que lo público se había transformado en lo prohibido a partir del golpe del maldito marzo veinticuatro de modo que oí mi nombre y sentí una mano sobre mi hombro derecho y una voz que muy alegremente dice mirá caramba lo que son las cosas yo creía que estabas desaparecido y resulta que sos famoso y me di vuelta y encontré a un viejo compañero de la facultad a quien yo también creía desaparecido y a quien ahora le firmaba un libro y nos dimos un abrazo y yo me quedé disfrutando de esa súbita fama hasta que me di cuenta que ser famoso para un escritor ahí en la feria del libro es firmar uno que otro libro pero es sobre todo responder a la pregunta fatal real insondable insoslayable que los lectores siempre hacen y jamás dejarán de hacer ya que jamás los lectores dejarán de preguntarles a los escritores ahí en la feria del libro si saben por favor si saben sencillamente simplemente urgentemente no qué es la literatura no qué significa escribir no qué está escribiendo o qué piensa escribir o qué escribió sino sencillamente simplemente urgentemente dónde está el baño

Cuestiones sencillas

Desde hace tiempo la gente sencilla se hace preguntas sencillas. La primera es: ¿dónde está la plata? La segunda es: ¿quién se la llevó? La segunda pregunta es consecuencia de la respuesta que la gente sencilla da a la primera: la plata no está. Y no está porque nadie la ve. La plata de un país siempre se ve. Se ve en obras, en construcciones, puentes, túneles, planes de educación, escuelas, y se ve –en gran y decisiva medida– en el bolsillo de la gente sencilla. Cuando esto ocurre esa plata se ve en: 1) colas en los cines; 2) restaurantes llenos; 3) comentarios animados sobre el clima, el deporte, el sentido general del universo. (Pero no sobre la falta de guita, único tema obsesivo de la gente sencilla cuando la plata no está.) Y también: cuando la plata está se ve en la ropa. Se ve en la falta de desocupados. Se ve en la disminución de la mendicidad. Se ve en la disminución de la delincuencia. Se ve. Se toca. Se siente. La plata está. O sea, no se la robaron.

Pero la plata no está. Y tampoco está nada de lo que debería estar si la plata se hubiera gastado bien. Así las cosas, se impone la segunda pregunta: "¿quién se la llevó?". Todos lo dicen: "Aquí", dicen, "la guita se la llevaron". Hay pruebas. Porque es así: más allá de las pruebas que aportará la Justicia acerca de los delincuentes, las más profundas, decisivas pruebas

213

están a la vista. La gente sencilla hace un sencillo y contundente razonamiento: vendieron todo el país y la plata no está. Ergo: vendieron todo el país y la plata se la llevaron. La indignación es doble: no tenemos país y no tenemos plata. Hay un viejo chiste de argentinos que inventó un humorista en los sesenta y que a veces hacía Tato Bores. La solución de este país –decía el chiste– es venderlo y repartirnos toda la plata y nos vamos todos a vivir al extranjero. Era un gran chiste. Hartos de intentar construir un país, los argentinos decidíamos venderlo y con la plata que nos daban nos hacíamos todos millonarios y nos íbamos a otra parte. Con la guita, claro. El chiste se realizó, pero fue privatizado. El país fue vendido pero la plata se la quedaron unos pocos. Sólo unos pocos se volvieron ricos, reyes, ciudadanos del mundo. Ellos vendieron el país y ellos hicieron la cobranza.

El robo es evidente. No hay que averiguarlo ni descubrirlo. Se ve a simple vista. Durante diez años se vendió todo y ahora la plata no está. ¿Quién la tiene? Todos –también– saben esto. Porque los ladrones fueron increíblemente, groseramente ostentosos. Se fotografiaron en una revista que lleva el nombre de un prontuario: *Caras*. Todos pusieron la cara en *Caras*. ¿Quiere ver la Justicia la cara de los ladrones? Esas caras están en *Caras*. También están (la del jefe del gang, sobre todo) en todos los números de *Gente* donde salían escrachados los "personajes del año". Siempre el principal personaje del año, el que se ubicaba en el centro y sonreía y aplaudía a la "gilada" (nombre que en privado dan a la gente sencilla los delincuentes), era el señor que ayer fue preso. Y detrás de él, su corte de milagros. Los que habían hecho el milagro de volverse millonarios en un par de años nomás. María Julia Alsogaray (la Dama de Lata), Gostanián, Trovato, Yoma-Yoma-Yoma y Yoma, los banqueros, los jueces, los que se apoderaron de los medios para bendecir al jefe, las costureras (a quienes la gente sencilla llama "narco-costureras", qué cosa, qué malpensada es la gente sencilla), los traficantes de armas, los jeques del narcolavado y edificadores de hoteles despampanantes. Todos ellos. De todos ellos la gente sencilla piensa y dice cosas incómodas. Un amigo –hablando por teléfono– me dice: "Hadad se está comprando las mejores radios, las emisoras de mayor potencia, etc.". Se detiene, piensa y pregunta: "¿Dónde estaba este tipo antes de Menem? ¿Quién era, qué tenía? Ni una radio barrial, tenía. ¿Qué pasó? ¿Vino Menem y en un par de años el tipo se llena de guita y se come todo el aire? ¿Qué pasó?". Es así: la gente sencilla es malpensada a veces. Y ahora es una de esas veces.

Esto que está ocurriendo es fundamental. El pueblo de este país o la gente sencilla o lo que sea no tiene fe en nada. Porque sabe que la impunidad es el estado natural de este país. La economía no puede levantar las conciencias ni generar entusiasmo. La política está devaluada. Nos queda la Justicia. Nos queda un nuevo punto de partida. Saber que los que la hicieron la pagan. Lo dicen todos. Salgan y escuchen. Todos están diciendo: "Está bien, la plata no la vamos a recuperar. No la van a devolver. Pero por lo menos que vayan presos". Por lo menos. Por ahora. Presos, como está Menem. Y que el jefe sea apenas el primero. Porque si un tipo fue el jefe de una banda fue porque la banda lo sostuvo, lo ayudó, lo siguió, ejecutó sus órdenes y se enriqueció a su amparo. No sólo los jefes son culpables, las bandas también. ¿O van a declarar la obediencia debida para la corrupción?

La viuda triste

El vértigo del poder, el huracán de la historia, la sed que
despierta la infinitud de lo posible, todo esto, a esta chica, la
agarró muy joven. Si gente grande, con cierta experiencia en
la vida, cree que el poder es para siempre, cómo no habría de
creerlo ella, Zulemita, tan joven, impetuosa, elevada a princesa de un reino de esplendores bananeros. Así, no pudo sino
anhelar eso que Paul Muni y Al Pacino (en las dos versiones
de *Scarface*) anhelaban: el mundo. Ella también leía en su presente, en su dorada cotidianidad, un cartel luminoso que decía:
"El mundo es tuyo". ¿Cómo no habría de serlo? Era la hija
del político más sagaz de un país desaforado, que avanza que-
brando los límites, los del éxito y los del fracaso. A ella le to-
caron años de éxito. Todo le salía bien a su padre, a su rey, al
monarca que sumaba votos, tapas de revistas, visitas de famosos, halagos del establishment, bendiciones de los opulentos
ideólogos de la oligarquía financiera y hasta de los grandes
teóricos de ese país, Francia, que tanto lustre da, bendiciones de
Alain Touraine o del mismísimo Rey de Reyes, ese señor Bush,
que sonreía y decía que todo estaba bien, que su padre era
un gran estadista y hasta un gran jugador de tenis. La vida
era hermosa y esa hermosura habría de ser infinita, porque
ella era joven y ser joven es creer que las cosas duran para

siempre. Además, Papi había echado de casa a su mujer y la había puesto a ella en el lugar de la expulsada. Y ese lugar la transformaba en la Primera Dama.

Aparecieron entonces los asesores de imágenes, esa modista Serrano que la vistió con el infinito brillo del mal gusto Versace –que ella, nuestra Princesa, adoraba– y los parientes generosos, esos tíos dulces y gorditos que le decían te quiero tanto que esta casa la puse a tu nombre, este edificio, este avión, esta estancia, este BMW, este Mercedes. "Este país", resumía su Papi, el Rey, que era quien más la quería y el que más regalos le hacía. Y ella, feliz, le echaba los brazos al cuello y le daba piquitos sensuales, para envidia de la gilada, ésos que siempre ponían los votos para que la farra no terminara nunca.

De pronto, todo cambia. Papi no gana las elecciones y para mitigar la tristeza se busca a alguien que fue más que princesa, que fue Reina, y, para peor, de la belleza, algo que a ella el espejo suele desmentirle. Y ahora Papi está preso. Y ella está sola. Lo perdió todo. Es la triste viudita de uno de los Edipos más rumbosos de la historia del psicoanálisis. Y ya no hay valses para esta viuda. Los valses, la vida brillante, los presidentes y los reyes quedaron atrás. Es la hora del llanto. Papi la dejó y se fue con otra. Papi la dejó y está preso. Papi la dejó y ahora, a ella, tan inocente, desamparada y niña, le preguntan de dónde sacó esto y aquello, los autos, las casas, las empresas, todo. Y le dicen que el mundo no era suyo, que nunca fue suyo, que se lo robaban para ella y que llegó, princesita, viudita triste, llorosa niña, la hora de devolverlo.

Fotos

El hombre se llama Emir Yoma y entra en la Casa de Gobierno. La foto lo sorprende cuando ya ha entrado. Ahí está: atraviesa el Salón de los Bustos. Los próceres lo miran. Él no mira a los próceres. Está muy apurado. Su pierna derecha está ostentosamente extendida. Los pasos de Emir Yoma son largos. Alguien que da esos pasos sabe con claridad adónde va y se siente con derecho a caminar por donde camina. Hasta es posible oír el ruido que hacen sus negros, brillosos zapatos sobre el mármol. Como si desfilara. El ruido de sus zapatos es el de sus tambores de batalla.

Camina por sobre ese piso de mármol que reluce y exhibe rombos negros y blancos, que se conectan por sus puntas. Si miramos con atención podremos ver que un zapato del señor Yoma pisa una de las juntas de los rombos. Eso que jamás hacía Jack Nicholson en *Mejor... imposible*. El señor Yoma no es un neurótico obsesivo. No le importa pisar las juntas de las baldosas. Un tipo que te entra así a la Casa de Gobierno, con furia y taconeando, no se va a preocupar por las juntas de las baldosas; no va a pensar, sufriendo, que su suerte depende de esa nadería. Pisa las juntas, extiende bien sus piernas, afirma sus zapatos. Total, quién lo para. Su suerte no depende de pisar o no pisar las juntas como cualquier neurótico obsesivo suele creer de la suya. La suerte del señor Yoma depende de cosas mucho más importantes. Lo espera el Ministro del Interior. Pero es probable que esto sea un simulacro. Es probable que quien lo espere sea el mismísimo Presidente de la República. No en vano el señor Yoma entró en la Rosada por la misma puerta de los ministros y el Presidente. La puerta de los poderosos. De los grandes. De los impunes, ya que el poder y la grandeza, en la Argentina de hoy, sirven para la impunidad.

Una antigua secretaria del señor Yoma, que tiene nombre de peregrinación, Lourdes, lo ha involucrado en los negociados de armas. Siempre que en la Argentina surge restallante un caso de corrupción, algún pariente, amigo o ex pariente del Presidente está en el corazón de la trama. La trama es una trama que se nutre de infinitas tramas y todas convergen hacia la Casa Rosada, donde está el Presidente. No es difícil conjeturar dónde late el corazón unificador de todas las tramas.

Como sea, un tipo tiene que sentirse realmente poderoso para entrar así –taconeando, pisando las juntas– en la Casa Rosada. Porque no cualquiera. Sólo los que son como el hombre de esa foto, como el señor Yoma, que entra en la Rosada como si entrara en su casa o en su oficina. O en el búnker de sus socios. Que habrán de recibirlo y protegerlo, porque, protegiéndolo, se protegerán a sí mismos.

Cercanía y lejanía de Chacho

Algunos intelectuales que habíamos militado en la izquierda peronista de los años setenta no hicimos el *gesto obligatorio,* aluvional –hoy diríamos: políticamente correcto–, que hicieron los intelectuales en 1983: no nos integramos al alfonsinismo. Es arduo explicar algunas decisiones que uno toma en la vida, pero, en lo esencial, ocurrió eso: nos quedamos en el peronismo, en mala compañía y con el fervoroso deseo de integrarlo a la democracia sin que perdiera su rostro social. Al año y medio estábamos renunciando. Hubo un congreso en La Pampa y la siempre recurrente derecha del partido se adueñó de todo. Nos fuimos. Éramos, entre otros, Álvaro Abós, Jorge Luis Bernetti, Nicolás Casullo, Horacio González, yo. Y casi diría Chacho Álvarez, porque Chacho, si bien no renunció, estuvo junto a nosotros siempre. Ahí lo sentía muy cercano. Hasta me atrevería a decir que éramos amigos. Chacho era un político nuestro. Un político que había leído a Foucault, por decirlo así. Cosa rara. Luego hizo la revista *Unidos.* Y en muchos de sus artículos reconocí textos tomados de mis notas en *Humor,* lo cual me llenaba de alegría. ¿Por qué no? Eso duró tres o cuatro números, después noté en la prosa de Chacho una mayor autonomía, las certezas ideológicas eran acompañadas por una escritura firme, clara. En 1989 lo veo en un programa de televisión ("Los siete locos") discutiendo con León Rozitchner. Chacho se había puesto de pie y se paseaba acaloradamente alrededor de la mesa. Conducía Tomás Eloy Martínez. Era un debate altamente pasional. De pronto, Chacho le arroja a León una frase como la que sigue: "Pero, ¿vos creés que el peronismo expresó la heteronomía de la conciencia proletaria?". Pocas veces lo sentí tan cercano. Yo debo ser algo mayor que él y –por eso, entre otras cosas– había escrito tempranamente artículos polémicos en la revista *Envido*, textos en los que discutía con la izquierda no-peronista y discutíamos, sí, sobre la autonomía y la heteronomía de la conciencia proletaria. Chacho, ahora, ahí, frente a Rozitchner, acudía a esos textos para enfrentar a un peso pesado de la izquierda no-peronista, para enfrentar a León, cosa nada fácil. Sonreí feliz: qué extraño político ese que aún recurría a esos viejos y pasionales textos, demostrando, primero, que los había leído y, segundo, que sabía cómo utilizarlos. Y claro: ese político era Chacho, un tipo que siempre vivió al peronismo desde la izquierda, un político ligado a las polémicas y a la búsqueda de la transformación social.

Luego nos hicimos aún más cercanos. Ocurrió en unas reuniones que hacíamos en el bar *Mimo* unos cuantos tipos que nos sentíamos amigos. Fue en 1986 y en 1987. Como ya he contado, esos tipos eran Carlos Ulanovsky, Álvaro Abós, Carlos Marcucci, Carlos Trillo, José Luis Castiñeira de Dios, Jorge Halperín y... Chacho Álvarez. Chacho siempre fue brillante. No sólo porque había leído a Foucault, sino, muy especialmente, porque sabía pensar. Y uno lo escuchaba y sentía que eso valía la pena, escucharlo. Arrastraba las erres más que ahora y hasta cierta vez escribí, en *Humor*, una nota en que lo nombraba y utilizaba satíricamente esa particularidad. No le gustó mucho. Recuerdo su reproche: "Con el cuerpo no hay que meterse". Me lo dijo en ATC, luego de una entrevista que nos habían hecho juntos. Al salir, lo detienen unos periodistas y le hacen preguntas y yo pienso: "Caramba, mirá lo importante que se está volviendo Chacho". Luego, todo siguió bien. Salvo a Carlos Auyero, a ningún político lo sentí más cercano.

Ahora parecen haber llegado los tiempos de la lejanía. Los tiempos en que uno ya no reconoce tan *inmediatamente* a un político en el que siempre creyó. Ocurrieron dos hechos simultáneos: mi mujer ganó su tercer *María Guerrero* y llega un telegrama de felicitación de Chacho. Me sonrío y le digo: "¿Pensaste alguna vez que un vicepresidente argentino te iba a felicitar por un premio?". Aún la cercanía. Pero cierto día abro el diario y leo que Chacho ha dicho: "Para solucionar la crisis argentina no es posible tomar medidas progresistas". Y ahora sí: la lejanía. Porque éste no sos vos, Chacho. Éste sos vos hablando el discurso de los otros, del establishment. Ese discurso que siempre dice lo mismo: hay que seguir sufriendo, el progresismo es imposible. ¿Te vas a transformar en otro político más que demostrará la cruel verdad de siempre: que en Argentina se sube por izquierda y se gobierna por derecha? Vos sabés —y lo sabés porque leíste bien a Foucault— que la verdad es una conquista política. Que el *discurso del Poder* siempre se establece diciendo que es el único posible. Y que creerle es entregarse, perder. ¿Llegaste al Gobierno para decir que sí? Todos los políticos argentinos testimoniaron siempre en favor de la imposibilidad. Con su conducta, dolorosamente nos enseñaron que se llega al Poder para ser Otro, *para ser el Otro*, para aceptar, para justificar. ¿Te vas a sumar a esa larga, triste, ingloriosa lista?

Situación: El largo abismo de la Argentina acostumbra a devorarse a muchos. Con frecuencia, a muchos de los mejores. Arturo Maly murió el 25 de mayo de 2001, año desdichado y lleno de fantasmas terribles. Lo habían echado de la tira que hacía por tele y de la que vivía. Su mujer y su hijo hicieron sacar de la sala del velorio la corona de flores que mandó ese canal que lo escupió. Nadie mencionó –de todos modos– este hecho. Todos los recordaron con enorme respeto y cariño pero nadie dijo que Arturo murió desocupado en una Argentina que se deshilachaba generando angustia en todos sus habitantes. Cuando salí del velatorio alguien me acercó una cámara y dije lo que sabía: "Se murió porque lo echaron de su laburo. Se murió de argentinitis". Al día siguiente me llama su mujer Marta Klopman y me dice que le han dicho que alguien dijo eso, que Arturo se murió porque lo dejaron sin laburo. "No me dijeron quién había sido, pero yo supe en seguida que debías haber sido vos". Y cómo no: yo había sido su amigo y sabía cosas sobre él porque él me las había contado. Entonces escribí el texto que sigue: la relación mortal entre un gran actor y un país que, sin más, le quita la vida.

Muerte de un gran actor desocupado

Era el mes de enero de 1982 y Adolfo Aristarain empezaba a filmar *Últimos días de la víctima*. Ahí conocí a Arturo Maly. Se filmaba en una locación al aire libre. Había un sol tenue y una brisa incesante. Se puede ver en la película. Arturo hace su escena con Elena Tasisto. Arturo era Külpe, el tipo al que sigue Mendizábal, que lo hacía Luppi. Corte. Arturo viene y me lo presentan. Lo conocía bien. De *La parte del león* y de *Tiempo de revancha*. Un actorazo. Después nos conocimos mejor. Nos hicimos amigos.

A Arturo Maly siempre le importó mucho este país. También sintió siempre que este país no le daba lo necesario. Que no lo alimentaba. Que no podía, con su trabajo, con su talento, ganar lo suficiente para vivir tranquilo. En 1987 se fue a Puerto Rico a hacer telenovelas. Recuerdo el comentario de alguien: "Perdemos un actor, eh". En Puerto Rico volvimos a encontrarnos. Yo había ido por la filmación de *Tango bar*. Cierta noche cenamos con Raúl Juliá, que le pregunta a Arturo por qué está en Puerto Rico. Arturo le dice: "Porque mi país no me alimenta". Luego, volvió.

Había hecho —en la tele, en 1984, creo— una maravillosa interpretación del obsesivo coronel del cuento de Walsh, "Esa mujer". Estaba muy orgulloso de eso. En enero de este año

224

–cenando con Patricio Contreras y Juan Cosín, como a menudo lo hacíamos– se acordó de esa interpretación. "Miren", dice, "las cosas que hacía yo en televisión: Walsh". Y lo dice como diciendo vean lo que tengo que hacer ahora, desde hace diez años más o menos. "Pero no importa", añadía. "Ahora la cosa es tener laburo." Alguna vez volverá la calidad. Como sea, él la lograba siempre. Todos recuerdan sus villanos televisivos, la excelencia actoral que ponía en ellos. Era fantástico Arturo. En Hollywood hubiera sido Robert Duvall. O Ed Harris. Un segundo que siempre es primero. Una estrella que raramente encabeza un *cast*, pero es una estrella.

Eduardo Mignogna –el lunes pasado, a propósito de *La fuga*– me dijo: "En la función de ayer la gente se puso de pie y aplaudió cuando salió Arturo". Lo querían. Era la primera de la noche de *La fuga* y lo aplauden dos veces a Maly: cuando sale su nombre en los créditos y cuando aparece. Se paran cuando aparece. No son muchos los que logran eso cuando se van de este mundo. Tanto lo querían. Era un villano y lo querían.

A este asiduo villano lo asediaba el tema del Mal. Lo llevaba en su apellido. Si le sacan la "y" a Maly, queda solamente y nada menos que Mal, el tema que asediaba a Arturo. Sabía mucho de historia alemana. Conocía a fondo, padeciéndolos, los horrores del nazismo. Eran alemanas las raíces familiares de Arturo. Un día llega y cuenta: "Hace tiempo estudié los nombres de todos los campos de concentración del nazismo. Hay uno que se llama Maly. ¿Se puede saber eso y no ser un trágico?". Siempre había algo de urgente, de inminente en Arturo. Como si lo corrieran. O como si escapara de algo. Era alegre, jodón, se reía mucho, comía y tomaba y contaba chistes, pero nunca parecía tranquilo del todo.

Durante el último año y medio nada le salió bien. Arturo era del Frepaso, era muy amigo de Chacho, jugaban juntos al tenis. "Sos la farándula de Chacho", solía decirle yo. Arturo (que luchaba por este país porque quería, alguna vez, vivir en él sin miedo) sufrió mucho por lo de Chacho. Sufrió por todo. Sufrió, paso a paso, el deterioro de un proyecto en el que había creído, o había deseado creer. "¿Te seguís viendo con Chacho?", pregunto. "No, ya no. Casi nunca. Está deprimido. Qué sé yo qué le pasa". Se ríe y dice: "Está como el país".

Desde hace un tiempo hacía una obra sobre desocupados: *Sinvergüenzas*. La de esa película inglesa, la de los tipos que se quedan sin laburo y hacen striptease. Quedarse sin laburo no sólo era lo que le pasaba a su personaje, era el más grande miedo que Arturo tenía. Para entendernos: Arturo era un gran actor, pero no un santo. Acaso viviera más allá de sus posibilidades y eso lo angustiaba mucho. Podría haber reducido gastos. Vender el coche. Cambiar de casa. No sé, algo así. Pero confiaba en que siempre habría de surgir algo. Sobre todo en televisión, claro. Donde tan sólidamente se había instalado, donde sus villanos parecían insustituibles. Pero no. Su muerte es consecuencia de la realización de su pesadilla más tenaz: Arturo Maly murió como un desocupado. Murió de tristeza porque su país –una vez más, peor aún que cuando se fue a Puerto Rico– dejó de alimentarlo.

Me lo dijo exactamente el 12 de mayo de este año, el 2001. Lo llamé por teléfono para invitarlo al estreno de *El amor y el espanto*, que era el 14. Estaba en cama. Hablaba como ronco, con una voz muy apagada, con un desaliento irrestañable. "Sí, voy a ir", me dijo. Y añadió: "Aquí, si no te ven, creen que estás enfermo y no te llaman más". "Pará, no es para tanto". "Oíme, querido", dice. "¿Sabés qué me pasó hoy? Me echaron de la tira". "No me jodas, no puede ser. Te darán algo nuevo". "Sí, de mucamo que dice el almuerzo está servido". Se detiene. Escucho, siento su respiración. "Quedate tranquilo. El lunes estoy ahí".

El lunes estaba. Estaba flaco, pálido y se cerraba el sobretodo sobre el pecho, sobre el cuello, como si tuviera frío. Fue la última vez que lo vi. No se cansaba de decirle a todo el mundo que estaba bien, que estaba sano, que no había tenido nada. Tenía sesenta y tres años. Un año atrás se había puesto unos pelos sobre la cabeza. Un injerto que se hizo en Brasil porque también sabía que ser pelado era un peligro, que podía perderlo todo por eso. Pero no lo perdió por eso. Zafó de la pelada, bastaron unos cuantos pelos que luego se peinaba como si fueran un tornado. Cuando se apareció por primera vez con el injerto semejaba un pájaro loco, loco y temeroso. "Tranquilo, Arturo. De la pelada zafaste". No zafó del corazón. Tuvo algo en enero, durante la gira de *Sinvergüenzas*. Le dijeron que no había sido nada. Que siguiera. Siguió. Y otra vez tuvo algo en mayo, en Rafaela. Otra vez le dijeron que no era nada. Otra vez le dijeron que siguiera, pero no pudo. "Me echaron de la tira", me dijo el viernes 11 de mayo. Se murió dos semanas después, el 25, el día de la patria. Algunos diarios titularon: "Se murió un gran actor". También podrían haber dicho: "Se murió un desocupado". Y también: "Se murió de argentinitis". Porque Arturo Maly se murió de eso. Lo mató el país.

Nosotros, el pueblo

Una de las consignas más asiduas de la dictadura fue: "Achicar el Estado es agrandar la Nación". Preparaban la economía de mercado. Ocurría, no obstante, que necesitaban, para hacerlo, al Estado en tanto instrumento de represión, de aquí que no pudieran desmantelarlo. Además, las fuerzas armadas son un estamento del Estado y esto les impide ser permeables totalmente a la idea de destruirlo y reemplazarlo por el mercado, esa panacea del neoliberalismo. Sin embargo, empezaron.

Fue una tarea conjunta. El equipo económico lanzaba al país a los brazos neoliberales y los militares hacían la tarea sucia de barrer con todas las resistencias que el país ofrecía. Así las cosas, el golpe del 24 de marzo de 1976 fue un golpe cívico-militar. No siempre se tiene esto en claro. No siempre, al menos, ocupa el primer plano del análisis. Se ha descargado la condena sobre los uniformados porque fueron ellos quienes *concretamente* mataron. Pero detrás de los militares estuvieron quienes Theodor Adorno llamó "asesinos de escritorio".

Vicente Muleiro (que es, en verdad, un admirable periodista) publicó el 18 de marzo pasado, en *Clarín*, una nota titulada "La conspiración de los civiles". También la tituló: "El golpe con traje y corbata". Había muchos nombres de civiles en esa nota. Todos ligados al pensamiento ultraliberal. Básicamente se formaron dos grupos: el grupo Perriaux y el grupo La Plata. Todos estos empresarios, hombres de negocios, accionistas de las grandes empresas, eso que brevemente se llama el *establishment*, estuvieron detrás de las bayonetas, alentándolas. Ellos son los que ganaron.

En el país murieron treinta mil personas, todos adversarios del modelo neoliberal que se implanta desde entonces. Seamos claros: aquí no murieron treinta mil guerrilleros. Aquí murieron sindicalistas, obreros, maestros, "profesores de todos los niveles de la enseñanza", jóvenes –desde luego– que habían optado por pertenecer a la guerrilla, psicoanalistas, filósofos, escritores, actores, periodistas (más de un centenar de ellos), militantes de superficie, jóvenes que alfabetizaban en las villas o pintaban casillas precarias, empresarios nacionales, etc. Infinita y trágicamente etcétera. Todo para "achicar el Estado y agrandar la Nación". Todo se hizo para dejar el campo yermo para el capitalismo de mercado. Y ellos ganaron. *Ganaron porque ya no tenemos un país, sino un mercado cautivo.*

La sensación de haber dejado de ser un país y ser solamente un mercado de capitales (ajenos) es difícil de expresar. No tenemos cara, nos la dibujan. No tenemos mercado interno, lo destrozaron. No tenemos industrias, las fundieron. No tenemos producción, somos importadores. No tenemos consumidores, tenemos hambrientos, desesperados o delincuentes (la nueva forma de la pobreza). No tenemos cultura, viene de afuera, sin mediaciones, torpemente, nos la imponen. Pronto no tendremos moneda, sino dólares.

Estamos llenos de politólogos sagaces, hombres que destinan sus días a explicarnos que es "esto o el caos". (¿Cómo? ¿Esto no es ya el caos?) Politólogos que se han jugado a fondo por López Murphy, que lo han pintado como el adalid de la sinceridad, del antipopulismo. Politólogos que se ríen de todo. De los políticos, de los sindicalistas y de una especie de tipos que desprecian hondamente y a quienes llaman "intelectuales progresistas", eternos tontos que siguen clamando imposibilidades. Mariano Grondona llegó al extremo (supongo que el chiste se le volverá en contra) de decir que López Murphy es de "centroizquierda" y su colega y aliado, lo acepte o no, James Nielsen, un politólogo que se exhibe fumando una pipa muy british y se enorgullece, con razón, de haber sido director del *Buenos Aires Herald*, se deshizo en elogios a la sinceridad, a la seriedad y autenticidad del hombre de FIEL. (El *Buenos Aires Herald* es un diario que luchó por los derechos humanos en la Argentina, derechos humanos cuya ignorancia, cuyo arrasamiento por las fuerzas armadas sirvió para que ahora el admirado López Murphy pueda ladrarnos su evangelio neoliberal desde todos los televisores. Tal vez Nielsen debiera pensar que la violación de esos derechos que defendió en el *Herald* fue la que posibilitó que hoy el hombre de los bigotes castrenses, ese sargento García torvo y ladrador, haya sido presentado como la salvación del país. Salvación que duró dos días.)

Pese a su escasa permanencia en el poder no debemos olvidar fácilmente a López M. La increíble ausencia de sensibilidad social y política de estos grupos económicos los lleva a los errores más disparatados. El señor López M. no sabía (indudablemente ignoraba) que hablaba al país en un momento en que estaba por cumplirse la fecha que se cumple hoy: 25 años del golpe de Videla y sus civiles. Así, se planta ante las cámaras y habla en tono cuartelero. *Desde Videla que no oíamos a nadie hablarnos así.* El hombre no sólo tiene cara de milico malo (muy malo: bigotazos, ceño fruncido, morrudo, la caricatura del típico policía sudamericano) sino que habla y gesticula como un milico malo. Al día siguiente... quinientos empresarios lo aplauden y hasta lo ovacionan. Ovacionan a un tipo que acaba de lanzar un ataque frontal contra las universidades, contra la educación, contra los castigados habitantes de este sufrido país en nombre del... *equilibrio fiscal*. Señores, la deuda de la Argentina la contrajeron ustedes (al resguardo del magnicidio militar), la estatizó Cavallo y ahora la pagamos nosotros. No es el populismo el que arruinó a este país, son ustedes. No tengo nada que rescatar del populismo, y nuestra clase política tiene debilidades y culpas inabarcables (la principal: someterse a ustedes y no representar al pueblo que la votó). Pero los que desangraron al país (humana y económicamente) son los que hoy amenazan con golpes de mercado, los que controlan ese chantaje cotidiano llamado "riesgo país", los que representan (en el país) los intereses de los grandes grupos económicos internacionales, todos ellos y también sus propagandistas intelectuales.

La breve permanencia de López M. en el poder sirvió –no obstante– para algo. El repudio fue tan unánime que una vieja voz se hizo sentir. La voz de eso que solíamos llamar "pueblo". Ante los rugidos del economista-milico se alzaron los estudiantes, los políticos, los sindicatos, los medios de comunicación, las asociaciones civiles, barriales. Todos, en suma. Fredi Storani previó esta reacción y renunció. Advirtió que para ser el ministro del Interior de ese plan económico debía no ser ya Fredi Storani, sino Freddy Krueger. De la Rúa se lo pidió: "Fredi, no te vayas. Algo vamos a tener que hacer con los estudiantes". Claro, romperles la cabeza. Molerlos a palos. Y no sólo a los estudiantes, a todos. Escuche, De la Rúa: para aplicar el plan de López Murphy usted no lo necesita a Fredi Storani como ministro del Interior, lo necesita a Albano Harguindeguy. Ese plan requiere ese nivel de represión. ¿Está dispuesto a buscarse un ministro como Albano Harguindeguy? Ahora lo tiene a Colombo, ¿está dispuesto a decirle "usted arme a la Policía hasta los dientes, transfórmela en un ejército y mate a quien sea porque necesitamos lograr el equilibrio fiscal"? ¿Cuántas vidas requiere el "equilibrio el fiscal"? ¿Vale la pena matar por eso? ¿Saben los economistas liberales que "esos" planes (los suyos) reclaman violencia, represión, en suma: muerte? ¿O están tan alejados de la realidad y tan cerca de los números que no piensan en cosas tan poco placenteras, tan poco técnicas y rigurosas?

El señor Nielsen (que acostumbra a divertirse con todos nosotros) se ríe de un concepto que surgió durante los últimos quince años: "la gente". Es cierto, ante el fracaso del populismo (no olvidemos que fue el populismo peronista de Menem el que arrasó la menguada soberanía del país y la puso a los pies de los banqueros) muchos dejaron de decir "el pueblo" y empezaron a decir "la gente". Ellos –los politólogos neoliberales– prefieren decir "la sociedad". Decir "la gente" es, acaso, un acto de pudor. El concepto de "pueblo" –además– ha sido horriblemente manoseado y bastardeado por la dictadura. Sin embargo, deberíamos empezar la búsqueda de cierta unidad, de cierta indignación compartida, de cierta defensa integral de nosotros mismos. Porque el plan de los banqueros no es sólo acabar con el país y transformarlo en un mercado cautivo de sus intereses, es acabar con nosotros. Ellos no son personas, no tienen suelo, son capitales en tránsito, ésa es su identidad. La nuestra es la de pertenecer a una tradición y a una geografía. Aquí es donde queremos trabajar, enseñar, hacer teatro, cine, periodismo, vender nuestros libros, amar y hasta morir. Para eso tenemos que volver a ser nosotros. Volver a ser el pueblo.[13]

---

13 A raíz de la marcha de los piqueteros hacia la Capital del domingo 28 de enero de 2002, Miguel Bonasso escribió una nota que llevó por título "La gente volvió a ser pueblo". Cito: "Los piqueteros de la FTV, conducidos por el voluminoso morocho que responde al nombre de Luis D'Elia, se alistan para una larga marcha de 38 kilómetros que recorrerán trotando, como una nueva maratón, en la que predominan los jóvenes y los niños, pero no se rezaga ningún viejo. Una maratón donde se irán reuniendo con los otros piqueteros de la Corriente Clasista y Combativa (...) y luego, ya en la Capital Federal, con las asambleas de los barrios. En una jubilosa agregación de multitudes que en la mañana aumentarán la población de la columna a unos 20 mil manifestantes. Pienso: 'la gente (esa anomia posmoderna) recuperó la categoría de pueblo'" (*Página/12*, 29/1/02).

Riesgoso país

Tiene que existir una lógica interna, un acuerdo profundo, una necesidad compartida entre la dictadura militar, el peronismo y el radicalismo para que Domingo Cavallo haya sido figura de los tres "proyectos de país" que esas fuerzas políticas propusieron. El pasaje de Cavallo por el escenario procesista fue breve pero decisivo: estatizó la deuda privada. O sea, transfirió al Estado las obligaciones financieras de las empresas. Así "surge" Cavallo: como un hombre que carga sobre los cansados y teóricamente desacreditados hombros del Estado miles y miles de dólares que aliviarán a los empresarios y debilitarán al país, tanto como para iniciar lo que ya ha concluido: el Estado no existe, las empresas sí.

Acaso Cavallo represente como nadie la muerte del bipartidismo. Se creyó que la Alianza venía a romper el bipartidismo. Pero no: hubo una purga interna en la Alianza (purga que determinó la exclusión del Frepaso) y de esa purga salió consolidado el viejo bipartidismo: este país que se reparten entre peronistas y radicales, fingiéndose unos campeones de la justicia social, otros de la democracia política. Cavallo liquida el bipartidismo no porque construya una fuerza política alternativa sino porque unifica a peronistas y radicales. Ya no son dos, son uno. ¿Cómo explicar si no que un superministro del peronismo (Cavallo-Menem) se transforme en super-ministro del radicalismo (Cavallo-De la Rúa)?

Hagamos algo de (breve) historia. Cuando De la Rúa lo pone a López Murphy cree asegurarse su relación con los mercados. Ya no habrá golpes de mercado para él. No compartirá la aciaga suerte de Alfonsín. López Murphy es un economista profesional que responde a la ideología de los economistas profesionales: sólo existe la economía. Era obsesiva en López M. la frase acerca de solucionar el déficit fiscal. Fue su bandera. Era la bandera de los suyos, los economistas de FIEL. Esa bandera revela que los economistas no tienen una visión totalizadora. Sólo "ven" números. La realidad es un paisaje macro en el que meramente entran los factores que determinarán el único equilibrio que anhelan. No el del país, no el de la sociedad en su conjunto, sino el equilibrio fiscal. De este modo, agreden a todos aquellos sectores que son, para ellos, superfluos: la educación, la cultura, el trabajo. (Con respecto a la relación entre los economistas y la cultura debemos señalar que es coherente lo que hacen. Un economista de FIEL se emociona acaso con tradicionales lecturas de Adam Smith, o con Hayek o con Friedman, y su acercamiento a lo filosófico llegará a Karl Popper y su bandera de la sociedad abierta, pero no más. No leen otros libros. No les interesa el teatro, ni el cine, ni la música. La vida tiene forma de números, su corazón palpita en la Bolsa y todo el resto es basura sentimental. ¿Cómo no habrían de agredir a la Universidad, a la educación, ponerle IVA al teatro, a los libros, a las entradas de cine?)

En este sentido la imagen tosca y cuartelera de López el breve fue paradigmática. Había llegado la hora de hacerle cumplir a este país con sus verdaderos compromisos, que no son internos, sino externos. Porque "eso" es el equilibrio fiscal: cumplir con los acreedores externos. Para "eso" hay que sacrificar lo interno. Es decir, para "eso" hay que reventar a los que viven aquí, en la interioridad del país: maestros, profesores, músicos, pequeños comerciantes, meros empleados, actores, escritores, médicos, etc. Cuando el "riesgo país" disminuye para los banqueros, aumenta para los habitantes de la Argentina. Ellos disminuyen el "riesgo país" haciendo de este país un lugar cada vez más riesgoso para vivir. De aquí que tantos se vayan.

Esta relación entre "riesgo país" y "país riesgoso" merece un desarrollo mayor. Cuando "ellos" (usted, que me lee, sabe a quién me refiero cuando digo "ellos") disminuyen el "riesgo país" y se serenan porque están más cerca de la utopía neoliberal del equilibrio fiscal, "nosotros" sabemos que el país se nos volverá más riesgoso, que mostrará su cara más impiadosa: falta de trabajo, recesión, inseguridad política, social y aumento de esa delincuencia que es el temido "estallido social" nuestro de cada día. Así las cosas, el tosco, frontal, antipático López M. cayó abruptamente. A los pocos días aparece Cavallo. Se lo ve sonriente, distendido, seguro, anda en mangas de camisa, parece un populista. Pero –le guste o no– ya no es el Cavallo de los noventa. La sociedad civil lo recibe con beneplácito porque enarbola un curioso razonamiento: "Cavallo nos metió en ésta, Cavallo nos va a sacar". No es tan fácil. El superministro de los noventa tenía un fuerte apoyo político. La economía es, siempre, economía política, algo que López M. y los suyos ni siquiera atisban comprender. Cavallo sí. Sorprende entonces su jovialidad. El primer Cavallo (el que lanza la convertibilidad) era un engranaje –sin duda poderoso– de la alianza liberal-peronista que significó el gobierno de Carlos Menem, quien, recordemos, se empeñaba en decir que detrás de Cavallo había una conducción política, con lo cual salvaba su orgullo y decía una verdad. Menem pudo (como líder del populismo peronista) sofocar la protesta sindical y manipular a las bases empobrecidas del país, esos lejanos hijos del Estado keynesiano peronista, quienes todavía esperan que el peronismo vuelva a ser peronista, algo que le da aire a los peronistas para desarrollar políticas antikeynesianas, opuestas a las del "primer peronismo", tal como lo hizo Menem y, haciéndolo, sostuvo políticamente a Cavallo.

Pero hoy, aquí, ahora, ¿quién sostiene políticamente a Cavallo? He aquí la gigantesca diferencia entre el Cavallo de los noventa y el Cavallo del dos mil. Hoy no lo tiene a Menem, lo tiene a De la Rúa. Es decir, está solo. Políticamente solo, ya que si existe en la Argentina un político incapaz de nuclear poder y respaldar un plan económico todos sabemos quién es: es ese señor que se escapa a Italia (aconsejado por un niño travieso y algo posmo tardío que responde al estrafalario nombre de Aíto) y se entrevista con Balbo, con Batistuta y con Valeria Mazza mientras el país se desliza hacia contradicciones insolubles.

¿Cuáles son las contradicciones insolubles? Cavallo, sin el apoyo político del pero-menemismo, va a fracasar. Está en el aire. Es su propio (excepcional) vértigo el que lo hace girar. Pero no le va a durar mucho. Ha dejado de ser un técnico y se acerca a ser algo insólito: un economista con eso que se llama "cintura política". Pero no tiene un partido detrás y él no podrá crear uno. Entre tanto, la Argentina tiene que pagar sus deudas externas y sólo imagina pagarlas sacrificando a sus castigados ciudadanos internos, con quienes también tiene una enorme deuda, pero quienes la tienen sin documentar y tienen (todavía) escaso poder social para reclamarla.

¿Qué harán? "Ellos" harán lo siguiente: rearmar el frente político neoliberal-peronista, única fórmula que puede imponer en el país el plan de sufrimiento, hambre y deculturación que piden los "mercados". Ese frente requiere tres elementos: 1) Ruckauf y el peronismo en lugar de De la Rúa y los sushis. 2) Extrema, poderosa militarización de la Policía.

3) Condiciones carcelarias despiadadas y cuasi campos de concentración en la provincia de Buenos Aires, que, no casualmente, el periodismo independiente ha denunciado en estos días. De este modo, en medio de este horizonte tenebroso, vivir aquí será para los argentinos un gran riesgo, y la lucha de todos deberá darse, no en base a un modelo de sustitución social, que por el momento es imposible, sino luchando por la preservación de la vida, por la alimentación, por los derechos humanos, por la cultura como vehículo de la denuncia. Nuestro horizonte de hoy acaso no sea suprimir la barbarie, pero sí, absolutamente, impedirle su despliegue impune.[14]

14 Interesa observar que "impedir" el despliegue "impune" de la barbarie es, en gran medida, "suprimirla", ya que la barbarie requiere la impunidad. Me refiero, claro, a la barbarie del tecnocapitalismo, que se disfraza de "civilización" y es más letal que todas las barbaries imaginables. Hoy mueren 55 niños por día en la Argentina. Y hay más de veinte suicidios diarios sólo en la provincia de Buenos Aires.

El "Plan de Operaciones" de Domingo Cavallo

Domingo Cavallo tiene el mismo problema que tenía Mariano Moreno: tiene un Estado deficitario y necesita recaudar fondos. De este modo, si Moreno –el 30 de agosto de 1810– presentó a la Junta de Mayo su *Plan de Operaciones que el gobierno provisional de las Provincias Unidas del Río de la Plata debe poner en práctica para consolidar la grande obra de nuestra libertad e independencia*, Cavallo –el 12 de julio de 2001, a tres días de la fecha de nuestra independencia– presentó a la sociedad argentina su –digamos– *Plan de Operaciones* para salvar la economía, para reducir tan drásticamente el déficit fiscal que éste llegará a cero. No es otra su consigna: déficit cero, dice. Aquí (ya aquí) algunos cavallistas se indignarán: "¡Estos *utópicos* de pluma ligera no tienen arreglo! ¡Ahora nos tiran con el maldito *Plan* de Moreno por la cabeza!". Pero, conjeturo, el jefe de los cavallistas, es decir, Cavallo, estará más que satisfecho: ¡cómo no va a gustarle la comparación con Moreno! ¿O no viene, también él, a salvar la patria? ¿O no tiene, también él, estatura y energía de prócer? ¿O no le aguarda, también a él, una majestuosa estatua en algún lugar céntrico de la ciudad?

Acaso diga (Cavallo) un reparo atenuador: Moreno, dirá, no tenía un déficit fiscal comparable al suyo. Habrá que responderle: es posible, pero Moreno necesitaba recaudar tanto como usted, ya que tenía urgencias irrestañables. Por ejemplo: librar una guerra independentista. Problema que (todos sabemos) Cavallo no tiene. Ni tendrá. Ni jamás ha pensado tener. Pero no ironicemos. No es necesario. Sólo, aquí, constatar lo que sigue: Moreno, como Cavallo, necesitaba recaudar. Sólo, entonces, analizar esto: qué propuso Moreno y qué propone Cavallo.

En el artículo 6º de su *Plan* Moreno desarrolla su proyecto económico, que gira en torno al Estado constituido en centro y motor de la economía. "El artículo 6º del *Plan* se divide en catorce puntos en los que se desarrollan los siguientes temas: centralización de la economía en la esfera estatal, confiscación de las grandes fortunas, nacionalización de las minas, trabas a las importaciones suntuarias, control estatal sobre el crédito y las divisas, explotación por el Estado de la riqueza mineral (...) La confiscación de las fortunas parasitarias surge como la primera medida a adoptar: 'Las fortunas agigantadas en pocos individuos (define Moreno), a proporción de lo grande de un Estado, no sólo son perniciosas, sino que sirven de ruina a la sociedad civil'. No queda entonces otro camino sino el de su inmediata confiscación: '¿Qué obstáculos deben impedir al gobierno, luego de consolidarse el Estado sobre bases fijas y estables, para no adoptar unas providencias que aun cuando parecen duras en una pequeña parte de individuos (...) aparecen después las ventajas públicas que resultan de la fomentación de las fábricas, artes, ingenios y demás establecimientos en favor del Estado y demás individuos que las ocupan en sus trabajos?'. En este texto hay un párrafo decisivo: Moreno admite que la realización de este plan económico tiene como condición de posibilidad la consolidación del Estado sobre bases fijas y estables. Anteponía, de este modo, con indudable sagacidad, la política a la economía, comprendiendo que no basta con idear un proyecto económico revolucionario, sino que es necesario generar el poder para imponerlo" (JPF, *Filosofía y nación*, Ariel, 1996).

Luego, Moreno explicita el tema de la confiscación de fortunas y la centralización estatal: "Se verá que una cantidad de doscientos o trescientos millones de pesos, puestos en el centro del Estado para la fomentación de las artes, agricultura, navegación, etc., producirá en pocos años un continente laborioso, instruido y virtuoso, sin necesidad de buscar exteriormente nada de lo que necesite para la conservación de sus habitantes, no hablando de aquellas manufacturas que, siendo como un vicio corrompido, son de un lujo excesivo e inútil" (*Plan de operaciones*).

Aquí Cavallo empezaría a inquietarse: si para ser un prócer y salvar la patria tiene que confiscar las fortunas parasitarias y prohibir las importaciones suntuarias nunca, pero nunca tendrá su estatua en la plaza histórica. De acuerdo, no hay que exigirle tanto. Moreno era un jacobino con propuestas "de máxima" y eso hoy está decididamente demodé. Ahora bien, oiga, Cavallo: si usted, para paliar el déficit fiscal, no quiere confiscar las grandes fortunas o prohibir las importaciones suntuarias o controlar el crédito, bien, es la lógica de los tiempos y usted no tiene por qué estar fuera de ella, pero, al menos, no les quite el dinero a los jubilados. Se dirá: ¡qué panfletario este tipo, no entiende nada! No: aquí todos entendemos y todos estamos hartos de que nos tomen por idiotas. El déficit fiscal no se arregla sacándole treinta pesos a un jubilado que recibe doscientos sesenta. Y esto es (no sólo esto, claro) lo que hace Cavallo. El jueves a la noche, en el programa de Grondona, le dicen que una señora llamó por teléfono y dijo que si le quitan treinta de los doscientos sesenta pesos que le dan la va a pasar mal. Y Cavallo –con sus grandes ojos claros y siempre brillantes– dice que todos "tenemos que poner lo nuestro". Que los legisladores y jueces de la Nación también lo harán. No hay ley que los obligue, claro. "¿Dependerá de su buena voluntad?", pregunta Grondona. "No", dice Cavallo, "Cuando los legisladores y los jueces vean que la gente es obligada a recibir menos, ellos también, por la presión de la gente, aceptarán los descuentos". O sea, a los jubilados se les impone la poda. Políticos y jueces tienen que "aceptarla". A un jubilado se le "impone" bajar de doscientos sesenta a doscientos treinta, a un político se le "sugerirá", pongamos, bajar de ocho mil a siete mil ochocientos, con suerte.

¿Qué haría Moreno que Cavallo no hará? Un par de cosas. 1) Reestatizaría el sistema de jubilaciones. Diría que el déficit fiscal, en buena medida, se debe a las AFJP. 2) Volvería a instaurar los aportes patronales, que, bajo la excusa de que aumentaría el desempleo, desligó a las grandes empresas de sus contribuciones al Estado. 3) Cobraría impuestos a las ganancias extraordinarias. 4) Suspendería de inmediato los aportes de los trabajadores a las AFJP. 5) Revisaría las privatizaciones. Concesión de autopistas. Servicios públicos. Le echaría una mirada severa al movimiento impositivo de algunos grandes supermercados. 6) Controlaría el acceso al crédito de quienes poseen fortunas parasitarias o incurren en importaciones suntuosas, a las que gravaría sin piedad.

Posiblemente envenenado, Moreno murió en alta mar, en un barco que lo llevaba a Inglaterra. Había fracasado. Fue un abogado joven y brillante, un jacobino urdido por un profundo desdén por el pueblo como sujeto de la política. Así, jamás logró consolidar las "bases fijas y estables" del Estado. Hecho curioso y triste a la vez, ya que había advertido –desde el plano teórico– que un plan económico es tan bueno como buena es la fuerza política capaz de imponerlo. Lo mismo pasa hoy en la Argentina. Es absurdo pedirle a Cavallo que confisque las grandes fortunas o –al menos– que cobre impuestos a las ganancias extraordinarias. O –¡al menos!– que revise las privatizaciones de las que surgen esas ganacias extraordinarias. 1) Cavallo pertenece a las grandes fortunas, él posee la suya. 2) Cavallo no va a revisar las privatizaciones: él fue parte esencial del gobierno que las realizó. Así las cosas, para solucionar el déficit fiscal sólo puede –coherentemente– hacer lo que hace: quitarles a los jubilados y pedirles a legisladores y jueces que hagan algún gesto *pour la galerie*. El resto le pertenece a la sociedad argentina. El resto es que nosotros (los que estamos hartos de que este país sólo nos muestre el doble rostro de la debilidad y la obsecuencia ante los poderosos y el abuso con los débiles) pensemos en el *Plan* de Moreno y en el único y grave problema que hoy presenta: cómo forjar el poder político para imponerlo.

Situación: La idea de forjar el poder político para imponer un plan asomaba fuertemente en estos textos y ocurría porque en la realidad social empezaban a asomar posibilidades o –al menos– climas para la protesta. El texto "El día que casi me olvido de votar"* (que, en última instancia, algo violenta y anárquicamente decía "para qué voy a acordarme de votar si con eso no se arregla nada") concluía con una afirmación abofeteante: *convendría que nos enojáramos más y no sólo los días en que se vota*, es decir, convendría que fuéramos más allá del voto-bronca o del voto–"Clemente". Subyacía a estas postulaciones otra de carácter organizativo: habría que volver, alguna vez, a salir a la calle, a peticionar allí, en el ámbito público, siendo muchos, haciendo ruido, arriesgándonos "más allá" de la serenidad del hogar. De aquí la necesariedad del texto que sigue, escrito a raíz de los movimientos antiglobalización y para preguntar a nuestros humillados compatriotas: y nosotros, ¿cuándo? ¿O los palos de la policía duelen más aquí que en Washington?

* En este mismo volumen, pp. 247-251.

Salir a la calle

A partir de los ochenta comienza a publicarse en Francia una summa historiográfica que lleva por título *Historia de la vida privada*. Fue un perfecto símbolo de los tiempos. La historia se recluía, buscaba la calma y el silencio de lo secreto. En el tomo VII de la edición española (Taurus, 1989), Michelle Perrot, una historiadora de la Universidad de París y acaso la más lúcida expositora de las causas del proyecto, decía que esta nueva historia se había tornado posible "en virtud de un vuelco del orden de las cosas". Así, lo privado ha dejado de ser "una zona maldita, prohibida y oscura". Y sigue Perrot: "A la masificación creciente de las ideologías, de los discursos y de las prácticas que había marcado, en todos los dominios de la economía, la política y la moral, el primer siglo XX, ha venido a suceder al contrario la exaltación de los particularismos y las diferencias (...) Los procesos de sectorización, de disociación, de diseminación, parecen hallarse por todas partes en plena actividad" (p. 9). En verdad, lo que se hallaba en todas partes en plena actividad triunfal era la democracia neoliberal de mercado. El concepto político del pluralismo exigía la extinción de todo saber totalizador. Muere lo público y surge lo privado. Mueren los escritores comprometidos, los intelectuales que buscan unir su praxis de gabinete con las turbulencias sociales.

Retorna la torre de marfil. Los escritores se vuelven secretos y si hablan sólo hablan de literatura, de libros que remiten a libros, discursos a discursos, teorías a teorías.

Esa *muerte de lo social* en el ámbito de la cultura acompañó y favoreció el despliegue del capitalismo de mercado. No sólo murió la idea del intelectual sartreano, sino que murió, sobre todo, el concepto de totalidad, que se asimiló al de totalitarismo. Es sencillo comprobar que toda acción destinada a incidir sobre la realidad contiene elementos de necesaria totalización. Toda praxis requiere la complementación de lo privado y lo público. Un conocimiento diseminado, desagregado, particularizado, jamás me permitirá *comprender* la historia. Salvo que yo considere que ya no hay nada que comprender, que la historia ya ha sido resuelta y comprendida de una vez para siempre y que llegó la hora de mandar a todo el mundo a su casa. Y escribir otra historia. Ésa, la privada.

Con gran torpeza, quienes se alzaron en contra de la dialéctica totalizadora del socialismo acabaron creando un nuevo concepto de totalidad: el de globalización. El concepto de globalización se opone a toda teoría de la democracia, que requiere de lo plural, de lo distinto para existir. ¿Adónde llevó todo ese andamiaje conceptual del posmodernismo o del capitalismo tardío? A la globalización impuesta por los grandes organismos financieros del capital de mercado. El Fondo Monetario Internacional, el Banco Mundial o la Organización Mundial de Comercio, son los sujetos de la historia. Hoy, ellos hacen la historia, no los pueblos, como alguna vez se dijo. No obstante, la historia es cambiante. No cambia en la dirección de nuestros deseos como, lejanamente, alguna vez se creyó. Pero, al menos, está comenzando a salir del ámbito privado en que el neoliberalismo la había contenido. Por de pronto, hace un par de días catorce mil personas salieron a la calle en Washington para oponerle al FMI otra concepción del mundo. Dejaron de creer en la primacía del ámbito privado y ganaron los espacios públicos. Dejaron de creer en la diseminación, en la sectorización y en la disociación y se unieron. Decidieron oponerle a la globalidad de la dominación financiera la globalidad de la militancia, esa vieja y desprestigiada palabra.

¿Qué busca esta gente? ¿Por qué los aparentemente satisfechos del Norte enfrentan a la policía para que disminuyan las políticas de ajuste en el Sur? Una primera interpretación dice que están manejados por sindicatos norteamericanos. Sería así: si en el Sur las empresas tienen mano de obra excesivamente barata terminarán por emigrar allí y los obreros del Norte padecerán desocupación. Se trata de la interpretación proteccionista. Algo de cierto ha de tener. Pero hay algo más. Los que manifestaron en Washington contra el Fondo son militantes antinucleares, ecologistas, estudiantes, defensores de los derechos humanos. Gente que cree que estas causas, hoy, son pisoteadas por el capitalismo de mercado. No son tontos. Tienen una visión totalizadora de la historia y la política. *Luchan contra una dominación mundial.* Desde este punto de vista, luchan por nosotros. Sus objetivos políticos (no su situación económica) son los nuestros o son los que nosotros deberíamos enarbolar y defender en el ámbito público. Tienen una implacable lucidez. Dicen: durante la Guerra Fría, el Pentágono y la CIA dominaron el mundo. Hoy lo dominan las corporaciones financieras.

Entre tanto, desde aquí, somos testigos y no protagonistas de la historia. ¿No resulta incómodo (para nuestra conciencia moral) que esos fragorosos manifestantes callejeros de Washington sean molidos a palos en tanto nosotros todavía pensamos si ha llegado o no la hora de abandonar la primacía de lo privado, de los intelectuales secretos, del silencio? ¿No resulta incómodo que la hegemonía de la protesta caiga en manos de un sindicalismo desprestigiado por diez años de silencio ante el feroz ataque del menemismo a la justicia social? ¿No resulta un poco patética la *combatividad actual* de, pongamos, Saúl Ubaldini? ¿No resulta absolutamente patética y arcaica la no combatividad de los civiles argentinos? ¿O aquí los bastonazos de la policía duelen más que en Washington? Tal vez sí, pero no debería importar tanto.

El día en que casi me olvido de votar

Eran las 4.30 de la tarde. Estaba con mi mujer mirando por la ventana y comiendo algunas facturas domingueras. Vemos gente que pasa, que camina por ahí, mirando un poco al piso, no sólo por tristeza sino para no pisar caca de perro, atroz amenaza que Buenos Aires depara obstinadamente a sus habitantes. Curioso, le pregunto: "¿Adónde van?". Y recuerdo una anécdota de mi amigo Tito Cossa: estaba en una playa, sentado, tomando algo de brisa y algo de sol y mirando hacia la orillita. Ve a unos cuantos cincuentones corriendo como suelen correr por ahí, por la orillita, eso que le dicen aerobismo o qué sé yo y que parece que si lo hacés no te morís del bobo, algo así. Entonces Tito, reflexivo, hondo, acaso mirándolos compasivamente se pregunta: "¿Adónde van?". Eso le pregunté a mi mujer el domingo a las 4.30 en tanto miraba a los habitantes que iban hacia algún lugar de Buenos Aires, evitando, como casi siempre logran, pisar la caca de los perritos, aunque no siempre lo logran y cuando así ocurre putean bajito pero resignados y se limpian la suela en el cordón; iban, decía, estos ciudadanos hacia algún lado y yo le pregunto a mi mujer hacia dónde y ella me dice: "Boludo, hoy se vota". Dicho y hecho. Dejamos las facturas domingueras y nos fuimos a votar.

O sea, el hecho teórico que extraeremos de la anterior breve y tal vez expresiva narración es el siguiente: casi me olvido de las elecciones. Como sea, fui y voté. Algún curioso lector de estas líneas querrá saber por quién. Saludable costumbre que todos tenemos. Todos preguntamos a todo amigo que se nos cruza durante los días eleccionarios: "¿Por quién vas a votar?". Y después: "¿Por quién votaste?". En esta votación hubo un hecho señalable: por cualquiera que uno votara o por cualquiera que uno no votara estaba todo mal. Si votabas en blanco favorecías a alguien que no querías votar. Si anulabas, lo mismo. Si te quedabas en casa, también. Todo voto o ausencia de voto tenía una lectura política y sumaba. No había manera de escaparse. Todos los genios de la mecánica electoral te indicaron durante los días previos que todo voto-raje, todo voto-no-me-jodan o todo voto me-importa-un-joraca o todo voto sigan-sin-mí-y-hagan-lo-que-quieran tenía un clarísimo indicativo electoral. O sea, hicieras lo que hicieses estabas favoreciendo a alguien. De aquí que muchos hayan elegido poner una imagen en su boleta, la cara de alguien, humano o animal, vegetal no, acaso algún ecologista haya puesto una madreselva. No sé. Volveremos sobre esto.

A quién voté, decía. Bien, es la hora de la sinceridad. Pido no me cosifiquen en mi voto, ya que los que tenemos la suerte de escribir en los medios votamos todo el tiempo. Sigo. La sinceridad, decía. Ahí va: no voté en blanco, no impugné. Pensaba (fue un ramalazo, digamos) poner un pedacito de papel higiénico en la boleta. Pero no. Pensé entonces en esa relación (tan de la política argentina) entre lo posible y lo imposible. Todo político –antes de llegar al Poder– nos dice que un montón de cosas son posibles, después (cuando llega) nos dice que no, que no son posibles, que "otras" son posibles (esas otras suelen coincidir exactamente con lo que nosotros no queríamos) y que son esas "otras" las que serán realizadas. Entonces: ¿para qué votar lo posible si lo posible siempre se transforma en "otro posible" que no es el posible que nos gustaba? Digamos que el "progresismo" ha encarnado esta figura de lo "posible". Siempre hubo un candidato sensato, bueno, progre, que no deliraba y que sabría luchar por las causas buenas de la gente buena. Bien, eso se acabó. La Alianza tuvo el enorme mérito histórico de haber terminado para siempre con el "progresismo" en la Argentina. No es poco. Algo ha hecho. Pasará a la historia por eso. Se verán en los futuros libros de texto de este país fotos de De la Rúa y los suyos y abajo se leerá: "Supieron terminar con el progresismo argentino". Ya tiene su lugar el llamado Luis XXXII en toda conceptualización seria de nuestra historia. No es poco. Bien, sigo: a quién vote, decía. Si lo posible es lo imposible porque se transforma en otro posible que es la negación del posible que yo quería, ¿por qué no votar lo imposible? Lo imposible es la izquierda. Así fue cómo voté a la izquierda. Porque estoy de acuerdo con todo lo que proponen. Proponen lo imposible. Pero alguien tiene que hacer eso, supongo. Alguien tiene que recordar esa pintada del Mayo francés: "Seamos realistas, pidamos lo imposible". La izquierda dice dos o tres cosas sencillas y verdaderas: "No pagar la deuda". Y también: "Ajustar a los ricos, no a los pobres". Y bueno, uno está de acuerdo con eso. No sabe cómo diablos se va a hacer. Sobre todo porque este pueblo querido en medio del cual estamos le tiene tal pavura a la izquierda que parecería fuera la izquierda la que mató treinta mil personas y no la derecha. Y también porque la izquierda no tiene aparato ni sabe muy bien cómo comunicarse con la ciudadanía, ya que también ha dado la permanente sensación de no saber cómo comunicarse entre sí. Pero es así y punto. Por lo menos dicen dos cosas que son verdaderas: no pagarles a los yankis y sacarles la guita a Amalita o a Macri o (no hay que olvidar este detalle) conseguir que la devuelvan Menem y su dilatada, interminable gang. En suma, voté a Patricia y la voté porque además se llama Walsh y porque Rodolfo Walsh es una de las pocas grandes y hermosas personas que han caminado sobre esta tierra de desdichas y desengaños.

Ahora que se sabe por quién voté me dedico a algo acaso más importante. ¿Qué metió la gente en las boletas? Un señor de Quilmes metió la foto de un perrito. Ese voto dice: basta de veredas con caca, ocúpense de los perritos y si se ocupan de ellos harán menos caca en las veredas. Otros metieron otras cosas o no metieron nada. Pero en Córdoba hubo un voto-amenaza. Corrijo, no uno, cincuenta. Cincuenta tipos metieron en su boleta una foto de Osama bin Laden. Las "lecturas" de este voto son infinitas. Pero no evitemos sugerir algunas. Todas ellas dirigidas a la clase política. Son las siguientes: 1) o hacen las cosas bien o se viene Osama; 2) o dejan de afanar o les volteamos las torres donde tienen sus dúplex; 3) ya que el dios por el que juran jamás les ha demandado nada posiblemente algún otro dios, el dios musulmán, les demande lo que el dios cristiano no; 4) no es el Gran Hermano el que "os vigila". Os vigila Osama, cuyos "reality shows" tienen más rating.

Para terminar: las clases políticas se han transformado en "oligarquías políticas". Han hecho de la política un asunto "privado". No representan a nadie, salvo a sí mismas. Esto lo ha dicho un filósofo griego que se llama Cornelius Castoriadis y lo dijo en un texto al que expresivamente llamó: *¿Qué democracia?* O sea, ¿de qué democracia me hablan? Y otro pensador, un notable pensador argentino, José Nun, tituló uno de sus libros: *Democracia, ¿gobierno del pueblo o gobierno de los políticos?* Muchos lo han sabido y lo han dicho en estas elecciones: la democracia, hoy, aquí, en esta Argentina

donde todo es riesgoso, también está en riesgo, ya que, tristemente, se ha transformado en el "gobierno de los políticos",
no en el del pueblo, como debería ser y como posiblemente
será si nos animamos a enojarnos un poco más. No sólo los
días en que se vota.

El águila y la mosca

Probablemente la frase sea de Napoleón. Los grandes de la Historia suelen decir grandes frases, frases sonoras; encuentran en ese matiz otro de los rostros de su propia grandeza. Y, al cabo, el hombre que ha dicho la frase (el hombre que ha dicho: "Las águilas no cazan moscas") se asume como discípulo o continuador o (a esta altura de su megalomanía) continuador-superador de otro grande amigo de las grandes frases: Perón. Que solía, por ejemplo, decir: "Como dijo Licurgo: en la lucha en que se disputan los destinos de Esparta sólo dos cosas son imperdonables: estar en los dos bandos o no estar en ninguno". Así, el hombre que ha dicho la frase se siente Napoleón, se siente Perón y, cómo no, hasta se siente Licurgo.

Que se cree Napoleón ya lo sabíamos, pues el hombre que ha dicho la frase estuvo, hasta hace muy poco tiempo, preso y ahí, preso, se paseaba por unos jardines leyendo una biografía de Napoleón con el propósito de que lo vieran los periodistas y advirtieran que quien estaba preso no sólo era él, sino también el ilustre detenido de Santa Elena. (Analicemos, brevemente, el siguiente hecho: que el hombre de la frase se sintiera Napoleón. No cualquiera se siente Napoleón. Hay que tener una alta estima de sí mismo o hay que estar, sencillamente, algo piantado, ya que –es un dato fácilmente verificable– la mayoría de las personas que se sienten Napoleón habitan el Borda.)

Como sea, el Napoleón, no de Santa Elena sino de la quinta de Gostanián, ahora está libre como, sí, las águilas, y ha identificado a la libertad con el arte de volar. Desde sus alturas desdeña a todos. O, al menos, a todos aquellos que intentan oponérsele o dicen cosas que no son de su agrado. A estos bajos seres los califica de "moscas". Y tanto los desdeña que ni se propone cazarlos. O sea, ni se propone enlodarse con ellos, polemizar o meramente responderles porque (y ésta es la frase del hombre de la frase) "las águilas no cazan moscas", ha dicho y seguirá diciendo. En tanto, algunos miembros de la comunidad nacional (ciudadanos comunes, por decirlo así), a quienes el águila llama –no sin razón– la "gilada", se han largado a decir que "Carlitos sabía gobernar", "Carlitos tenía autoridad" o "Carlitos nos metió en ésta y él nos va a sacar". Porque, cariñosamente, llaman "Carlitos" al águila. Acaso como le decían "Pocho" a Perón o "Napo" a Napoleón, dato, este último, que, para ser sincero, no he verificado.

Como sea, aquí está. El águila anda suelta. Y hasta lo ha recibido su sucesor, a quien le dicen, no águila, sino "chupete", que suena tierno, algo infantil y poco guerrero. Ya veremos qué nombre se pone el anfitrión del águila cuando se califique a sí mismo. Cosa que no ha hecho. Sólo ha reclamado para sí la honorable y hasta heroica condición de "bombero", que tanto dignificó Steve McQueen en *Infierno en la torre*.[15] Así, el águila y el bombero se han reunido y dicho una serie de cosas para, suponen, tranquilizar al país. Y el águila volvió a decir su frase. Salió de la reunión con el bombero y –entre otras

---

15 Durante los días en que el águila lo visitó, su anfitrión, a quien sólo le restaba una semana de gobierno, declaraba: "Tengo que vivir apagando incendios".

muchas otras cosas que dijo– volvió a decir: "Las águilas no cazan moscas". Relacionemos, ante su insistencia, a estos dos seres de la creación: el águila y la mosca. El hombre de la frase acaso no ha reflexionado que el águila es un ave de rapiña y que, la sociedad, a él, lo acusa exactamente de eso, no de ser un águila sino de rapiñarse todo el país que hoy no tenemos. Acaso tampoco ha pensado que, si bien las águilas no cazan moscas, las aves de rapiña –cuando están en el Gobierno y disponen a su antojo de las riquezas del país para enajenarlas o enajenárselas– se quedan, no con las moscas, sino con una mosca, con la gran mosca: con "la" Mosca. Eso que hoy le falta al país, eso que no tenemos su habitantes, eso que tristemente y en el modo supremo de la humillación le pedimos al Fondo: mosca, mosca, mosca. Porque el águila tuvo muchas águilas amigas, llenó el Poder de águilas, y ninguna de esas águilas perdió el tiempo en cazar moscas, pero "la" Mosca se la llevaron toda.[16]

Situación: El texto que sigue tal vez exprese uno de los momentos de mayor profundidad del abismo argentino. Fue escrito para agredir la conciencia de nuestros ciudadanos, con todo el propósito de poner en claro, en evidencia la humillación que transitábamos. No asoma en él ninguna esperanza y la utilización, como remate, del magnífico texto de Andrés

---

[16] A raíz de este texto recibí uno de Fermín Chávez que dice: "Distinguido colega: estas líneas comportan mis felicitaciones por dos textos suyos publicados últimamente: 'El águila y la mosca' y 'El dedo en el culo'. Como una parva colaboración mía, me permito decirle que el dicho 'Las águilas no cazan moscas' no pertenece a Napoleón, sino que viene de la época romana, y bajo la forma *Aquila non capit muscas*. Así la conocí en mis días de estudiante de lengua latina". Sin duda Chávez ha de tener razón, sólo que (creo) el doctor Menem no conoce el dicho por su cultura latina sino porque –insisto– lo encontró en la biografía sobre Napoleón que leía durante su lujoso cautiverio. Acaso Napoleón se lo haya apropiado de una fuente más directa.

Rivera buscó lacerar un orgullo tan lastimado que ya casi parecía inexistente. Cuatro días después se produjo el cacerolazo del miércoles 19 de diciembre. Calma: que nadie crea que he enloquecido. Ni por asomo este texto produjo el cacerolazo. Pero (sé) contribuyó a que la paciencia de los sufridos y saqueados habitantes disminuyera en algo, y disminuyó para posibilitar el copamiento del espacio público. Un par de semanas después –en una asamblea popular en Parque Centenario– una de mis hijas, que ahí estaba, me cuenta que se le acerca un militante y, sin más, le dice: "Decile a tu viejo que nosotros nos empezamos a organizar en el barrio tres días después de haber leído 'El dedo en el culo'".

El dedo en el culo

Hay un chiste. Se le atribuye a un proctólogo gallego. Pero no. Aquí se lo vamos a atribuir a un proctólogo argentino, pues creemos (e intentamos demostrarlo en una nota titulada "Los gallegos somos nosotros",* que despertó las airadas protestas de muchos "patriotas") que los chistes de gallegos son, en verdad, chistes autorreferenciales de argentinos. Nada nos ha retratado mejor que los chistes de gallegos: nos hemos espejado en ellos, hemos hablado descarnadamente de nosotros; tanto, que tuvimos que decir –cobardemente– que no éramos nosotros sino otros, los gallegos. Es decir, el chiste que voy a contar trata de un proctólogo argentino. Un proctólogo, según se sabe, es un médico que suele tener un trato irremediablemente directo, acaso íntimo, con el, por decirlo con suavidad, ano de su paciente. En suma, le mete el dedo en el culo. El proctólogo del chiste (por celo profesional, por inseguridad o de puro bruto nomás) le ponía dos. El chiste, entonces, se cuenta así: "Era un proctólogo que en lugar de un dedo en el culo te ponía dos. Porque quería tener una segunda

---

* En este mismo volumen, pp. 194-198.

opinión". Pensé mucho en este chiste cuando lo vi a Menem en la Casa Rosada, ahí, con De la Rúa. Pensé: "De la Rúa lo llamó porque quería una segunda opinión". Porque Menem en la Rosada, sonriente, ganador, invitado por el Gobierno que había llegado a destronarlo y hasta a meterlo preso luego de crear una "Conadep de la corrupción", Menem diciendo sus frases, sus recetas, pontificando, jugándola de águila, era (casi) el único dedo en el culo que nos faltaba.

Ya no nos falta. Ya nos lo metieron. De la Rúa y Menem, dos opiniones. Dos dedos bien metidos donde ya hemos dicho, donde ya sabemos, donde ya –trágicamente– casi nos hemos acostumbrado y resignado a que nos los metan. Porque pareciera que las cosas son así: los políticos se han transformado en proctólogos y nosotros en culos injuriados. ¿Qué se puede hacer? En principio, correrse un poco. O sea, apartar el culo. O sea, apartarse de los políticos porque ellos hace tiempo que se han apartado de nosotros, hace tiempo que han privatizado la política. Veamos esta cuestión.

La escena es ésa: De la Rúa y Menem se han reunido. ¿Qué sabemos de esa reunión? Nada. O sólo aquello que ellos dirán. Sólo aquello que ellos querrán que sepamos. Y es lo único que habremos de saber, ya que la reunión ha sido privada. Porque así es la política: transcurre en el ámbito privado. Se ha privatizado. Esta "privatización" de la política es la negación de la verdadera democracia. Voy a recurrir a un notable texto del filósofo Cornelius Castoriadis, quien, pese a no utilizar conceptos como el de "dedo en el culo", es casi tan serio como yo. A propósito de la "privatización de la política", dice Castoriadis: "Una de las muchas razones por las que resulta irrisorio hablar de 'democracia' en las sociedades occidentales de hoy es que en ellas la esfera 'pública' es en realidad privada (...) Y lo es en primer lugar porque las decisiones importantes se toman a puerta cerrada, en los pasillos o en los lugares de encuentro de los gobernantes" (*Figuras de lo pensable*, FCE). Y sigue: "Así pues observamos que la 'democracia' actual es todo lo que se quiera menos una democracia, pues en realidad la esfera pública/pública es 'privada', es propiedad de la oligarquía política".

La "privatización de la política" ha transformado a la clase política en oligarquía política. La clase política ya no "representa" al pueblo, sino a sí misma. ¿Cómo no habría de resolver sus cuestiones en la privacidad de los salones del poder? Ha muerto el *demos*, y ha muerto por la traslación de un concepto de la economía a la política: el de privatización. Luego de privatizarlo todo (luego de poner el país político a los pies del país económico) la política se ha privatizado a sí misma, resultado lógico de ese proceso. ¿Cómo no habría de privarse del pueblo una clase que se ha entregado a los poderes fácticos de la economía? Así, privatizándose, los políticos se "privan" del pueblo, o "privan" al pueblo de los políticos, traicionándolo, porque habían llegado al poder por la voluntad electoral del pueblo y para representarlo. "Privatizarse del pueblo" significa entregarse al poder económico. En verdad, esta clase política "privatizada" representa ahora, no al pueblo, sino al poder económico ante el pueblo.

El drama de estos días, no obstante, está en otra parte. Porque ya sabemos esas cosas: que la política se ha privatizado deviniendo "oligarquía política" y negando el sentido profundo de la democracia. Ya sabemos, con José Nun, que la democracia ha pasado de ser el "gobierno del pueblo" a ser el "gobierno de los políticos". (Para servir, añadamos aquí, los intereses de los banqueros.) Lo sorprendente es la apatía, la paciencia infinita, el conformismo casi fatalista del "pueblo". De una parte del pueblo. Porque nosotros no somos "nosotros", no somos "los argentinos". Por decirlo claramente: no existen "los argentinos". Cuando yo escribo "nosotros" no me refiero a "los argentinos", sino a las víctimas del poder financiero-político que nos domina. Porque una cosa es el argentino que pone el dedo y otra el argentino que pone el culo. Un piquetero y, pongamos, el banquero Escasany no son parte de una totalidad a la que podríamos llamar "los argentinos". No, ésa es la receta de Aguinis. O del inefable Bucay. El negocio de la primera persona del plural: "nosotros, los argentinos". "Atrozmente encantadores", según Aguinis. "Autodependientes", según Bucay (el inefable). No, "los argentinos" –insisto– no existen. Existe una sociedad tramada por conflictos dramáticos, cercanos ya a la violencia desesperada. Existen barrios privados y villas hambrientas, countries y mendigos, intelectuales e ignorantes endémicos condenados desde el inicio, políticos privatistas, oligarquizados, y una clase media absorta, vejada, que mira la reunión "cumbre" de Menem y De la Rúa y sabe que "ellos" no son "ella". Que De la Rúa es un dedo y Menen otro; la primera y la segunda opinión. Y que las dos opiniones dicen: "Ustedes se mueren, tienen que morirse, este país no puede darse ya el lujo de una clase media, se acabó lo que se daba". Lo alarmante –a esta altura de los acontecimientos– es que esa clase media siga en la apatía. O peor: que proteste contra los que protestan. Porque el "argentimedio" se enoja con la protesta. Le estorba la protesta. "Otra vez cortaron esta calle", ésta es su protesta. "El centro es un despelote" (protesta). "Están los sindicatos. O están los maestros. O están los jubilados". O están los estudiantes, quienes, recordemos, "tienen que estudiar y dejarse de joder". Ésta es la protesta del argentimedio: protesta contra los que protestan contra un modelo que fatalmente habrá de devorarlo a él con tanta impiedad como ya devoró al desocupado de la villa, al mendigo a quien le niega una moneda o se la entrega con desdén. "Jamás voy a ser como ése". Vea, empiece a mirarlo mejor: acaso ése sea su rostro del futuro. Ya tiene "dos" opiniones, ¿cuántas más necesita?

JOSÉ PABLO FEINMANN

¿Se puede hacer algo? Por supuesto. "Hay (escribe Pasquini Durán) numerosas formas de lucha, además del paro y
del mitin en Plaza de Mayo: la desobediencia civil, el boicot,
el amparo judicial, el acoso a diputados y senadores, desde la
entrevista personal al correo electrónico, los graffiti, la agitación 'relámpago', la procesión religiosa, la fiesta popular" (*Pá-
gina/12*, 11/12/01). Y se pueden inventar más. Y si no, si no
se hace nada, si se acepta la primera, la segunda, la tercera y
todas las otras opiniones, todos, por decirlo claro, los dedos
en el culo de los proctólogos que nos gobiernan, entonces habrá
que reflexionar sobre una frase despiadada que Andrés Rivera,
en su novela *El farmer*, pone en boca de Juan Manuel de Rosas:
"Demoré una vida en reconocer la más simple y pura de las verdades patrióticas: quien gobierne podrá contar, siempre, con la
cobardía incondicional de los argentinos".

Continuidades

A partir de 1965 empiezan a llegar a nuestro país los textos de Louis Althusser y quienes eran entonces sus discípulos; sobre todo, acaso los más brillantes, Jacques Rancière y Étienne Balibar. Althusser se empeñaba en mostrar que, a partir de Marx, se establecía una ruptura epistemológica en la filosofía y que esa ruptura era la que Marx establecía con Hegel. Uno de los aspectos centrales de la misma se relacionaba con la concepción de la historia. Para Marx, decía Althusser, la historia ya no era, como en Hegel, expresión de una "continuidad sustancial". Este quiebre de la linealidad de la historia fue fundamental en las filosofías postestructuralistas y también en las posmodernas, que fragmentaron lo histórico, lo hicieron estallar en innumerables fragmentos en los que se expresaba un sentido que era, de este modo, la negación del sentido único. En suma, la "continuidad sustancial" hegeliana (un tiempo lineal y un sentido único que se desplegaba inmanente en la historia) fue negada por todas las filosofías post y esa negación fue uno de sus logros más ricos. También en el arte y en la literatura.

Esto viene a raíz de la siguiente certeza, de la siguiente verificación: en la historia argentina (desde 1976 en adelante) hay una linealidad, un sentido único, una continuidad sustancial.

Este hecho es verificable empíricamente. Este hecho es la derrota actual de la sociedad argentina. Esa "continuidad" no quebrada explica el abismo al que se asoma el país durante los días
que corren. Esa "continuidad", ese "sentido único" fue establecido por la dictadura militar por medio del terror y no ha
sido quebrado ni alterado ni fragmentado aún. Impera sobre
nuestra sociedad. ¿Cuál es?

En la *Carta de un escritor a la Junta Militar* del 24 de
marzo de 1977 (a un año de establecido el poder militar)
Walsh establece dos instancias: 1) el terror, la represión absoluta, racional, planificada; 2) el "plan económico" para cuyo
sustento, para cuya posibilitación y despliegue ese terror se
ha implantado. Bien, digámoslo ya: ese "plan económico" es
la continuidad sustancial de la historia argentina a través de
estos veinticinco años y su figura más emblemática es nuestro
actual ministro de Economía, que fue funcionario de la dictadura, del menemismo y del actual radicalismo.

Walsh dice (luego de describir con una precisión escalofriante los horrores de la Junta) que esos horrores no son los
peores a que el poder militar ha sometido al pueblo sino que
el peor es el horror de la "miseria planificada", que se cobra
más víctimas que la represión. O sea, el horror represivo se ha
desencadenado sobre la sociedad para posibilitar un horror
aún peor: el horror que se establece desde la esfera económica,
el horror de la economía, el horror de la "miseria planificada".
Cito: "En la política económica de ese gobierno debe buscarse no sólo la explicación de sus crímenes sino una atrocidad
mayor que castiga a millones de seres humanos con la miseria
planificada". La "miseria" que describe Walsh bajo la Junta
encuentra su cifra perfecta en la tasa de desocupación, la cual,
dice Walsh, se ha elevado "al récord del nueve por ciento".
Como vemos, la "continuidad sustancial" de nuestra historia ha consistido en ahondar algunas de sus características.

Ya que no se ha tratado de la continuidad del nueve por ciento. Esa continuidad nos mantendría hoy en el mismo porcentaje y no en el abominable cuasi veinte por ciento en que estamos. En suma, la "continuidad" es la de la miseria planificada pero esa "continuidad" se ha dado en el modo del acrecentamiento. La "miseria planificada" es expansiva: cada vez abarca a más argentinos. La miseria hace metástasis.

Walsh señala luego (abre con este tema el punto sexto de su carta) quiénes son los que imponen esa política económica: "Dictada por el Fondo Monetario Internacional según una receta que se aplica indistintamente al Zaire o a Chile, a Uruguay o a Indonesia, la política económica de esa Junta sólo reconoce como beneficiarios a la vieja oligarquía ganadera, la nueva oligarquía especuladora y un grupo selecto de monopolios internacionales". Algo ha cambiado aquí para nosotros: la "oligarquía especuladora" ya no es "nueva". Podríamos decir que es el grupo que más creció desde su instalación con la política económica de la Junta. Hoy –y Walsh desde luego lo vería tan bien o mejor que nosotros– estamos en manos de esa "oligarquía especuladora". Es esa "oligarquía especuladora" la que rige los destinos del país democrático que se ha puesto a sus pies. Debemos, en consecuencia, ver cómo los gobiernos democráticos (luego de diecisiete años de desarrollo) han sometido el país al arbitrio de esa oligarquía que gobierna a través del dinero. No es difícil. En Semana Santa del '87 el pueblo sale a la calle a respaldar a un gobierno contra unos militares pintarrajeados que desafiaban al poder civil. En esa jornada –y esto es decisivo– el terror que instaló la Junta fue superado. Pero el Presidente decide asumir (en él, en su persona) la representatividad de todos y va a negociar con los sublevados. Negocia, regresa, sale a balcón de la Casa de Gobierno y dice que la casa está en orden y dice felices pascuas y manda a todo el mundo a su casa. En suma, la más grande movilización (la que venció al terror) de la democracia es manipulada, negociada entre sombras y el "orden" de la casa reconoce a los sublevados como parte de sí. El alfonsinismo le entrega al plan de la "miseria planificada" la desmovilización y el marco democrático. Es notable este paralelo entre Alfonsín y Perón: cuando el político de Chascomús dice felices pascuas manda a todos a sus casas, ya que, asegura, la casa está en orden; lo mismo que hacía Perón cuando aconsejaba ese inocuo recorrido entre la casa y el trabajo a sus obreros, quienes, así dirigidos, mal podían defenderlo cuando lo atacaron seriamente. Esa democracia desmovilizada que entrega el alfonsinismo es fundamental dentro del esquema victorioso del poder económico. Luego, Menem.

El caudillo de La Rioja somete el populismo peronista al poder de la "oligarquía financiera". Al cabo, los sindicatos molestaban mucho a los radicales de los ochenta: había que frenarlos. ¿Qué mejor que un peronista? Menem implanta lo que Alsogaray llama la "reforma Menem" y la "miseria planificada" se afirma con plenitud. La "visibilidad" del dirigente cervecero Ubaldini durante Alfonsín y su "invisibilidad" durante Menen marcan la presencia y ausencia del sindicalismo en la vida democrática. Es Menem quien le entrega esa presa al poder económico. Menem exhibe también la flexibilidad política de ese poder: ya no hay peronismo ni antiperonismo. No les importa ser "peronistas", no les importa el "mal gusto" típico de ese partido, ese "mal gusto" que tanto les disgustó siempre. El ideólogo militarista Jorge Luis García Venturini inventó, durante 1975 y desde el diario *La Prensa*, el concepto de "kakistocracia", gobierno "de los peores". Y el 29 de marzo de ese año escribía: "Porque la 'kakistocracia' no sólo es un atentado contra la ética sino también contra la estética, una falta de buen gusto". Así, casi en favor del "buen gusto", reclamaba el golpe militar de 1976.[17] ¡Qué poco le importó el "buen gusto" a la oligarquía financiera que respaldó al menemismo! Se dijeron: si hacen lo que nos conviene que hagan lo que quieran. Que se vistan à la Versace. Que lo traigan a Rosas. Que hagan el festival infinito de la "turquerie noveau riche". Y Menem hizo y deshizo. Y nadie le dijo "kakistócrata". No, si el "mal gusto" viene acompañado por los buenos negocios la oligarquía lo acepta. Y Menem fue el que dio en el clavo del terror siempre latente en la sociedad: fue durante las manifestaciones de docentes. Eran numerosas hasta que el "kakistócrata obediente" dijo: "Ahí están los futuros desaparecidos". Y ya no fueron numerosas. Temerosos, muchos, demasiados regresaron a sus casas, ahí, donde solían mandarlos Alfonsín y el viejo Perón. Porque hay una "continuidad" que instaló la Junta y es la que fundamenta a todas las demás: la continuidad del miedo, del terror. Esa continuidad (que hemos, acaso algo obsesivamente, señalado en distintos pasajes de este libro) aún late en la sociedad argentina y es ésa la primera ruptura que habrá que producir para que las otras sean posibles.

---

17 Algo más sobre este señor García Venturini se puede encontrar en el texto "Adorno y la ESMA (II)", donde, para calificarlo, recurro a la figura adorniana del "asesino de escritorio", pp. 459-462, en este mismo volumen.

Isabelito

No fue lo mismo. Pero tuvo muchas desdichadas coincidencias. Desde los tiempos de Isabelita Perón, jamás un "entorno" entornó tanto a un presidente como el entorno de De la Rúa lo hizo con este desangelado presidente a quien el humor popular bautizó Luis XXXII porque era el doble de boludo que Luis XVI. Difícil saber si lo era, pero jamás se lo vio ni inteligente ni dueño de sus actos. Digamos: de la iniciativa de los mismos.

Isebelita lo tuvo a Lastiri y a López Rega y a Norma López Rega y a Pedro Eladio Vázquez (¿se llamaba así?). Todos los políticos decían que no se podía hablar con ella porque ella no escuchaba, sólo escuchaba a su entorno. Lo mismo Isabelito: sólo escuchó a su entorno.

Cuando se le decía "autista" se le decía algo cierto. Era "autista" porque no se abría hacia la opinión de los demás. Pero no era "autista" con los suyos. De la Rúa ha sido un patético ejemplo de ineptitud y de una extrema inseguridad que buscó su superación desde el marco íntimo del hogar. Con De la Rúa han renunciado de Santibañes, Nosiglia y el inefable "grupo familar": Antonito, Aíto y Doña Inés, la de los pesebres.

Sus "asesores de imagen" fueron quienes lo destruyeron. Pero lo hizo él mismo ya que fue él quien se entregó a los asesores de imagen. Herederos de Juancito Duarte (que, al menos, se pegó un digno tiro en la cabeza) y de los Yoma, los "íntimos" de De la Rúa creyeron que el Poder era para ellos. Y que ellos iban a gobernar a través del "viejo". Así, en medio del primer ajuste feroz del "viejo", el joven asesor de imagen Antonito iniciaba su romance con la bailarina umbilical y exitosa cantante de aires exóticos llamada Shakira. A su vez, el otro asesor se embarcaba en un proyecto hipermillonario informático que llamó educar.com. Algo así. Luego todos viajan en comitivas espectaculares prolongando la estética rumbosa del menemismo. Muchos, claro, se le fueron apartando. Vieron que el señor gobernaba con la oreja puesta en un solo lugar: el entorno de sus íntimos. ¿Para qué seguir a su lado? Y así el "viejo" desarmó la Alianza. Algunos creyeron que era un genial Maquiavelo manipulando el destino de sus adversarios en el sentido de la aniquilación. No, el que se aniquilaba era él.

Su estilo oratorio monocorde, su mirada algo ausente, su uso inverosímil de la primera persona intentando exhibir autoridad, lo arrojaron a ese lugar del que no se retorna: el ridículo.

El día del estallido un periodista de TV anuncia: "Antonio De la Rúa está escribiendo el decreto de declaración del estado de sitio y la convocatoria a la unidad nacional". Isabelito tuvo su Lopecito: se llamó Antonito. A quien llamaron Zulemito, porque le gustaban los romances, los viajes y los paraísos de Miami. Al otro, a Aíto, le gustaba trepar, usar el poder que había caído sobre su padre para llevarse el mundo por delante. Fueron herederos del Junior menemista, sin helicóptero ni final trágico. Ni para eso daban. Como tampoco dio Doña Inés para compararse con Zulema Yoma, suprema delirada, arma líos incansable, mujer incómoda a la que un brigadier con un miniejército tuvo que expulsar de la Quinta de Olivos. No, Doña Inés hizo pesebres, más pesebres y se compró vestidos en

Europa, para los cuales, para poder usarlos, se sometió a dietas que la hicieron padecer: pero fue por la imagen de la patria.

Con Isabelito y su gang termina otro triste presidente "entornado". No hay militares en su final. No lo echaron golpistas sanguinarios sino un pueblo que salió a la calle, harto de los interminables dedos en el culo con que el Poder lo ametrallaba e injuriaba. Hay algo nuevo en la Argentina: entre los cacerolazos y la bronca feroz y justa de los más desangelados, los argentinos voltearon un orden de cosas que los hacía sentir mal, demasiado mal, peor que idiotas, francamente boludos. Así, anoche, en plena calle, un tipo sonríe, me mira y dice: "¿Era hora de que dejáramos de ser pelotudos, no?". Era hora. Y será hora también de otra cosa: de que no volvamos a serlo. Porque ya mismo hay muchas nuevas bandas que se están preparando. Y no me refiero a la presidencial. Sino a que la banda presidencial –en este país– es una banda que pasa de una "banda" a otra "banda". O sea, la vigilia debe seguir. Que nadie guarde su bronca. Ni sus cacerolas.

Lecciones de estos días agitados

La lección se tiene que aprender a dos puntas. La clase media (la vapuleada clase media, vapuleada por los militantes de izquierda por cobarde, acomodaticia, pequeño burguesa y por los políticos y los economistas acostumbrados a meterle eternamente el dedo en el culo –algunos notables escritores, Noé Jitrik, por ejemplo, me aconsejan que diga "en el orto"– por pasiva, aguantadora, espectadora abyectamente paciente de los caprichos y vaivenes del Poder), la clase media, digo, salió a la calle, protagonizó una "pueblada", sintió –acaso por primera vez– la incidencia de su poder en la vida nacional, en las decisiones del país y volteó a un superministro y a un presidente.[18] De aquí en más nada será igual para ella. Sintió su número y sintió que su número puede transformarse en fuerza por medio de la unidad de la protesta. Sintió su dignidad y sintió que la dignidad se conquista haciendo valer lo que se

---

18 Claro que esto no lo hizo sólo la clase media, sino también los protagonistas del "estallido social" que precedió a la movilización del miércoles 19 y luego los militantes de derechos humanos, organizaciones barriales y piqueteros que permanecieron en la Plaza de Mayo el día jueves clamando por la renuncia de De la Rúa. A ellos debe unirse esa clase media arrojándose más allá de su viejo y peligroso economicismo.

siente, lo que se piensa. Desafió al Poder. Le habían dicho "estado de sitio". Se lo había ordenado un presidente. Estado de sitio, quédense donde siempre están, en sus casas, sigan como siempre siguieron, acurrucados frente al televisor, enterándose de la historia por medio de los informativos, jamás protagonizándola. Bien, no. Un montón de gente salió a la calle, se llegó hasta la Plaza y se puso a gritar "el estado de sitio se lo meten en el culo".

Así, la lección que la numerosa clase media tiene que aprender es la de su propia fuerza. Se acabó la tolerancia, la pasividad, la impotente soledad frente al televisor. Se acabó esa cara entre boba y absorta con que escuchaba frases como: "El Poder Ejecutivo ha decidido que a partir del día de la fecha" o "El ministro de Economía doctor López Callado ha decidido que de aquí en más". De aquí en más las pelotas. De aquí en más hay una clase que también tiene cosas que dictarle al Poder Ejecutivo o a los ministros de Economía o a los políticos de las internas interminables. De aquí en más hay un nuevo actor social que no sólo está dispuestos a actuar en los días feriados, domingueros de las elecciones. La democracia no sólo se hace en las urnas. También se hace y se conquista en la plaza pública.

Ahora, la otra lección, la que tienen que aprender los políticos, ya que si no la aprenden habrá otras puebladas, inminentes, peores. Porque hay algo que se llama "humor social" y el "humor social" en la Argentina está muy malo, está rabioso, no aguanta más; no es "humor social" sino "bronca social", pura y poderosa "bronca social". De modo que los políticos tienen que aprender las siguientes cosas: 1) Nadie es heredero de esta situación, salvo la gente que la provocó y la conquistó. La "pelota" no fue para el bando de los peronistas. Se acabaron los radicales, los peronistas y la mar en coche. Aquí importa el país y cómo sacarlo adelante. 2) Si alguien asume la

Presidencia, la asume él. No la asumen sus amigos, ni su "círculo íntimo", ni sus consejeros ni menos (¡basta con esto!) sus familiares. Si el presidente es un señor no desearía ni enterarme de quién es su "primera dama". Si el presidente es una señora ni quiero saber quién es su "primer caballero". Ese concepto de "familia presidencial" corresponde a la vieja historia del país recalcitrante y burgués que no concibe a un hombre (¡y menos que nadie, claro, al llamado "primer mandatario"!) sin su familia, sus hijos, sus nueras, sus nietos o lo que haya. Se elige un presidente y basta. No se elige al presidente y su familia y sus amigos y sus perros y gatos. Basta de Zulemitas, Juniors, Yomas, Antonitos, Aítos y Pertineses. 3) Si hay Asamblea Legislativa que la haya de inmediato, urgentemente. Si de ahí no sale el señor que pueda cubrir el espacio de tiempo que queda hasta el 2003 y hay que llamar a elecciones entonces... atención. Un consejo, señores políticos: no hagan discursos, no prometan nada, no hablen de futuro de grandeza, ni de equilibro social en lugar de equilibrio fiscal (muchos van a apelar a esta zoncera), ni de "la gente" ni del "pueblo" ni de las "grandes mayorías" ni de ninguna de las paparruchas con que ya nos han apabullado durante mucho tiempo. Queremos que haya políticos, queremos la democracia, queremos las elecciones, pero queremos, definitivamente, menos palabras. No se gasten en prometer nada porque nadie les va a creer. La credibilidad social está agotada. O sea, ya nadie le cree a nadie. El pueblo (el pueblo que protagonizó la pueblada del miércoles) sólo se cree a sí mismo y quiere hechos. Si hay elecciones que sean de inmediato. El país no se puede pasar seis meses esperando que las internas se resuelvan, que todos armen sus roscas y le sigan diciendo vaguedades o grandilocuencias a la "gilada". La ejecutividad tiene que ser total, cosa que impedirá los divagues, los afiches que afean la ciudad con caras de sonrientes prometedores profesionales. Aquí ya se saben muchas cosas. Por ejemplo: que lo que se promete es exactamente lo contrario de lo que se hace. Suben por izquierda y gobiernan por derecha. Alfonsín iba a ser la democracia y pactó con los carapintadas, iba a levantar las persianas de las fábricas y las cerró con la híper. Menem iba a ser la justicia social, la revolución productiva y mil cosas más y empezó y terminó hambreando a todo el mundo, desatando la recesión, afanándose hasta las gallinas, vendiendo el país, rematando para siempre su soberanía. De la Rúa iba a ser honesto, transparente, iba a formar una "Conadep de la corrupción" e hizo menemismo desde el primer día y le entregó el país a Cavallo, porque no se lo pudo dar a López Murphy. Bueno, basta: tolerancia cero, credibilidad cero, paciencia cero. No se gasten. No sonrían. Hablen poco. Solamente digan: "Vamos a dar dinero para el hambre, trabajo, no vamos a afanar nada ni vamos a gobernar sólo para los banqueros". Dudo que les crean, pero se les agradecerá la brevedad. De aquí en más la única legitimación será la de los hechos consumados. La esperanza no está muerta en la Argentina. Pero la credulidad, por suerte, sí.

Situación: En medio del caos argentino de fines del 2001 sucedió algo que se esperaba desde hacía treinta y cinco años; algo que, de una u otra manera, se había transformado en símbolo (un símbolo más) de la frustración nacional: el Racing Club (el equipo que lleva los colores de nuestra bandera y de nuestra selección nacional) no salía campeón desde 1967, en que se coronó campeón del mundo con un gol formidable de un jugador llamado Cárdenas. Bien, en ese agitadísimo mes de diciembre ocurrió lo "imposible": Racing ganó el campeonato. Un diario en el que suelo escribir tituló con inexplicable optimismo: "Si Racing pudo salir campeón... la Argentina saldrá de su crisis". Algo así. Como sea, sólo ocurrió lo primero: Racing salió campeón y la alegría duró una tarde y una noche; al día siguiente, los hinchas de Racing y el resto de la población despertaron en el mismo país de siempre, el de la eterna crisis. Hace falta algo más que el fútbol para que un país retorne del abismo, más aún si el fútbol (remito aquí a los textos sobre el perenne Maradona y el maradonismo nacional)* forma parte nada desdeñable de ese abismo.

---

* En este mismo volumen, pp. 121-134.

Otra vez el gol de Cárdenas

Corre el año 1951 y se juega la final del campeonato de fútbol. Por un lado, Banfield, el equipo chico que se abrió paso hasta las alturas y está en el corazón de todos, porque todos quieren el triunfo de los débiles cuando se enfrentan con los poderosos. Frente a Banfield, Racing, el poderoso, que ya ganó varios campeonatos al hilo, que es el equipo del Poder, del peronismo de la abundancia, y, sobre todo, el equipo del ministro de Hacienda Ramón Cereijo, hombre fuerte del régimen, que, se dice, le ha hecho su hermoso estadio y hará todo para que Racing gane esa final, devorándose al pequeño insolente, a esos aguerridos banfileños que se le atreven al Goliat peronista. Tanto se identificaba a los blanquicelestes con el ministro Cereijo que les decían, no Racing, sino "Sportivo Cereijo".

Hay, no obstante, en el peronismo, alguien que quiere el triunfo de Banfield. No era Perón, que seguramente andaría en otra cosa, sino Evita, que quería el triunfo de Banfield porque, precisamente, era el débil, era el chico, era, cómo no, el pobre, el grasita, lo más parecido a esos descamisados, a esos desheredados nacidos para perder que Evita tanto quería. Le ordenó a Cereijo que Racing perdiera. Pero –el fútbol es así: se ama lo que se ama hasta los extremos de la traición– Cereijo, soterradamente, se rebela, ve a los jugadores de Racing y les ofrece una desbocada cantidad de premios (sobre todo automóviles) si ganan, si doblegan la soberbia banfileña. Así las cosas, se juega el esperado partido. Y todo va parejo, peleado, difícil, hasta que Mario Boyé, el fenomenal goleador de Racing, se lanza por la margen derecha del field y, acaso desde un ángulo imposible, o, al menos, muy difícil, saca un bombazo que entra por el palo derecho del arquero Graneros, formidable atajador, tipo de los tres palos, que vuela, manotea pero nada, la pelota estaba destinada al "rincón de las ánimas" y entró y Banfield no coronó su sueño, pero sí Racing y Cereijo y la Argentina peronista.

Pasaron los años. En 1966 el equipo humilde era Racing. Lo había hecho "con nada" el entrenador José Pizzutti. Había juntado a perdedores como el Yaya Rodríguez, a veteranos como Maschio, a irregulares como el Panadero Díaz, a irrecuperables como Martín y a jóvenes prometedores como Perfumo y Cejas, que se habían lucido en un juvenil en Tokyo. Al equipo se lo nombra con el nombre de su entrenador, a quien se le atribuyen los grandes méritos de ese equipo-hazaña, y, así, las tribunas rugen el inolvidable: "Y ya lo ve, y ya lo ve, es el equipo de José". Al año siguiente Racing juega la Copa América y se corona campeón derrotando en Chile a Nacional de Montevideo con gol del Cabezón Raffo. Y luego enfrenta, por la final del mundo, al Celtic, de Glasgow, equipo del que era hincha nada menos que James Bond, o sea, Sean Connery. La final se juega en Montevideo. En cierto momento el Chango Cárdenas se va desplazando por la izquierda, cerca de la mitad del campo, y le llega una pelota a media altura, justo para la zurda. El maestro Maschio, que armaba el equipo en la cancha, le grita: "¡Tirá al arco!". Y Cárdenas le pega con la zurda y la pelota empieza a volar. Sigue, sigue y entra en el ángulo derecho del arquero escocés, que vuela (no tan bien como Graneros) pero sólo para la foto, sólo para que el gol se viera más lindo, porque los goles son más lindos cuando vemos a los arqueros volando como palomas elegantes pero impotentes, decorativas. ¡Gol! Era increíble pero cierto. ¡Era gol! El Change Cárdenas había metido el zapatazo desde media cancha, la pelota había entrado y Racing era campeón del mundo. El primer campeón del mundo de la Argentina.

Luego el país y Racing empezaron a vivir tiempos difíciles. Los tiempos del país fueron aún más difíciles que los de Racing. Difíciles y hasta trágicos. Tanto, que algunos (lo confieso: yo, entre ellos) nos olvidamos de Racing. Dejamos de "ser de Racing". Ya era bastante tragedia "ser argentino" como para, además, "ser de Racing". Y en los noventa surgió una leyenda formidable. Era así: durante muchos años el gol de Cárdenas se pasaba por la tele en la apertura de los programas deportivos. O sea, todos llegaron a ver el gol de Cárdenas. La pelota que vuela, vuela y se mete en el ángulo imposible, golazo de media cancha. De pronto, el gol deja de pasarse. Y uno preguntaba: "¿Por qué no pasan más el gol de Cárdenas?". Y alguien le decía: "Porque ahora lo erra". El destino de la Argentina se unió al del gol de Cárdenas: tan mal nos iba, tanto nos habíamos venido abajo, tan honda era nuestra decadencia que ya no nos pasaban el gol de Cárdenas porque ahora... salía por sobre el travesaño, afuera, desviado. Desviado como el destino del país. Como, también, el destino de Racing que no había vuelto a ganar un solo miserable campeonato luego de aquél, luego del gol de Cárdenas. Apareció, de este modo, un tipo de argentino doblemente sufrido: el que añadía, a su condición de argentino, la otra, la lacerante condición de hincha de Racing. ¡Treinta y cinco años sin salir campeón!

Bien, se acabó la tristeza. O no. Porque usted tiene por delante, como todo argentino, dos posibilidades. Una, lo hará feliz. La otra, como siempre, desdichado. *Primera posibilidad*: ¡Racing salió campeón otra vez, carajo! El gol de Cárdenas volvió a entrar. Ya no se va sobre el travesaño sino que ahora, como antes, injuria poderosamente la red del adversario. Racing es un gran equipo e hizo una campaña impecable. Ganó en buena ley y es mejor que River, esos gallinas que dicen que son mejores pero no supieron ganar el campeonato. Además, con Racing, milagrosamente, volvió el peronismo y –según nadie olvida– "los días felices de la patria fueron y serán peronistas". El espíritu ganador de Racing se ve en Rodríguez Saá, que es un fenómeno hiperkinético, un político que se las sabe todas, que está vivo y no dormido como el gilastro que supimos echar a patadas. Que ya se reunió (Rodríguez Saá, desde luego) con Hebe, y con Nora Cortiñas. Que recibió a los piqueteros. Que lo puso a Jorge Taina. ¡Y que no va a pagar la deuda! Y usted se imagina en un gran estadio –que es, claro, la Argentina– y usted grita: "La deuda, la deuda se la meten en el culo". Como al estado de sitio. Que ahí se lo metieron. Y ahora todos los argentinos vamos tener esos lindos billetes que de tan lindos que son se llaman como nosotros, se llaman "argentinos". Y así seremos, de aquí en más, felices argentinos llenos de "argentinos" que gastaremos en miles de cosas lindas y sobre todo en plateas para ver a Racing salir también campeón en el 2002. *Segunda posibilidad*: No me jodan, dice usted. Racing salió campeón porque el fútbol es pura guita, puro negocio y ahora quieren privatizarlo, y como a Racing ya lo tienen gerenciado conviene que salga campeón para privatizar a todos los demás. Pura guita, insiste usted. Y en cuanto a este loquito, a este puntano que se ríe todavía más que Perón, ¿a quién le ganó? Estaba cantado que la deuda podía no pagarse. Y encima va a la CGT y se pone cantar la marchita esa con todos los caciques del sindicalismo. La que se nos viene, por favor, dice usted, ya en el colmo de la melancolía. Por la tele, en horario central, todos los días nos van a pasar la miniserie de Favio *Perón, sinfonía de un sentimiento*. Tá bien,

De la Rúa era un plomazo inaguantable pero... ¿otra vez el peronismo? ¡¡¿¿Otra vez Racing??!! ¿Otra vez el gol de Cárdenas?

Un consejo: elija la primera posibilidad. Le va a ayudar a pasar mejor el fin de año y brindar por algo. Total, la esperanza nunca dura mucho en la Argentina. Úsela esta vez. Beba su sidra, coma su pan dulce y muéstrele a los suyos su mejor sonrisa. Y luego, a medianoche, levante su copa y diga su brindis a toda voz. Diga: "¡Por el regreso del gol de Cárdenas!". *Pero esta vez lo hacemos todos: esta vez la metemos todos en el ángulo imposible.* Pero atención, no olvidar lo que sigue: aquí, en este país, "todos" no somos "todos". Porque estamos llenos de miserables que sólo quieren un país humillado que meramente sirva para sus buenos negocios. Cuando yo digo "todos" pienso en los protagonistas de las jornadas del miércoles 19 y el jueves 20 de diciembre de 2001, llenas de sonido y de furia. La furia de los desesperados, de los marginados, de los excluidos que se largaron a afanar los súper para poder comer. Y el sonido de las cacerolas de esa clase media que ganó la calle y, ganándola, ganó algo de la dignidad que tantas veces había extraviado.[19]

---

19 El "festival" Rodríguez Saá duró menos de una semana. Luego hubo nuevos cacerolazos, el presidente puntano renunció y llegó a la presidencia el señor Duhalde. La historia argentina sigue y sigue a tal vértigo que ningún libro puede alcanzarla. Tuvimos cinco presidentes en diez días. El mundo volvió a asombrarse ante la exuberancia nacional. Nuestra literatura –por fortuna– no ha frecuentado las técnicas del realismo mágico, pero nuestra realidad acostumbra a exasperarlas.

Más allá del corralito

El Poder se estructura, en nuestro país, con la política sometida a la Banca y la Justicia sometida a la política y, carácter transitivo, a la Banca. Todo esto se redondea con la policía, que siempre defiende el orden instituido. De modo que si ése es el orden instituido será para la defensa de ese orden que la policía hará fuego. Que, por decirlo claro, matará. El último suplemento NO de *Página/12* se dedicó a la violencia del Gobierno delarruista en su noche y su amanecer del final. La enorme foto de un adolescente baleado y la palabra "NO" en letras catástrofe definían el espíritu del suplemento y algo de ese espíritu trataremos, ahora, aquí, de recuperar, para insistir sobre él, ya que nunca será suficiente: no a la muerte, no a la represión, no al gatillo fácil, justicia verdadera para los que dieron orden de matar en la Plaza de Mayo y alrededores desde la impotencia de un gobierno que se desmoronaba sin dignidad alguna.

Cito: "La represión dispuesta por el gobierno en retirada de Fernando de la Rúa derivó en 26 asesinatos, siete de los cuales ocurrieron en los alrededores de Plaza de Mayo, cuando la Federal decidió convertir el centro porteño en su Far West privado, persiguiendo manifestantes, lanzando gases con fervor casi pirotécnico y disparando goma y plomo a una multitud desarmada" (Pablo Plotkin y Mariana Enríquez, 10/1/02). Hay nombres para esta responsabilidad. Ramón Mestre era el ministro del Interior y Enrique Mathov el secretario de Seguridad. Se dice que fue Mathov quien, indignado, ordenó la limpieza de la plaza.[20] Pero el responsable último no es el señor Mathov sino el jefe de ese gobierno, el presidente De la Rúa con toda su impávida y engañosa fachada de hombre republicano y demócrata. Algunos se llenan de odio en medio de la derrota y deciden hacer pagar cara su caída. Tal fue el caso de De la Rúa, del ingenuo señor que dijo luego no saber nada de la represión, de quién dio la orden, en fin, de todo eso. De todo eso que costó veintiséis vidas. Hay otro asunto a tratar. Se puede leer en Internet un dato curioso pero relevante: los representantes de Shakira le han aconsejado distanciarse momentáneamente de su novio argentino ya que la cercanía podría destruir su carrera. Saben lo que hacen. Porque si De la Rúa es responsabilizado también deberá serlo el autor del célebre discurso del estado de sitio, el nefasto Antonito, una de las figuras políticas más turbias y que más daño le ha hecho al país. Mezcla patética de Rasputín, López Rega y Rodolfo Valentino, este marketinero manipuló a su manipulable padre a lo largo de todo su gobierno, ¿cómo no habría de tener responsabilidad en el desastre final? Y aquí seamos claros: el

◆————————————————————————————

20 Hay un notable film de Eduardo Mignogna que se llama *Evita, quien quiera oír que oiga*. Tiene testimonios de muchas personas. Algunos, desde luego, eran antiperonistas, pero nadie habló desde el odio. Recuerdo, por ejemplo, un testimonio emotivo de Silvina Bullrich y otro respetuoso de Félix Luna, radicales ambos. Todo así. Hasta que aparece un señor lleno de furia. Se llamaba Mathov, no recuerdo su nombre de pila. Y decía: "Evita era puro fuego y ese fuego la consumió en cenizas y de ella sólo queda eso: cenizas". Cuánto odio, pensé hace años al ver esa película. Cuando asumió Enrique Mathov al frente de las fuerzas de seguridad del gobierno de De la Rúa inevitablemente pensé: "Ojalá no herede esa capacidad para odiar". Pues no.

desastre final son los veintiséis asesinatos. Eso es un desastre. Lo demás: el corralito y todas las otras cosas se esfuman ante la gravedad de la muerte.

Si se olvida la masacre de Plaza de Mayo, si se olvidan las muertes del 19 y 20 de diciembre, nada tiene sentido. La clase media volverá a caer en su economicismo y la policía y los ministros del Interior o secretarios de Seguridad sentirán que pueden seguir ordenando a la policía que tire a matar. Y la vida seguirá sin valer nada y seguiremos siendo una republiqueta, un país de asesinos y de muertos para los que nunca hay memoria ni justicia.

La cuestión (hoy) no es sólo pedirle a la Corte Suprema por la anulación del corralito. *Las cacerolas tienen que clamar por algo más que por los depósitos; si no, seguirá todo igual.* El Fondo –supongamos– les da el dinero, ellos lo reparten, todos se van a su casa y sólo quedan abandonados los muertos, como siempre. El cacerolazo del miércoles 19 (el que tiró a Cavallo) era amplio, abarcativo, económico-político: se oponía a un sistema político que servía despiadadamente a un sistema económico. Los manifestantes de hoy *–si no quieren quedar confinados en tanto furiosos ahorristas–* tienen que asumir la totalidad de la tragedia del país: unir su destino al de los excluidos, al de los vomitados por el sistema de libremercado, pedir por la justicia, por el esclarecimiento de los asesinatos, preguntar quiénes le enseñan a la policía que puede matar con tanta facilidad, que tiene el derecho de hacerlo, ¿no hay nadie que le diga a un policía que cuando balea a un manifestante está cometiendo un asesinato y no defendiendo el orden? ¿Tan imposible es que, alguna vez, un policía sienta que no quiere matar porque sencillamente eso lo convertirá en un asesino? ¿Cómo se forma a un policía? ¿Cuál es la primera lección que se le da? No lo duden. Es la siguiente: es legítimo matar en defensa del orden instituido. No es así: la violencia es el último recurso de un orden policial legítimo (al servicio de la sociedad y no en contra de ella, de sus expresiones legítimas, libres) y sólo debe ser utilizada defensivamente, es decir, cuando la agresión se realiza con armas de fuego, no con piedras ni con piedras verbales, eso que llamamos insultos. La policía lleva armas y sólo es posible esto si se acompaña de una concientización acerca del respeto por la vida. De lo contrario, todos tendrían que llevar armas. Portar un arma debe ser paralelo a portar una conciencia moral que respete la vida del otro. Un policía que mata a un manifestante es un asesino y se acabó. Y el que le ordenó a la policía usar armas contra una muchedumbre desarmada es un asesino y un cobarde, ya que ni siquiera tiene coraje para apretar el gatillo por sí mismo. ¿No sabe un secretario de Seguridad a qué clase de policía le está diciendo: "Desalójenme la plaza"? ¿Desconoce la formación de esos hombres? En absoluto: sabe muy bien cómo están formados. No ignora, entonces, que –dada la policía que este país tiene– una orden semejante es, sencilla y brutalmente, una orden de matar. En suma, la Corte de la Suprema Vergüenza que tiene este país debe renunciar, no por el corralito, no por los ahorros de los frustrados veraneantes, sino porque respaldó al gobierno corrupto de Menem y porque protege a los gatillos fáciles de De la Rúa.

Por decirlo todo: si se trata de elegir entre pasar hambre, entre no tener un peso en el bolsillo y verlos presos a Mathov, a De la Rúa, a Mestre, a todos los que tienen responsabilidad en los veintiséis asesinatos de diciembre, elijo pasar hambre. Pero que los muertos tengan justicia.

Queda otra posibilidad: hay que totalizar, como diría Sartre. Y totalizar es advertir que nada –en un sistema– es una pieza suelta que exista por sí misma. La Corte de la Suprema Vergüenza que, en nombre de los banqueros, sostiene el corralito es la misma que protegerá a los "asesinos de escritorio", como los llama Adorno. Si se quiere cacerolear que se cacerolee contra todo, contra el maldito entero sistema: contra el corralito, contra los banqueros y contra los asesinos. Y, sobre todo, contra los asesinos, ya que en su efectividad final, en su poder disuasorio último, reposan siempre todos los sistemas, y muy especialmente éste.

Transición a la tercera parte: El "poder disuasorio" encontró entre nosotros uno de sus mayores picos en el asesinato del periodista José Luis Cabezas. Se cruzaron en ese hecho todas las tramas que hacen la imposibilidad argentina. Básicamente la relación entre el Poder y los negocios. Entre política y mafia. Mientras escribo esto se cumplen cinco años del asesinato de Pinamar. Acabo de escribir una nota sobre estos cinco años y el olvido en que ha caído el "caso Cabezas". Se llama "Recordando al olvidado" (*Página/12*, 26/1/02) porque la consigna de "no olvidarlo" quedó atrás. Contra ese olvido hay que luchar. Cabezas es una víctima del Poder mafioso, que se relaciona oscuramente con el Poder legalmente constituido, ese Poder que primero dialoga, luego reprime y finalmente mata. En una calle, por medio de la policía, o en la soledad helada de un balneario de lujo como Pinamar, centro de reunión de políticos, modelos y periodistas del arte del chisme interminable, de la pavada siniestra, de la estupidez sin límite, aliados y sirvientes del Poder a cuyo amparo existen.

Tercera parte

Variaciones sobre José Luis Cabezas

Breve introducción

En enero de 1997, en el balneario de Pinamar, fue asesinado
José Luis Cabezas, fotógrafo de la revista *Noticias*. Días después
un afiche aparecía en las paredes de Buenos Aires. Se veía en
él la cara de Cabezas y se leía una consigna excepcional por
ser lanzada en un país como la Argentina, donde todo crimen
se olvida y se disuelve en el silencio de la impunidad: *No se
olviden de Cabezas*. Es el propósito de estas líneas.

El terror clandestino

Durante la última semana del mes de marzo y durante el mes de abril de 1976 los diarios argentinos –mesuradamente– informaron sobre ciertas apariciones macabras: eran los *carbonizados*. Cuerpos que aparecían en diversos lugares y que tenían características comunes: estaban atados con alambre, acribillados a balazos y calcinados. Luego los diarios dejaron de informar. El gobierno militar dijo que habría de encargarse de toda información ligada a la lucha contra la subversión y que, por consiguiente, sólo habrían de publicarse las noticias oficialmente autorizadas. Sin embargo, deslizó una *interpretación* de los hechos: el gobierno *no podía* contener a los calcinadores de cuerpos. Eran organizaciones clandestinas. Eran "consecuencias de la lucha que la subversión ha desatado". Hasta hubo un marino que dijo que no se combatiría a la "violencia de derecha". Que esta violencia, dijo, era consecuencia de la "violencia de izquierda". "Son anticuerpos", dijo. "Hay que combatir la enfermedad, que es la violencia subversiva. Una vez derrotada ésta, desaparecerán los anticuerpos". Muchos asumieron esta interpretación: había una violencia paramilitar. Había –se decía esto, créase o no– *grupos de derecha* (se decía también: *nacionalistas*) que escapaban al control institucional. El Gobierno los padecía casi tanto como sus víctimas, ya que no podía contenerlos y sufría el desprestigio que arrojaban sobre la escena nacional. Algunos políticos, inmersos en esta farsa, se dirigían al gobierno y solicitaban que se contuviera a las "organizaciones clandestinas", o "de derecha" o "nacionalistas". Videla, incluso, era presentado como la garantía de esa contención. Porque Videla era el general de la *línea blanda*. Porque era "liberal" y no "nacionalista". Porque era el general que posibilitaría algún diálogo con la civilidad. Esta farsa abrió el espacio justificatorio para el protagonismo de "políticos dialoguistas" o "intelectuales almorzadores". Caramba, se decían, qué serio problema afronta el "liberal" Videla: por más que se aplica y se preocupa no ha podido aún contener la "violencia clandestina". Pero, en fin, ya lo hará.[21] También Rosas –durante las jornadas del Terror desatadas en 1840– dijo

---

21 En su *Carta de un escritor a la Junta Militar* Rodolfo Walsh nombra a este marino que gustó hablar de la violencia del "terrorismo de derecha" como "anticuerpo" del "terrorismo de izquierda". Fue el canciller vicealmirante Guzzeti en un reportaje de *La Opinión* del 3/10/76. Walsh, también en esto, fue mucho más allá. Señaló que los "desbordes" ante los que la Junta manifestaba preocuparse (y también quienes, desde la prensa o desde otros medios, seguían esta ficción) no eran tales: "Estos episodios no son desbordes de algunos centuriones alucinados sino la política misma que ustedes planifican en sus estados mayores, discuten en sus reuniones de gabinete, imponen como comandantes en jefe de las 3 Armas y aprueban como miembros de la Junta de Gobierno". Nunca será suficiente la necesariedad de marcar esta situación: *toda una sociedad se enmascaró tras ella*. El Gobierno no era responsable de los desbordes; por el contrario, se esmeraba en contenerlos. La violencia que ejercía el Gobierno de la Junta era legal, la única legal entre la violencia extrema del terrorismo de izquierda y el terrorismo de derecha. Walsh desenmascara este simulacro: "La Junta que ustedes presiden no es el fiel de la balanza entre 'violencias de distintos signos' ni el árbitro justo entre 'dos terrorismos', sino la fuente misma del terror que ha perdido el rumbo y sólo puede balbucear el discurso de la muerte". Será necesario proponer una rectificación: si la Junta era "la fuente misma del terror", lo era porque no "había perdido el rumbo" sino porque ése, el terror planificado en la frialdad del gabinete, era su rumbo. Y fue el rumbo, incluso, que logró imponer a la sociedad argentina *–por medio de la internalización del terror–* hasta el día de hoy, según analizamos en otros pasajes de este libro.

que no tenía manera de contener a la Más-Horca. Se lo dijo al ministro inglés Mendeville: "en época de guerra como la presente, no puede exigirse como en la de una profunda paz". Lavalle había invadido la campaña y marchaba contra el gobierno del Restaurador: ¿tenía éste la culpa? Si los mazorqueros degollaban, ¿no tenían la culpa los enemigos del gobierno, los unitarios que habían desatado una guerra contra el poder constituido y santo? Lo mismo que, luego, haría Videla: *el Gobierno no desea los crímenes, pero no puede impedirlos*. No sabe quiénes los cometen. Son consecuencias de la guerra. Para Rosas, la culpa la tenían Lavalle y sus aliados franceses. Para Videla, la "subversión apátrida".[22] La violencia clandestina no sólo se propone matar, se propone infundir terror. De aquí su crueldad. Pretende ser ejemplarizadora. Dice: *no se metan; el que se mete, muere.* Cada cadáver es un ejemplo: *esto les pasa a los que se meten.* Es decir, a los que investigan, a los que sacan fotos, a los que preguntan, a los que opinan, a los que se oponen a que ciertas cosas (básicamente: el Poder y sus designios, o sus arbitrios o sus negocios) se deslicen sin cuestionamiento alguno.

Que José Luis Cabezas haya sido carbonizado no es en modo alguno casual: esta "crueldad", este "ensañamiento", este recuerdo de los días y las prácticas más horribles de la dictadura son un planificado bofetazo a la democracia. Sólo faltó el acribillamiento. A Atilio López, ex vicegobernador de Córdoba, la Triple A le descargó más de ochenta balazos. *Era el exceso del exceso: el puro fascismo.* Habrá que ver en el preciso balazo que recibió Cabezas en la sien la búsqueda de una mezcla escalofriante entre exceso-desborde y precisión-frialdad asesina.

---

22 Cuando Rosas lo necesitó frenó los crímenes. Lo hizo desde Morón, el 31 de octubre de 1840, luego de firmar un tratado de paz con el almirante Mackau.

Ahora bien, nadie puede no saberlo: *cuando el Poder no esclarece un hecho delictivo es porque alguno de sus resortes, alguno de sus estamentos está comprometido en él.* Esto, hoy, lo saben todos los habitantes de la Argentina, lo digan o no. Desdichadamente, ya es larga nuestra experiencia del terror. Si Rosas detuvo pero no condenó ni desenmascaró a la Más-Horca fue porque esta organización era *constitutiva* de su gobierno. Si Videla no contuvo los "excesos" ni contuvo a la "línea dura", fue porque eso hubiera sido contenerse a sí mismo: porque él era el exceso, él era la línea dura. (Como vemos, hay, ya, entre Rosas y Videla una diferencia: los crímenes de la Más-Horca no eran *todo* el rosismo. Eran un elemento de su poder. El rosismo fue más que la Más-Horca y están la Vuelta de Obligado o la Ley de Aduanas de 1835 para testimoniarlo. No así con Videla: el terror clandestino constituía *en totalidad* a su gobierno. Rosas pudo contener a la Más-Horca y continuar gobernando. Para Videla, impedir los asesinatos hubiera sido no gobernar.)

La precedente aclaración tiene una importancia metodológica central: *no es necesario que todo un gobierno esté complicado con la violencia clandestina para hacerlo responsable de ella.* Todo Videla era clandestino: fue un gobierno ilegal y terrorista. Pero a Cabezas lo han eliminado bajo un gobierno democrático y lo han hecho por medio de prácticas videlistas. Un gobierno no puede reivindicarse como transparente y democrático y permitir que estas cosas ocurran. Si ocurren y no se descubren es porque alguna zona de ese gobierno es una zona de terror, de violencia, de ilegitimidad democrática. Si ocurren y no se descubren es porque ese descubrimiento (todo el país tiene el derecho a suponerlo) desenmascararía a sectores del Poder que, los hombres que lo ejercen, necesitan y desean que permanezcan intocados.

Todos lo saben y ya todos –o muchos, afortunadamente– lo dicen: si lo de la AMIA no se resuelve es porque resolverlo implicaría desmontar estamentos del Poder que no pueden to-carse. O que sí pueden tocarse: pero al precio de que ese Poder se cuestione y se depure en totalidad. Lo mismo con todos los otros casos impunes. Lo mismo con José Luis Cabezas.

Para el Gobierno sería muy fácil salir de este cono de sombra de sospecha: sólo tiene que descubrir a los asesinos de Cabezas y exponer ante la opinión pública qué aberración del Poder los sostiene, los ampara, los torna posibles. Pero claro: tal vez esto no sea "muy fácil", sino "muy difícil". Tengo un amigo que dice: "Lo que pasa es que si empiezan a tirar de la piola en serio... se cae todo". Puede ser. Pero lo que pasa es que si no empezamos ya, todos, a tirar de la piola en serio... *también se cae todo*. Pero para el lado de siempre. Para el doloroso lado que ya conocemos: el nuestro.

Sangre y arena

Hasta ahora la ostentación, la obscenidad de la ostentación infinita parecía ser el límite. La farándula dirigente se desplazaba a las costas y ahí continuaba el gran show nacional. Las casas prodigiosas, las modelos despampanantes, los automóviles pasmosos, las fiestas de las mil y una noches, de todas las infinitas noches que se espesaban en una sola, interminable, lujuriosa noche. Hasta ahora sólo era Gilberto Scarpa que bailaba con una odalisca, o Catherine Deneuve que había cobrado cincuenta mil dólares por cruzar el Atlántico y estar allí, en la mesa de Scarpa, hierática, negándose a bailar, pero espléndida, tan espléndida y hierática como la impecable esfinge que ella es. (*Lo sacan de la fiesta del empresario Oscar Andreani. Él, José Luis Cabezas, cree que se trata de un chiste pesado. Sólo eso: ¿qué más puede ser? Ni siquiera tomó alcohol en la fiesta. Sacó, sí, algunas fotos, pero nada del otro mundo. Lo meten en el coche. Los tipos se sientan a sus costados. Adelante, el que maneja y otro más. Amanece. Siempre es lindo el amanecer en el mar. El sol, muy colorado, frío aún pero con el color inapelable del fuego, se asoma sobre esa línea ondulante del mar que es el horizonte. Todo anuncia el nuevo día. El fotógrafo de Noticias aún no sospecha que, para él, es el último.*) Hasta ahora sólo eran los avatares de Su. Todo lo que hace Su, todo lo que le pasa a Su es importante

y gana la tapa de *Gente*. Si viaja a algún secreto lugar de Europa
a restaurar su cara y su cuerpo, ahí está *Gente*: "Su vuelve más
bella que nunca". Si se muere su madre, lo mismo: "El dolor de
Su". Si se separa: "La soledad de Su". Si va a Disneylandia: "Su
fue a Disneyworld y se disfrazó de Minnie". Y ahí está Su: dis-
frazada de Minnie. Porque, créase o no, se disfrazó de Minnie
y fue otra vez tapa del gran semanario argentino. Si festeja su
cumpleaños: "El espectacular cumpleaños de Susana. Fue en
Miami, a bordo de un enorme crucero. Hubo show de flamen-
co, salsa y tango. Y la diva confesó luego: 'Fue la mejor fiesta
de mi vida'". (*Ahora se dirigen hacia la costa. A Cabezas comienza a dominarlo el terror. Lo golpean en las costillas. Le dicen no salís vivo de ésta, hijo de puta. Le dicen te creías muy
piola. Le dicen ahora vas a ver lo que hacemos nosotros con los
piolas.*) Hasta ahora sólo era el minucioso registro de los romances: "Graciela Borges, la gran estrella del cine nacional, y
Marcos Gutiérrez, el arquero de Huracán, de veintiséis años,
sorprendidos *in fraganti* en el Caribe. El arquero y la diva: increíble romance". Y el título de la nota es: "El día del arquero".
Genial: nadie ignora qué significa "el día del arquero" en el lenguaje popular. Significa un día que no existe ni existirá. "¿Cuándo me vas a pagar la luca que te presté?", le pregunta un amigo
a otro. Y el otro, piola, gastándolo, responde: "El día del arquero". Es decir, nunca. Sin embargo, el día del arquero existe,
señores. Existe, al menos, para el arquerito de Huracán: la enamoró a Gra, como quien sale del área y gambetea a cuatro y
después la pone justito para la entrada del nueve, como quien
se ataja un penal sobre la hora, como quien realiza la más gloriosa de las jugadas que un arquero puede realizar, él, Marcos
Gutiérrez, salió en la tapa del gran semanario argentino (que lo
es, claro, porque los argentinos lo compran; si no, no lo sería;
"qué grande es nuestro país, pibe") por el simple y contundente y romántico hecho de haber enamorado a Gra. Hecho que

no debe ser menoscabado porque desató vigorosas polémicas: ¿tienen derecho las "mujeres de cierta edad" a enamorar jovencitos?; ¿acaso los hombres no se entrometen con niñas siempre que pueden?; ¿no es, Gra, una abanderada de la liberación femenina?; ¿no es admirable lo suyo?; ¿o acaso no es admirable animarse a realizar lo que miles de mujeres no se permiten por miedo, por hipocresía, por "el qué dirán" o por no enfrentar los mandatos del universo machista? (*Llegan a la playa. Lo bajan del auto. Le sujetan las manos a la espalda. Le calzan unas esposas. Lo golpean. Lo obligan a arrodillarse. Cabezas no lo puede creer: ¿no se habían terminado estas cosas? ¿Qué es esto? ¿Una pesadilla, un sueño absurdo, algo que le cayó pesado en la fiesta de Andreani? No, es verdad. Tan verdadero como el revólver calibre 32 que ahora le acercan a la cabeza.*) Hasta ahora sólo era la frivolidad, la ostentación, la exaltación de la estupidez, el oportunismo, los manejos políticos, la exhibición de las desmesuradas mansiones, los frutos destellantes de la corrupción. Hasta ahora éste parecía ser el límite. Ya no. Ahora hay sangre sobre la arena del show. Ahora –otra vez– hay muertos inexplicables en la provincia de Buenos Aires. Ahora el gobernador Duhalde dice que "el cadáver" se lo arrojaron a él. Ahora, parece, las internas políticas se dirimen –como en los años oscuros, como en los años en que la vida no valía nada– arrojando cadáveres ("fiambres") sobre el tablero. (*El tipo aprieta el gatillo. Un fogonazo. Un estruendo final. Cabezas cae sobre la arena húmeda. Está muerto: un muerto más en un país lleno de muertos, de sangre derramada. Los tipos, muy tranquilamente, rocían el cadáver con kerosene. Y le prenden fuego. Y después se van. Muy tranquilamente también. Nadie los corre. Y aunque los corran, saben que no los van a alcanzar nunca. Es una ley argentina que aún no se ha quebrado: se sabe quién muere, jamás quién mata.*) ¿Y ahora... qué?

Narrativa policial y realidad política

Hoy nos preguntamos *¿Quién mató a Cabezas?* Hacia fines de la década del sesenta Rodolfo Walsh se preguntaba *¿Quién mató a Rosendo?* La pregunta, en Walsh, estaba cuidadosamente elegida: es la impecable pregunta de la novela policial clásica, la novela policial de enigma. Los norteamericanos le dicen *whodunit*. Es decir, *quién lo hizo*. En Walsh (que había cultivado tempranamente la policial de enigma en sus *Variaciones en rojo*) el mecanismo de la policial clásica se pone al servicio de una temática ajena a esa narrativa: opacidades sindicales, riñas entre sindicalistas aliados al Poder, dinero, corrupción, miserabilidades del capitalismo. El título del texto walshiano responde a la pregunta clásica de la policial de enigma, pero su materia surge del universo de la policial negra, ahí donde el dinero, como fuerza corruptora, asesina y esencialmente capitalista, expande sus dominios hasta contaminar la existencia toda. Porque, anticipándonos, ésa es la más profunda diferencia entre la policial de enigma y la policial negra: en la primera no es la sociedad la que está enferma, es el asesino, y una vez descubierto éste todo vuelve a la normalidad de una burguesía que desarrolla su poder histórico sin sobresaltos; en la segunda la enferma es la sociedad, el crimen responde a su lógica interna y no al desvarío de una conciencia individual.

Pero, aquí, en esta Argentina de hoy convulsionada por un crimen infame, habrá de interesarnos, sobre todo, el papel de la policía en la narrativa policial. El detective clásico no pertenece al aparato policial, pero tampoco está en conflicto con él. Tomemos a Sherlock Holmes. (Lo que implica dejar intocado al modelo fundacional del detective clásico: el caballero Dupin de Poe en "Los crímenes de la calle Morgue"; pero, digamos, no siempre se empieza exactamente por el principio.) Holmes es el perfecto paradigma de la racionalidad burguesa, del capitalismo positivista. Su misión consiste en detectar qué mecanismo de la sociedad se ha desquiciado, revelarlo (descubrirlo), entregarlo a la policía y, de este modo, permitir que la racionalidad social –presupuesto sobre el que la narrativa de enigma se despliega– recupere su transparencia, su calmo desarrollo. Holmes sólo tiene leves roces con la policía. Desprecia al Inspector Lestrade por torpe, corto de luces, y por ninguna otra cosa más. Nunca duda de su honradez: *la policía es esencialmente honesta.* Cuando Holmes descubre al culpable se lo entrega a la policía y sabe que, al hacerlo, lo entrega a la Justicia.

Nada demasiado diferente ocurre con otros detectives de la policial de enigma: la policía tiene una connotación positiva. Philo Vance trabaja con el fiscal de distrito Markham. Y Ellery Queen (que logra, con frecuencia, situarse entre la policial clásica y la negra) trabaja con el inspector Queen, que es, precisamente, su padre. Gideon Fell y Sir Henry Merrivale (los detectives de John Dickson Carr o Patrick Quentin), ningún problema con la policía. Y ni hablar de Hércules Poirot o Miss Marple. En suma, el detective de la policial clásica no pertenece al aparato policial (es un individualista, un matemático, un lógico y hasta un ajedrecista de las relaciones humanas tramadas por el delito) pero no tiene conflictos serios con la policía. Por el contrario, la policía es el espacio final al que su racionalidad conduce; en sus manos deposita al culpable y sabe, siempre, que esas manos son buenas; que el culpable, en manos de la policía, *está en buenas manos*.

En la policial negra todo cambia: el detective trabaja no sólo al margen de la policía, sino contra ella. Marlowe, en *El largo adiós*, es arrestado y maltratado. Pero, sobre todo, hay una feroz percepción: *la policía está más cerca del delito que de la ley*. ¿Por qué? Porque es un estamento más de una sociedad violenta, materialista y delictiva, es decir, marginada de la Justicia. En *Cosecha roja*, Sam Spade, el detective de Dashiell Hammett, llega a una ciudad con un nombre paradigmático: *Poisonville*. En ese territorio, lo sabe, no existe la Justicia: sólo existe el poder del dinero y la violencia institucionalizada que lo respalda. Y esa violencia institucionalizada es... la policía.

Sin embargo, en la ficción anglosajona, ha mejorado la visión de la policía. ¿Qué elemento tornó posible esta mejoría? El fortalecimiento de la policía como institución dentro de la que es posible desarrollar una carrera. Todos (o casi todos, o, al menos, muchos) hemos visto una notable serie británica: *Prime Suspect*. Se trata de una pequeña joya que desarrolla las aventuras de la teniente detective Jane Tennyson –un rol que en manos de la actriz Helen Mirren tiene momentos deslumbrantes–. La detective Tennyson no sólo busca la Justicia, también busca muy seriamente su ascenso y reconocimiento dentro de la institución policial. Ser policía, para Tennyson, implica un elevado nivel de profesionalidad dentro de una institución que –pese a sus defectos– mantiene una esencial lejanía con el mundo del delito y la corrupción: son profesionales, cumplir con el deber tiene un sentido económico y social, les permite ascender, les permite vivir y sentir que sirven a la comunidad como cualquiera que desarrolla con eficacia un trabajo. ¿Por qué Jane Tennyson es inimaginable en la Argentina?

Comencemos, en principio, por constatar un hecho: *no hay detectives en nuestra narrativa policial*. No hay policías porque un policía bueno es –narrativamente, aquí, en la Argentina– un imposible. La policía está vigorosamente unida a la idea de la represión y, por ahora (y, más aún, mientras continúen los crímenes como los de Cabezas), es irrescatable de esa zona oscura y violenta. En *Triste, solitario y final*, de Osvaldo Soriano, el detective es Philip Marlowe ayudado por el mismo Soriano. En Borges y Bioy el detective es un preso: Isidro Parodi. En *El cerco* de Juan Martini no hay detective. En *Manual de perdedores* de Juan Sasturain los detectives son el veterano Etchenaik y el gallego Tony García transformados en una versión paródica y porteña de Don Quijote y Sancho. Y en mis dos novelas policiales –*Últimos días de la víctima* y *Ni el tiro del final*– tampoco hay detectives. La primera (de 1979) narra los avatares de un asesino a sueldo del Poder y la segunda (1981) narra el definitivo fracaso de dos perdedores que intentan sobornar a un personaje que se revela, al final, como "el amo de la droga en la provincia de Buenos Aires".

En suma, que no haya detectives, que no haya policías en nuestra narrativa policial no es una cuestión que se resuelva en el plano específicamente literario. Hay que acudir –como explicación insoslayable– a la realidad social. Y esta realidad nos dice que un policía bueno es –todavía– impensable en la Argentina, de aquí que nuestra narrativa no haya utilizado ese personaje. Y si es impensable es porque la gente, en las calles, canta cosas como: *Se sabía / se sabía / a Cabezas lo mató la policía.* Porque, en fin, se visualiza a la policía como un aparato que funciona para agredir a la sociedad y no para protegerla. Un aparato que infunde temor y no adhesión. Y que mal puede, por consiguiente, lograr una incorporación positiva en la esfera literaria.

La estrategia del cadáver

"Ese cadáver me lo tiraron a mí", dice el gobernador de la provincia de Buenos Aires refiriéndose a José Luis Cabezas. Ofrece dos elementos para fundamentar tal afirmación; uno espacial, el otro metafórico. El espacial es contundente: el cadáver apareció a sólo ochenta metros de su casa. El metafórico es más sutil: Cabezas se llama como se llama, es decir, se llama *Cabezas*. Y el gobernador de la provincia de Buenos Aires tiene el físico que tiene, y, en ese físico, se destaca su *cabeza*. Cabezas encontró su muerte por una desdichada coincidencia: la de su apellido con la particularidad corporal más destacada del gobernador, a quien, en los círculos del chismerío, se le dice *cabezón*.[23] Más allá de la fundamentación que ofrece Duhalde para decir lo que dice ("Ese cadáver me lo tiraron a mí") lo alarmante está detrás de la frase. Porque lo que late en esa frase es que hoy, en la Argentina, se ultiman vidas humanas

---

23 Esta característica forma parte del folclore jodón del justicialismo. Incluso Menem, tan propenso a los chistes y a cultivar, por consiguiente, esa imagen entradora del presidente distendido y jovial, amigo de los asados, los buenos vinos y los buenos chistes, sabe contar –no sin cierta gracia– un chiste sobre el *Cabezón* Duhalde: "Cuando Duhalde –dice el chiste– era joven le gustaba ir a los bailes. Y cada vez que cabeceaba a una chica para sacarla a bailar... se levantaban tres".

en aras de maniobras políticas. Alguien, según Duhalde, dijo "tírenle ese cadáver a Duhalde". Así, el cadaver *tirado* forma parte de los laberintos del poder, de los intereses, de las maniobras, de los mensajes. ¿Dónde buscar las causas de ese asesinato? En las *internas* del Poder.

No es nueva la estrategia del *cadáver* como elemento de presión o de negociación política. Según esta estrategia son diversas las causas que determinan la elección del cadáver. 1) Un grupo mata a alguien cuando a ese mismo grupo le conviene matarlo. Supongamos: Cabezas formaba parte de una investigación periodística sobre la policía bonaerense y es esta entidad la que decide su muerte para protegerse. 2) Un grupo mata a alguien cuando quiere que esa muerte sea atribuida a otro grupo al que todo señala como el más interesado en ella. Supongamos: Cabezas formaba parte de una investigación sobre la policía bonaerense, pero no lo mata la policía bonaerense. Lo mata un grupo que quiere que se descubra *en qué andaba* Cabezas y a quién le convenía matarlo. Aquí anida lo que dice Duhalde cuando dice *ese cadáver me lo tiraron*: al ser gobernador de la provincia en que se desempeña la policía bonaerense el cadáver de Cabezas lo señala a él. Señala su responsabilidad directa o su ineficacia como gobernante: dos formas de perjudicarlo gravemente en el mapa electoral del país. 3) Un grupo mata a alguien para amedrentar al grupo de pertenencia del muerto. Supongamos: a Cabezas no lo matan por los laberintos de la interna del Poder, sino para decirles a los periodistas –grupo al que pertenece Cabezas– que no se metan, que el periodismo tiene límites en el país y que esos límites los fija la muerte. 4) Un grupo mata a alguien porque sí. Mata a alguien que no está en nada ni inquieta a nadie. Lo mata para generar terror. El mensaje es: *cualquiera puede morir*. Es el crimen desestabilizador (se mata para demostrar que la sociedad es incapaz de proteger a los ciudadanos, aun a los *inocentes*, a los que "no están en nada") y es, también, el crimen del terrorismo de Estado. "En toda guerra mueren inocentes", decían los militares. Y esta frase tenía un enorme poder terrorífico sobre la población, porque nadie sabía si era inocente o era culpable, porque nada tipificaba la culpa. Kafka describió con justeza esta situación: *los inocentes mueren para que nadie pueda no sentirse culpable.* (Convendrá eliminar esta situación de la urdimbre del crimen de Cabezas. Fascinó a Kafka y es indispensable para analizar el terror durante los años de la dictadura militar, pero, creo, no tiene peso en la actual *estrategia del cadáver* en la Argentina.)

Ahora incorporemos el elemento *Yabrán.* Aparece como el contragolpe de Duhalde: si todo señala a Yabrán y si Yabrán es parte sustancial del poder de Menem, el cadáver que, en principio, le tiraron a Duhalde estaría, ahora, cayendo sobre Menem. De aquí la frase de Duhalde: "Yabrán debería buscarse un buen abogado". Esto y decir "es el culpable" es lo mismo. Si fuera inocente, ¿para qué necesitaría un buen abogado? ¿Para qué, sin más, necesitaría un abogado, bueno o malo? Pero no, Duhalde lo ha dicho: Yabrán necesita un *buen* abogado. En suma, es culpable.

Hay dos frases que Duhalde ha arrojado sobre Menem: a) "El Estado debe ocuparse de la Justicia Social". Con lo que está diciendo: Menem, que no se ocupa de la Justicia Social, debería hacer lo que hago yo, que sí me ocupo de eso. También está diciendo: yo soy el retorno al peronismo, al Estado fuerte, benefactor. Esta frase ha sido, digamos, un *misil social.* b) "Yabrán debería buscarse un buen abogado". Con lo que está diciendo: ese cadáver que tiraron a ochenta metros de mi casa para señalarme a mí, señala a otros. Ante todo, a Yabrán. Y a partir de Yabrán, todos saben a quién más. Esta frase es un *misil político.*

Menem se defiende mal. Porque defiende a Yabrán y Yabrán, a medida que se desarrollan los acontecimientos, se torna indefendible. Y Menem, al defenderlo, se transforma en el abogado que Duhalde le recomienda conseguirse a Yabrán. ¿Le conviene? Todos saben que no. Hay algo que se sabe en la Argentina política de hoy: a nadie le conviene ser el *buen* abogado de Yabrán, porque serlo implica quedar pegado a Yabrán. Hay otra cosa que se sabe en la Argentina política de hoy: *no parece haber estamento del Poder que no esté pegado a Yabrán.* Se dice: si esto sigue, no se detiene. Si Yabrán cae, ¿qué es lo que cae con él? Pareciera que es tanto lo que cae que incluso muchos no menemistas están asustados. "Esto hay que pararlo", seguramente susurran. Yabrán se les aparece como una monstruosa metástasis: no habría nada que su presencia, que su complicidad de años con el Poder (complicidad que le ha permitido su desmesurado crecimiento), no contamine. El Gobierno luce como un edificio tramado con los hilos de Yabrán: tirar de ese hilo hasta el fin implicará el derrumbe de todo el edificio. Y esto, ¿a quién le conviene? Si hay un quiebre institucional, ¿quién se instala sobre las ruinas del edificio caído? Se dice: Duhalde; con lo cual el sospechoso originario, el perjudicado inicial, terminaría siendo el héroe de la trama y el nuevo y absoluto dueño del Poder.

Entre tanto, hay otra Argentina. La que no se ha olvidado de Cabezas, la que lo ha mantenido durante decenas y decenas de días en el primer plano de la atención pública, la que no aceptará que ese cadáver forme exclusivamente parte de un ajedrez electoral, de un ajedrez de facciones, de cuentas a pagar, de estrategias de poder, sino que reclamará la solución del crimen porque cree por sobre todo que, en la democracia, una vida es siempre una vida y no hay nada más escandaloso que su supresión criminal. Entonces, si se tira hasta el final del hilo Yabrán y si en ese final lo que se derrumba es un Poder que ha hecho de los negocios turbios su estilo de existencia política, lo deseable, o, más aún, lo imprescindible será que *esa* Argentina sea la que ocupe el lugar vacante. (*Nota*: Todos sabemos, hoy, que fue exactamente esto lo que no ocurrió. Estoy terminando este libro –es verano de 2002– y se cumplen cinco años del asesinato de Cabezas. Las incógnitas siguen, la impunidad también.)

Un país rompecabezas

Con frecuencia, la búsqueda de la verdad requiere interrogar a las palabras. Esta tarea (que la filosofía, desde Platón a Heidegger, ha realizado acabadamente) implica no sólo un compromiso con las etimologías, sino también con las analogías y sinonimias. La palabra *rompecabezas* tiene un aire infantil. Recuerdo, por ejemplo, unos cuadrados de madera que había que montar, ordenar minuciosamente para salir del caos inicial, que era, siempre, un caos y un desafío: el desafío de salir del caos. Recuerdo también figuras de cartón que era necesario armar con laboriosa paciencia hasta dar forma a la figura única que latía en ellas. Y no recuerdo mucho más. O sí: recuerdo que nunca me gustaron los rompecabezas, que me resultaban irritantes, áridos. Implicaban, en principio, un reto tal vez fascinante (¿sería uno capaz de colocar todas las piezas en su sitio?), pero, si el reto se prolongaba demasiado, si la solución no llegaba, si nunca las piezas encajaban en su lugar, la impotencia y el desasosiego y hasta un hondo fastidio se apoderaban de uno.

María Moliner entrega varios significados de la palabra *rompecabezas*. Tomemos dos: uno evoca la violencia; el otro la complejidad, lo problemático. El primero dice así: "Arma compuesta de dos bolas de hierro o plomo sujetas a los extremos

306

de una varilla flexible". Y el segundo así: "Cualquier cosa complicada, difícil de entender o difícil de resolver". De este modo, queda establecida la relación: un rompecabezas es un arma para romper una cabeza, para quebrarla, para destrozarla, *un arma para matar*. Y, también, un rompecabezas es un enigma; algo difícil de entender y, por consiguiente, de resolver.

Si nos deslizamos al campo de los sinónimos y los significados surge también esta condición bifronte de la palabra. *Sinónimos de rompecabezas como problema:* acertijo, jeroglífico, crucigrama, enigma. *Significados de rompecabezas como arma:* garrote, estaca, palo, porra, cachiporra, martillo, maza.

Estamos, claro, hablando de José Luis Cabezas. Porque la consigna de no olvidarlo requiere interrogar su muerte desde todos los ángulos posibles. Esa muerte continúa siendo un enigma, de aquí la persistencia en el interrogar. Y un enigma –según indicara María Moliner– tiene dos características: es difícil de entender y es difícil de resolver. Para resolver algo hay, antes, que entenderlo. También puede ocurrir que las dos cosas ocurran simultáneamente: entendemos en la medida que resolvemos. Como sea, algo es indubitable: para resolver el crimen de Cabezas hay que entender la Argentina de hoy. Y la Argentina de hoy es un rompecabezas. Y lo es, también, en el doble cariz de la palabra *rompecabezas*: en el cariz violento y en el cariz enigmático.

La Argentina expresa el cariz violento de la palabra *rompecabezas* porque, en enero de 1997, a José Luis Cabezas le rompieron la cabeza. Lo quemaron de un balazo en la nuca y tal vez de otro en la frente. Aquí, el revólver calibre 32 se transforma en un sinónimo más de garrote, estaca, palo, porra, cachiporra, martillo o maza. Con ese revólver rompieron la cabeza de Cabezas. Y luego, ese cadáver, ahí, sobre la arena fría y ya jamás festiva de Pinamar, se transforma en el cariz enigmático de la Argentina: *quién mató a*

Cabezas. Porque ese cuerpo es el acertijo, el jeroglífico, el crucigrama, el misterio de este país.

Hay una percepción social y política excepcional en esta cuestión: nunca antes se vio con tanta certeza y claridad que en la solución de un hecho puntual residía la solución del misterio de la Argentina. Nadie lo ignora: *si se entiende lo de Cabezas se entiende todo*. Y ahí, cuando se entienda todo, se podrá, tal vez, resolver algo. O todo. Depende.

Hay cosas que ya se han entendido, y ese entendimiento no tiene punto de retorno. Y si digo que no hay punto de retorno (por el momento al menos, ya que puede haberlo luego) es porque en la conciencia del país se han instalado algunas certezas irreductibles. Primero: el crimen de Cabezas es un crimen que compromete al Gobierno. Segundo: todo señala al Supremo Empresario Yabrán como el punto en que se anudan las tramas que llevan a la arena fría de Pinamar. Tercero: el Supremo Empresario ha crecido al amparo de otros gobiernos que el de Menem, pero ha sido bajo *éste* que consolidó su omnímodo poder. Cuarto: ese poder se ha establecido a través de una oscura relación entre dinero y política. La relación entre dinero y política –cuando no es transparente– tiene un nombre: corrupción. Nadie ha sido en este país menos transparente que el Supremo Empresario: estaba vedado sacarle una foto. Y en este momento histórico de primacía de la imagen nada revela más la *vocación de ocultamiento* que prohibir el ejercicio de la profesión de fotógrafo. La vocación de ocultamiento es paralela al ejercicio de los negocios turbios, misteriosos, enigmáticos. Negocios que no deben ser revelados, ya que lo que esa revelación revelaría sería inaceptable para la ley. Hay actitudes que implican confesiones. Quinto: el Supremo Empresario sale a la luz, es infinitamente fotografiado. El Gobierno no explica sus pasadas o actuales relaciones con él. No investiga, se defiende. Sexto: la actitud defensiva y desviacionista del Gobierno revela que el compromiso con el Supremo Empresario es tan hondo que no puede ser explicitado. Séptimo: si no puede ser explicitado es porque ese compromiso afecta de modo decisivo a la figura presidencial. Octavo: si es así, lo que se plantea es la gobernabilidad del país. Noveno: el gobernador de la provincia de Buenos Aires (parece) no estar implicado en el caso Cabezas, de aquí que se proponga como el héroe de su solución y como la figura institucional de reemplazo. Si se llega hasta el final y el Presidente cae, en el final estará él para heredar la presidencia como una fruta madura, o podrida. Décimo: si el crimen no se resuelve pronto, no se resuelve más. En este país, el tiempo es enemigo de la verdad.

Con los rompecabezas, dije, se llegaba a un punto en que uno se hastiaba: era tan arduo resolver el enigma, eran tantos los caminos sin salida, tan difícil lograr que todas las piezas encajaran en su lugar, que uno se acostumbraba al enigma, descubría que podía vivir sin resolverlo, que era más fácil, que ya no tenía sentido desgastarse en la búsqueda de una verdad que nunca se establecía, que nunca cerraba. Un rompecabezas tiene que solucionarse. Si no, uno se acostumbra a vivir con él, o en sus márgenes, que es lo mismo. Porque es la ceguera: el abandono de la lucha por la verdad.

Se corre también otro riesgo mortal: que las palabras pierdan su peso, sus significados, a fuerza de ser tan dichas, tan usadas por todos. Pronto, aun cuando queramos seguir acordándonos de Cabezas, su nombre ya no despertará la angustia o la indignación o el deseo de justicia que despertó desde enero de 1997. Son tantos los que dicen *Cabezas*, son tantos y hace ya tanto tiempo que lo dicen sin que nada cambie, sin que se produzca nada, sin que se produzca, sobre todo, la verdad, que ese nombre se devaluará fatalmente. Ese nombre y el de Prellezo y el de Yabrán y el de Jassán y el de Corach.

Y entrarán en la vorágine electoral, en el fuego cruzado de los candidatos, en la fiebre de las encuestas y, entonces, el rompe-cabezas de la Argentina, su misterio, su enigma, seguirá sin resolverse, hasta que otra vez el horror (posibilitado por el hastío y el desgaste) vuelva a abofetearnos con su impiedad, con su barbarie, y recordemos que era cierto, que nunca debimos haber olvidado a Cabezas.

Pensar desde Cabezas

La Argentina es un país que debe ser pensado día a día, cotidianamente, a través de una continuidad que no permita escapar ni siquiera sus más leves matices, sus señales sutiles. Algunas señales se vuelven sutiles porque nos hemos acostumbrado a ellas; son sutiles porque casi ya no las percibimos. Escribo estas líneas en la madrugada del viernes 4 de julio de 1997. Y ya es posible detectar algo: José Luis Cabezas, su barbárico asesinato, se ha deslizado desde la primera plana de los diarios hacia las interiores. Estamos tan acostumbrados a que esto ocurra (quiero decir: a que los escándalos, los hechos horrendos abandonen el centro de la escena al cabo de una etapa de desgaste) que no lo estamos percibiendo: de aquí lo sutil del hecho. Han pasado a primer plano, por ejemplo, las amenazas a periodistas; a periodistas que son amenazados porque se ocuparon obstinadamente de Cabezas, porque no lo olvidaron. Sin embargo, la amenaza –que es una *consecuencia*– pareciera desplazar la centralidad de la *causa*: el crimen de Cabezas.

La reacción ante esas amenazas debe ser absoluta. No es posible tolerarlas. Pero no hay que ceder a la tentación distractiva que esas amenazas proponen: alejar a Cabezas (al caso Cabezas, que es, sin más, el caso de la Argentina) del centro de la problemática nacional. Para colmo, se acerca –o ya está presente– la agitada etapa electoral, y es muy posible que se hable de muchas cosas, de todas las cosas, pero sin advertir que todas las cosas conducen al crimen de Pinamar. O también: que su explicación puede surgir de allí. O mejor aún: que la explicación de la trama argentina debe encontrar su centro en ese crimen.

Veamos, por ejemplo, el tema económico. Ya no podemos tener dudas sobre algunas cuestiones: el menemismo es el ramalazo tardío del capitalismo thatcheriano y reaganista en la Argentina. Se insiste mucho en esto. Se insiste, también, en el héroe de moda: sería el laborismo de Tony Blair y Gordon Brown, más piadoso, más inteligente, menos cruel. (No olvidemos que, dadas las circunstancias históricas de fin de milenio, la única *aspiración posible* de los que viven bajo la línea de la pobreza es un *capitalismo piadoso*. Un capitalismo inclusivo. Siempre y cuando esta inclusividad no altere en demasía los márgenes de ganancia, que posibilitan la competitividad externa y la capitalización de las empresas.) Pero propongo que esforcemos nuestra imaginación: el bueno de Tony Blair se aposenta en la Casa Rosada y quiere hacer lo suyo. Quiere ser piadoso, bueno, moderadamente distributivo. No podría serlo sin resolver el rompecabezas de Cabezas. Para decirlo claramente: en la Argentina no se trata, en primer término, de hacer retroceder el thatcherismo económico, el jolgorio de la macroeconomía (que permite decir, por ejemplo, que el ingreso per cápita en el Gran Buenos Aires recuperó los niveles de 1974), sino de desmantelar el aparato mafiopolítico que rapiña al país. *Y ésta no es una decisión económica sino política.*

Confieso que me divierte oír hablar a los economistas. Sobre todo, claro, a los entusiastas del sistema de libremercado. Lo único que saben decir (me refiero, insisto, a *estos* economistas) es: *tengan paciencia, ya les va a tocar a ustedes, esperen.* Los argentinos –en el nivel popular, sin ir más lejos– tenemos

una imagen muy clara del economista liberal: es Álvaro Alsogaray diciendo *hay que pasar el invierno*. Bien, siempre dicen
lo mismo: "hay que pasar el invierno". Ahora, más sofistica-
damente. Alsogaray –víctima de tiempos populistas– se empeñaba en ser claro y didáctico: dibujaba gráficos en un pizarrón
y señalaba números con un puntero. No, ahora dicen que la
macroeconomía anda brillante y que hay que esperar para el
desarrollo de la micro, que tal vez la desocupación disminu-
ya un dos, un tres por ciento en los años por venir. Para los
que puedan verlos, para los que lleguen. El economista es un
personaje soberbio que vive bajo la certeza de que su manejo
vertiginoso de los números y de las estadísticas lo hace imbati-
ble. Casi mira a los demás con piedad. "Pobrecitos", piensa,
"no entienden". Nunca habla de las intrínsecas imposibilidades de un sistema. Con pasmoso y sereno cinismo dice que ya
llegarán los tiempos de la inclusión, de la ampliación del
mercado. En fin, tal vez, ellos, son sinceros en algo: tal vez
seriamente creen que alguna vez el mercado se ampliará y
permitirá deslizar desde *la mano del amo* los mendrugos que
controlarán los conflictos sociales arrancando a la gente de la
miseria extrema.

Supongamos que es así. Supongamos que creemos esto.
Supongamos que creemos en la *esperanza Blair*. Aquí, en este
país, sería impracticable sin una reforma a fondo de las relaciones entre el Ejecutivo con la Justicia y los manejos económicos
que han encontrado su perfecta cifra en la figura de Alfredo Yabrán y su expresión extrema, criminal, en José Luis Cabezas
muerto en la arena de la política-show de Pinamar.

Insisto: supongamos que yo no creo, como creo, que el sistema de libremercado es por esencia exclusionista. Supongamos
que no creo que su margen para la piedad es muy limitado.
Supongamos que no creo que funciona sólo para la macroeconomía. Supongamos que no creo que su éxito y su unicidad

históricas se deben más al fracaso de sistemas alternativos; al fracaso, sobre todo, del socialismo estatal y dirigista (tanto económico como político e ideológico). Supongamos que no creo, como creo, que es un sistema cuya justicia distributiva depende de la generosidad de sus sectores dominantes (o, también, de la lucidez de los mismos para evitar estallidos sociales) en lugar de depender de mecanismos internos, esenciales al sistema, que lo llevan por su propia dinámica a repartir más equitativamente la riqueza. Supongamos que no creo que el Estado debe tener una actividad decisiva e irreemplazable en las esferas de la salud, la educación y la cultura. Supongamos que no creo en nada de esto. Supongamos que creo que el sistema victorioso de fin de siglo puede adoptar la variable Blair, la variable piadosa. Aun así diría: es absolutamente impracticable en la Argentina en tanto se mantenga la actual estructura política de poder. De aquí que Cabezas siga siendo el centro de la cuestión. Porque si la relación Ejecutivo-Justicia-Mafia es constitutiva de la Argentina actual, entonces pueden hablar cuanto quieran los economistas. Nada cambiará. Los cambios deben comenzar desde la política y desde la justicia. Por eso –*específicamente por eso*– debemos seguir pensando al país desde José Luis Cabezas. Porque ese cadáver continúa siendo el signo más unívoco y más trágico de la imposibilidad argentina.

Versace

El diseño Versace no reclama la sutileza del que mira. El diseño Armani, sí. Porque Versace agrede al que mira, le impone una presencia, le dice aquí estoy, estoy para que no me ignores y mi presencia es tan ostensible que jamás podrías ignorarme. El diseño Armani reclama la mirada sutil, inteligente. Dice: sólo advertirás mi elegancia si estás capacitado para la mirada que entiende, que no se deja avasallar, la mirada que descubre. Allí donde Versace grita, chilla, y se entrega a los artificios de la estridencia, Armani sugiere, habla con voz serena, busca la seducción. Un ejemplo puede aclarar por completo el tema: Mariana Nannis y Zulemita visten Versace; Jodie Foster y Michelle Pfeiffer seducen desde Armani.

Así, no es casual que los tiempos del menemismo hayan recurrido a las estridencias de Versace. Son tiempos de ostentación. Que, además, se recortan contra un paisaje de pobreza sin retorno. El contraste es doblemente grosero. El sujeto menemista que viste Versace no sólo quiere tener poder y riqueza, quiere también que los demás vean ese poder y esa riqueza. Hay una búsqueda de la propia confirmación por medio de la mirada del otro. "Soy, pero para ser necesito que los demás me vean". Y para que los demás lo vean sabe que tiene que vestir Versace, la ropa diseñada para no ser ignorado.

Versace busca el reconocimiento inmediato, no puede esperar. Sí lo puede Armani, que acepta la mediatez. Pero el sujeto Versace existe en la medida en que los otros lo ven. Existe para ser visto. Se cubre de colores, su presencia es un estallido. Casi una violencia visual. Es la moda del recién llegado. Todo lo que tiene lo ha conquistado a partir de sí. No es un heredero, es un conquistador. Ha amasado su poder con sus propias manos. No tiene un linaje que exhibir –como la oligarquía, que siempre tiene un pasado–, sólo se tiene a sí mismo: por eso vive inmerso en la desesperación de exhibirse. Se legitima desde sí. Carece de árbol genealógico. Él es la fuente de su poder y el único posible espesor de su presencia. De este modo, ¿cómo no habría de exhibirse?

Lo grosero del *versacismo* radica en su condición explícita. En su insultante agresividad. En su detestable intento por someter la conciencia y la libertad del otro apelando a la violencia visual. Más allá del deseo de ser visto y reconocido, el sujeto Versace busca dominar, avasallar. Reclama la atención, la mirada del otro para someterlo, para convocar su envidia, su admiración cuasi rencorosa, para infligirle el dolor de lo imposible.

Fue en ese *escenario Versace* que José Luis Cabezas fue asesinado. Porque había ido a una fiesta del Poder, con banqueros, políticos de rango, modelos, deportistas célebres, desbocada farándula. Había ido a sacar fotos. Todo ocurría –además– en un balneario Versace, en Pinamar, convertido en el destello de la frivolidad noventista, en la carpa estival del menemato. Ahí Cabezas sacó muchas fotos. Y algunas le costaron caro.

La continuidad peronista

Durante estos días ha muerto el historiador François Furet. Hizo muchas cosas, escribió libros notables, meditó sobre la Revolución Francesa y sobre la Rusa. Creo que su aporte teórico fundamental consistió en percibir que este momento histórico –éste: el del fin del segundo milenio– está dominado por la incerteza acerca del *sentido*. La escatología marxista (es decir, la reflexión acerca del *sentido* y el *fin* de la historia) dominó gran parte de nuestro siglo y le dio aparente coherencia: el proletariado estaba ontológicamente destinado a suceder a la burguesía en el devenir histórico. Esto era así, no se discutía. Se podía estar a favor o en contra, pero no se podía detener este devenir. A lo sumo, los gendarmes del capitalismo podían demorarlo. Jamás interrumpirlo.

Furet parte de un hecho que todos conocemos y cuya contundencia hemos vivido: no fue el proletariado el que sucedió a la burguesía, sino que la burguesía se sucedió a sí misma. Como dice Furet: *el futuro de la burguesía fue la burguesía*. ¿Cuál es, ahora, el sentido de la Historia? No hay concepto que se haya hundido más hondamente en el descrédito epistemológico que, precisamente, éste. El subtexto de Furet es: mejor no seguir hablando sobre el sentido de la historia. Basta de extraer leyes gnoseológicas de los hechos históricos.

Basta de buscar en la Historia un relato que nos tranquilice sobre el futuro. Así las cosas, el panorama es realista y atemorizante. Nada atemoriza más que la ausencia del sentido. ¿Seremos capaces de vivir en una temporalidad histórica sin garantismos? Lo cierto es que la vivencia de este fin de siglo nos acerca más a pensar que la historia es azarosa o caótica antes que racional.

Como sea, la experiencia de la falta del sentido puede ser enormemente creativa. ¿Quién no ha padecido el empobrecimiento de su imaginación por los aplastantes sentidos que las filosofías de la historia entregaban a los hechos? Cuando uno escribe una novela –incurro en este ejemplo que conozco de cerca– tiene dos caminos: 1) trazar una estructura férrea que otorga seguridad pero que elimina las sorpresas del proceso creativo. Hay escritores que trabajan tanto la trama que en lugar de escribir transcriben una normativa ya establecida de antemano; 2) lanzarse a la aventura de lo ficcional, de la escritura. Podrá, aquí, no ser tan fuerte la estructura pero las sorpresas que se encuentran en el camino valen más que cualquier seguridad que se haya dejado de lado.

Bien, me deslizo ahora desde la problemática-Furet a la historia argentina actual, que transita por los carriles del sentido y la incerteza. Hoy y aquí, guste o no, hay un sentido de la historia. Y esto es empobrecedor pero es así. El *sentido* de la historia que vivimos es que el peronismo va a seguir gobernando. Si el poder –en una de sus facetas más fascinantes– consiste en otorgarle a la Historia una voluntad y una direccionalidad que se identifican con ese poder, entonces debemos concluir que, aquí, en este momento de la Argentina, quienes más poder tienen son los peronistas. Se reúnen Duhalde y Menem y deciden el futuro; lo trazan inexorablemente. Entre tanto, la oposición no consigue imponerles a los hechos la direccionalidad que necesita que tengan.

Me explico: todo parecía tener un sentido favorable a la transparencia de las situaciones de horror en la Argentina. El caso Cabezas se acercaba hacia su resolución. El excalibur abría huecos, hacía estragos en los hombres del Gobierno. Todo temblaba. Todo estaba a punto de caer en esa zona de translucidez de la cual no retornan ni los corruptos ni los mafiosos. Parecía también que una interna feroz se avecinaba en el peronismo. Una interna que recordaba a las tradicionales e impiadosas internas de ese partido. Sólo que, ahora, esa interna habría de revelar la verdad, ya que una de sus fracciones estaba dispuesta a llegar hasta el fin con tal de derrotar a la otra. *Y ese fin era la verdad sobre la otra*. Es decir, el develamiento de las relaciones entre poder-justicia y negocios corruptos. Y bien, no. La cumbre entre el Presidente y el Gran Gobernador frenó todo. Y lo hizo en beneficio de la unidad peronista. En beneficio de la vieja y redituable y muy funcional y pragmática *lealtad partidaria*. De este modo, allí donde parecía sobrevenir el caos, Menem y Duhalde han introducido otra vez el sentido. *Su propio sentido*. El sentido de la continuidad del peronismo en el poder. La idea de continuidad en la Historia es simétrica a la idea de sentido, ya que si algo caracteriza a la ausencia del sentido (y los posmodernos han aportado lo suyo en esto) es la fragmentación, lo inconexo, lo caleidoscópico, lo absolutamente azaroso. Tener poder sobre los hechos es eliminar de ellos su condición azarosa. Conjurar el azar es el poder. Impedir el azar es el poder. Identificar el azar con la propia voluntad es el poder. Esto han hecho durante estos días el Presidente y el Gran Gobernador. Conjuraron el azar. Establecieron un acuerdo y de ese acuerdo surgió una continuidad: la del peronismo, ya sea en su forma populista-duhaldista o thatcherista-menemista.

En las cumbres los diálogos son aún más directos que en el llano. Sobre todo en las cumbres peronistas. ¿Quién no puede imaginar al Presidente decirle al Gran Gobernador "Hermano, terminala con Yabrán porque nos vamos todos al diablo y se reparten la herencia los opositores". No todos son diálogos. A veces hay también reflexiones subjetivas, muy subjetivas. Todos sabemos que la subjetividad en las historietas se marca a través de un globo del cual salen pequeños globitos que surgen, a su vez, de la cabeza del protagonista. ¿Quién no imagina surgir de la cabeza del Gran Gobernador pensamientos como "Paremos la mano; si el Presidente se cae, todavía no es absolutamente seguro que quien lo herede sea yo".

Pero –y esto es lo verdaderamente triste– la *continuidad* que establecen el Presidente y el Gran Gobernador se instaura no para solucionar las incertezas (¿quién voló la AMIA?, ¿quién mató a Cabezas?) sino para sofocarlas, para conjurarlas. De modo que hoy, en este país, la posibilidad de afrontar las dolorosas incertidumbres de la Historia consiste en bloquear la continuidad partidaria que el oficialismo ha trazado desde sí. Si el peronismo sucede al peronismo y si la lealtad es la herramienta que instrumentan las cabezas del partido para no pisarse la manguera entre bomberos, no hay esperanzas para la transparencia de la Justicia. Toda verdadera oposición, entonces, debe proponerse el bloqueamiento del sentido que el poder peronista –en todas sus facetas– quiere darle a nuestra Historia. Cada grieta que se abra en esa *continuidad* será una puerta abierta hacia la verdad y la justicia.[24]

---

24 Sabemos que nada de esto ocurrió: el gobierno de la Alianza se desarrolló en tanto continuidad del menemismo y en esa continuidad se ahoga toda posible justicia para la muerte de Cabezas.

El poder de la mirada

Este hecho puntual de hoy –los seis meses de su asesinato– permita tal vez llevarlo nuevamente a la primera página de los medios. Porque uno de los aspectos más tristes y alarmantes del caso Cabezas fue, durante los últimos tiempos, el de su relegamiento a las oscuras páginas interiores de los diarios; hacia las páginas donde el olvido arroja sus desechos.

Debemos preguntarnos desde cuándo se había instalado ahí. Y hay una clara respuesta: desde el acuerdo entre el Supremo Presidente y el Gran Gobernador. Porque –y esto debemos lamentarlo– lo que mantuvo tanto a Cabezas en la cresta de la ola política fue su utilización en la agresiva interna peronista.

Para Duhalde era un cadáver que le habían tirado a él. Luego él decidió tirarlo en la centralidad del Ejecutivo. Y el excalibur empezó a horadar los prestigios ya deteriorados de funcionarios que no sabían cómo defenderse de la "mancha voraz", de la fatal connivencia con el Supremo Empresario.

El excalibur se detuvo por arreglos internos del peronismo, empeñado en conservar su continuidad. No debería sorprendernos que en cualquier instante –en el exacto instante en que la agresividad de la interna peronista lo reclame– el excalibur reanude su tarea implacable.

Cabezas, en tanto, se ha transformado en una bandera de la ansiada civilización política de este país: *no a las mafias, no a la corrupción, no a la violencia.*

Pocas veces se ha revelado con tanta transparencia la relación constitutiva del Poder en la Argentina fin de milenio: la justicia está al servicio del ejecutivo, el ejecutivo protege los buenos negocios de quienes lo sostienen, quienes lo sostienen crecen desmesuradamente, este crecimiento genera personajes incontrolables, más cercanos a los malos modales de la mafia que a la tolerancia que toda forma democrática implica.

En este sentido, la figura del Supremo Empresario es emblemática. No quería que lo fotografiaran. Quería accionar desde las sombras, ajeno a la imagen en el momento histórico de primacía absoluta de la imagen. En el no querer exhibir su imagen revela una elección por lo turbio, por lo no transparente, por lo secreto.

También ese curioso apellido del Supremo Empresario expresa una advertencia: "Ya brán a ver, ya brán a ver, ya brán a ver". El que hasta ahora *vio* fue José Luis Cabezas. Vio lo que no debía ver (lo que la lógica del poder tenebroso exigía que no debía ser visto) y vio, también, hasta dónde llegaba la ira de ese poder: hasta el extremo, hasta la muerte.

Así, los dueños de la política y el dinero han explicitado un *elogio de la ceguera. Ver, en esta Argentina, es morir.* No es casual que la gran víctima del poder mafioso haya sido un fotógrafo: *un profesional de la mirada.*

Habrá, entonces, que insistir obstinadamente en llevar a su punto definitivo el oficio de José Luis Cabezas: hay que luchar por el poder revelador de la mirada. Por la transparencia. Queremos ver.

Queremos ver todo: los rostros de quienes volaron la
AMIA, los rostros de los asesinos de Cabezas, del soldado Carrasco, de María Soledad. La lucha –hoy– es la lucha por sostener el poder desenmascarante de la mirada.[25]

---

25 La lucha de la mirada desenmascarante no se ciñe a un momento histórico, ni siquiera a un hecho tan *esencial* como el asesinato de Cabezas. La mirada que
desenmascara se debe deslizar, sin detenerse nunca, de un vericueto a otro del Poder.
Ocurre con Cabezas –y es la tesis de esta *tercera parte* de estos *Escritos imprudentes*– que condensa en sí tantas determinaciones que hay que insistir en revelarlo porque su revelación revelaría, si no la totalidad, una parte sustancial de ella. El crimen
de Pinamar es –por usar un concepto althusseriano– uno de los más sobredetermi-
nados de nuestra historia. De aquí que volvamos una y otra vez a la consigna de "no
olvidar" a Cabezas.

Un año

Ocurrió lo que todos sabíamos que iba a ocurrir. Lo sabíamos porque somos argentinos y conocemos las reglas infalibles de este país: se sabe quién muere, nunca quién mata. Todos sabemos que murió –hace un año– el periodista José Luis Cabezas. Todos sabemos que no sabemos quién lo asesinó. Y sabíamos, también, que esto iba a ser así. Que luego de un año estaríamos como estamos: sin ninguna respuesta, sólo con la certeza dolorosa de siempre: aquí, en este país, los asesinos pueden matar porque habitan –junto a sus víctimas– el país de la impunidad.

Durante estos días –precisamente durante los días en que se cumple un año del asesinato de Cabezas– ha reaparecido el asesino más célebre de la Argentina. Dice canalladas en los medios, lo hacen entrar por la puerta principal de Tribunales, la gente le arroja piedras y huevos. Es el capitán Astiz. Es el asesino de la dictadura. Es la cabeza visible que se ha entregado para que el deseo público de justicia permanezca saciado durante un tiempo. Para que nuestro presidente Menem aparezca como un campeón de los derechos humanos castigando al asesino oficial.

Para entendernos: *lo de Astiz está bien, pero Astiz es la modalidad que adoptó el asesinato entre 1976 y 1983.* Hoy, esa modalidad ha cambiado. Astiz no mató a Cabezas. El poder militar no mató a Cabezas. Tampoco la "mano de obra desocupada". Que nadie deje de indignarse por los dichos de Astiz. Que nadie deje de indignarse con la criminalidad procesista. Pero que todos sigan indignándose por el crimen de Cabezas. No hay que permitirle a esta sociedad creer que encontró a su asesino. Astiz –hoy– es un patético vestigio del pasado, un muñeco abandonado a las llamas de la indignación pública por quienes ayer lo utilizaron. Hoy, los asesinos de Cabezas llegan a este primer aniversario –al que temían por las convulsiones sociales que provocaría– con menor angustia o (atenuemos este concepto, ya que estamos en la Argentina de los poderosos impunes) con menor preocupación de la que esperaban: la sociedad encontró a un asesino. No, no es el de Cabezas. Es decir, no es el asesino que al Poder le preocupa sea descubierto. No, es el capitán Astiz. El asesino reconocido por toda la sociedad. El asesino oficial de la Argentina.

Astiz ejemplificaba una modalidad –hoy ausente– del crimen político: las Fuerzas Armadas asumían el control del Estado y disponían de las vidas de los demás para establecer la sociedad que posibilitaría el desarrollo de los buenos negocios de los dueños, los severos dueños de la Argentina. La espada le abría el camino a la economía. Hoy, la economía –urdida, a través de las intrigas políticas, con las mafias del dinero y el narcotráfico– no necesita de la espada. O más precisamente: no necesita instrumentar a la institución militar (de la cual Astiz fue un genuino representante) para imponer el silencio y el miedo que posibiliten sus negocios. Para entender y desenmascarar la Argentina actual hay que descubrir quién mató a Cabezas, y esa revelación no está –ni remotamente– en la fanfarronería o en los alardes macabros de Astiz.

Todo ocurre como si los poderosos de la Argentina –ante el aniversario de Cabezas, ante el pedido de Justicia, ante la legítima ira por la impunidad reinante– hubiesen dicho: "¿Quieren un asesino? Ahí lo tienen, ahí está: es Astiz. Entreténganse, diviértanse con él, haganlé lo que quieran. Para nosotros ya no es peligroso. Ni siquiera sospecha cómo resolvemos hoy nuestros inconvenientes".

He aquí la pregunta: ¿cómo los resuelven? En ciertos casos, matando a un periodista en el balneario político-empresarial de la Argentina. El caso Cabezas llevó a primer plano (insistamos en recordar estas cosas) un notable concepto: *el autor intelectual*. No es por azar que un escritor tan cuidadoso de la precisión narrativa como Juan Martini le haya puesto ese título a la novela que está escribiendo. Pocas veces –ante un asesinato político– se llegó a hablar tan insistentemente del *autor intelectual*. El concepto es paradójico porque nadie cree que sea alguien entregado a las arduas labores del intelecto quien ordenó ultimar a Cabezas. Cuando uno dice *intelectual* piensa, digamos, en Gilles Deleuze o en Castoriadis o en León Rozitchner. Todos, no obstante, saben que la palabra *intelectual*, aplicada al caso Cabezas, señala la zonalidad de las sombras. Ha sido importante que se visualizara masivamente que los que matan reciben órdenes. Ejecutan ejecutando órdenes. Pongo un ejemplo: en los Estados Unidos, la figura del célebre asesino Lee Harvey Oswald ocultó el rostro de los autores intelectuales. Y con tal efectividad que la clase media norteamericana sigue creyendo que a Kennedy lo mató un desquiciado filocastrista de nombre Oswald. Aquí –en la Argentina, en esto al menos– hemos avanzado: la figura del *autor intelectual* implica la exigencia de ir más allá del asesino efectivamente real. Hablar del *autor intelectual* es no conformarse con Oswald. Saber que el arma asesina se dispara desde gabinetes secretos en los que se traman negocios tan bastardos que reclaman vidas humanas para realizarse impunemente. La cuestión es tornar públicos esos gabinetes secretos. Ahí develaríamos la estructura de la Argentina de hoy: esa conjura tenebrosa de negocios faraónicos, política servil, funcionarios corruptos, narcotráfico, lavado de dinero, frivolidad, ostentación, exclusión social, policías cómplices y aparatos represivos. Esa conjura es la actual enemiga de nuestra improbable democracia. Y hacer del notorio asesino Alfredo Astiz nuestro Lee Harvey Oswald no nos va a servir para enfrentarla.

Un policial sin explicaciones

Supongamos que se trata de una novela. El argumento es así: un fotógrafo aparece asesinado en una playa veraniega. El crimen conmueve al país. Hay varios sospechosos. Desde la propia policía (como corresponde a una buena novela policial) hasta los más altos estamentos de la política, del Poder. La novela se pone buena. El lector se apasiona. Se la devora. Una página tras otra. Cada vez mejor. Poco a poco empieza a dibujarse la figura del principal sospechoso: un personaje de oscuros negocios, que se negaba a ser fotografiado (y a quien la víctima había fotografiado despertando su ira), un hombre sagaz, veloz, que mira entrecerrando los ojos (como los villanos de las películas), un hombre de pelo casi platinado, un hombre duro, que se ha hecho de abajo, solo, que ha tramado infinitos negocios con los personajes más prominentes de la política y el establishment. ¿Será el asesino? El lector se entusiasma. Si lo fuera –si este personaje fuera el culpable– la novela alcanzaría niveles fascinantes, ya que el hombre no es de los que caen solos. Arrastrará con él tantas intrigas, conjuras y planes macabros que la novela sólo llegará a su culminación entre destellos de asombro, qué duda cabe.

Sólo una duda cabe. Sólo algo preocupa al lector: faltan muy escasas páginas para que la novela termine. ¿Cómo logrará el autor –en tan poco espacio– satisfacer todas las expectativas creadas? La duda del lector se confirma. Súbitamente la novela concluye. El principal sospechoso se pega un tiro con una escopeta en una de sus propiedades. En suma, el principal sospechoso se suicida y la novela llega a su fin. El autor nos dice: ése era el culpable. Y el detective no explica nada. No hay detective. No hay explicación. Sólo hay otro cadáver. Una novela con dos cadáveres (el de la víctima y el del culpable) y ninguna explicación.

El lector se indigna. Arroja la novela por la ventana y se dice que lo han engañado. ¿Qué le vendieron? ¿Qué inescrupulosa editorial le vendió una novela de tan inescrupuloso autor? El lector llama a la editorial: pregunta si no habrá una continuación. Un segundo tomo. Algo. No, le dicen, la novela es así: el culpable era el principal sospechoso y, al suicidarse, lo confirmó. ¿Por qué habría de seguir la novela? ¿Cómo por qué?, se enfurece el lector. Porque *toda* novela policial narra el móvil del crimen. Dice si el asesino tuvo o no tuvo cómplices. Cómo se cometió el asesinato. El lector se encoleriza: ¡en las novelas policiales la policía o el detective arrestan al culpable! ¡Es así! En ésta no, dice el editor. Y si no le gusta... Vea, jodasé. Al fin y al cabo, usted es solamente el lector y está condenado a leer lo que nosotros publicamos.

Fin de año

Suele entenderse el fin de año como el momento del balance. Sería, entonces, el momento de la reflexión. Si, para Hegel, la filosofía era como el ave de Minerva porque levantaba su vuelo al anochecer, el fin de año sería el momento filosófico del año. Ha llegado el anochecer y no podemos sino reflexionar –si se quiere: filosofar– sobre los acontecimientos múltiples y con frecuencia caóticos que hemos dejado atrás.

Que los acontecimientos sean múltiples no es nuevo. Siempre la historia mostró el rostro de la multiplicidad, eso que solíamos entender como su infinita riqueza. Que los acontecimientos sean caóticos tampoco es nuevo, pero pertenece al espíritu de este fin de siglo. A menudo, desalentados, sentimos que nuestra capacidad de comprensión llega a su límite. Que hay mecanismos históricos que no podremos comprender. Que todo se ha desbocado, ha ido demasiado lejos. Que el azar o lo secreto o lo absurdo o lo inabarcable forman hasta tal punto el tejido de la historia que la búsqueda de una racionalidad de los hechos es imposible, o es, también, otra forma del absurdo. Si una fellatio en el norte del hemisferio americano desencadena feroces bombardeos en un país oriental y arrebata cientos y miles de vidas humanas, ¿qué racionalidad podemos encontrarle a la historia de nuestros días? Como sea, los intentos se hacen: se habla de la "sexoguerra" o de la "guerra Mónica Lewinsky". Pero se trata más del ingenio de los medios que de una comprensión de los hechos. Ocurre que aquí no hay comprensión. Que los motivos están demasiado lejos. O que el horror nos satura.

Detengámonos en este sentimiento: el horror. En *Apocalypse now*, el coronel Kurtz, en su momento de mayor autorreflexión, de mayor hondura y lucidez, no hace un análisis racional de las causas últimas de la guerra de Vietnam. Se acuesta sobre el piso de tierra de su choza primitiva, mira fijamente hacia lo alto y susurra: "El horror. El horror...". Con frecuencia, el espectáculo del mundo que nos rodea es tan abrumador, escapa tanto a nuestra comprensión, o, si se quiere, nuestra comprensión ha ido tan lejos que no puede sino detenerse y concluir que no vale la pena continuar porque sólo habremos de seguir encontrando el mismo paisaje loco, criminal, absurdo y azaroso, que sólo, entonces, podremos exclamar como Kurtz: "El horror, el horror...". Y, sin embargo, no habremos de acostarnos cara al cielo en nuestra choza, porque la percepción del horror, o la percepción del actual mundo histórico como un mundo horroroso, no nos debe –o no nos debería– conducir a la aceptación de todos los horrores. Hay horrores contra los que se puede luchar. Y si se puede es porque se debe. Porque el darle vuelta la cara a realidades que sí, que podemos modificar, sería una de las tantas formas del horror. No sólo una más, sino una de las más injustificables.

Hay dos horrores que estas líneas de fin de año desean llevar a primer plano: la AMIA y el asesinato de José Luis Cabezas. Hay otro hecho que desearían poner en relación –no caprichosa, creo– con los dos primeros: la re-reelección de nuestro perdurable Presidente. O del hombre que gobernaba el país en que esos dos horrores tuvieron lugar. El hombre, también, que desea seguir gobernando pese a que esos dos horrores no se aclararon.

Deberíamos hacer una promesa: que ninguna fecha que acostumbramos a recordar sea recordada sin que, a la vez, recordemos la AMIA o el asesinato de Cabezas. Por ejemplo: "Hoy es 20 de junio, día de la bandera... y aún no se han aclarado el atentado a la AMIA ni el crimen de Cabezas". Por ejemplo: "Hoy es 21 de septiembre, día de la primavera... y aún no se han aclarado el atentado a la AMIA ni el crimen de Cabezas". Por ejemplo: "Hoy es 9 de julio, día de la independencia nacional... y aún, etc.". No hay que darle respiro a la desmemoria, esa tenaz enemiga de la Justicia. Así las cosas, estas líneas de fin de año están escritas para decir: "Termina el año 1998 y aún no sabemos quién puso la bomba en la AMIA ni quién mató a Cabezas". Están escritas para decir: "El Presidente bajo cuyo mandato esos hechos se produjeron *y no se aclararon* insiste en retener el Poder contra las reglas instituidas del juego constitucional". Están escritas para preguntarse: "¿Por qué?".

Si algo se ha establecido en relación a la bomba de la AMIA es que su no resolución, su impunidad tiene que ver con la complicidad entre ese hecho y estructuras del Poder, complicidad sin la cual no podría haberse realizado. *Siempre que un hecho delictivo no se resuelve es porque quienes deben resolverlo están incluidos en él.* Ésta es una regla de hierro en toda sociedad en que los poderes mafiosos o las policías corruptas o los funcionarios delincuentes tienen fuerte mandato, decisión e impunidad. Como vemos, la historia se ha vuelto incomprensible, monstruosa, pero no tanto. Aún entendemos aspectos fundantes de ella, y todo aquello que podamos entender y esté mal, es nuestro deber explicitarlo y convocar a su solución, a su superación.

¿Cómo pasar al año entrante sin sentir que cada día nos alejamos más del recuerdo de Cabezas? Habíamos prometido no olvidarlo, pero doblamos el '97 y no ocurrió nada, y ahora

doblamos el '98 y sigue sin ocurrir nada. O sí: este año algo
ocurrió. Un hecho grotesco, una caricatura siniestra, sangui-
nolenta y burda: se suicidó Yabrán. O lo suicidaron. O lo que
sea. Lo que sí fue, lo que sucedió es que muchos, demasiados,
dieron por solucionado el caso. ¿Para qué seguir hablando de
Cabezas? ¿O acaso no se suicidó Yabrán? Una muerte por
otra. Asunto terminado.

Entre tanto, el Presidente insiste con la re-reelección. Que
es decir: él sigue adelante y lo que no se solucionó durante su
gestión (aunque haya sucedido en ella) seguirá sin solucionarse.
¿Para frenar qué, para ocultar a quién, para cubrir qué secretos inviolables servirá la permanencia obstinada del Presidente
en el Poder? Difícil saberlo. Pero toda posible alternativa (todo
posible gobierno diferenciado del actual) debería prometer,
acaso no cambiar el modelo económico (aunque, sin duda,
empezar a hacerlo: atenuar de inmediato las calamidades de la
tiranía del mercado), sino cambiar el modelo jurídico. Que,
hasta ahora, sigue siendo el de la impunidad. Es decir, el que
no descubre ni condena a los culpables, volviéndose, así, sospechoso de convivir con ellos. O de tolerarlos hasta el extremo
de la complicidad.[26]

---

26 Sabemos que a ese presidente no lo reeligieron. Sabemos que vino otro y
que aplicó su misma política económica. Sabemos que el crimen de Cabezas sigue
irresuelto y ha sido olvidado miserablemente. Sabemos, entonces, que la consigna sigue en pie: *No se olviden de Cabezas*.

Cuarta parte

Xenofobia, racismo, seguridad
La Argentina paranoica

Sobre la delincuencia

Conozco a un bancario –algo jerárquico tal vez– que trabaja en la Capital pero luego regresa a la provincia, como tantos. Ahí tiene una casa, un terrenito, una mujer, un par de hijos y una parrilla. Ahora está más tranquilo: también tiene un revólver. Con licencia, claro. Es notable el aire de respetabilidad que asume cuando me dice que le han entregado una licencia para portar su arma. Se siente letal, súbitamente fuerte, tal vez poderoso... y autorizado. Lo han autorizado a llevar un arma. Ya no es el mismo de antes. Ahora es él y su revólver. Al revólver lo lleva en el cinturón, cerca de la cadera. Ahí lo siente cálido y compañero. Ya nada es como antes. Pareciera –esto es lo que siente– que nadie habrá de meterse impunemente con él.

Subo a un taxi y el taxista tiene la radio encendida. Es el programa de un periodista-empresario que llegó al estrellato durante la gestión de Menem, defendiéndola. El hombre, con fiera ironía, con desdén corrosivo, está hablando de "esos izquierdistas y moderados que piden mano blanda con la delincuencia". Entre tanto se dedica a recibir llamados de buenos vecinos que han sido víctimas de algún atraco. Los llamados son sucesivos y cercanos al vértigo. Producen un efecto de pánico súbito. La ciudad y la vasta provincia parecen arrasadas por hordas asesinas. Muchos de los que llaman dicen que han decidido armarse, y que ya tienen la correspondiente autorización. Muchos dicen que han sido asaltados no una sino dos o tres veces, que no aguantan más. Al periodista-empresario le parece muy bien que la población se arme. Y les recuerda a los "izquierdistas y moderados" que el "moderado Tony Blair" pidió en Inglaterra mano dura para el delito.

Puedo asumirme sin mayor turbación o conflicto como izquierdista y moderado, sobre todo ante personajes de este calibre. ¿Por qué no estamos clamando por la mano dura por la que claman quienes se burlan de los moderados? Hay una razón central: se trata de dar primacía a la lucha contra las causas del delito. Se trata de explicitar una y otra vez, sin cansancio, que una sociedad de exclusión y marginación genera delito inexorablemente. Que una sociedad de corrupción genera delito. Más aún: para mí, el victimario fue antes una víctima. Y más aún: su condición de victimario no lo releva de su condición esencial de víctima, ya que la sociedad que debió ampararlo con el trabajo ahora lo arroja al abismo de la delincuencia. O sea, este tipo temible que ahora tengo frente a mí en medio de las sombras o a plena luz del día, agrediéndome, quizá quitándome la vida, es *él también* una víctima. Si me mata morirá un incluido, yo, y morirá un excluido, él. Yo muero porque él me mata y él muere por matarme. Lo que tiene que morir es el sistema de inclusión y de exclusión.

¿Por qué se autoriza a la población a cargar un arma? ¿Por qué se está volviendo legal andar armado? Cada arma que la policía legaliza es una confesión de su ineficacia. Y cada arma que un ciudadano se compra y se hace autorizar es una confesión de una verdad que él niega: está decidido a matar. Nadie que diga que se ha armado "por protección" está diciendo la verdad. Comprar un arma implica la decisión de matar. No es "para asustar" ni "para hacer huir" a nadie. Es para –si llega el caso– matarlo. Así las cosas, pronto la sociedad se va a dividir en dos partes: los delincuentes y los ingenieros. Los ingenieros Santos. Entre tanto, el periodista-empresario sigue recibiendo y emitiendo llamados: "Me asaltaron en la puerta de mi casa", "A la salida del Banco", "Ya es la cuarta vez que me asaltan", "A un vecino mío lo mataron para robarle diez pesos". Y el oyente –espantado, aterrado pero ya furioso– corre a comprarse un arma. "Por las dudas", dice. "Por protección", dice. Y no dice ni se dice la verdad: "Para matar".

La situación es alarmante. El Gobierno pedirá mano dura porque así sostiene la falsedad que le interesa sostener: que la delincuencia, que la ola de asaltos, que el terror no son el fruto directo de una economía de exclusión, de marginación, agravada por el festín de los corruptos, por su frivolidad insultante, sino que –la ola de asaltos– responde a la naturaleza del delincuente. Hay delincuentes porque hay delincuentes. Nunca se preguntan por qué. Sólo atinan a balbucear torpezas como "antes también había delitos pero no se sabía". Hace muchos años que estamos en democracia y que las cosas –afortunadamente– se saben. Y la ola de delitos es ahora. Bajo este Gobierno, bajo este plan económico, bajo esta ética político-empresarial-farandulesca.

No comparto la traslación mecánica del slogan de Tony Blair a la realidad argentina. Tal vez en Gran Bretaña y con la policía inglesa se pueda decir "duro con el delito". En la Argentina –con la tradición represora y ciertamente brutal de nuestras policías bravas– decir "duro contra el delito" es abrirle espacio a la tortura. Ni más ni menos. Que cada uno se haga cargo de lo que en verdad está diciendo y pidiendo. Aquí, en este violento país, sólo es posible decir: duro contra las causas del delito, y legalidad y justicia contra la delincuencia.

Sería adecuado añadir: *contra todas las delincuencias*. Pero no: es muy distinta la delincuencia político-empresarial-farandulesca que la delincuencia común. La segunda es delincuencia. La primera es –simultáneamente– delincuencia y factor decisivo en las causas de la delincuencia.

Desempleo y delito

Los funcionarios del Gobierno siempre tienen una obsesión: despegar la violencia delictiva que azota el país del fenómeno del desempleo que azota la economía. Me tocó ver a uno de ellos en un programa de televisión. El programa de Alfredo Leuco en el que hay una serie de mesitas tipo bar y cada uno de los invitados se sienta, le sirven un café y dialoga con Leuco.

El funcionario gubernamental se sentó solo y exhibió ese brillo en el vestir y en el discurso que suelen –algunos, no todos– exhibir cuando se trata de defender las políticas del Gobierno. Dijo algo notable: que decir que la pobreza fomenta el delito es ofender a los pobres. Que los pobres –más o menos dijo– no son delincuentes sino gente buena. Claro: parte de esa concepción tan cara al presidente Menem, quien, sabemos, se obstina en afirmar que pobres habrá siempre. Que el pobre pertenece a un sector de la sociedad –como el rico– y que decir que la pobreza fomenta el delito es ofender a ese sector de la sociedad.

Se ponía –el funcionario– a la defensiva. Como el Gobierno engendra cotidianamente pobres, los produce como parte esencial de su funcionamiento económico, el funcionario nos dice que los pobres no son delincuentes. Con lo que está diciendo: nosotros, al crear pobres día a día, no creamos delito.

Nadie –ninguno de los que decimos que hay una relación de hierro entre aumento de la pobreza y aumento del delito– quiere ofender a los pobres. Quienes los ofenden son ellos. Primero por haberlos llevado a la pobreza. Segundo por ahondar esa pobreza y crear nuevos pobres.

Ese día –el día en que vi a ese ministro en ese programa– se había votado la ley de flexibilización laboral con el inefable Alsogaray haciendo número para los proyectos del Partido Justicialista, partido que –todos sabemos– el capitán-ingeniero ama desde que hace exactamente lo que él siempre quiso hacer. Era el día de la apoteosis del desempleo. Era un día para tener –tal vez más que nunca– una convicción como la que sigue: en una sociedad del trabajo y el pleno empleo el delito disminuye, en una sociedad sin trabajo y con leyes de flexibilización que le hacen sentir al trabajador que ni siquiera lo que tiene lo tiene de verdad, ya que lo pueden echar a la calle sin mayores inconvenientes, el delito aumenta. Nada de esto inquietó al ministro quien –luego de defender a los pobres de un modo tan *sui generis*– se lanzó a una defensa de la técnica del arresto por "merodeo" que propone aplicar la policía. Ley que implica –sin más– arrestar a todo aquel a quien un policía le ve cara de delincuente. Mi amigo Arturo Bonín –que estaba conmigo en otra mesita, escuchando con tolerancia pluralista– tuvo una idea formidable. La formuló como una pregunta: "¿Por qué no aplican la ley del merodeo en los ministerios?".

Un país entre rejas

Nadie nace delincuente o asesino. Pocas cosas resultan más tristemente divertidas que esas teorías lombrosianas sobre las características congénitas del malhechor. Uno no es un delincuente porque nació con el lóbulo de la oreja pegado al nacimiento del maxilar. Un delincuente es una minuciosa construcción en que lo social y lo individual se traman problemáticamente. No todos los pobres son delincuentes. No todos los ricos son delincuentes. Pero la pobreza, la marginación, la desesperanza generan delincuencia. Tanto como la generan el ansia de riquezas, la falta de escrúpulos, la vanidad o el deseo de ostentación. Tenemos delincuentes pobres y delincuentes ricos. Es bueno, es necesario establecerlo en un momento en que la sociedad se vuelve agresivamente hacia los pobres para demonizarlos, para hacerlos responsables de las crecientes tropelías macabras de estos días.

Los pobres no viven donde viven los ricos. Los pobres viven en míseros espacios marginales. En San Isidro no viven en Las Lomas, viven en La Cava. En Munro están en La Rana. En Ciudadela, en Fuerte Apache. Cierta vez, Munro fue una localidad llena de pequeñas o medianas industrias. Desde Martínez de Hoz en adelante todas fueron arrasadas y nadie –pese a que no faltaron quienes lo prometieran– levantó esas

343

cortinas. La relación entre aumento de pobladores marginales en La Rana y cierre de industrias en Munro es implacable. La que genera delito no es la pobreza, sino la falta de trabajo. Que es, claro, la antesala del infierno. El infierno es la pobreza. Por decirlo claro: *una sociedad que no genera trabajo, genera delito.*

En La Cava –ese lugar que queda muy cerca y, a la vez, muy lejos de Las Lomas, el otro lugar de San Isidro, el bello, donde Victoria Ocampo invitaba a Rabindranath Tagore, un freak que vendía sabiduría oriental y sobre el que Victoria escribió, en *Sur*, un inefable texto bajo el inefable título de "Rabindranath Tagore en Las Lomas de San Isidro"–, en La Cava, decía, hay más de doce mil personas. *Entre desocupados y subocupados llegan al setenta por ciento.* Hay, para mayor desgracia y humillación de sus habitantes, televisores. A través de esas pantallas los Lacaveños miran el mundo, el mundo de los otros. Miran una propaganda de papas fritas que dice: "Si empezás, no parás". Miran los programas de juegos. Ésos donde todos se ríen. Es increíble la cantidad de gente que se ríe en la televisión. Derrochan felicidad. Viven en el mejor de los mundos. Regalan autos, electrodomésticos. El montaje de imágenes es frenético, enardecido. Todo se ve, pero por poco tiempo: culos, tetas, risas, melenas rubias al viento. Y, de pronto, la realidad: el vértigo-montaje se detiene y aparece el submundo. El submundo, lo oscuro son ellos, los marginados: los que matan, los que roban. "Una mujer fue asesinada por...". La cara del locutor es seria. Se acabaron los culos, las tetas, los lavarropas, los autos cero, las papas fritas, las risas infinitas, la infinita risa de la diva nacional de la risa, que no cesa de reírse y uno se pregunta de qué. Y el locutor sigue: "...dos jóvenes de catorce años, quienes lo asaltaron cuando el coche se detuvo en un semáforo y le pegaron un tiro en la cabeza". Y los diarios titulan, alarmados: "Se mata por matar". Y un locutor radial se entera de que uno de los victimarios es chileno y una xenofobia feroz lo domina y propone devolverlo –y también a los peruanos y bolivianos– "a patadas" a su país de origen. Y se abren los micrófonos a los llamados de los oyentes. Y todos piden lo mismo: mano dura.

Entre tanto, en el país florecen las rejas. Los ricos ponen rejas a sus casas, a sus countries, a los colegios privados de sus hijos. Y piden que pongan rejas en La Cava. Pronto enrejarán La Cava. O ya lo hicieron: el cerrojo policial es cada vez más impresionante. Pronto enrejarán la ciudad de Buenos Aires. Harán una nueva zanja de Alsina y hasta le pondrán cocodrilos. Que nadie pase, que nadie llegue, que nadie invada Buenos Aires, porque Buenos Aires está más linda que nunca y ahora se la podemos mostrar a nuestros amigos extranjeros, mostrarles los edificios altos, iluminados, Puerto Madero, El Abasto, la Recoleta, todo, porque todo reluce, porque todos los autos son nuevos, porque ya no tenemos la humillación de ver la compasiva sorpresa de nuestros amigos extranjeros ante tanto coche viejo circulando por ahí, porque esto no es La Habana, donde los coches son de museo, sacados de una polvorienta película de los años cincuenta, porque esto es Buenos Aires y brilla, y las parrillas están atestadas, y los asadores desbordan de carne y achuras y nuestros amigos extranjeros permanecen atónitos ante esas parrillas desbocadas, donde las mollejas, riñones, costillares, pamplonas de cerdo o cochinillos tiernizados ofrecen un espectáculo opulento, pródigo, y nosotros sabemos que ese prodigio tiene otra cara, y que no se la vamos a mostrar a nuestros amigos porque es la cara de la furia, de la carencia, del peligro, y no vamos a ser tan indelicados como para llevarlos a esos arrabales de la condición humana, y seguimos mostrándoles Buenos Aires, y nos sentimos unos perfectos, impecables cretinos. Lo que lleva la cuestión al plano de la ética. ¿Cómo integrarse a un orden social tan extremadamente injusto sin sentir que la comida que comemos es la que les falta a otros, que el trabajo que tenemos es el que otros no tienen, que el techo que nos cobija es para miles un sueño imposible? Cada vez más nos acercamos a la sociedad del odio, que es la sociedad de la guerra. Este país entre rejas es un país en guerra. Están los que tienen un lugar y los que no lo tendrán nunca. Y los que lo tienen quieren policías y rejas (y quieren armarse, porque tienen la certeza íntima, sorda, de que van a matar si es necesario) y los que no lo tienen, los que saben que no sólo no lo tienen ahora, sino que no lo tendrán mañana, ni nunca, detestan la vida porque les enseñaron a no esperar nada de ella. ¿Cómo habría de respetar la vida alguien a quien la vida no le da nada?

Voy a insistir en algo: no me gusta esa frase de Tony Blair que propone una dureza similar contra el delito y las causas del delito. Hay que decir, hay que proponer justicia contra el delito y dureza contra las causas del delito. Lo que nos lleva a un eje central: la corrupción. La corrupción se roba los dineros con que el Estado (un Estado decente, eficaz y democrático) podría paliar la miseria. Podría generar trabajo. O desarrollar políticas –momentáneas– de asistencia. O educar. O abrir un pequeño, inicial, pero absolutamente indispensable horizonte para los que no lo tienen, para los desesperados que matan desde la desesperación. Es posible que los asesinos estén en La Cava, pero no están ahí las causas de la criminalidad. Seiscientos policías entraron en la villa de los desesperados. Si se prepararan a entrar, alguna vez, en las villas de los corruptos, si consiguiéramos eso, si lo consiguiéramos entre todos, tal vez podríamos levantar las rejas, no sentir que nuestra dicha –cualquiera que sea, del modo que se exprese– tiene como contracara necesaria la desdicha de los otros, los oscuros, temibles habitantes de los suburbios de la condición humana. Porque Buenos Aires está muy linda, pero la Argentina es –para quienes todavía tenemos la elemental honestidad de sentirlo así– indignante.

Hasta los dientes

Los supermercados se sienten en peligro. Los hambrientos andan cerca. Se cumplen, además, diez años de la explosión de la hambruna del '89. Pero no se trata de fidelidades de calendario: ocurre otra cosa. Ocurre que los hambrientos tienen hambre ahora, hoy, se cumplan o no diez años de los estallidos sociales que voltearon al alfonsinismo. Los dueños de los súper tolerarían el vaciamiento de algunas góndolas. Están dispuestos a repartir alimentos. Pero temen que los hambrientos pidan más. Temen que pidan lo imposible: que los alimenten en serio, como a personas, dignamente, no que les tiren huesos piadosos para que no muerdan, para que no lastimen, para que no estorben el buen transcurrir de los buenos negocios. Entre tanto, la policía se prepara. Muestra los dientes, ya que los hambrientos, también ellos, están mostrando los dientes. Porque tienen hambre y los hambrientos no ladran, muerden. Así, todos están hasta los dientes. Los hambrientos porque quieren comer, masticar, morder. La policía porque está armada hasta, según suele decirse, los dientes. Todo indica que la sociedad salvaje del capitalismo salvaje amenaza resolver sus conflictos a dentelladas.

Leí, durante estos agitados y presagiosos días, un análisis de esta situación en términos de lucha de clases. No, aquí no hay lucha de clases. Y no por la remanida, sobada cuestión de la "muerte del marxismo". Lo que murió del marxismo es, en principio, lo que murió de la sociedad burguesa. Marx parte de un análisis de esa sociedad y la encuentra dividida en clases antagónicas. Esas clases eran antagónicas a causa del lugar que ocupaban dentro del aparato productivo. De este modo, la sociedad burguesa era una sociedad del trabajo, de la producción y es dentro de esa sociedad que tiene sentido hablar de clases sociales. La sociedad fin de milenio ya no es una sociedad del trabajo. Ya no existe el trabajo asalariado que le permitía al burgués apropiarse de la plusvalía que el trabajo obrero generaba. La sociedad burguesa está muerta para siempre. Ya no hay burguesía, ya no hay proletariado. Sólo existe la banca supranacional, que maneja y somete a los Estados nacionales, y que no genera trabajo sino exclusión. El viejo burgués pertenecía, como el viejo proletario, al orden del trabajo, de la producción: utilizaba su capital para montar una industria, contrataba obreros y producía mercancías. Era un mundo objetal, humano, en el que los protagonistas tenían carnadura, compartían un destino concreto aun en la modalidad del antagonismo.

La sociedad en que vivimos no es la sociedad burguesa. No es una sociedad del trabajo, ni del trabajo asalariado ni de la explotación del hombre por el hombre, o lo que fuere. Es una sociedad salvaje en que unos se salvan y otros se hunden. Es una sociedad en la que unos comen y otros sufren hambre. *Una sociedad con dos grupos a los que no podemos llamar clases sociales porque no tienen relación con el aparato productivo.* Por decirlo claramente: los excluidos –y esto es lo que los define– no pertenecen al aparato productivo. Fue el capitalismo, en su modalidad salvaje, el que suprimió las clases, no el marxismo por medio de la revolución liberadora que llevaría a la sociedad sin clases, a la sociedad de la libertad y no de la necesidad.

Los que muestran sus dientes frente a los supermercados no son proletarios. Son hambrientos. No son trabajadores, son desechos marginales de una sociedad que existe matando el trabajo. Los dueños de los súper y la policía que los ampara no son la burguesía. La burguesía siempre creó y ofreció trabajo. Hoy, los poseedores ofrecen limosnas.

Todo conduce al enfrentamiento. Pero no al enfrentamiento estructurado, riguroso de la sociedad burguesa. La historia, cada vez más, se parece al estado de necesidad que describía Hobbes como previo al contrato. El trabajo, durante siglos, funcionó como el verdadero contrato. Había para todos. Dentro de la desigualdad, pero todos tenían algo. Hoy, la mayoría no tiene nada. Ni tiene cómo tenerlo. Ni los poseedores tienen cómo dárselo, ya que el esquema económico que han edificado no puede incluir a los excluidos. Sólo resta, en el mejor de los casos, un asistencialismo de corto alcance, paliativo, que demore eso que, dentro de este sistema, parece inevitable: los estallidos irracionales. Todos lo saben. Por eso están como están. Hasta los dientes.[27]

---

27 Los estallidos finalmente dieron comienzo en diciembre de 2001 y voltearon el gobierno conservador y neoliberal de De la Rúa. Es notable cómo esto –lo vemos en este texto anterior a los sucesos– se veía venir. Es notable cómo no se hizo nada para impedirlo. Y nada permite vaticinar que ese tipo de sucesos no habrá de seguir.

Contra la xenofobia

Hoy, en la Argentina, es muy fácil sentirse alguien, sentir que uno es algo más que un pelafustán asustado que vive en un país que es de otros, de Amalita, de Santiago, de Francisco o de Mauricio, de todos ellos. Hoy, basta con hablar pestes de los "bolitas" o de los "paraguas" o de los "chilotes" para sentir que uno es dueño de la patria, ya que nos la vienen a robar. Sartre, en *Reflexiones sobre la cuestión judía*, afirmaba que cuando el antisemita dice que el judío "le roba Francia" siente que Francia es suya, que le pertenece. No hay modo más directo y simple para el antisemita francés que decir que el judío le está robando el país para, de inmediato, sentirse dueño de ese país, dueño de Francia, para sentirse encarnación de la patria, casi un símbolo de pureza y de poder. Pobre tipo. Pobres, también, todos los tipos que hoy, aquí, en la Argentina, andan cacareando contra los extranjeros. Sienten, de pronto, algo que hace mucho no sentían: que tienen una patria, un país que les pertenece. Que tienen un ser. Que valen algo. Que valen, al menos, más que los inmigrantes. Que son argentinos y que la Argentina es de ellos, ya que son los otros quienes se la vienen a robar.

Qué fácil les resulta reinventar la patria, reencontrarse con el orgullo, con cierto linaje. Qué fácil les resulta no sentir que son poco, infinitamente poco, sólo un número de una estadística que no conocen, que manejan otros. De pronto, son, otra vez, como en el Mundial, como en Malvinas, ¡argentinos! La patria los convoca. Nos están invadiendo. De todos los rincones de la América oscura y pobre vienen a quitarnos lo nuestro. Son ellos: son esos mestizos zarrapastrosos, ajados, descosidos, que se acumulan en nuestras oficinas de migración, o que abultan las villas miseria. Están llenos de codicia y de furia delictiva. Porque a alguna de esas dos cosas es que vienen: o a robarnos nuestros trabajos o a robarnos nuestro dinero. Si trabajan, le están quitando ese lugar a un compatriota (a uno de los nuestros) que lo necesita. Si roban, si delinquen, nos están agrediendo. Que nos asalte un compatriota vaya y pase; es, al cabo, una contingencia nacional, una cuestión de la patria que ya solucionaremos entre todos. Pero que nos asalte un extranjero es intolerable. ¿Cómo se atreve? ¿Cómo se atreve a agredir a uno de los nuestros, a uno de los dueños de la patria, a un argentino? Duro con él.

La xenofobia surge de creer que la patria nos pertenece sólo a nosotros y que el otro (el extranjero que quiere integrarse en ella) será siempre un sospechoso. Simplemente porque no nació aquí. Lleva la condena eterna en la sangre y en el alma: jamás será un argentino, jamás podrá amar la patria como nosotros la amamos. De aquí, en consecuencia, que será el primero en agredirla. En agredirnos. La xenofobia es una actitud humana cruel y abyecta. Siempre habrá xenófobos, es una de las más bajas pasiones de la condición humana. En la abundancia dirán que vienen a "disfrutar de lo nuestro". En la escasez dirán que vienen a robárnoslo.

Curiosamente, éste es un país urdido por la inmigración. Pero fue ingrato con ella. No vinieron los inmigrantes que las clases poseedoras, que las oligarquías locales esperaban y deseaban. No vinieron sajones industriosos, limpios, aptos y rubios. Vino la hez, la turba, la canalla que la vieja Europa se sacudía de sí. Además, esos inmigrantes de los albores (contrariamente a los de ahora) traían algo en verdad peligroso: "las ideologías disolventes del ser nacional". Eran anarquistas, eran comunistas. Eran, en suma, peligrosos. Durante la Semana Trágica y durante la Patagonia Trágica la generosa Argentina les enseñó que con ella no se jugaba. Que aquí había reglas y había que aceptarlas. Aceptarlas o, sin más, morir. Murieron muchos.

El *conventillo* fue el más perfecto producto de la primera inmigración. Todas las lacras morales que hoy exhibe el argentino ante las villas miseria (ahí reside el Mal, el delito, la promiscuidad, el extranjero, el ilegal) ya las exhibía el argentino de los años que siguieron a 1880 ante la inmigración. Hay un texto imperdible de Santiago Estrada –distinguido hombre del ochenta, hombre de linaje, dueño de esa Argentina, gentleman, dandy– que forma parte de un libro que lleva por elegante título *Viajes y otras páginas literarias*, y que define al conventillo como el "pudridero de la pobreza". (Citado por Noé Jitrik en *El 80 y su mundo*, uno de los necesarios ensayos de Jitrik que las editoriales argentinas deberían reeditar.) Luego, Estrada, compara al conventillo con el intestino. Así, describe que en el conventillo hay, en el centro, "una calleja que sirve a los inquilinos de entrada y de salida, de patio, cocina y lavadero; esta calleja es el intestino recto del conventillo". Más adelante (anticipando el discurso en que Jacques Chirac se compadece de la desdicha de esas familias francesas que tienen que vivir asediadas por los olores de las extrañas comidas de los inmigrantes), Estrada enumera las caóticas habitualidades culinarias de los habitantes del conventillo: "Encienden carbón en la puerta de sus celdillas los que comen puchero: ésos son americanos. Algunos comen legumbres crudas, queso y pan: ésos son los piamonteses y genoveses. Otros comen tocino y pan: ésos son los asturianos y gallegos". Y el texto avanza en su inexorable dureza: "Se convendrá en que cada uno de los conventillos de Buenos Aires es un taller de epidemias; en que cada una de las inmundas camas es el tálamo en el cual la fiebre amarilla y el cólera se recrean". Entonces hablará de la "lepra moral" del conventillo. Los hombres del conventillo, afirma, "carecen de la luz moral y se desarrollan miserables, egoístas, sin fuerzas para el bien. Son, pues, una doble amenaza: amagan la salud pública y amagan la moral pública". Y, como impecable corolario, Estrada acusará a los eternos acusados por los xenófobos, a los judíos, de crear los conventillos, ya que éstos son fruto de "la avaricia israelita de nuestros mercaderes", quienes incurren en "el ilícito negocio de agrupar gentes en los almácigos y viveros del cólera y la fiebre amarilla".

Por decirlo claramente: si usted, hoy, es un xenófobo, podrá sentirse un heredero del distinguido Santiago Estrada, podrá sentir que la Argentina es suya, que le pertenece tan naturalmente como su corbata o su reloj, que usted es alguien, alguien a quien vienen a robarle, a despojarlo, que usted no es un bolita o un paragua, que no es un mestizo, que es blanco y argentino y humano y que la gran causa de la patria otra vez lo reclama, reclama su santa indignación porque otra vez la patria está siendo agredida desde fuera de sus fronteras, de donde vienen el peligro, la amenaza, el Mal. A usted nada le impedirá sentir todo esto. Como a mí nada me impide creer que usted es un canalla. Un pobre tipo.

Sobre la honradez

Días atrás estaba, como siempre, por aquí cerca, no muy lejos de mi casa: en Parque Centenario con Pasquini Durán y Horacio Embón. Se trataba de un ciclo de charlas o reportajes abiertos en los que se reúne cierta cantidad de gente, uno se sienta en un escenario, bajo una luz que le dificulta ver a esa gente que se ha reunido, y dice lo que mejor se le ocurre para extraer del oscuro mar de incertidumbres que lo traman algunas certezas, comunicables, si es posible, en un lenguaje llano, que se entienda, es decir, que no le añada a la gente una agresión más: la de no entender ni siquiera a aquellos de los que espera entender algo. En cierto momento, no sé por qué, tal vez, supongo, con el enorme deseo de dar lo mejor que podía dar esa noche, conté un suceso de mi vida que jamás había contado en público y raramente en privado. Se relacionaba con mi padre. Con algo que cierta vez me ocurrió en medio de una agria discusión que sostuve con él. Todos, abiertamente o no, hemos discutido y discutimos a lo largo de la vida con nuestro padre. Esa discusión, recuerdo, había llegado a un punto sin retorno. Ninguno de los dos le podía dar la razón al otro, ninguno de los dos sabía si tenía la razón, quizá ya ignorábamos dónde estaba o si existía. Entonces ocurrió lo inesperado, lo absolutamente impensable. Mi padre me abrazó, lanzó un sollozo, lo contuvo y dijo: "Vos podrás decir lo que quieras de tu padre, menos que no fue un hombre honrado". Mi viejo tendría ahí cerca de ochenta años; era fuerte, inteligente, y, qué duda cabe, algo espectacular. Yo sabía, mientras lo sostenía en mis brazos, mientras lo abrazaba como él me abrazaba a mí, que la escena tenía cierta desmesura kitsch. Sin embargo, fue un gran momento, un momento inolvidable. Ese hombre ya anciano –con lo que quiero decir: tal vez sabio o, al menos, más sabio que el jovencito soberbio que en ese instante lo abrazaba– había elegido la más pura de sus cualidades para sortear las telarañas de una discusión hiriente, barroca, estéril: su honradez. Así, nunca olvido que el día en que mi padre me quiso decir qué, en él, estaba más allá de todas las cosas de este mundo sobre las que podíamos discutir, eligió su honradez.

Quería, ahí, esa noche, en Parque Centenario, decir algo que fuera fundante, un punto de partida insoslayable, algo sin lo cual nada tuviera sentido; algo, también, que pudiera entregarle un sentido a todo. No era una definición política, mucho menos partidaria. Pero era una condición sin la cual no es posible hacer política. O no debiera serlo. Una condición, también, cuya ausencia en la *polis* expresa la modalidad de estos tiempos. Tal vez varios se sintieron defraudados. Esperaban algo más. Hubo algo más, siempre hay algo más. Pero lo que dije esa noche –ante mi propia sorpresa– fue eso: que todo puede discutirse, menos la honradez. Algunos habrán pensado –algunos lo estarán pensando mientras leen esto–: "¡Qué bobería sentimental! ¿Qué es ser honrado?". Es cierto: creo, incluso, que lo que era ser honrado para mi padre nunca fue exactamente lo que yo elegí como criterio de honradez o, sin más, como honradez a lo largo de la vida. Pero se trató, aquí, de las modalidades de la honradez, que son infinitas. Mi viejo, por decirlo claro, era un conservador aristocratizante, algo que nunca fui y dudo que alguna vez sea. Sin embargo, él se refería a una honradez menos contingente, más esencial. Digamos: ser honesto con los otros. No robar, no matar, no mentir. Sé, con total certeza, que era esto lo que quería decir, porque sé que gustaba remitirse a simplificaciones poderosas, de las que no admiten retroceso, sino que abren el camino hacia adelante.

Hoy, la honradez como valor se ha devaluado. Ser honrado es ser idiota. O lírico. O "utópico". Son malos tiempos para los tipos honrados. Serán barridos por los eficientistas. No es la primera vez que ocurre. Cuando Discépolo, en 1925, escribe "Qué vachaché", hablaba de estas cosas como si estuviera arrojando su mirada sobre este país de hoy. Ese tango, que al principio es un fracaso, que siempre será incómodo y que recién se graba en 1928, describe el panorama de toda sociedad en descomposición moral: "Lo que hace falta es empacar mucha moneda / vender el alma, rifar el corazón / tirar la poca decencia que te queda / plata, plata y plata... plata otra vez / Así es posible que morfés todos los días / tengas amigos, casa, nombre... lo que quieras vos / El verdadero amor se ahogó en la sopa / la panza es reina y el dinero Dios / ¿Pero no ves, gilito embanderado, que la razón la tiene el de más guita? / Que la honradez la venden al contado / y a la moral la dan por moneditas / Que no hay ninguna verdad que se resista / frente a dos mangos moneda nacional? / ¿Qué vachaché? Hoy ya murió el criterio / vale Jesús lo mismo que el ladrón". Años después, en "Tormenta", un tango de corte ya metafísico, escribe: "Yo siento que mi fe se tambalea / que la gente mala vive ¡Dios! mejor que yo / Si la vida es el infierno / y el honrao vive entre lágrimas / ¿cuál es el bien?".

La poética amarga de Discépolo expresa la inutilidad, la impotencia y hasta la risible, patética condición de quienes se aferran a la honradez, a la que el vate define por la negativa. Ser honrado es: 1) No vender el alma, no rifar el corazón. 2) No rifar la poca decencia que te queda sometiéndola al poder del dinero. (Ésta es una descripción fenomenológica del hombre no honrado: es el que antepone el valor del dinero a los valores morales, que siempre tienen que ver con el bien de los otros, de la comunidad. La clase política corrupta ejemplifica esta figura: rifó la poca decencia que le quedaba en aras del dinero.) 3) No someter la honradez para "morfar todos los días". Si el costo de tu honradez exige los extremos del hambre, tené el coraje de vivir hambriento. 4) No endiosar el dinero. 5) La razón no la tiene el de más guita. Al contrario, el de más guita seguramente tiene esa guita porque endiosó el dinero, porque sometió la honradez al dinero y, por consiguiente, no tiene razón. 6) La honradez no se vende al contado, la moral no se compra con monedidas. La dignidad de las personas no siempre tiene precio. *Hay cosas que no se compran porque hay cosas que no se venden.* 7) Una verdad, la propia, la que uno asumió como parte de su identidad moral, no se somete al poder miserable de dos mangos moneda nacional. No se somete, es más, al poder del dinero. Hay hombres que no tienen precio. La honradez no tiene precio. 8) Hoy no murió el criterio. Y si está agonizante hay que luchar por revivirlo. Para decir, con terca convicción, que los ladrones y Jesús no son lo mismo. 9) Es cierto, la gente mala vive mejor que los honrados. Pero no es una condena bíblica, metafísica. Se puede luchar contra eso. Señalar a los infames. 10 y último) La vida no es el infierno y el honrado no tiene por qué vivir entre lágrimas. Puede rebelarse. Puede elegir cuál es el bien. Porque es así: porque la pregunta discepoliana tiene respuesta. *¿Cuál es el bien?* El bien es no endiosar el dinero, no darle la razón al de más guita, no someter la honradez para "morfar todos los días", no vender la moral por monedidas, decirles a los ladrones que son ladrones y que jamás valdrán lo mismo que Jesús porque todavía hay valores, valores esenciales, valores que dividen a los hombres entre canallas y honrados, esos valores que –lo sé– expuso mi padre, abrazándome, cuando me dijo aquello que no olvidé nunca: que podría discutir con él cuanto quisiera, renegar de él, maldecirlo u olvidarlo, pero nunca negar que él era eso que era, eso fundamental, primario, esencial, era honrado. Si tuve algún mandato paterno, fue ése. Y si lográramos deslizar en las telarañas podridas de nuestra *polis* algo del espíritu de ese mandato, estaríamos cambiando tantas cosas que, sin pudor, podríamos decir que presenciamos la alborada de una revolución.

Transición: El texto que sigue aborda la paranoia en los países centrales. Haider no habita la Argentina, pero representa el temor ante la invasión de lo Otro y la decisión de combatir el asalto de la "barbarie". De aquí que nos interese analizarlo.

Haider, custodio de los incluidos

¿De qué hablamos cuando hablamos de Jörg Haider? Hay muchas cosas sobre las que no tiene sentido hablar o perder el tiempo haciéndolo. El señor Haider es un neonazi. (Un concepto que habría rechazar, ya que beneficia al nazismo con el prefijo *neo* que sirve para cualquier cosa. Todos son *neos* hoy, neoconservadores, neoliberales, neonazis, lo cual, al menos para los nazis, es un beneficio demasiado grande, pues convendría decir que un nazi es un nazi, ahora y siempre. Que no existe modo de ser nazi de ayer y nazi de hoy. Que el nazismo no puede aggiornar sus componentes esenciales: poder y violencia, racismo, xenofobia, concepción bélica de la política. ¿Los de hoy no han puesto campos de concentración? No hay nada en la ideología que sustentan que impida, estructuralmente, que los coloquen cuando la coyuntura lo requiera o lo posibilite.) El señor Haider, entonces, es un nazi. De acuerdo con la modalidad soft de los tiempos se le dice neonazi. Bien, digámosle así. Hablamos, pues, de un neonazi cuando hablamos de Haider. Hablamos de un racista, un antisemita, un xenófobo y un violento, haya o no ejercido aún esa violencia. Hablamos también de otras cosas. Y son más complejas.

Hablamos de los alcances y límites de la democracia cuando hablamos de Haider. Días pasados me llama una periodista.

Hacía una nota y telefoneaba a ciertos escritores. Estaba entusiasmada, o, al menos, satisfecha. Alguien le había dicho –sobre Haider– lo siguiente: *hay que ser intolerante con los intolerantes*. La periodista, a partir de esta aseveración, ha encontrado el eje de su nota y la pregunta que hará a todos los entrevistados, a quienes someterá a este aparente dilema, es: "¿Hay que ser intolerante con los intolerantes?". La frase es efectiva y revela el estado de ánimo de buena parte de la democracia occidental ante el caso Haider. Pero la frase es el ejemplo perfecto, impecable del disparate. Decir que hay que ser intolerante con los intolerantes tiene el mismo sentido que decir las siguientes cosas. Primero) Hay que torturar a los torturadores. Segundo) Hay que violar a los violadores. Tercero) Hay que asaltar a los asaltantes. Cuarto) Hay que asesinar a los asesinos. Quinto) Hay que ejercer violencia sobre los violentos. Estos contrasentidos tienen hondas raíces en las personas y en los Estados. El punto (4) se aplica unánimemente en varias partes del mundo y muchos, demasiados quieren que se aplique aquí. Es la pena de muerte. Que dice: Hay que matar a los que matan. Siempre que se ha argumentado contra la pena de muerte se ha dicho: si matar es malo, ¿por qué se mata a los que han matado? Ocurre lo mismo con la cuestión de la intolerancia con los intolerantes.

La democracia es, por definición, un sistema de tolerancias, de consensos. Si uno se vuelve intolerante con los intolerantes se transforma en un intolerante. Es el contrasentido de todas esas propuestas que reposan, en última instancia, en el ojo por ojo y diente por diente. Esta fórmula –ideada por oculistas y dentistas con demencia bíblica– expresa un trágico contrasentido: el de castigar el mal con la metodología del mal. Si mato a los asesinos me convierto en un asesino. Si violo a los violadores, en un violador. Si torturo a los torturadores, en un torturador. Si asalto a los asaltantes, en un delincuente. Me coloco, para defender la democracia, fuera de la democracia. Al hacerlo, Haider acaso logra su mayor triunfo: *llevar la política a su terreno, al de la intolerancia.* De esta forma, por medio de una paradoja cruel, todos nos transformamos en neonazis para combatir al neonazismo.

Las respuestas a la cuestión Haider no consisten en prohibirlo, aislarlo, demonizarlo. Así se lo fortalecerá. No dejará de ser un neonazi y se convertirá, además, en una víctima. Algo que un neonazi jamás puede ser, ya que sustenta la ideología del victimizador, no del victimizado. El señor Haider, además, es un perfecto producto de la democracia neoliberal que se rasga hoy las vestiduras. Es esta democracia de exclusión, sometida a las durísimas leyes del mercado (que de política no sabe nada), la que está creando un mundo de miedo y de odio. Ahí está el huevo de la serpiente. *El huevo de la serpiente no es Haider, es la maldita democracia neoliberal de exclusión y hambre.* El nazismo existe porque existe el miedo. El odio surge de ese miedo. Y ese miedo consiste en que todos saben que no hay para todos, y que lo que unos tienen los otros, si quieren también tenerlo, tendrán que arrebatarlo a quienes lo tienen. Este miedo, este odio estructural explica tanto a Haider como a nuestro Haider criollo, el señor Rico de la provincia de Buenos Aires, que está donde está porque ahí lo puso el miedo, el miedo de mucha gente que votó a un político que dijo algo mucho más nazi de cuantas frases nazis haya dicho Haider, que dijo, este político, "hay que meter bala". Esto dijo. Haider jamás ha dicho algo así y el neonazi es él y los nuestros de por aquí son gobernadores que buscan la "gobernabilidad del sistema". Como sea, el tipo que por aquí dice que hay que meter bala lo dice por los mismos motivos por los que Haider dice que hay que frenar la inmigración o, para asustar, elogia la política hitleriana de empleo, a los SS o minimiza los campos de exterminio, esas "leyendas del pasado". Haider es expresión del miedo europeo. Es expresión del miedo que engendra el mercado neoliberal. *No hay para todos*. Los que vienen de afuera, para los austríacos, les vienen a robar Austria. Aquí nuestros buenos conciudadanos dicen lo mismo de los bolitas o los peruanos o los paraguas. Nos vienen a robar la Argentina. Que es nuestra, creen. Porque todo xenófobo cree esa estupidez: que el país le pertenece y vienen a robárselo. Por eso los austríacos eligen a Haider. Porque creen que los va a defender de los demonios externos. Haider no va a gobernar para ellos. Va a gobernar para los consorcios internacionales que lo sostienen y que han determinado la posibilidad de un experimento xenófobo en la bella Austria, que tantas y tan buenas condiciones y tradición histórica tiene para eso.

De este modo, el mundo se encamina hacia un nuevo terror, una nueva irracionalidad. No se busca el horizonte de la integración. No se busca una democracia ampliada. Y esto ocurre porque esta democracia –basada en la lógica perversa del sistema neoliberal– no puede ampliarse. Al no hacerlo, genera exclusión, odio y miedo. Los que quedan afuera odian a los que están adentro. Y los que están adentro odian a los que están afuera porque temen les arrebaten lo que tienen. Los odian y les temen. De aquí que elijan gobernantes dispuestos a tratarlos con dureza. ¿Recuerdan esa vieja frase de los viejos tiempos: un fascista es un burgués asustado? Sigue en pie. Absolutamente. Hoy ya no hay burguesía y proletariado. El sistema salvaje basado meramente en el vértigo del dinero eliminó al mundo burgués basado en la producción. Hoy gobiernan el mundo poderes financiero-comunicacionales que tienen escaso anclaje territorial en eso que solíamos llamar "naciones". Han delegado a Estados Unidos el monopolio de la fuerza y la custodia de este sistema de inversiones extraterritoriales. Hoy el mundo es el mercado y el mercado se divide en incluidos y excluidos. Bien, hoy, entonces, *un fascista es un incluido asustado*. Ya viva en Austria o en la provincia de Buenos Aires. Malos tiempos. Mientras las cosas sigan así, nada indica que los neonazis –en tanto custodios de los intereses mezquinos de los incluidos del mercado– dejen de ser requeridos. El miedo y la escasez siempre convocan a los violentos.

Democratizar la riqueza

Hay, en este país, catorce millones de pobres. Hay, entonces, algo que no funciona bien. Ni para los pobres ni para los ricos. Supongo que resulta innecesario aclarar por qué el sistema no funciona para los pobres. Hablemos de los ricos. Sólo una fenomenal miopía histórica y política les hace creer que esto los favorece. Sucede que siempre quieren ser más ricos y –sin duda– lo serán según funcionan las cosas. Pero hay una dialéctica tenebrosa, ya que en tanto ellos se enriquecen los demás se empobrecen y son tantos ya los pobres que pronto serán ingobernables. Hay nuevos, oscuros temores en el interior de los countries de, pongamos, Pilar, Escobar, Tortuguitas. La invasión de los miserables no pertenece al terreno de la ciencia ficción. Es un fenómeno mundial, ¿qué podría frenarlo aquí? Los países ricos reciben los desechos del mundo pobre. Los reciben de mala gana. De tan mala gana que ya están los niños malos, los nuevos nazis que queman a los africanos y a los turcos. El neonazismo no es un "detalle" incómodo de los países ricos: pertenece a la lógica de los nuevos tiempos, a la lógica del capitalismo milenio. El neonazismo es un aparato parapolicial que los países ricos han engendrado para librarse de la "basura inmigratoria". Los invaden, entonces ellos responden y los asesinan, los ahorcan o los queman vivos. A ver si aprenden y se quedan en el basural donde nacieron y al que pertenecen. ¿Qué harán los ricos de la Argentina?

En principio, la situación de inseguridad que viven es real. ¿A quién le gusta vivir en un country, tener una casa fenomenal, un Mercedes para papá, un BMW para mamá y un par de Harley-Davidson para los niños y, a la vez, saber que está rodeado de miserables, de hambrientos, de pobres de pobreza extrema que miran con rencor, codicia y creciente odio la riqueza en el predio ajeno? ¿Buscarán la salvación en Biondini? ¿Se armarán hasta los dientes? ¿Duplicarán los agentes de seguridad?

Guillermo O'Donnell, notable politólogo argentino, enriqueció el esquema incluidos-excluidos. Según sus análisis sería posible extraer las siguientes conclusiones. Estarían los incluidos-incluidos: "Estamos los que estamos dentro de la ley, los que si no cumplimos vamos al juzgado, los que hacemos colas, algunos en los consulados, otros para los trámites, para los juzgados, para las entradas. Para nosotros, entre nosotros esta legalidad siempre existe salvo cuando nos chocamos con un policía coimero" (*Página/12*, 11/6/01). Luego están los excluidos-excluidos: "Son los que están afuera de la ley. Esta gente se encuentra con el Estado, pero se encuentra con el Estado represor, un Estado que sale a reprimir, que no les reconoce derechos, y que de vez en cuando les tira algunos pesos de la manera más despectiva e insultante". Y luego (o en primer término, arriba, muy arriba) están los incluidos que usan su poder para excluirse: "Son los que están arriba de la ley, los que casi no pagan impuestos, tienen policía privada, colegios privados, si tienen algún problema con el Estado ni lo ven porque se lo arreglan directamente o si necesitan hacer un trámite pasan derecho a la oficina del jefe. Sienten que no tienen que pagar impuestos porque realmente han privatizado sus recursos de una manera fenomenal. Ésa es la gente que nunca hace colas".

No será necesario forzar demasiado nuestra imaginación para ver en los incluidos-incluidos a la sufrida, castigada clase media. El Estado (lo que queda de él), ante la imposibilidad de recaudar fondos tomándolos de manos de los ricos, expolia a la clase media, para la cual su inclusión tiene el costo del despojo impositivo. De este modo, los incluidos-incluidos se deslizan hacia la exclusión. Los excluidos-excluidos son los catorce millones de pobres. Los expulsaron. Para el Estado son basura y eterno foco de conflictos que sólo la represión de una policía militarizada logrará sofocar. Los incluidos-excluidos son los ricos. Se incluyen porque gozan de los derechos de los ciudadanos, pero se excluyen de las responsabilidades sociales. De los impuestos. De toda molesta contaminación con la sociedad: están "por arriba" de todo. Sin embargo, cada vez les resulta más difícil mantener esta asepsia. La barbarie acecha, los hambrientos se acercan, los miserables irrumpirán en los countries como Charles Manson y sus fanáticos irrumpieron en la mansión de Polanski en busca del sacrificio ritual de su mujer. Estas pesadillas acechan a los ricos.

Lamentablemente el panorama es sombrío. Es tal la necedad de los ricos (los referentes del capitalismo "nacional" aliado al capital financiero que gobierna el mundo) que siguen buscando la solución en lo que llaman "seguridad". Es decir, los custodios, las rejas, la exasperación de lo privado. Un sistema que encuentra su última ratio en la militarización de la policía, en la creciente ampliación de sus poderes.

La democracia política va hacia su más trágico fracaso si no encara la democratización de la economía. Un país que no democratiza su riqueza no puede mantener su democracia, ya que la no democratización de la riqueza lleva a la injusticia extrema, a la polarización y a la represión del Estado. Que reposará en las manos del único estamento que el pensamiento liberal necesita mantener en pie: la policía, destinada a jugar el papel que antes jugaron los ejércitos sanguinarios de la seguridad nacional.

Pero es absurdo esperar estas soluciones de la lucidez de los "ricos". Ya no existen los "burgueses lúcidos". Los "conservadores inteligentes". Los "capitalistas nacionales" que piensan en el mercado interno, que necesitan un país consumidor para desarrollar sus industrias. Sólo existe una clase rapiñosa que no desea sino aumentar sus riquezas y llamar a la policía para que la proteja, en tanto se refugia en los lujosos socavones que lujosos arquitectos le han construido. También es absurdo esperarlas de la "clase política", por el momento al menos. Pues nuestra clase política ha desmantelado el aparato estatal, remató el país y lo puso a los pies del capital financiero. Al hacerlo, además, creó otro Estado, el Estado mafioso, que es una empresa de inagotables recursos para la ambición impaciente, inmediatista, de los nuevos burgueses conquistadores. ¿De dónde entonces vendrá alguna luz?

Hay dos caminos. Hay dos tareas urgentes. Hay que rescatar a los excluidos-excluidos de la barbarie extrema, del ataque salvaje, irracional. Hay que darles orientación, ideas, confluencias, solidaridades a esos hambrientos rabiosos. Entre el clan Manson y los piqueteros hay un abismo moral y político. Mañana una multitud de desesperados podría invadir los countries opulentos y ofensivos que la rodean, que rodean su hambre cotidiana, su humillación social, y esa invasión de nada serviría. Iría en busca de su propia destrucción, de la matanza extrema, del terrorismo estatal. Hay que llevar a los excluidos-excluidos a la inclusión de la política, de las alianzas, de la búsqueda de los otros que padecen los destinos de la incertidumbre, de la vejación desesperada. Escuché decir a un piquetero: "Yo salgo de mi casa y me junto con los compañeros, con los que hacen el piquete, porque en mi casa soy un desgraciado, un pobre tipo sin trabajo, solo, mordido por la desesperación. Con los compañeros, en cambio, con los piqueteros tengo otra vez una casa, un lugar, estoy con ellos y siento que otra vez sirvo para algo". Y, aquí, surge la tarea de los incluidos-incluidos. También ellos pueden hacer algo. Colaborar con los excluidos-excluidos o plantarse frente a la voracidad del Estado recaudador y decirle una antigua, hermosa frase de Arturo Jauretche: "Es para todos la cobija o es para todos el invierno". Que no sólo la gilada pague los impuestos, haga las colas, aguante la soberbia de los jefes, los tratos ásperos de todo tipo que tiene alguna jerarquía en algún podrido lugar. Que también ellos, los "ricos", se incluyan en la sociedad, paguen los impuestos, hagan las colas, esperen si hay que esperar. Y, por último, resta la desmantelación del Estado mafioso. Que será paralela al fortalecimiento de la independencia de la Justicia, tarea que ya dio su primer fruto y que es la prisión de ese personaje que se muestra en esa quinta de un amigo suyo con sobrepeso, que pasea para que lo fotografíen y lleva en su diestra un libro sobre Napoleón. Con lo que nos dice: "Soy como Napoleón en Santa Elena, tanta es mi grandeza". Difícil saber si tanta es su grandeza, pero no hay quien ignore que todo tipo que se siente Napoléon necesita, urgentemente, un psiquiatra.

De la autoridad

Un banquero le ha pedido rigor al Estado argentino. Una foto recorrió los diarios: dos políticos preocupados escuchan en silencio absoluto las reprimendas de un banquero. Malos tiempos para el país. Antes, quienes sorprendían a los políticos con discursos altisonantes, quienes expresaban sus "inquietudes", quienes veían "consternados" o "indignados" o con "honda preocupación" el devenir de los hechos eran los militares. Siempre había un militar con boca ladeada, gesto altivo y un par de papeles que leía como una proclama reprimiendo a civiles sorprendidos en algún acto patrio que parecía inocente. Un día después los diarios titulaban: "Inquietud en las Fuerzas Armadas". Y todos sabían que eso era grave. Que en esa "inquietud" siempre latía la violencia institucional, el autoritarismo. Porque siempre que los militares pedían "autoridad" pedían violencia, represión, pedían al Estado que aplicara la única mano que ellos saben aplicar, la dura, la *manu militari*. Hoy, las cosas han cambiado. Desprestigiados por sus crímenes, por sus desvaríos guerreros, los militares ocupan un oscuro lugar dentro del nuevo esquema del poder. Hoy, los banqueros dan la cara. Si detrás de Videla estaba el grupo Perriaux o el grupo La Plata, ya nadie está detrás de nadie porque ningún militar da la cara para realizar las tareas desagradables. Ese

trabajo (hoy) los banqueros se lo reclaman al Estado democrático. No quieren un poder de facto, quieren el poder y la
autoridad del Estado nacional. Del Estado constituido por
una clase política que ha sido elegida en las urnas.

Paradojalmente se dirigen –para exigir fortaleza– a un Estado que han debilitado hasta los extremos del ridículo. Pero,
si miramos mejor, la paradoja no existe. Siempre los banqueros
requirieron un Estado débil. Siempre lo requirió el liberalismo
económico, que, con variantes, sigue siendo el Dogma que se
aplica hoy. El Dogma del liberalismo económico es el Dogma
de los banqueros. Los banqueros piden dos cosas del Estado:
libertad y seguridad. Libertad para hacer sus negocios y seguridad para sus bienes, es decir, para los bienes que resultan de
sus negocios. Así, le piden al Estado que sea débil y fuerte a
la vez. Débil ante ellos, ya que deberá dejarlos hacer y deshacer
(el viejo y siempre retornante *laissez faire, laissez passer*). Y
fuerte para proteger sus propiedades. Fuerte con los otros. A
esta fortaleza ante los otros la llamará "autoridad". La autoridad del Estado debe estar al servicio de la paz social, del orden social, de la tranquilidad necesaria para que los negocios
de los banqueros se realicen sin sobresaltos. En suma, la cara
"fuerte" que los banqueros le piden al Estado se llama "policía". Libertad para ellos y policía para los demás es la utopía social realizada de los banqueros, el mundo perfecto, el mejor, ya
que les pertenece.

Así las cosas, el banquero Escasany –que, según se dice,
representa el "ala dura" de los banqueros– dijo ante los políticos Ibarra y De la Sota que ellos, los banqueros, están preocupados. Que el país vive en un alarmante clima de violencia
por el auge del delito y por los reclamos que se expresan vulne-
rando "el derecho de los demás", como, puntualizó, los "cortes
de ruta, de aeropuertos, de calles, etc.". Exigió la "vigencia de
la ley". Exigió al Estado que la asegurara porque si no habrá

de desaparecer y cuando esto ocurre, dijo, "se entroniza la anarquía". En suma, el banquero Escasany llamó a la policía tal como lo haría si algún desastrado entrara en el jardín de su casa a robarse un gnomo. Porque ésa es la concepción que los banqueros tienen de la "autoridad". Una concepción policial. La policía, para ellos, encarna la ley y la ley radica en imponer limitaciones a la libertad de los individuos y de los grupos para proteger y conservar el orden público. La policía (cuyo matiz positivo consistiría en brindar socorro en casos de desgracias públicas o privadas) es visualizada por la ratio económica como herramienta de represión social. La misma definición de "policía" como fuerza destinada a "proteger y conservar el orden público" marca su tendencia, digamos, reaccionaria, ya que habrá, incluso por reflejo natural, de oponerse a todo suceso que implique un cambio en la sociedad. O que lo pida. O que lo manifieste. De aquí que la policía se organice contra los manifestantes. Porque eso que los manifestantes piden (o eso que los manifestantes manifiestan) es que las cosas cambien, que el orden social –que la policía, por definición, debe "conservar"– cambie o mejore, que sea otro, no el vigente, no el que la policía "conserva". De este modo, no es casual que la imagen más asidua que tenemos de la policía sea aquella en que "disuelve manifestaciones", reprime "a los manifestantes", o arresta "a los manifestantes".[28]

---

28 "Estados Unidos ensaya una nueva arma contra manifestantes", puede leerse en los diarios del domingo 4 de marzo de 2001. Y continúa la información: "El Pentágono acaba de revelar lo que muchos militares ya denominan 'la bala de goma del siglo XXI'. Se trata de un arma que nada tiene que ver con un proyectil de caucho, sino más bien con un microondas de cocina capaz de irradiar una sofocante ola de 130 grados de temperatura con un alcance de 700 metros, con el fin de dispersar multitudes". Esta sofocante ola de 130 grados de calor es la ola del capitalismo milenio. Un sistema que provoca tales desequilibrios (catorce millones de pobres hay en la Argentina, ni hablemos de los que hay en el mundo) requiere la máxima sofisticación represiva. Duro panorama para los "manifestantes" del mundo. Si manifiestan, serán churrascos.

Lo que nunca dicen los banqueros es que el origen de los desajustes sociales radica en la lógica de sus propios negocios. Llaman a la policía siempre que la realidad los incomoda, ya que no conciben paliar los conflictos con una democratización de la riqueza. Resulta, claro, estúpido pedir esto de los banqueros, porque los banqueros están para hacer negocios, es decir, para hacer dinero, y democratizar la riqueza es un pésimo negocio, no se gana dinero con eso. Podría ganarse "tranquilidad", pero para ganar tranquilidad prefieren gastar en equipamiento policial. En suma, si el Estado argentino insiste en no ejercer la "autoridad", los banqueros le pedirán al Pentágono la "bala de goma del siglo XXI" y la pondrán en manos de la Gendarmería.

La cuestión que –desde el ámbito de los negocios– hoy se le plantea al Gobierno argentino (a la clase política en general) es la de la "autoridad". Falta autoridad, es la queja. Mariano Grondona (síntoma grave: siempre que Grondona reclama "autoridad" la democracia peligra) dice por Radio Continental: "Lo económico va a tardar, así que no esperemos –por lo menos para el 2001– que lo económico nos saque del problema. ¿Hay un atajo? Sí, lo hay. Es el ejercicio de la autoridad" (jueves 21 de julio). Aquí hay dos cosas para señalar: 1) los piqueteros tienen hambre ahora, quieren comer también en el 2001. Y la autoridad no va a alimentarlos; 2) sería interesante que Grondona leyera un texto que Friedrich Engels escribió en 1874 y se llama, precisamente, "De la autoridad". No podría creer las semejanzas que tiene con tan odiado "adversario". Ese texto –desafortunado– de Engels pertenece al arsenal ideológico que desembocó en el Estado policíaco de Stalin, que, con signo cambiado, reclaman hoy quienes le piden al Estado que se transforme en policía. Tarea en la que Grondona no está solo. (Nunca estuvo solo Grondona.) También James Neilson (el más inteligente vocero del tardocapitalismo en la Argentina, el más peligroso también a causa de su pasado en favor de los derechos humanos, algo que Grondona ni remotamente puede exhibir) le reclama firmeza (autoridad) al Gobierno: "La táctica negociadora del gobierno convierte a los piqueteros en interlocutores válidos y, si logran provocar una cantidad suficiente de desmanes, en celebridades nacionales que serán consultadas por los políticos, participarán con regularidad en los *talk shows* televisivos y disfrutarán del apoyo fervoroso de un segmento nada despreciable de la opinión pública" (*Noticias*, N° 1278). ¿La solución? Mano dura: "Con todo, mal que le pese al ala progresista de la Alianza, ningún gobierno digno de llamarse tal puede darse el lujo de renunciar a su deber fundamental que es mantener el orden, cueste lo que cueste: al fin y al cabo, es por eso que los gobiernos existen" (*ídem*). Se leyó bien: *cueste lo que cueste*. Como siempre, detrás de la exigencia de "autoridad" late la exigencia de la represión violenta. Porque lo que se pide no es autoridad, es autoritarismo. Es el regreso del viejo Estado autoritario, ése al que la democracia –deseábamos todos– había llegado para suprimir.

El lugar de la subversión

La Revolución Francesa fue la directa inspiración de otra –la de Mayo, la nuestra– cuyo impulso originario cristalizó en un texto constitucional sobre el que han jurado quienes nos gobiernan. Los franceses, en 1793, elaboraron una *Declaración de Derechos* de treinta y cinco cláusulas, la última de las cuales explicitaba el que era acaso el más irrenunciable de esos derechos: el derecho a la insurrección. El texto decía así: "Cuando el gobierno viola los derechos del pueblo, la insurrección es para el pueblo, o para una parte cualquiera del mismo, el más sagrado de los derechos y el más indispensable de los deberes". Cabría, ante todo, preguntar cuándo un gobierno "viola los derechos del pueblo". Simplemente: cuando no cumple con alguna de las promesas fundamentales del texto constitucional sobre el cual juró. Ese juramento fue un juramento de obediencia. Se juró obedecer el texto *constitucional* de la República. La República –recordemos– se constituye cuando se somete a una Constitución. Así, toda Constitución es constituyente, y lo que constituye es la República. No obedecerla es des-constituir la República. Des-constituir la República es subvertirla, de donde vemos por dónde hay que empezar a buscar la tan meneada "subversión" que el semi-Estado argentino esgrime como amenaza toda vez que algún grupo de ciudadanos se reúne para peticionar en contra de sus políticas, que son las de los banqueros a cuyo poder ese Estado se ha sometido, sometimiento alimentado por la lógica de los hechos, ya que los partidos que forman ese semi-Estado están donde están porque sus campañas han sido mayoritariamente financiadas por los banqueros. Así de perversos son los mecanismos de constitución del poder que gobierna la República. Esa perversión no puede sino manifestarse en hechos des-constituyentes. O sea, hechos que entran en flagrante conflicto con las promesas esenciales por las cuales se ha constituido el Estado. Una de esas principales promesas figura nada menos que en el Preámbulo de la Promesa (la Promesa es, sí, la Constitución). El Preámbulo de la *promesa constitucional* se apresura a enunciar (de aquí su condición de *preámbulo*) el "objeto" por el cual los "representantes del pueblo" se han reunido para llevar adelante la praxis constituyente. Uno de esos objetos (son muchos y todos irrenunciables: "afianzar la justicia", "consolidar la paz interior", "asegurar los beneficios de la libertad") se expresa como sigue: *promover el bienestar general*. Ante el estridente, notorio, flagrante incumplimiento de esta "promesa constitucional" es que sectores de la ciudadanía han ejercido el derecho de insurrecionarse contra el Gobierno. Este derecho es un deber, pues quienes se insurrecionan contra el semi-Estado des-constituyente les están diciendo, con su acto, a todos quienes no lo hacen que tienen el "deber" de hacerlo. Ante el escandaloso estado situacional, la insurreción, lejos de ser un derecho, se transforma en un imperioso deber.

Acaba de ser conocida una declaración de los hombres y mujeres de la cultura. Tiene el estado espiritual de la urgencia y de la alarma: no se puede esperar más. Sin embargo, la centralidad de la protesta la ocupa un fenómeno masivo nuevo en la escena argentina. El piquete. En un debate televisivo que lo llevó a una muerte que será una herida jamás cicatrizada para

quienes lo admiramos y fuimos sus amigos, Carlos Auyero
–refiriéndose a los habitantes de Cutral-Có– dio una definición que todos recordamos: "No quieren destruir el sistema
(dijo). Quieren entrar en él". Auyero sabía lo que hacía: ya el
menemismo había preparado el aparato represivo para Cutral-Có y se basaba en la acusación de siempre: eran (los de
Cutral-Có) "subversivos". Auyero, hábilmente, le dice "No"
al poder represor. "No son subversivos". Un subversivo quiere
"subvertir el sistema", estos hombres y mujeres de Cutral-Có
(por ser parte de los excluidos, de los marginados del sistema
de libre mercado) quieren entrar en él. Hoy, la situación, debería ser encarada desde "otro" punto de vista. Quien está
sub-virtiendo la Constitución (la promesa esencial que constituye al Estado argentino) es el Gobierno, que no "provee el
bienestar general". Además, el Gobierno (y no, claro, meramente el actual Gobierno) ha sub-vertido la democracia so-
metiendo el Estado nacional al poder del capital empresario.
Hoy, en la Argentina, no hay Estado. Y si lo hay es sólo para
la represión interna. Hoy, el verdadero poder es el poder de
los banqueros. Ésta es la unánime percepción del piquete. *Y
a ese sistema no quiere entrar*. No quiere entrar a ese sistema
porque sabe que habrá de expulsarlo una y otra vez. Ese sistema es subversivo. En él anida la subversión. Ese sistema tiene
claros mecanismos que todos conocemos y aborrecemos. Busca satisfacer a los banqueros internacionales (tramados con
los locales) por medio de la recaudación compulsiva. Para recaudar produce nuevos excluidos o despoja a semiexcluidos
como los jubilados. Con esa recaudación paga los intereses de
una deuda no-pagable. (Una deuda que es política y que ha
sido instituida por el gobierno de la dictadura militar, de la
cual los "prestamistas", en consecuencia, han sido cómplices:
¿cómo le prestaron dinero a un gobierno que violaba hasta extremos inéditos los derechos humanos?) Para pagar la deuda

no-pagable, la deuda-cómplice, la deuda-genocida (¿acaso puede dársele otro nombre a una deuda que sirvió para financiar a Videla?) el semi-Estado argentino pide más préstamos a los banqueros y el circuito infernal se reinicia.

Bien, insistamos: a "ese" sistema nadie quiere ya entrar. La subversión no es querer cambiar "ese" sistema, es "ese" sistema el que expresa, el que "es" la subversión. El "deber" de quienes están por la dignidad de la vida en este arrasado país es "cambiarlo". Por eso el piquete se establece "afuera". El piquete expresa un desacuerdo. El semi-Estado y el piquete hablan lenguajes distintos. Cierto es que el concepto de "desacuerdo" pertenece a Jacques Rancière y expresa algo que el piquete no es: el piquete no es el proletariado. No es una ni una fuerza de trabajo ni una mercancía productora de mercancías. El piquete pertenece a otra etapa del Capital. La acumulación no se produce por la tradicional explotación de la fuerza de trabajo entendida como mercancía. *Hoy, el Capital acumula dinero con el dinero*. De aquí que a la "explotación" haya sucedido la "exclusión". En este mundo hiperfetichizado donde el dinero convoca al dinero y se reproduce por el dinero, la fuerza de trabajo se ha devaluado. El Capital casi ha aprendido a prescindir de ella. Su problema no es "cómo" explotarla, sino "dónde ponerla", ya que es un "sobrante". Este sistema es enemigo de la democracia. La democracia es un sistema de inclusión, el sistema del tecnocapitalismo comunicacional es excluyente y se realimenta por medio del propio Capital. De aquí que el piquete lo niegue. De aquí que ya no quiera "entrar en él": sabe, aprendió que jamás habrá de tener un "lugar" en ese espacio. Hay –conjeturo– que pensar desde aquí la nueva forma del "desacuerdo". El desacuerdo es la negación que el piquete ejerce sobre el semi-Estado des-constituyente. Pero el piquete es también afirmación, ya que es la creación de un nuevo espacio, de un nuevo lugar; no es la "toma del poder", sino la creación del poder, que es la potencia. Esta potencia es "constituyente" porque crea un nuevo lugar en el que la democracia (o la lucha por ella) vuelve a ser posible. Habrá conflictos internos, desaciertos, habrá –sin duda– provocadores infiltrados, pero lo que ya hay es algo que no había: el lugar de un espacio de libertad en que la democracia "ya" existe, está en acto. La subversión está en otra parte. En la "Convocatoria a los profesionales de la cultura" puede leerse: "Cada cincuenta minutos la miseria se cobra la vida de un chico que no alcanza a cumplir cinco años". Ahí, en ese lugar, en la política que posibilita ese horror, está la subversión.

El dulce orden

Al tipo le gustó que Videla diera el golpe. El país era un caos y sólo los militares podían meter orden. Porque son tipos duros, castigadores. No son como los políticos, ésos que aparecían por la televisión tratando de frenar el golpe, diciendo que había que adelantar las elecciones para noviembre de ese año, de 1976. Qué elecciones, por favor. El país no se arregla con elecciones, piensa el tipo. Y lo piensa porque quiere machos en el gobiernos. Y los machos, en este país, llevan uniforme.

El tipo tiene un pibe. Buen pibe, ejemplo de pibe. Nunca anduvo en nada. Terminó el secundario y ahora va a entrar en abogacía. Un día, el pibe hace camping con unos compañeros. No muy lejos. Ahí, por Pilar. Tocan la guitarra, se toman unas cervezas, todo livianito, todo bien, porque el pibe es así, limpio, nunca estuvo en nada, nunca va a estar en nada. Y ahora toca la guitarra y se come un choripán, ahí, en Pilar, con sus amigos. Y llega un camión de milicos y los milicos se los llevan a todos y el tipo no lo ve más al pibe. Después averigua que los milicos buscaban solamente a uno, a uno que figuraba en la agenda de un guerrillero, a uno que no era guerrillero, pero, claro, estaba en la agenda, así que era como si lo fuera, un amigo, un cómplice, un tibio o un

379

indiferente. Vaya uno a saber, le dicen al tipo. De modo que los milicos aparecieron y se llevaron a todos. El tipo dice que su pibe era ejemplar y no estaba en nada. Y le dicen que no, que si no hubiera estado en nada no habría ido a comer choripanes con subversivos. Y el tipo ya no sabe qué pensar. Sólo alcanza a pensar que acaso no debió festejar tan alegremente lo que pasó ese día de marzo, el día veinticuatro. Que si hubiera ocurrido otra cosa hoy lo tendría al pibe. Y el tipo (que es un pobre tipo) se siente exactamente lo que es: un infeliz. Un infeliz al que ya no le gustan tanto los uniformes, un infeliz que ya no pide mano dura. Un infeliz que sabe que es tarde.

Años después, otro tipo (muy parecido al anterior) está harto de la delincuencia en la provincia. Quiere mano dura. Vota a Ruckauf. Vota a Ruckauf y se alegra cuando Ruckauf lo pone a Rico a cargo de la seguridad. Ahora sí. Ahora van a ver los chorros. Llegó la hora de los halcones.

Una tardecita de domingo el tipo sale a comprar cigarrillos. Hay un sol tibio, pájaros, silencio, una maravilla. Llega al kiosco de la esquina y se pone a hablar con el dueño. Hablan de fútbol; porque el tipo es así: le gusta hablar de fútbol, hablar con el kiosquero y comprarle cigarrillos, es tan dulce la vida. De pronto, aparecen dos chorros. El tipo se sorprende porque ya se había vuelto raro eso de los asaltos. Los chorros lo afanan al kiosquero y le piden la billetera al tipo. Pero las cosas han cambiado. Ahora hay seguridad, mano dura, rigor. Aparecen los halcones del orden. El tipo los ve venir y se dice: "Yo sabía". Y siente un calorcito en el pecho: él sabía que no le iban a fallar, que cuando los necesitara iban a aparecer. Y ahora están ahí, ellos, los halcones del orden, y no se andan con vueltas, no son gente de matices, donde ven un problema arrasan con todo, no queda nada, ni el problema ni lo que hay cerca del problema. De este modo, sin mayores matices, matan a los dos chorros, al kiosquero y al tipo. Y todo queda como estaba, el sol tibio, la tardecita calma, y la gente en sus casas escuchando los partidos. Es tan dulce la vida.

El comisario Patti y el filósofo Hobbes

Érase una vez un filósofo que tenía una visión pesimista del hombre. (*Digresión*: los filósofos siempre han llamado "hombre" al hombre y también a la mujer, aunque tal vez pensaran principalmente en el hombre. Como sea, hasta nuestros días se sigue diciendo "hombre" y se incluye en este sustantivo a la mujer. Hay obras célebres como *El puesto del hombre en el cosmos* de Max Scheller que, buenamente, incluyen a la mujer. Ocurre, no obstante, que pese a Simone de Beauvoir y todo el periplo feminista aún no se ha llegado a la elaboración de un sustantivo que –en filosofía y en todas las formas del lenguaje– signifique unívocamente *hombre y mujer*. Si adherimos a una teoría que postule la inexistencia ontológica de *algo* que no tenga estatuto lingüístico, veremos la gravedad de incluir, sofocándolo, al sustantivo mujer en el sustantivo hombre. Significa, ni más ni menos, que la mujer sólo puede ser nombrada desde el hombre y que –como sustantivo lingüístico– sólo existe en tanto forma parte de él.) Vuelvo al filósofo que tenía una visión pesimista del hombre: se llama Thomas Hobbes y nació en 1588 para alejarse hacia el sueño eterno en 1679. Sí, Hobbes es ese señor que dijo eso que muchos saben que dijo: *homo homini lupus*, es decir, el hombre es un lobo para el hombre. Esta condición ontológica (palabra que Hobbes no usaba) determina que las sociedades humanas –abandonadas a su propia dinámica– se desarrollen en la modalidad de la guerra; eso que Hobbes llamaba *bellum omnium contra omnes* ("guerra de todos contra todos"). El pesimismo de Hobbes encontraba un freno en un acto racional de la voluntad humana: *el contrato*. Los hombres, conscientes de su naturaleza belicosa, decidían establecer un contrato que les permitiera la sobrevivencia civilizada. Este contrato se expresaba en las leyes y en el Estado. Es el principio básico de la organización de las sociedades.

Bien, durante estos azarosos y recesivos días, un comisario afecto a las metodologías expeditivas, apremiantes ("apremio" es un sustantivo que en el lenguaje argentino reemplaza a otro más duro y verdadero: "tortura"), ha decidido estar de acuerdo con Hobbes. Aunque sólo en la primera parte de su discurso. El policía Patti cree, como el filósofo que en 1651 escribió el *Leviathan*, que el hombre es el lobo del hombre; cree, el policía Patti, que vivimos en estado de naturaleza, inmersos en la "guerra de todos contra todos". A diferencia de Hobbes... *Patti no cree en el contrato*. No cree en esas leyes hobbesianas que, delegadas en el Estado, podrían armonizar los impulsos irracionales y salvajes de los hombres. No, el policía Patti no avanza más allá del estado de naturaleza. Quiere permanecer en él. Cree que el hombre es el lobo del hombre y la solución que ha encontrado (¡a trescientos cincuenta años de Hobbes!) es prehobbesiana. Quiere que los hombres se armen. No quiere el contrato social. No quiere las leyes instrumentadas por el Estado como expresión del contrato. Borra de un codazo siglos de jurisprudencia y les entrega a los ciudadanos (a quienes elimina como ciudadanos, ya que el ciudadano es sólo aquel que vive inmerso en la juridicidad del contrato) armas con miras telescópicas.

Supongo que ustedes habrán visto durante estos días y por la tele a esos lobos del hombre que exhiben a cámara las armas que han adquirido. Se arman contra los lobos, con lo cual ellos, que no lo eran, se transforman en lobos. Una sociedad de hombres armados no es una sociedad, es una jungla. Esa jungla es el sueño delirante, autoritario y nazi-fascista de un policía; un policía al que una sociedad asustada y potencialmente asesina convirtió en estrella.

Hay pocas cosas más temibles que una sociedad asustada. *Hay pocas cosas más temibles que la sociedad argentina cuando está asustada.* Fueron argentinos asustados los que saludaron a Onganía, porque los asustaba la lentitud, la supuesta ineficacia de Illia. Fueron argentinos asustados los que recibieron con alivio y hasta con alegría a Videla porque los asustaba "la subversión". ¿Qué forma nueva del horror le están pidiendo los asustados ciudadanos argentinos al comisario Patti?

Quinta parte

Polémicas de los setenta

Galimba

Hay una instrumentación política en la maniobra por instaurar al oscuro Galimba como símbolo de la militancia de los setenta. Si ése fue el símbolo, poco puede haber de rescatable en los valores de esos años. En suma, que lo que reste de todo un proceso histórico complejo, rico y hasta fascinante sea un personaje tramado por la ambición, el pragmatismo impúdico y el matonismo favorece a toda una concepción que busca desacreditar los valores de la militancia, del compromiso histórico, de los afanes por la transformación social.

Hace un par de años un escritor polemizó con otro (cosa rara, ya que los escritores raramente polemizan y menos aún –¡Dios los libre!– sobre cuestiones políticas) acerca de los compromisos de cierta literatura con el videlismo. Tomás Eloy Martínez le reprochó a Abel Posse haber sido embajador en Venecia durante los años tenebrosos. Posse se defendió de un modo paradigmático. Instrumentó la cuestión Galimberti para protegerse. Respondió algo así como "¿Iba yo a abandonar la deliciosa Venecia para acompañar a Firmenich y Galimberti?". El razonamiento es paradigmático porque reduce todo un momento histórico (toda una historia: la de la militancia de los setenta) a un personaje desdeñable. O a dos. Firmenich y el Galimba.

Hay algo patético (y terriblemente injusto) acerca de la militancia de los setenta. Lo dice Martín Caparrós en *Cazadores de utopías*. Cito de memoria: "Cualquier militante republicano de la Guerra Civil española puede hablar con orgullo de su historia. La izquierda peronista, no". Se ha logrado instalar en la sociedad que toda –insisto– la complejísima urdimbre que constituyó a la izquierda peronista fuera reducida primero a Montoneros y luego –personalizando– a Firmenich y –muy especialmente– al Galimba. En esto han colaborado los propios Montoneros por empeñarse en sumar a su crédito la lucha de esos años. Si ellos fueron la *totalidad de la lucha*, entonces les resulta fácil a quienes desean hundir en el abismo de lo irrecuperable a toda una generación dar un paso más y decir: "¿Cuál era la conducción de Montoneros? Firmenich y Galimberti. ¿Qué se podía esperar de una generación que siguió esas conducciones?".

Incluso en un reciente libro de Miguel Bonasso (lo que voy a decir aquí es meramente un apunte, ya que el libro de Bonasso y sobre todo Miguel Bonasso merecen un análisis más detallado que, en principio, hice en la presentación del libro, en el *Palais de Glace*, entre inesperados y borrascosos bombos peronistas) pareciera que la lucha fue la lucha de los *clandestinos*. Se sabe, no obstante, que la mayoría de los desaparecidos fueron obreros, y se sabe también que un obrero no es un clandestino sino un hombre de superficie. Se sabe, en suma, que los desaparecidos –en enorme, abrumadora y dolorosa medida– fueron los llamados "perejiles", que no sabían manejar un arma ni pasar a la clandestinidad. Que eran la carne fácil para las represalias que los militares ejercían como respuesta a medidas tan atroces como la *contraofensiva del '79*, de perfecto cuño galimbertiano. (Aunque no haya sido precisamente él quien la ordenara.)

Galimberti representa lo peor de una generación, y nada de lo bueno. Representa: 1) los fierros antes que la política;

2) el aventurerismo irresponsable; 3) el desapego y hasta el desdén por toda política de masas. Curiosa condición, porque el peronismo –al que decía pertenecer– *siempre* fue un movimiento que concibió a la política en relación con las masas. Y el marxismo también. Galimba hereda lo peor del foquismo guevariano. Con una inmensa diferencia: el Che no ordenaba contraofensivas desde París o desde Nicaragua. Si había que ir a Bolivia, iba él. Si había que morir, moría él. Por eso hoy lo respetamos, aun en la discrepancia. Galimba, en cambio, ordena que nadie salga del país... en 1977. Ordena (él y Firmenich, claro) que un pibe de diecinueve años (el Missi, Ernesto Sapag) apoye con las armas la huelga ferroviaria de octubre (diecisiete) de 1977. Y al Missi lo matan. Y muchos, demasiados obreros desaparecen porque los militares se justifican en que la acción guerrillera transforma en subversiva a la huelga ferroviaria. No hay nada más opuesto –salvo la política de la patronal– a una huelga obrera que una acción miliciana. No tienen nada que ver una con otra. ¡Qué bien les vino a los militares el "apoyo" guerrillero a la huelga del '77! Así, al Missi (hecho que con sensibilidad narra Bonasso en su libro, sin extraer las conclusiones que yo extraigo) lo matan, desde luego, los genocidas de la seguridad nacional, pero *antes* lo había matado –*desde México*– la conducción de Montoneros; 4) y, por último, el Galimba representa la metamorfosis de la militancia en militarismo. El concepto de "guerra" que utilizan los Montoneros los transforma en "militares". Otorgar a la ratio militarista que en este país hubo una guerra es otorgarle todo, absolutamente todo. Si hubo una guerra, ellos dirán, entonces, que en una guerra se cometen excesos, que su intervención estaba justificada y que debían salvar a la patria de un ejército agresor. *No hubo una guerra: hubo un ataque terrorista del Estado sobre todos los sectores de la sociedad que pudieran representar una alternativa o un impedimento al plan económico*

que se buscaba instaurar. (Véase la *Carta* de Walsh. Quien, conviene recordarlo, decía, a comienzos del '76, que había que suspender las acciones armadas, ya que se estaba ante las puertas de una masacre. Walsh, que no se fue a Italia a fundar ante las luces de la elegante izquierda europea ningún Partido Peronista Montonero, sino que se fue a una quinta en *San Vicente*, a meditar su *Carta*.) Pero para el Galimba era la guerra. Vivía para el heroísmo y para los fierros. Como todo fascista. Así, coherentemente, se transforma en un milico. O en un "colimba" (Galimba-colimba) fanático que desea mimetizarse con el "enemigo". En uno de esos "colimbas" que entran al ejército para ser lo que anhelan: militares. Lo que Bonasso narra bien cuando el Galimba se encuentra con el Tucho Valenzuela (militante de hierro que había salvado la vida de Firmenich) y, como gran expresión de respeto, le dice: "Mayor Valenzuela, solicito autorización para continuar con la operación". Y el Tucho le responde: "Dale, Loco, no rompás las pelotas".

Bonasso (en un pasaje de gran importancia) escribe: "Pienso que la guerra sucia y sin cuartel que libramos puede deshumanizar a más de un comandante. Me digo que si la deshumanización llegara a ser total, la lucha dejaría de tener sentido, porque el enemigo nos habría moldeado a su imagen y semejanza". No fue así con tipos como Tucho Valenzuela, pero con el Galimba ese pronóstico se dio por completo. Por eso hoy está donde está. Asociado a sus viejos enemigos, haciéndose millonario.

La política sin sujeto

Hay un texto del joven Marx que leo y releo desde muchos años atrás, no digo desde siempre pero puedo afirmar que marcó mi formación. Lo cité y lo sigo citando porque vuelvo a él, porque acaso nunca habré de dejarlo en el pasado. Es la *Contribución a la crítica de la filosofía del derecho de Hegel*. Conservo mi vieja edición de 1965, con notas de Rodolfo Mondolfo. Marx, ahí, establece dos instancias: 1) las armas de la crítica; 2) la crítica de las armas. Las armas de la crítica pertenecen al ámbito de la teoría. La crítica de las armas es lo que Marx llama "fuerza material". Cito el texto: "El arma de la crítica no puede reemplazar a la crítica de las armas; la fuerza material debe ser abatida por la fuerza material; pero también la teoría se transforma en fuerza material en cuanto se apodera de las masas". Marx pone su filosofía al servicio de una lucha de transformación. Recordemos, aquí, el imperativo que señalaba la Tesis 11 sobre Feuerbach: los filósofos sólo habían interpretado al mundo, se trata de transformarlo. Esta transformación es un imperativo: "el imperativo categórico de derribar todas las relaciones sociales en que el hombre es un ser rebajado, humillado, abandonado". Así, la teoría va en busca de las masas porque sólo puede realizarse por su mediación: "La teoría puede realizarse en un pueblo sólo en la medida en que es la realización de sus necesidades".

Marx no era suave en su señalamiento de los antagonismos. Escribe: "Para que una clase sea por excelencia la clase de la emancipación, se requiere, inversamente, que otra clase sea evidentemente la clase del sojuzgamiento". La tarea de la filosofía (o si se prefiere: de la teoría) es colocarse al servicio de la emancipación de la clase sojuzgada. Pero la teoría sólo es válida en la medida en que se vehiculiza por mediación de las masas. "Así como la filosofía (sigue el joven Marx) encuentra en el proletariado sus armas materiales, el proletariado encuentra en la filosofía sus armas espirituales". Y por fin (hablando del imperativo de la emancipación de los hombres) escribe: "La cabeza de esta emancipación es la filosofía; su corazón, el proletariado". Desde este horizonte teórico no debería resultar tan incomprensible la opción por el peronismo que encarnó la militancia de los años setenta. ¿Dónde iba a encarnarse la teoría en la Argentina? ¿En las masas del radicalismo? No existía algo así. ¿En las masas de la izquierda tradicional? Su divorcio con las masas era histórico y continuaba. Estaban las masas peronistas. Estaban ahí: silenciadas, prohibidas, expoliadas. Esas masas tenían un político al que veneraban, se llamaba Perón y estaba exiliado en Madrid. Esta situación que muchos posmodernos de hoy, lo sé, llamarán situación de caza-bobos era, acaso, eso. Ocurre que todas las épocas de la historia estructuran situaciones en las que parece que sólo una opción es posible. Los únicos bobos que no son cazados son los bobos que no hacen nada. No son cazados, pero, entre otras cosas, no lo son porque están muertos. O porque apenas si han superado el nivel vegetal.

Sea como sea, la *situación* era ésa: la teoría, en la Argentina, había encontrado al sujeto de la revolución, había encontrado a las masas. Y las masas eran peronistas y querían el retorno de Perón. Éste era el matiz nacional de la situación. No aceptarlo era no aceptar la situación, quedarse afuera y no poder realizar la propuesta de Marx: que la teoría se vehiculizara por medio de las masas.[29] Así las cosas, para la mayoría de los militantes que eligieron la opción del peronismo en los setenta la relación entre la teoría y las masas era insoslayable. El quiebre de esta relación explica los fracasos y hasta los delirios en que cayó esa militancia cuando se encarnó en Montoneros... y no en las masas. Cuando se encarnó en una conducción cuya metodología guerrera la escindía de la opción mayoritaria, de superficie.

La guerrilla –hasta el 11 de marzo de 1973– formaba parte de un frente de acción popular que incluía elementos disímiles pero empeñados en un mismo horizonte: luego de dieciocho años de proscripción el peronismo debía ser aceptado en elecciones libres y democráticas. *Sus acciones, además, se desarrollaban en un marco de absoluta ilegitimidad institucional.* No era difícil ver en esos jóvenes a víctimas que habían sido arrojadas al sinuoso camino de la violencia por quienes mantenían cerrado al país. Además, esos jóvenes solían formar parte de hechos populares de violencia. Se sumaban a ellos, sin hegemonizarlos. Y los hechos de violencia eran populares porque eran protagonizados por sectores masivos y explotados e ilegitimados de la sociedad. El *Cordobazo* no fue una acción guerrillera. Fue un hecho de masas. Marx se hubiera entusiasmado como se entusiasmó con la Comuna de París. Era el pueblo en las calles. El pueblo contra un gobierno dictatorial, represivo, ilegítimo.

---

29 Algunos han incurrido en la ingenuidad de señalarme que las masas peronistas no eran el proletariado de Marx. Caramba, vaya novedad. Aquí –ni en todo el entero Tercer Mundo– existía algo así como el proletariado marxista. Simplemente recogíamos la opción central del *Manifiesto* entre opresores y oprimidos; y los oprimidos de aquí, donde nosotros estábamos y teníamos que hacer política, eran las oscuras masas peronistas, no el proletario británico. Como sea, me he vuelto algo escéptico en estas cuestiones. Las entenderán quienes quieran entenderlas; quienes no, seguirán diciendo lo mismo de siempre.

Voy ahora a dar un salto que permitirá –por contraste– una intelección más profunda de lo que intento decir. En el reciente libro de Miguel Bonasso, *Diario de un clandestino*, se habla del asesinato del sindicalista José Ignacio Rucci. Un hecho que estalla "a dos días de unas elecciones que han plebiscitado a Perón para una tercera presidencia con el 62 por ciento de los votos" (p. 139). Para Bonasso, "esta boleta –que nadie firma– tiene el tamaño de la cancha de River". Sin embargo, la "boleta" trae firma. A las siete de la tarde del día del asesinato alguien le dice: "Fuimos nosotros". La novedad deja a Bonasso "anonadado". Y Bonasso era un cuadro importante de la organización. Ni hablar de cómo dejó esa noticia a los "perejiles de superficie". Era increíble: "Fuimos nosotros". ¿Nosotros? ¿Desde cuándo "nosotros" queríamos matar a Rucci? Ocurre que –aquí– el "nosotros" ya nada tiene que ver con un colectivo, con las masas, con el pueblo peronista, con todo aquello que le daba solidez, sentido, seriedad a la militancia. El "nosotros" no era ese *corazón* en el que Marx señalaba era indispensable que la teoría se realizara. En verdad, ese "nosotros" no tenía nada que ver con Marx. Porque ese "nosotros" era la Organización. Ella asume la representación de la totalidad. Decide, mata por todos y en nombre de todos. Desde muy lejos llega la voz del joven Marx: "La teoría sólo puede realizarse en un pueblo en la medida en que es expresión de sus necesidades". ¿Qué necesidades del pueblo expresaba la muerte de Rucci?

Así, Bonasso –vuelvo a su narración– se reúne con Firmenich, quien confirma oficialmente que "Rucci fue ejecutado por la Organización" (p. 141). Bonasso ofrece una serie de argumentaciones en contra. Pero sólo una habrá de inquietar seriamente a Firmenich. Es, en verdad, una argumentación poderosa: "El Pepe recién se impacienta cuando argumento que una organización revolucionaria no puede producir un ajusticiamiento sin asumirlo públicamente, porque si no, equipara sus acciones a las de un servicio de inteligencia". Sensatamente Bonasso se dice: "La frase, me parece, conspira contra mis posibilidades de ascenso". (p. 142).

El texto es revelador. El libro de Bonasso es un libro fáctico. Presenta, narra hechos y deja con frecuencia las conclusiones en manos del lector. Como lector, me permito algunas conclusiones. Bonasso le señala a Firmenich algo primario, elemental: una organización que no confiesa ante las masas que dice representar un hecho de armas "equipara sus acciones a las de un servicio de inteligencia". No es casual que durante esos años la muerte de Rucci fuera, también, adjudicada a la CIA. Era lo mismo. Porque la CIA no sólo mataba al servicio del imperialismo. Mataba contra los pueblos y –sobre todo– al margen de los pueblos. La CIA es una organización que no tiene ninguna inserción popular. Mal podría tenerla, ya que es su antítesis. Montoneros –al matar a Rucci sin siquiera asumirlo– tampoco. La medida no sólo no fue consultada, tampoco fue asumida ante la consideración popular. Sólo se lanzó un trascendido siniestro, que sonó como una burla: "Fuimos nosotros". No faltará quien denuncie –aquí– la presencia de la teoría de los dos demonios, que se instrumenta no bien se le señalan estas cosas a las organizaciones guerrilleras. Será necesario decir que esta *doble posibilidad* en relación a la muerte de Rucci (o la CIA o Montoneros) existió porque una organización que ejerce la violencia al margen de un proceso popular, sin formar parte de él, sin buscar su relación con las masas, incurre, sí, en la esfera demoníaca de la política. Que es, sin más, la política sin sujeto. La política de los servicios de inteligencia, de la cual la política de masas buscó y buscará diferenciarse siempre.

Un monólogo de Drácula

Un tipo que se define como el "Drácula argentino" algo sabe sobre la fascinación del Mal. Difícil mensurar si Galimberti está a la altura del Conde de Transilvania, pero si hoy ponemos en una librería la novela de Bram Stoker y la biografía del Galimba que escribieron Marcelo Larraquy y Roberto Caballero*, gana el Galimba, un monstruo de nuestros días. Parte del mérito es el trabajo de investigación que hicieron los dos periodistas de *Noticias*. Y el resto lo pone esa fascinación que ejercen los personajes malditos, secretos, esos tipos de los que siempre se habla y siempre se sabe poco. Conjeturo que muchos sospechan –con acierto– lo que sigue: Galimberti es un Che Guevara en clave negativa. Reúne las condiciones del guerrero, del revolucionario, del político y del aventurero que conjuraba el Che. Pero no las del mártir. Ha sido todo eso y –como si fuera poco– le ha añadido un toque fashion: no es un perdedor, no se murió derrotado en una escuelita boliviana, en medio de la nada, solo, acribillado por un sargento de tez oscura y bigotes sudamericanos. No, él, hoy, es un exi-

---

* *Galimberti. De Perón a Susana. De Montoneros a la* CIA, Buenos Aires, Norma, 2000.

toso, un fanfarrón, un desbocado, un impecable traidor sólo traicionado por su infinita jactancia.

Tiene dos grandes momentos el libro de Larraquy y Caballero: el *prólogo* y el *epílogo*, condición nada desdeñable, ya que no todos los libros empiezan y terminan bien. El *prólogo* –que no logra las alturas del *epílogo*, lo mejor del libro– se llama "Viendo a Drácula". Aquí es dónde el Galimba se define como el "Drácula argentino". Y aquí es donde dice la primera de sus frases definitivas: "Yo soy mucho mejor de lo que ustedes piensan y peor de lo que imaginan". Es, en rigor, una frase que pudo pertenecer a Drácula. ¿Cómo habría un vampiro de defenderse, amenazando? Uno *piensa* que Drácula es malo. Piensa que encarna el Mal. Piensa que es una de las manifestaciones del Demonio. Uno, en suma, piensa lo peor de Drácula. Pensarlo así provoca miedo. Si ese ser es tan maligno como lo pensamos, ¿no habrá de castigarnos por pensar así de él? Esto ya no lo pensamos, lo imaginamos. Lo que el vampiro podría hacernos por pensar mal de él ya no forma parte del pensamiento, sino de las fantasías, del temor al castigo, a la represalia. Lo que el vampiro nos hará, lo imaginamos. De aquí la perfección de la defensa-amenaza de Galimberti. Se defiende y dice: "Soy mejor de lo que piensan". O sea, es injusto que piensen así de mí, que piensen tan mal de mí, que me piensen como lo peor. "Soy mejor de lo que piensan". Pero, al saber que no dejaremos de pensar mal de él, el vampiro amenaza: "Soy peor de lo que imaginan". O sea, voy más allá de sus terrores, no hay modo de imaginar la vastedad de mi venganza, de mi represalia, la vastedad de mi castigo, porque soy *aún peor* de lo que imaginan, porque mi maldad es *inimaginable*.

El *epílogo* es un monólogo interior del Drácula galimbertiano. Un satánico fluir de la conciencia por donde desfilan los horrores de la Argentina; el monólogo afiebrado de un guerrero insomne. Un guerrero a quien los fantasmas y delirios de las guerras que cree haber protagonizado han quitado el sueño para siempre, acaso porque delirar sobre la guerra es el único y último modo de entregarle un sentido a su vida.

Parte, el guerrero-vampiro, de una certeza: quienes no hicieron la guerra, jamás podrán comprenderla. "Esa guerra (dice) ustedes no la pueden entender". No habrá de sorprendernos –en cambio– que un guerrero-vampiro entienda a otro, lo explicite tan hondamente. De Massera, dice Galimberti: "Mandaba secuestrar a los tipos para hablar con ellos. Es una visión letal (...) Era la acumulación política sobre la base de la detención". Hasta es posible "ver" a Massera en acción: "Quiero hablar con Fulano: secuéstrenlo, tortúrenlo y después me lo traen". Lo de la tortura –para Galimberti– es un dato irrelevante, menor: "La tortura es una anécdota. Cualquiera es capaz de torturar en una situación extrema. Es una objeción pelotuda. Si ellos peleaban con el Código bajo el brazo, como decía el general Corbetta, perdían la guerra". *Primer acuerdo entre Galimberti y los generales*: 1) hubo una guerra; 2) las guerras no se hacen con códigos. Las guerras son sucias.

Si a la tortura le resta importancia, lo que habrá de indignarlo es el asesinato de "prisioneros indefensos". Dice: "No tienen perdón de Dios. Y eso los va a perseguir hasta el día en que se mueran. Fue absolutamente innecesario, producto del terror que ellos tenían. Un miedo espantoso, porque la única razón por la que asesinás a un opositor rendido es porque tenés miedo". *Segundo acuerdo entre Galimberti y los generales*: 1) los detenidos por el Estado terrorista eran "prisioneros"; 2) los opositores detenidos no eran opositores políticos, eran "opositores rendidos", es decir, soldados, guerreros que se habían rendido. Este segundo acuerdo es consecuencia del primero y fundante acuerdo: *hubo una guerra.*

Se desahoga contra diversos personajes que odia. Los odia
–siempre– porque no son o no fueron guerreros. Así, con inabarcable desdén, dirá de Miguel Bonasso: "Lo único que ha
derramado en su vida es tinta". Posiblemente. Ocurre que "ésa"
es la diferencia entre un escritor y un vampiro. Ocurre que por
"esa" diferencia muchos comemos con Bonasso y no comería-
mos ni una escuálida medialuna con Galimberti. Aun cuando
–comiendo con Bonasso y hasta acaso comiendo para hablar
con él de estas cosas– le digamos: "No fue una guerra, Miguel.
Eso, dejá que lo crea Galimberti". Fue, insisto, una masiva acción terrorista del Estado militar contra todos quienes podían
oponerse al plan económico-político que instrumentaban.
Fue, así, una masacre. Cito la *Carta* de Walsh a la Junta: "Estos
hechos que sacuden la conciencia del mundo civilizado no son
sin embargo los mayores sufrimientos que han traído al pueblo
argentino ni las peores violaciones a los derechos humanos en
que ustedes incurren. En la política económica de ese gobierno debe buscarse no sólo la explicación de sus crímenes sino
una atrocidad mayor que castiga a millones de seres humanos
con la miseria planificada". Es posible –de un modo realista y
acaso atroz– dibujar la historia argentina desde 1976 hasta
hoy: para que se consiga lo que se ha conseguido, es decir, la
miseria planificada, los militares imponen la paz social en
tanto paz de los cementerios, aniquilan toda divergencia por
medio del terror y de la permanencia del terror –como pesadilla siempre recurrente– en la sociedad civil, luego se busca la
consolidación del marco democrático con Alfonsín, quien es
derrocado por no ser apto (debido, ante todo, por su debilidad
ante el poder sindical cautivo del peronismo) para liderar la
parte económica del proceso (dije bien, del Proceso), luego se
recurre a Menem y al populismo peronista para imponer los
ajustes neoliberales, sofocar a los sindicatos y manipular las posibles protestas populares y luego... ya está. *Vivimos los tiempos*

de la miseria planificada. Y –convengamos– pocas miserias han sido tan laboriosa y sangrientamente planificadas como la miseria argentina. Ganaron los vampiros.

Galimberti –en medio de su insomne monólogo guerrero– sigue reprochando a sus "enemigos" el asesinato de "prisioneros". Recuerda entonces una venerable leyenda sobre el caudillo federal Ángel Vicente Peñaloza. Así, narra que un capitán de Sarmiento, "me parece que es Sander" (no, es Ambrosio Sandes), se encuentra con Peñaloza para hacer la paz. Peñaloza entrega sus prisioneros. Sandes no puede entregarlos porque los asesinó. El Drácula vernáculo se indigna: "No jodamos. Cuando vos terminás una guerra irregular y cometiste ilícitos como los que cometimos nosotros, devolvés los prisioneros, devolvés la guita y se acabó". Sugerimos algunas diferencias que obliteran la pretensión galimbertiana de identificarse con Peñaloza. El *Chacho* devolvió prisioneros, pero no devolvió "la guita" porque, sencillamente, no había robado. El *Chacho* cabalgaba al frente de un ejército de gauchos, él era un gaucho más y su ejército era popular por su masividad y por la condición social de quienes lo componían. La contienda, para Peñaloza, el hecho de armas, formaba parte de una insurrección de las provincias mediterráneas: los *fierros* tenían su anclaje en las masas y eran expresión de un pueblo desesperado ante la extrema agresión del mitrismo porteño. Ningún Rodolfo Walsh le había dicho al Chacho (como Walsh le dijo a la conducción de Montoneros) que la persistencia en la lucha armada era un error (Walsh, "El violento oficio de escribir", Planeta, 1995, p. 413). De haber existido ese Walsh, y de haber tenido razón en ese caso particular, el gaucho Peñaloza lo hubiese escuchado.

Pero los guerreros viven para la guerra, no para la política. Viven para la muerte, no para la vida. Viven para matar y para que los maten. Para la gloria o para el martirio. Tanto desean la guerra que no pueden imaginar la vida sin ella. La vida sin guerra (piensan de una y mil formas diferentes) es una mariconada. Cosa de flojos, de blandos, de "humanistas". De tipos, en suma, que pretenden ignorar los aspectos sombríos e insalvables de la condición humana, tendientes –todos– a decir: el hombre es el lobo del hombre, toda paz es una tregua, lo permanente, lo fundante es la violencia, la guerra. Así, el guerrero insomne habrá de entregarse a los ardores y asperezas de su monólogo infinito: "La guerra es lo más fuerte que existe. Lo que construye los lazos más serios entre los seres humanos. No es sólo la miseria, el sufrimiento físico, la impiedad, la crueldad, la guerra. También es la solidaridad, el afecto, el amor a los que están con vos... La guerra es el acto de amor más grande que existe (...) La guerra no es un combate policial. Es el contacto con la masacre propia, con los tipos tuyos que se mueren todos los días de una manera espantosa y con los muertos del enemigo". No es casual que la guerra tenga tan buena prensa. Hasta el Galimba, bajo su inspiración, puede semejar un poeta satánico. Salvo cuando dice: "Lo que yo digo es la destrucción física, es decir, la cabeza reventada, empezás a ver tipos como si fueran corte de vacuno, ¿viste un tipo cuando lo abrís? Es igual a una vaca". Salvo, en fin, cuando detrás del poeta satánico, del Drácula ostentoso, aparece el último y verdadero rostro de la guerra, ya no el del soldado, sino el del carnicero.

Conclusiones provisorias

Toda conclusión, cuando es sensata, cuando es consciente de los límites del conocimiento, cuando sabe que la verdad se construye por medio de uno y mil relatos diferentes, cuando sabe –incluso– que la verdad es una conquista política, que siempre estamos luchando por ella, toda conclusión, entonces, es provisoria. De este modo, no hay conclusiones cerradas porque no hay interpretaciones cerradas. Esto no nos tiene por qué llevar al vértigo hermenéutico posmoderno –tipo, digamos, Vattimo–, donde todo concluye en un relativismo infinito y desapasionado, sino que tiene que volvernos personajes abiertos a las conclusiones de los otros y a la historicidad de nuestras propias conclusiones. Voy a ejemplificar. No hace mucho leí una excelente nota de Susana Viau. (*Nota*: este texto abundará en nombres propios y eludirá eufemismos. Si Susana Viau escribió una nota no será señalada como una "conocida periodista", será, como es, Susana Viau. Si la nota de Viau polemizaba con otra del vicedirector de *Página/12*, el vicedirector será, como es, Martín Granovsky; si un ideólogo de la derecha militar argentina dijo que "de la ESMA muchos salieron vivitos y coleando" ese señor será, como es, Vicente Massott, y si el gobernador de la provincia de Buenos Aires durante el Proceso prometió hasta fusilar a los tímidos, ese señor será, como es o era, el general Saint-Jean.) Volvemos a la nota de Viau. Polemizaba con una defensa que Granovsky hacía de Jacobo Timmerman. Creo que, en lo concerniente a Timmerman, Viau tenía razón. Pero había un punto discutible. Refiriéndose a la discusión sobre los años setenta decía que ese relato –aunque aún no había sido escrito– ya estaba escrito y se refería a que existía una memoria que lo atesoraba, que lo había ido construyendo a lo largo de los años y que, ya, lo había construido para siempre. Creo que no es así. Supongo que seguiremos construyendo ese relato a través de incesantes divergencias. Supongo también que hablamos de algo porque tiene un significado para nuestro presente. Hoy tiene un imperioso sentido hablar de la militancia, del compromiso político, de las estrategias de rebeldía y de la lucha armada. Temas que laten con estridencia cuando hablamos de los años setenta. Esta discusión, por otra parte, nos aleja del significante único del imperio informático-comunicacional que postula, sí, la constitución acabada de un solo relato: el del Poder.

Sobre el tema de la lucha armada de Montoneros (que estructura el libro de Bonasso sobre la clandestinidad o la reciente biografía de Galimberti) será altamente aconsejable partir de la siguiente anotación: no hubo una sola violencia que surgía de dos extremos (la ultraizquierda y la ultraderecha) como postula el prólogo sabatiano del *Nunca más*. La guerrilla de los setenta (que se inicia con el asesinato político de Aramburu) buscó acompañar un proceso masivo, social y político. Fueron jóvenes de clase media ahogados por gobiernos ilegítimos, antidemocráticos, anticonstitucionales. Sus cuadros más lúcidos no se asumieron como "vanguardia" sino en tanto "brazo armado" de un movimiento proscripto como lo era el peronismo en esos años. Lograron, así, apoyo y reconocimiento popular. Aun en su más profundo extravío jamás pueden ser equiparados con el terrorismo de un Estado que arremetió contra todas las conquistas sociales y políticas de la clase obrera argentina y los sectores de izquierda que la acompañaron. Por decirlo así: la guerrilla extravió su rumbo, se sustantivizó, se divorció de las bases, se equivocó, pero no nació perversa. Su proyecto fue luchar junto a las masas por la conquista de la legitimidad política de un movimiento popular largamente proscrito. Jamás será lo mismo un militante popular equivocado que un torturador, que un militar fascista. O sea, no hubo dos demonios. No hubo "dos bandos". Hay dos proyectos y dos historias absolutamente diferenciadas.[30]

Cuando presenté el libro de Bonasso dije que estaba escribiendo, no el *Diario de un clandestino* como Miguel había escrito, sino el *Diario de un perejil de superficie*. Los perejiles fueron los militantes que se asombraron y hasta se indignaron con el asesinato de Rucci. Los militantes que quedaron para las balas fáciles de la Triple A cuando Montoneros pasa a la clandestinidad. Los que –por varias y complejas razones– no se fueron del país y tuvieron que vivir en medio del terror y en medio de una "guerra" desatada desde el Estado y a la cual una guerrilla solitaria, sin ningún anclaje masivo, popular o político, entregaba un marco justificatorio.

La represión fue totalizadora. Se desató sobre todos aquellos ubicados, por decirlo así, del centro a la izquierda. Esta masividad represiva se expresó desde la Provincia de Buenos Aires,

---

30 Excluyo de esta consideración a las acciones del ERP. Al rechazar la opción por las masas que intentó Montoneros durante el período anterior a su sutantivación, a su clandestinismo, todas las acciones del ERP se inscriben en el más puro foquismo y su opción fue siempre por los fierros antes que por la política. El asesinato de Hermes Quijada casi justifica la no entrega del Gobierno a Héctor Cámpora por parte de Lanusse. El ataque a la guarnición de Azul le permitió a Perón –calzándose el uniforme de teniente general– liquidar el gobierno de Oscar Bidegain. El ataque a Monte Chingolo selló para siempre el destino de la política a comienzos de 1976 y fue una alfombra dorada para el golpe militar.

cuya policía, no casualmente, estaba en manos de Ramón Camps. Es decir, fue desde esa provincia de donde provino un discurso de inusual y terrorífica sinceridad, diferente, por ejemplo, al del cinismo masseriano que hablaba de "ganar la paz" o decía "el amor vence". No, los guerreros de la gran provincia fueron claros. Hubo, así, una generalizada amenaza de muerte que partió desde sectores militares y civiles. *La Nueva Provincia* respaldó el ataque a la Universidad de Bahía Blanca que desató el general Vilas bajo la consigna de combatir la "subversión cultural". Cualquier profesor que hubiese puesto en la bibliografía de su materia un libro considerado "subversivo" podía esperar lo peor. El gobernador de la provincia, general Saint-Jean, lanzó su célebre proclama que culminaba proponiendo el fusilamiento de los tímidos, luego de los subversivos, los amigos y los familiares de los subversivos. Y, en diciembre de 1976, recuerdo (la memoria del miedo es infalible, se lleva eternamente en algún lugar estremecido y lastimado de la conciencia) que el ministro del Interior del gobernador (bajo cuyo ministerio político funcionaba la policía de Camps) declaró –como quien abría una "nueva etapa" del Proceso de Reorganización Nacional– que la subversión había sido un movimiento muy vasto en el que habían intervenido periodistas, escritores, historietistas y (jamás olvidaré esta frase) "profesores de todos los niveles de la enseñanza". Concluía pronosticando que a todos ellos irían deteniendo "los comandos de las fuerzas armadas". Ese señor se llamaba Jaime Smart; no sé quién es, ni dónde está, ni qué hace. Sé que jamás pude olvidar esas palabras y que es un deber cívico (para mí, al menos, que no las olvidé) recordarlas. Expresan lo que Theodor Adorno llama "insaciabilidad del principio persecutorio".

Apunto a señalar lo siguiente: en tanto desde el exterior la lógica guerrera y clandestina y sustantivada y ajena a toda política

con anclaje popular de los Montoneros desataba trágicos delirios bélicos como la contraofensiva del '79, aquí, en el masacra-
do territorio nacional, estábamos en manos de la "insaciabilidad
persecutoria" del Estado terrorista. Y esa insaciabilidad se
exasperaba, se tornaba más insaciable ante cada acción miliciana, ante cada acción de la guerrilla. "¿No ven?", exclamaban
satisfechos. "Estamos en guerra. En toda guerra mueren inocentes, hay excesos y suciedad". El Estado militar utilizaba
todo para matar la disidencia. Si ganaban el Mundial, era para
matar, es decir, para tener mayor margen político y profundizar
la represión. Para pasar "el peine fino". Para liquidar el "so-
fisticado aparato de superficie", la "subversión cultural", para entregar a los comandos a esos "profesores de todos los
niveles de la enseñanza" que habían tramado ideológicamente a la subversión. "Las ideas trajeron hechos", escribió un
periodista de esos años. Fue Mariano Grondona y fue en *El
Cronista Comercial.*

En suma, ¿sobre qué estamos debatiendo? Sobre –conjeturo– la inviabilidad de toda forma de lucha armada en la actualidad. No sobre la muerte del espíritu de rebeldía, sino sobre
la desdicha de la guerra. La rebeldía es nuestro horizonte, ya
que es una inmoralidad no rebelarse ante la impiedad de un
sistema como el que nos atenaza hoy. Pero la rebeldía se vehiculiza a través de la política, no de los fierros. Busca la defensa y la dignificación de los oprimidos, de los marginados y
ellos no son clandestinos. Viven y sufren de cara al sol.

Dos destinos, una polémica
Los setenta, los noventa

1. La sacralización del pasado

Creo que podría empezar escribiendo una frase tan transitada como *el pasado siempre está en revisión*. La frase es *transitada* porque expresa una habitualidad: la de revisar el pasado. Ocurre, tal vez, que esta *habitualidad* no ha encontrado una nueva forma de expresarse y, entonces, uno continúa escribiendo *el pasado siempre está en revisión*. Ocurre, sin duda, que no haber encontrado una nueva forma de expresar una habitualidad no invalida la habitualidad sino que reclama un esfuerzo en el nivel del lenguaje. Esfuerzo que, aquí, no haré. De modo que, ya sin vacilar, voy a empezar escribiendo: *el pasado siempre está en revisión*.

El *pasado* que convocan estas líneas es el de los años setenta. Como todo *pasado* siempre está en revisión, pero esa revisión pareciera comenzar recién o, al menos, pareciera que sólo ahora algunos se animan a decir cosas que callaban. Si partimos de la premisa que afirma *todo lo que se dice es saludable* –que se apoya en otra: *todo lo que se calla es enfermo o engendra enfermedad*– no podremos sino admitir que la actual situación de opinión acerca de los setenta es, cuando menos, *saludable*.

Hay un elemento irritante y patético en los *setentistas*: la sacralización del pasado. Sacralizar algo es inmovilizarlo por medio de la exaltación absoluta. Todo lo bueno –y también todo lo malo– ya ocurrió y nada de lo que ocurra o pueda ocurrir volverá a ser tan pleno y maravilloso como lo que ya ocurrió.

El monólogo que ahora leerán será escrito más desde la modalidad con que los jóvenes de hoy reciben el discurso setentista que de la realidad con que ese discurso se expresa. Lo cierto es que los del dos mil reciben *así* eso que los setentistas transmiten. Y si así lo reciben es porque mucho de todo eso está efectivamente presente en el discurso setentista.

2. Monólogo del homo setentista

Ustedes, perejiles del dos mil, a callarse y a escuchar. Voy a hablarles de nosotros, a contarles nuestra historia y ya este hecho –que tenga una historia para contarles– marca la primera y decisiva diferencia entre ustedes y los que habitamos el paisaje tumultuoso de los setenta: nosotros tenemos una historia, ustedes no. No la tienen ni la van a tener. Ustedes habitan el territorio gris de las historias ya resueltas, terminadas, el territorio gris de la derrota. Ustedes habitan un tiempo que también es nuestro: ustedes habitan el tiempo de nuestra derrota. Es decir, ustedes, perejiles del dos mil, ni siquiera tienen una época histórica propia. Viven una modalidad de nuestra propia historia: la modalidad de la derrota. Habitan aquí, perejiles, viven aquí, en la etapa más gris y más triste de nuestra maravillosa historia. Este mundo desencantado que creen propio es también nuestro. Ustedes son lo que hoy son porque nosotros perdimos. El mundo de hoy es el de la derrota y la derrota también es nuestra.

Nosotros habitamos una América Latina heroica. El Che, para nosotros, no era un póster inofensivo, era un proyecto revolucionario, una imagen que convocaba a transformar el mundo, no a decorar nuestra habitación en la casa de papá y mamá. Nosotros decíamos "nosotros", una palabra que ustedes desconocen. Ustedes sólo saben decir "yo". ¿Conocen ese bolero? "Me importas tú, y tú, y tú y solamente tú". Ustedes lo cantan todo el tiempo. Pero así: "Me importo yo, y yo, y yo, y solamente yo".

La palabra utopía no existía en nuestra época. (Sépanlo: siempre que digo nuestra época me refiero a los setenta. Fue nuestra época, fue la mejor y ninguna podrá superarla.) Utopía es una palabra maricona inventada por los liberales. Ahora se puso de moda y la usan hasta los nuestros. Pero seamos claros: nosotros, en los setenta, hablábamos de proyectos revolucionarios. Y les decíamos utópicos a los que eran un poco huevones, por decirlo así. Inofensivos soñadores. Nosotros podíamos ser cualquier cosa, pero no inofensivos. Nosotros nacimos para cambiar el mundo. (Ustedes –aparte de no saber para qué nacieron– sólo pueden padecer el mundo. Sufrirlo o gozarlo. Cambiarlo, nunca. Confiesen: ¿no es horrible vivir así? ¿No es horrible vivir con el escuálido sentimiento de no poder hacer nada, de tener que aceptarlo todo, de apenas sentirse vivos o piolas o lúcidos cuando nos insultan a nosotros? Hasta eso les damos, perejiles del dos mil: un motivo para enojarse. Porque digan la verdad: si no nos insultaran a nosotros, ¿a quiénes insultarían?) Nosotros –sigo– habitábamos un mundo que se nos ofrecía, que nos abría las piernas como una mina generosa. Miren, los yankis se hacían polvo en Vietnam. ¿Conclusión? El imperialismo agonizaba. Mao estaba en China. Castro en Cuba. Y Perón quería volver. ¿De qué se ríen? Sí, huevones: Perón. Nosotros tuvimos todos los Perones. Ustedes, ninguno. Créanme, una de las cosas que más me apena de ustedes es que nunca van a sentir lo que uno sentía cuando un cabecita, un obrero o un militante revolucionario decía: Perón vuelve. Claro, ustedes no nos entienden *porque no pueden entendernos. ¿Cómo van a entender lo que significaba decir Perón vuelve en 1972? Perón era una imagen de nuestra infancia, era el centro del odio de los gorilazos de nuestros viejos, era lo infamado, lo prohibido. ¿Ustedes qué saben de lo prohibido? Cada vez que les quieren prohibir algo todo el mundo empieza a decir cosas sobre la democracia y la libertad de expresión y, al final, no les prohíben nada. Pero a nosotros sí, perejiles. A nosotros nos prohibían todo: los libros, las películas, votar, las manifestaciones y... a Perón. ¿Alguna vez escucharon esa frase: el sabor de lo prohibido? Bueno, para nosotros Perón era eso: lo prohibido. Desde que teníamos conciencia escuchábamos que iba a volver en un avión negro. Negro, es decir: maldito, prohibido, negado. ¿Ustedes saben lo que es crecer en un país en el que no se puede decir Perón? Decías Perón, ibas en cana. Ahora ustedes suben a un taxi y dicen: "Voy a Perón y Riobamba". Y lo dicen así nomás, sin drama, tranquilos: "Perón y Riobamba". Yo escucho "Perón" y se me arma un despelote emocional. Escucho Perón y veo el bombardeo a Plaza de Mayo, los fusilamientos del '56, Operación Masacre, Walsh, Cooke, el Cordobazo, los curas del Tercer Mundo, Trelew, Ezeiza, la Triple A y toda, toda la película. Ustedes no: "Perón y Riobamba". A veces, en serio, subo a un taxi y lo maneja uno de ustedes, un flaco melenudo con Fito en la radio. Le digo a dónde voy y me dice: "eso queda por Perón al setecientos". ¿Qué es Perón al setecientos? Me enfurezco y le digo: "Perón al Poder, boludo. No al setecientos". El flaco me mira como a un marciano. Es así, ustedes no entienden nada.*

Sé que algunos —ahora, que se les da por atrevérsenos— andan diciendo: "Y si eran tan maravillosos, ¿por qué les fue tan mal?". Por eso, perejiles: porque éramos maravillosos. Y porque nuestra derrota es parte de nuestra excepcionalidad. Que quede claro: nosotros nos metimos con el Poder. Que quede claro: nadie fue tan agresivo con el Poder como nosotros. Amasijamos generales, canas, empresarios. Ahora los canas los amasijan a ustedes y cuando salen a protestar los revientan a palos. ¿Vieron qué jodido es meterse con el Poder?

En serio, les tengo lástima. Es verdad, les quitamos todo porque no les dejamos nada. Porque todo lo hicimos nosotros. Porque todo es nuestro. Porque es nuestro el heroísmo, la generosidad, la entrega, los ideales y el martirio. Ya nadie va a combatir en este país como combatimos nosotros. Ya nadie va a sufrir como sufrimos nosotros. Valió la pena.

3. Complejidades de los setenta

Así las cosas, los que son jóvenes hoy se sienten agredidos y negados y sofocados por el discurso del *homo setentista*. El contraataque del nuevo siglo tiene bastiones poderosos. Opondrán la democracia al autoritarismo, el pacifismo a la violencia, la valoración de la vida al culto de la muerte. Al culto, incluso, de la muerte gloriosa: esa concepción setentista que hacía de la muerte del militante el momento más glorioso de esa militancia. Al culto de la muerte bella. A la concepción de la violencia como partera de la historia.

Habría que abrir la posibilidad de un diálogo. El discurso del *homo setentista* clausura ese diálogo. Sofoca a los jóvenes de hoy, los irrita, los condena a una existencia mediocre porque parte de una concepción heroica de la vida cuya máxima expresión ya se dio en el pasado. Pero, asimismo, el dosmilismo tiene que superar esa inicial etapa de *rechazo absoluto*. Los setenta no fueron unívocos. No todos estuvieron de acuerdo en todo. No todos estuvieron en la guerrilla. Hubo muchos que aceptaron la violencia hasta marzo del '73 y la rechazaron de ahí en más. Hubo muchos que fueron a Ezeiza a buscar a un líder popular que regresaba y no a copar los trescientos metros del palco. No todos se fueron de la plaza en mayo del '74.

Hubo disidencias, discusiones, contradicciones. Hubo un enorme abanico de posibilidades. Hubo matices. Por decirlo con absoluta claridad: *la historia y el pathos de los setenta no se agotan en la historia de los Montoneros.* Cada vez me parece más triste y deformante y nefasta esa versión de la Historia que reduce la enorme riqueza de esos años a los avatares de Firmenich y los suyos. Creo, por el contrario, que aun en el caso de que Firmenich hubiera llegado a presidente de la República y Galimberti a ministro del Interior (ucronía que gustan imaginar los dosmilistas) no hubieran podido actuar como sabemos que luego lo hicieron. Ni Firmenich hubiera podido ejercitar un marcado desprecio por la vida que se expresara en matanzas semejantes a las de los militares ni Galimberti hubiera podido permitirse la frivolidad de coquetear con la oligarquía empresarial y, por ejemplo, casarse con la hija de algún destellante magnate. Hubiera sido un gobierno contradictorio. Ante todo, porque habría sido un gobierno de coalición y porque sus bases –las amplias y complejas bases del universo setentista– no hubieran permitido cualquier cosa. Es impensable una dictadura de Firmenich. Sólo hay que observar esto: cuando Firmenich comienza su dictadura dentro de la izquierda peronista (sugiero un momento preciso: luego del asesinato de Rucci), comienza, también, a perder muchas –demasiadas para él– de sus alianzas. ¿Tanto se ha olvidado que los Montoneros –ya en enero de 1974– voceaban *disidentes por derecha, disidentes por izquierda, que todos los disidentes se vayan a la mierda?*

No lo cantaban porque sí. Lo cantaban porque la izquierda peronista estaba en estado permanente de asamblea. Porque no todos estaban de acuerdo con Firmenich y los suyos. Porque la Historia tenía un espesor, un grado tan elevado de complejidad que requiere la cautela –y hasta la piedad– de quienes hoy se acerquen a ese trágico momento argentino.

Las opciones eran temibles: o Perón o Firmenich. O un anciano detrás de quien se adivinaban (atrozmente visibles) las presencias de López Rega, Isabel y la Triple A. O un mesiánico de mentalidad militarista dispuesto a arrojar a la muerte a millares de jóvenes. Qué triste historia. Qué compleja.

4. Los jóvenes de hoy

En la Argentina, los jóvenes de hoy sobrellevan la mirada de los de ayer como una mirada dura, cuestionadora. A veces, incluso, como una mirada que los hace sentir culpables. Culpables de no querer transformar el mundo, de no tener utopías, de no ser solidarios, generosos, de ser individualistas, *light*, hijos de la televisión, del goce inmediato, hijos, en fin, de todas las formas de lo superfluo. Básicamente se les reprocha su absoluto desinterés por cambiar el mundo, su insuficiente vocación de rebeldía, acusación grave si se tiene en cuenta que lo que ha caracterizado o definido a la juventud, siempre, es el espíritu rebelde.

Ocurre, sin embargo, que semejante acusación (explícita o soterradamente) se les hace desde el paradigma del pasado: hubo otros jóvenes tiempo atrás que, sí, fueron la mismísima encarnación de la rebeldía. ¿Por qué no son como ellos? En principio, porque ninguna generación viene a repetir a la anterior. Viene a reemplazarla, viene a discutir con ella. Viene, en suma, en el acuerdo o en el disenso, a ser distinta. Pero los jóvenes de la militancia (los jóvenes de los sesenta o de los setenta), no sólo se presentan ante los de hoy con el halo, con el esplendor sacralizado que da la muerte, sino con el halo del martirio. Superarlos en la modalidad que ellos eligieron (la militancia) sería imposible, ya que ellos lo dieron todo: dieron la vida, el infinito dolor y hasta sufrieron la desaparición de sus cuerpos. Los jóvenes de hoy no discuten con presencias, sino con rostros que respetan pero temen, porque leen en ellos, muchas veces con miedo, el elevado castigo que implica la rebeldía: la muerte. No conviene, nunca, olvidar que los jóvenes que sucedieron a la generación de la militancia no pueden discutir con ella, porque muchos, demasiados de esa generación están muertos, desaparecidos. Ese vacío angustia a los jóvenes de hoy porque les quita una presencia referencial. Una presencia con la cual, en otras condiciones, podrían discutir, acordar, disentir, pero ante la que ahora sólo pueden experimentar el respeto o el temor que impone la muerte, el sacrificio extremo. No pueden ser como ellos, pero tampoco pueden decirles por qué.

Así las cosas, las dirigencias políticas se dirigen hacia los jóvenes del dos mil con un criterio de marketing. Necesitan obligarlos a consumir un producto que los jóvenes actuales no consumen: la política. Antes, las dirigencias eran sobrepasadas por los cuadros militantes, los cuales estaban más politizados o radicalizados que ellas. Los dirigentes siempre estaban atrás de la militancia. No necesitaban atraerlos, eran sobrepasados por la rebeldía pasional de los cuadros. Se decía: "Con los dirigentes a la cabeza o con la cabeza de los dirigentes". Nada más revelador que esta consigna. Eran los cuadros quienes empujaban a la acción. Los dirigentes, en lugar de atraerlos, debían frenarlos, ya que los cuadros vivían en la modalidad del exceso, del compromiso absoluto. Hoy, todo contrario. La dirigencia debe buscar a los jóvenes y atraerlos a la política con técnicas publicitarias, ya que intenta venderles un producto desacreditado. Además, los jóvenes actuales desconfían de todo lo relacionado con la política. Sobre todo (y no sin motivos) de los dirigentes. En medio de esta incomodidad, de este áspero fastidio, la relación entre las dirigencias y los jóvenes es más que ardua. Porque los jóvenes no sólo descreen del producto que se les ofrece, sino, muy especialmente, de los fabricantes, de los vendedores.

La historia con pasión

A mis compañeros de *Envido*

Fue alrededor de mayo de 1976 cuando el conocimiento de situaciones más que alarmantes (y cercanas) me hicieron tomar una decisión muy común entre los intelectuales que durante esos días habitaban este despiadado país: deshacerme de parte de mi biblioteca. Hubo algo que me dolió arrojar a la nada, al fuego del incinerador (en esa época había incineradores en los departamentos) y fue la colección de la revista *Envido*, que era una revista de política y ciencias sociales, una revista teórica (la única revista teórica) de la izquierda peronista.

Fue durante algún mediodía. Abrí la tapa del incinerador y arrojé los diez números a los que había llegado la publicación. A la noche bajé a la caldera para comprobar si todo ese material se había quemado. Aquí, me encuentro con el portero, que está limpiando los restos que han resistido a la voracidad del fuego. El tipo me dice: "La gente tira cada cosa a la basura. Mire esto". Era el número 7 de *Envido* y no se había quemado por completo. Su tapa, al menos, estaba intacta. En la tapa se leía PERÓN VUELVE (el ejemplar era de octubre de 1972). Y luego se leía: José P. Feinmann: SOBRE EL PERONISMO Y SUS INTÉRPRETES (II). Y el portero agrega: "Todo el mundo tira cosas raras en estos días. Tiran tantos papeles que no se pueden quemar todos". Había otros atemorizados en el edificio. Recuerdo mi asombro: ahí estaba la revista, estaba intacta y mi nombre me señalaba desde la primera línea. Jamás podría borrar mi pasado.

Olvidé, con los años, esa cuestión. Hasta que hace un par de días (en febrero de este comienzo de siglo y de milenio y todo eso) recibo la publicación que sale con este diario y que este diario publica con el Colegio Nacional de Buenos Aires y que se llama *Documentos para la Historia Argentina*. ¡Y en la tapa está la tapa del número 7 de *Envido*! Primero, de un modo primitivo, instantáneo, me asusté. ¿Qué hace esto otra vez aquí? Después persistí largo rato mirándola. Era –hoy– un documento de la Historia Argentina. Yo tendría veintiséis o veintisiete años cuando salió ese número de *Envido*. Mis queridos, inolvidables compañeros del consejo de redacción, también. Jamás habíamos pensado que publicábamos algo que, alguna vez, sería un documento histórico. Menos lo creía yo cuando el miedo me hizo arrojarlo a las llamas por pensar que cosas así, como esa revista, podrían costarme la vida.

¿Qué fue *Envido*? Convendría, en lo posible, aclararlo, ya que muchos libros que se han escrito sobre la izquierda peronista (excepto el de Gillespie sobre los Montoneros) olvidan mencionarla o directamente (a fuerza de desconocer el ambiente universitario de los setenta) no conocen su existencia. Fue una revista teórica que empezó a salir en 1970. Trataba de llevar el peronismo a posiciones de izquierda, trataba de expresar el fenómeno de la Juventud Peronista. Cada número aclaraba cómo era su financiación y lo que aclaraba era que el dinero venía, esencialmente, de organizaciones militantes estudiantiles. Éramos distintos entre nosotros, los que la hacíamos, digo. Horacio González venía de Sociología y de las Cátedras Nacionales. Yo venía de Filosofía y –teóricamente– venía de Hegel, de Marx y de Sartre, luego de haber

pasado mis años más tempranos en las filosofías de la tragedia, con Kierkegaard, Dostoievski, Chestov. Héctor Abrales
estaba con el grupo de ingenieros y matemáticos en los que estaba también el hoy ministro de Educación, Juan Llach. Arturo Armada venía de Filosofía y del cristianismo militante.[31]
Domingo Bresci era un cura del Tercer Mundo. Y Jorge Luis
Bernetti era periodista estrella de *Panorama*, célebre semanario
de la época. Abel Posadas, que escribía de cine, venía de Letras
tal como Santiago González. Éramos todos muy jóvenes y la
historia la hacíamos con pasión. *Envido* era distribuida por
las agrupaciones estudiantiles y también por todos nosotros, los
miembros del Consejo de Redacción, que nos recorríamos los
kioscos entregando ejemplares.

Era, claro, una revista de superficie y tendía a expresar a
la amplia gama de la Juventud Peronista. Con los años, con
las deformaciones de la historia se está creyendo que la JP
fue un fenómeno circunscripto a la guerrilla y, sobre todo, a
Montoneros. *Envido* nunca tuvo nada que ver con Montoneros. Me explico: era una revista que basaba la militancia
en la acción de las masas, no era foquista, no era alternati-
vista. Aceptaba la conducción de Perón porque no se podía hacer política al margen de Perón desde que las masas
encontraban en el peronismo su identidad política y, en el
regreso de Perón, su bandera de lucha. Precisamente este
número 7 tiene la leyenda combativa PERÓN VUELVE y fue un
gran riesgo teórico-político para nosotros (supongo que debido a Horacio González, que era el más osado de todos)
ponerla. Nadie se jugaba a la vuelta de Perón. Perón volvió

---

31 Armada era, también, el director de la revista. El resto formaba parte del
Consejo de Redacción. Aclaro esto porque sé que a Armada le importa y porque
nunca está de más establecer un dato verdadero.

recién el 17 de noviembre y nuestra revista estaba ya impresa en septiembre. Recuerdo que yo estaba en el bar Urquiza (la Facultad de Filosofía estaba allí, en la calle Independencia) y se me acerca un muy joven militante cordobés y me dice ustedes están un poco locos, cómo se atreven a poner PERÓN VUELVE, después el viejo no vuelve y ustedes quedan para la mierda. Era Eduardo Varela Cid. Qué tristes vueltas tiene la historia.

En 1973 nos peleamos. Ocurrió así: Montoneros decide darse una política de superficie y pide la revista. Nos dividimos en dos grupos: 1) los que estaban de acuerdo en darle la revista a Montoneros; 2) los que no estaban de acuerdo y aceptaban que pusieran uno de sus cuadros en el Consejo de Redacción y, a lo sumo, intentaran ganársela de adentro. Por la dinámica de los tiempos ganaron los del grupo 1 y salió el número 10 de *Envido* que, supongo, estaba bancado por Montoneros y tenía, dentro de la revista, una consigna que decía: "Montoneros, soldados de Perón". Pero, se supo, la revista, ese número 10, no le gustó nada a Firmenich. Y no podía ser de otro modo. Ya desde el marxismo o desde el cristianismo militante, quienes hicimos *Envido* teníamos una concepción de la política que la unía con las masas. O se hacía política de masas o lo que se hacía no era política. Yo defendía esta posición desde la *Crítica de la filosofía del derecho de Hegel*, ese gran texto de Marx, Horacio González desde Gramsci y los otros desde el cristianismo. (Con, por supuesto, abundantes citas de Perón y Evita, ya que se trataba de ser peronistas, ya que éramos, como bien dijo Perón y toda la derecha del peronismo, *infiltrados*.) Todos, aun los que le hicieron ese número 10 a Firmenich, estaban muy lejos del aparatismo, de los fierros sin política y sin masas, de la militarización, y aun del ejercicio de la violencia luego del 11 de marzo de 1973. Ahora somos parte de la historia. Somos un documento de la historia argentina. Todos hace algún tiempo que no nos vemos y todos recordamos a Héctor Abrales, que desapareció en 1979, por alguna de esas canalladas de los grupos de tareas de la dictadura.

Sexta parte

Pensar la Argentina

Introducción

En verdad, "pensar la Argentina" es el entero proyecto de este libro, de aquí que resulte algo estrecho titular de este modo una sola de sus partes. Hay una explicación: estos textos tienen un aliento más teórico o, si se quiere, filosófico político, que varios de los otros que habitan estas páginas. Surgen de dos cursos que di durante el 2001, uno en TEA y otro en la Fundación Centro Psicoanalítico Argentino. El de TEA llevaba por título "Filosofía política de la Argentina", el de la Fundación, "Pensar la Argentina". En los dos utilicé la metáfora de la "casa tomada" como eje teórico conceptual. Alguna vez –no sé cuándo– escribiré un libro basado en la metáfora de la "casa tomada", pues creo que es una llave impecable para pensar lo argentino. Entre tanto, podemos consultar estos textos.

Por otra parte, el tema de la centralidad de la ESMA como ruptura de la historia argentina, como quiebre de nuestra historia tal como Auschwitz es, para Theodor Adorno, el quiebre, la ruptura en la historia de la razón occidental, es decisivo en esta *sexta parte*.

También están José Hernández, Cortázar, Borges, la monstruosidad de Videla y su fiesta sanguinaria, y la espera y la siempre renaciente esperanza y los despertares ideológicos.

La metáfora de la casa tomada

Toda la historia de nuestro, con frecuencia, incomprensible país puede pensarse por medio de la metáfora de la casa tomada. Los sectores de poder de la Argentina siempre se asumieron como lo Uno. Lo Uno fue (y es) lo esencial, lo primero, lo indivisible y lo bueno. Lo Uno se propuso y se propone el control, el dominio, la exclusión o, sin más, el exterminio de lo Otro. *Nunca su inclusión.* Lo Uno fue siempre lo Uno: el Poder. Lo Otro tuvo diversas encarnaciones: fueron los gauchos, los negros, los indios, los "insolentes" inmigrantes, la "chusma" yrigoyenista, los "cabecitas negras", los "subversivos" y (hoy) la "delincuencia" y los nuevos inmigrantes: los bolivianos, chilenos, peruanos y paraguayos. Que parecieran ser los más recientes en eso de tomar la casa.

Al achicarse –con el capitalismo de mercado– el margen de controlable "inclusión" dentro del trabajo, dentro del aparato productivo, al desaparecer, digamos, ese aparato productivo y generar lo que generó (desempleo masivo, miseria, hambre), la violencia de la exclusión se ha instalado entre los excluidos. Los Otros (los que jamás pertenecerán a lo Uno) se aterran ante la posibilidad de perder el espacio mínimo que hoy el Poder les concede. Aquí, la metáfora de la casa tomada se traslada a la del tren tomado. Quienes siempre temieron que les tomaran la casa fueron los poseedores de la casa: los sectores de poder, la perenne burguesía agraria y financiera de la Argentina. No temen que les tomen el tren porque no viajan ·en tren. Viajan en automóviles o en aviones privados. Los que viajan en tren son los que "aún" tienen trabajo y toman el tren para ir hacia él. Son argentinos, tienen documentos, ganan poco pero ganan algo y tienen miedo. Temen que los otros (los nuevos otros) se les suban al tren. Los nuevos otros son los nuevos inmigrantes. Esta situación generó un hecho criminal, un asesinato aberrante, en enero del año que corre.

El *Movimiento Boliviano por los Derechos Humanos* ha distribuido –con fecha 11 de julio– un *Manifiesto*. En él puede leerse: "La muerte de nuestra compatriota Marcelina Meneses y su hijo Josua Torres, el 10 de enero, al ser lanzados del tren cuando viajaban a una localidad de Buenos Aires, luego de ser agredida verbalmente con insultos xenófobos y racistas por su condición de boliviana y el haber salido a la luz pública recién el 23 de mayo de 2001, fue la gota que rebasó el vaso". ¿A qué otras gotas se añadió ésta que desbordó el vaso? Dice el *Manifiesto boliviano*: "Agresiones de diferente tipo y gravedad empezaron en el período de gobierno del doctor Carlos Menem, que dio un marco oficial a la discriminación del extranjero haciéndolo chivo expiatorio de la escasez de trabajo y actos delictivos. Dicha campaña estigmatizante fue apoyada por medios de comunicación de neto corte xenófobo, como Radio 10, revista *La Primera*, etc.". La militante que me ha entregado el *Manifiesto* dice: "Y a esa radio, además, le dieron un Martín Fierro". No sé qué decirle. Más aún cuando añade: "Y tiene publicidad oficial". Otros fragmentos del *Manifiesto* señalan situaciones canallescas: "Indagaciones policiales injustificadas. Coacción o intimidación (detención por la policía por 'portación de cara'/demonización de nuestros rasgos indígenas relacionándolos con 'delincuencia'". Este texto revela una realidad abyecta: "demonización de nuestros rasgos indígenas, relacionándolos con 'delincuencia'". Sabemos que ningún rasgo debiera ser demonizado, que ningún rasgo, *per se*, debiera relacionarse con la delincuencia. Pero si algo así ocurriera en este país esos rasgos se parecerían más a los de los sucesivos equipos económicos desde 1976 en adelante, momento en que se dispara la deuda externa argentina, causa fundamental del sofocamiento del país. *Ningún boliviano o peruano o chileno contrajo esa deuda.* Son otros entonces los rasgos que debieran demonizarse. Acaso las grandes orejas de Martínez de Hoz. Los modales aterciopelados de los *gentlemen* del Grupo Perriaux. La papada de Emir Yoma. La negritud pulida, sofisticada, como de tostado Caribe de Erman González. Las piernas de la Alsogaray y también su cara, que es la de su padre, el héroe de la aeroísla. Los pómulos de Amira Yoma. Ahí, exactamente ahí y no en los rasgos indígenas de los sufridos bolivianos (que vienen para la superexplotación, para acabar como esclavos en algún sótano de la infamia infralaboral), es donde está el identikit del delincuente. Pero no. A los que tiran del tren los deshumanizados y aterrorizados argentinos de la flexibilización, del espacio para pocos, de la sociedad del desempleo, son a Marcelina Meneses y a su bebé Josua Torres. "Fuera de aquí, bolivianos de mierda", gritan los asesinos. "En este tren viajamos nosotros, los argentinos. Este tren no es para ustedes. No vamos a dejar que se suban. Los vamos a tirar a las vías. Los vamos a matar".

La furia de los subempleados de hoy continúa una dilatada tradición nacional. Parte esencial del estilo de vida argentino (de esa "esencia nacional" en la que gustaron bucear los ideólogos del liberalismo aristocratizante) radica en la expulsión del diferente. Miguel Cané, que nace en 1851, en Montevideo, como exiliado del rosismo, que fue *gentleman* del ochenta, que habría de redactar una *ley de residencia* "contra los agitadores laborales extranjeros" (esa indeseada expresión de lo Otro que trajo la política inmigratoria), escribió en sus textos de viajes una página transparente sobre el asco de lo Uno por lo Otro, de los dueños de la patria hacia quienes venían con la pretensión imposible de integrarse a ella y compartirla con sus dueños. Ese texto es un clásico ya que David Viñas lo recoge extensamente en *Literatura argentina y realidad política*. Aquí, Cané, patrón, patricio y patriarca, se alarma por la invasión de los nuevos burgueses. Del inmigrante que se enriquece y pretende entrar en los salones de la oligarquía. Tomar la casa. La visión de Cané se centra en las mujeres de la casa. Porque los bárbaros enriquecidos no sólo habrán de "tomar la casa", sino que hay otro peligro mayor, acaso más humillante, más intolerable: que "tomen" las mujeres. Así, Cané les pide más "sociabilidad", traducida como educación, buen gusto, mesura. Y continúa: "Más respeto a las mujeres, más reserva al hablar de ellas". Porque hay que evitar que "el primer guarango democrático enriquecido en el comercio de suelas se crea a su vez con derecho a echar su mano de tenorio en un salón al que entra tropezando con los muebles". Porque "eso" ha permitido la democracia: que los guarangos se enriquezcan. Toscamente, claro, por medio del "comercio de suelas". No obstante, ya logran entrar en los "salones". Torpes, rústicos, primitivos, tropiezan con los muebles, ya que desconocen los modales, los rituales patricios. Sin embargo, han entrado. Y, obscenos, se lanzan sobre las mujeres. Dice Cané a su interlocutor epistolar: "No tienes idea de la irritación sórdida que me invade cuando veo a una criatura delicada, fina, de casta, cuya madre fue amiga de la mía, atacada por un grosero ingénito, cepillado por un sastre, cuando observo sus ojos clavados bestialmente en el cuerpo virginal que se entrega en su inocencia (...) Cada día, los argentinos disminuimos. Salvemos nuestro predominio legítimo (...) colocando a nuestras mujeres, por la veneración, a una altura a que no lleguen las bajas aspiraciones de la turba. Entre ellas encontraremos nuestras compañeras, entre ellas las encontrarán nuestros hijos. Cerremos el círculo y velemos sobre él". El delirio sexual de Cané lleva a sus extremos la metáfora de la casa tomada. En el final, el temor máximo es que el Otro se apodere de las vírgenes, que no sólo se apodere de la casa sino que además "posea" a las mujeres. Ahí, entonces, estalla la consigna de guerra: "Cerremos el círculo y velemos sobre él". El círculo es el círculo de la pureza, del poder, de la patria y de sus naturales, legítimos poseedores. Siempre, en la Argentina, el círculo se ha cerrado, y siempre que el Otro quiso entrar en él tronó el escarmiento. En el final de "Cabecita negra" (el cuento de Germán Rozenmacher que resignifica "Casa tomada" de Cortázar), el protagonista, el señor Lanari, dice: "Hay que aplastarlos, aplastarlos. La fuerza pública, tenemos toda la fuerza pública y el ejército". Hasta 1983 hicieron eso: llamar al ejército. La pregunta es: qué harán ahora. Porque la verdadera solución, la democrática, la de incluir al Otro, al diferente, les está vedada. Por convicciones ideológicas y por una avaricia sin fin que los corroe desde el origen de los tiempos.

La poética de la queja

Escrito en 1872, luego de la derrota de los federales de Peñaloza, de Felipe Varela y luego del aniquilamiento del Paraguay, el *Martín Fierro* expresa una épica de la derrota y –como tal– es lo que es: una poética de la queja. Podríamos establecer esta certidumbre: *una épica de la derrota toma forma en tanto poética de la queja.* Cuando Hernández escribe su quejoso poema también, además de la reciente derrota del Paraguay,[32] ha sido aniquilado en la batalla de Ñaembé el último caudillo federal en armas: Ricardo López Jordán. Estaba diseñada la escenografía para que apareciera el primer tango argentino, o sea, el *Martín Fierro*. Nadie ignora que la tanguística argentina se trama como poética de la queja: Filiberto le pone "Quejas de bandoneón" a su formidable tango quejoso y Discépolo, hundido ya en la definitiva niebla del final, hablará del cafetín de Buenos Aires y no podrá olvidarlo "en esta queja". El tango y su queja responden a la épica de la Argentina derrotada de la década infame. La mina que se pianta es la patria

---

32 Leer, sin dilación, la estupenda novela de Eduardo Belgrano Rawson, *Setembrada*, donde los protagonistas ven desde un globo, *desde el aire*, el genocidio paraguayo.

que se fue. En Hernández, el gaucho jamás intuye la posibilidad de enfrentar el orden hegemonizado por Buenos Aires. Eso quedó atrás. Eso lo hicieron los caudillos de la "anarquía" del año veinte, Estanislao López, Ramírez, o –después– el bravío Facundo Quiroga, o el Chacho Peñaloza, el padre de los pobres, o Felipe Varela, el Quijote de los Andes. Derrotados todos ellos, derrotado el foco rebelde del Paraguay (único, incómodo ejemplo de un desarrollo autónomo en América), el gaucho Fierro sólo atina a quejarse, nunca a unir su destino al de otros gauchos y guerrear contra la política de Buenos Aires. Su única "rebelión" es juntarse con Cruz y escapar a la frontera, con los indios. Es el excluido que profundiza su exclusión.

Hernández detestaba a Estanislao del Campo, quien se había burlado de los gauchos en su *Fausto* (1866). El poema de Estanislao era, en verdad, una inspirada burla basada en la ignorancia del gauchaje. Parece un cuento de Fontanarrosa. Sobre todo "El mundo ha vivido equivocado". Dos personajes dialogan acerca de una jornada excepcional. En Del Campo (para mí, aclaro, el cuento de Fontanarrosa es muy superior al meramente ingenioso poema de Estanislao) un gaucho, Don Pollo, le narra a otro, Don Laguna, cómo conoció al Diablo. Lo conoció en el "tiatro de Colón". El chiste es que Don Pollo no distingue entre realidad y representación y no bien aparece el Diablo en escena él cree, sí, que es el Diablo en persona y se asusta gravemente. "¡Jesucristo!", exclama Don Laguna. "Hace bien, santigüesé", aconseja Don Pollo. Quien le relata toda la ópera de Gounod. Y concluye: "Cayó el lienzo finalmente / y ahí tiene el cuento contao". Y Don Laguna: "Prieste el pañuelo, cuñao / Me está sudando la frente". Y luego: "Lo que almiro es su firmeza / al ver esas brujerías". Y Don Pollo: "He andao cuatro o cinco días / atacao de la cabeza". La poética de la burla se trama a partir de la ignorancia del gaucho.

Son tan brutos esos dos paisanos que se han tomado "en serio" esa ópera del Colón. O sea, un gaucho que va al Colón es un despropósito; tan ajeno es a ese lugar, tanto lo condiciona su ig-·norancia que sólo le queda el ridículo: tenerle miedo al cartón pintado. Bien, Hernández no se proponía eso. Estaba del lado de los gauchos y, lejos de reírse a costa de su ignorancia, se proponía expresar sus desdichas. En suma, quejarse.

El poema se abre postulando una "pena estraordinaria" del cantor. A esa "pena estraordinaria" sólo le cabe el consuelo, ya que el gaucho "con el cantar se consuela". La función que en el tango traen "las copas" ("si las copas traen consuelo") pareciera cumplirla el canto en el poema gaucho. ¿Para qué se canta? Para la queja: "Ninguno me hable de penas porque yo penando vivo". El dolor es pedagógico: "porque nada enseña tanto como el sufrir y el llorar". La queja requiere la pérdida de una plenitud, de un estado anterior de felicidad. La queja viene siempre luego de la derrota. Hernández no menciona la plenitud guerrera de los gauchos, que, en forma de épica negativa, exaltan las páginas bravías del *Facundo* sarmientino, donde se quejan los civilizados y no los gauchos. Hernández recuerda con cálida melancolía los días serenos del trabajo, a la sombra del patrón generoso: "Ricuerdo, ¡qué maravilla! / como andaba la gauchada / siempre alegre y bien montada (...) y después de un güen tirón / en que uno se daba maña / pa' darle un trago de caña / solía llamarlo el patrón". Pero esa plenitud termina. Al gaucho lo echan a la frontera. Así, se vuelve gaucho malo, entra en una pulpería y se "disgracia" matando a un negro (el moreno). Huye y lo encuentra la "polecía". Fierro los enfrenta y el sargento que comanda la partida, al ver su coraje, se pone de su lado. Es el sargento Cruz. (En los setenta, la "parábola del sargento Cruz" se utilizaba para decir que sólo si el pueblo estaba "armado y luchando", como Fierro, el ejército se le habría de unir, como Cruz. Algo que, sabemos, no ocurrió. Sólo sirvió para alimentar proyectos tan discutibles, tan extraños, acaso patéticos, como el "Operativo Dorrego".) Fierro y Cruz se hacen amigos. Se confían sus quejas, las comparten. Si Fierro había dicho "pero el gaucho disgraciao / no tiene a quien dar su queja", ahora, junto a él, está Cruz, quien escucha su queja y también le cuenta su propia historia, y esa historia es su queja. Cruz le añade al tango gaucho el toque que le faltaba, ya que en su queja aparece la falsía, la traición de la mujer, tópico central de la queja tanguera. Dice Cruz: "Alcé mi poncho y mis prendas / y me largué a padecer / por culpa de una mujer (...) Las mujeres desde entonces / conocí a todas en una ./ Ya no he de probar fortuna / con carta tan conocida / mujer y perra parida / no se me acerca ninguna".

Cruz y Fierro se autoexcluyen en la frontera, se hunden en las tierras "del salvaje". Así termina la primera parte del poema. En 1879, Hernández publica la *Vuelta*. Fierro vuelve y ya no se queja, ahora da consejos. Se pasa de la queja al consejo. El país se ha ordenado, el Gobierno manda a la frontera al ejército de línea, los gauchos podrán trabajar. Tendrán, por fin, derechos. Fierro, entonces, les dice con qué deberes pagar esos derechos. Respeto, prudencia, moderación, trabajo, unidad y obediencia: "El que obedeciendo vive / nunca tiene suerte blanda / mas con su soberbia agranda / el rigor en que padece / obedezca el que obedece / y será bueno el que manda". En su figura dialéctica final la "queja" se integra en tanto "obediencia". También los peones de *La Patagonia rebelde*, luego de la derrota, son condenados a la obediencia absoluta. El milico que los "retoma" en el trabajo que los estancieros del sur les ofrecen dice a uno de los derrotados obreros: "Ahora te dejás de joder. Y si tu patrón te dice que sos un perro vos te ponés en cuatro patas y ladrás".

Fierro se incorpora al sistema del vencedor, que es el de Buenos Aires. Así las cosas, propone el olvido, condición de la obediciencia: "Es la memoria un gran don / cualidá muy meritoria / y aquellos que en esta historia / sospechen que les doy palo / sepan que olvidar lo malo / también es tener memoria". El tango de Hernández tiene un final conciliador. Bajo Roca, bajo el país organizado por la burguesía de Buenos Aires, los gauchos serán reconocidos y ya no tendrán por qué quejarse. No fue así. Los que siguieron a los gauchos, los inmigrantes, los anarquistas, volvieron a rebelarse y el escarmiento tronó otra vez en la Semana Trágica y en la trágica Patagonia. De aquí que el tango de la década infame instaure otra vez la poética de la queja. El peronismo busca dejarla atrás. Alberto Castillo suprime la queja: "Por cuatro días locos que vamos a vivir / Por cuatro días locos te tenés que divertir". O también: "En Buenos Aires todo el mundo se divierte / porque aquí la gente sólo sabe amar". Hoy, los "gauchos" alzados que cortan las rutas tampoco se quejan. Pero por otros motivos: *viven la épica de la resistencia*. Si son derrotados, volverán las estrofas de la queja, esos tangos de la derrota que inauguró José Hernández. Si no, la historia –como suele hacerlo– exhibirá nuevos rostros.

Mayo como refugio

Para algunos, Mayo es un refugio al que siempre se puede volver. La Argentina tiene muchos motivos para transitar, hoy, los extremos más hondos del desencanto. El desierto ha crecido, entró en la ciudad y en las almas. El regreso de Perón, Ezeiza, el asesinato de Rucci, la Triple A, Videla y la agobiante, desoladora experiencia de dieciséis años de democracia infértil. Para colmo, el vértigo sucesivo del menemismo del final, el delarruismo del principio y el cavallismo de hoy (verificable en apenas un año y medio) estragó los espíritus y volver de ese punto será difícil. ¿Por qué la Argentina es esto hoy? La sensación es haber protagonizado un error gigantesco. Uno no sabe si se saldrá o no de aquí. Pero éste (que es verdaderamente nuestro riesgo país) no es el tema de estas líneas. El tema es Mayo. Mayo –para muchos, todavía– es poner la "utopía" en el pasado. Ahí, dicen, hubo una revolución. Ahí, dicen, hubo un ala izquierda. Ahí, también dicen, tuvimos un jacobinismno revolucionario y hasta un alucinado teórico que proponía confiscar fortunas. De este modo, Mayo es lo que fue, lo que debió seguir siendo y lo que debería volver a ser. Habría que recuperar el "espíritu de Mayo" para luchar por un país independiente o, al menos, por un país que no sucumba tan alevosamente a la otra revolución, la globalizadora.

Como nunca adherí a este relato, tampoco me queda ese refugio. Mariátegui decía insistentemente que las revoluciones de América Latina habían sido *sólo* políticas. Quería decir que ninguna se propuso tocar la real base económica sino que sólo se proponían romper con España. Es tan evidente, tan claro: sólo la necesidad de armar un relato-refugio impide ver los límites de los revolucionarios de Mayo. No eran revolucionarios, eran modernizadores. Con Mayo empieza la modernidad argentina, que retrocederá con Rosas y se afianzará luego a sangre y fuego con Mitre, Sarmiento y Roca. Los jóvenes, ardientes y obsedidos jacobinos que fueron Moreno y Castelli estaban dispuestos a todo con tal de romper con España... y entrar en la órbita de Inglaterra y Francia. Este giro geopolítico fue la Revolución de Mayo. Vale utilizar para entendernos el concepto de globalización, tan hegemónico hoy. La "globalización" de España había perimido, no expresaba el progreso. (La modernidad implica siempre una filosofía del progreso. Modernizarse es progresar. Hay un tren de la Historia y hay que subirse a él. No hacerlo es quedarse fuera de la Historia.) Inglaterra, por el contrario, era el nuevo Imperio, la nueva hegemonía. Con los capitales ingleses y los libros de la Francia se amasaría la grandeza del país. Lo triste de Mayo es que frente a esto, frente a la modernización pro francesa y pro británica de los jacobinos de Buenos Aires, no había nada interesante. Estaba Liniers, que era bonapartista y godo, estaban las provincias, que peleaban por artesanías que habrían de ser fatalmente arrasadas por la "burguesía conquistadora", y luego los caudillos, que no tenían un esquema de superación.

En el pasado –siguiendo a un querido y silenciado historiador, Salvador Ferla, y al gran Alberdi del tomo V de los *Escritos póstumos*– incurrí en la vehemencia de buscar la urdimbre entre Mayo y lo popular; pero esa urdimbre lo arrojaba a uno en brazos de Saavedra (que nunca entendió nada de nada, sólo un milico más) y de los orilleros porteños, que eran muchos, pero nada más que eso. Y ser muchos no alcanza para hacer una revolución popular. Es necesario, además, saber qué se quiere hacer. Una revolución siempre implica una *ideología de sustitución* y los únicos que la tenían eran los jacobinos de Mayo, que eran intelectuales y precisamente por eso la tenían. Pero esa sustitución sólo era el pasaje de una hegemonía a otra: de la española a la inglesa. Para hacerlo tenían que enfrentar a las provincias, a las mayorías y hasta a los caudillos regionales. Coherentemente, desdeñaron al pueblo. En ese pasado que menciono (hablo de mi ensayo de juventud, llamado por algunos "ensayo setentista", *Filosofía y nación*) había logrado una fórmula que aún me interesa: Moreno tenía el *Plan*, pero no tenía el pueblo; Saavedra tenía el pueblo, pero no tenía el *Plan*.

Me apena no poder sino pensar estas cosas sobre Mayo, porque sería más llevadero creer que en el pasado hubo un gran despertar y que esta Argentina de hoy es el extravío del gran sueño de una generación revolucionaria, joven, apasionada y genial. Pero no. Hay una línea entre los modernizadores de Mayo, los de Caseros y los de hoy. Tienen el plan y dicen que es el único plan. Y el pueblo –siempre– estuvo fuera de él. Hoy es peor. La inclusividad de los modernizadores es más escasa que nunca. Así, el pueblo no sólo está fuera del plan sino fuera de la sociedad, en los márgenes, condenado al estallido o la delincuencia.

Transición: A propósito de Theodor Adorno entramos ahora en las zonas más sombrías de nuestra historia, que tuvieron su lugar territorial privilegiado en una escuela, una escuela de mecánica, la Escuela de Mecánica de la Armada. La tesis central de los textos que siguen es: aquí, en la Argentina, sucedió Auschwitz, ya que la ESMA es nuestro Auschwitz y pensar ese horror es condición de posibilidad de toda cosa digna que aún pueda construirse en este territorio que habitamos.

Theodor Adorno:
Auschwitz y la filosofía

El 27 de enero de 1945 el ejército soviético liberó a los últimos 66.000 detenidos que permanecían en el campo de Auschwitz. En 1944, Eichmann llega a Hungría, ocupada por los ejércitos nazis en el mes de marzo de ese año, y en menos de seis semanas envía a Auschwitz 450.000 judíos. Nunca habían llegado tantos, así, de una vez, al campo de exterminio. El gobierno húngaro colaboró con entusiasmo, con eficacia. Aún en agosto de 1944 (conviene retener estas fechas porque la guerra estaba irremediablemente perdida para los alemanes, en tanto que las matanzas del campo continuaban con una dinámica propia) llegan a Auschwitz 90.000 judíos que provienen de ghetto de Lodz, en Polonia. "El 2 de noviembre de 1944, Himmler, viendo la partida perdida y llevado por la falaciosa esperanza de salvarse, de aliarse él, incluso con sus SS, a los americanos, para combatir a los rusos, suspendió, sin conocimiento del Führer, las deportaciones y las exterminaciones. El 26 de noviembre, a una orden suya, eran destruidos los crematorios y las cámaras de gas" (Léon Poliakov, *Auschwitz, documentos y testimonios del genocidio nazi*. Este libro es de 1965 y es el primero que leí sobre Auschwitz, cuando aún no sabía qué tenía que ver la filosofía con este horror. O lo estaba buscando. Me agrada citarlo ahora).

Si algo distingue a los filósofos de la escuela de Frankfurt es el hacer girar el pensamiento en torno a la insoslayable realidad del genocidio. Sobre todo lo hicieron Theodor Adorno y Max Horkheimer. También Walter Benjamin. Aquí vamos a seguir las reflexiones de Adorno, cuyo célebre *dictum* acerca de la imposibilidad de escribir poemas (o simplemente *escribir*) después de Auschwitz sigue movilizando conciencias, incomodando, acorralando al pensar en el abismo del horror. (Gunther Grass citó el *dictum* de Adorno en el discurso que dio al recibir el Nobel. No es casual. La pregunta acecha a todo escritor riguroso: *¿es posible escribir después de Auschwitz?*)

Adorno es el filósofo que plantea (el único que lo hace tan extremadamente luego de la Segunda Guerra Mundial) que Auschwitz implica un quiebre, una ruptura en la tradición de la cultura occidental. Siempre la filosofía habló de las condiciones de la barbarie, de la barbarie como algo que, en el extremo del horror, podía ocurrir. Para Adorno esto cambia con Auschwitz. La barbarie ya ocurrió. El filosofar, luego de Auschwitz, se despliega a partir de esta certeza: la barbarie no sólo es posible, sino que ya ocurrió. Y el imperativo categórico que debe extraerse de esta constatación empírica es que *Auschwitz no vuelva a ocurrir*.[33] Este imperativo podría formularse así: *actúa de tal modo que ninguno de tus actos pueda contribuir a crear las condiciones de posibilidad de otro Auschwitz*. (Supongo que todo argentino sensible habrá ya advertido que no estamos hablando sólo de Auschwitz, sino que a nosotros el tema nos toca muy particularmente. Por ejemplo,

---

[33] Escribe Adorno: "Hitler ha impuesto a los hombres un nuevo imperativo categórico para su actual estado de esclavitud: el de orientar su pensamiento y acción de modo que Auschwitz no se repita, que no vuelva a ocurrir nada semejante", *Dialéctica negativa*, Madrid, Taurus, 1975, p. 365.

formularía de este modo el imperativo categórico de todo argentino: *actúa de tal modo que ninguno de tus actos pueda contribuir a crear las condiciones de posibilidad de otra esma.*)

La crítica a la razón instrumental (a la razón que surge para someter a la naturaleza) que Adorno y Horkheimer habían llevado a cabo en *Dialéctica del Iluminismo,* encuentra su ejemplo en Auschwitz. Su culminación. Es esa razón instrumental la que se entrega a lo destructivo. Pretende construir la civilización y termina construyendo la barbarie, ya que nació para someter. Sin embargo, ésa ha sido la *cultura.* Esa cultura y la crítica de esa cultura fueron el universo de ideas que no logró impedir que la barbarie ocurriera. ¿Por qué la fiereza del *dictum* adorniano? ¿Por qué no se puede escribir después de Auschwitz? Porque en Auschwitz la cultura demostró que de sus entrañas surge la barbarie. O, al menos, que es incapaz de frenarla. ¿De qué sirvió entonces esa cultura? ¿Y de qué servirá que critiquemos Auschwitz otra vez desde la cultura? Adorno nos lleva a un callejón sin salida. Si criticamos a Auschwitz *desde* la cultura lo hacemos desde un universo conceptual que no impidió que Auschwitz surgiera. Porque esto es lo alarmante: Auschwitz surgió en medio de una sociedad altamente culturalizada. Surgió en un pueblo de grandes filósofos, músicos y poetas. Y si criticamos Auschwitz *al margen* de la cultura, alejados de la cultura, lo estaremos haciendo desde la barbarie, de la cual Auschwitz es el mayor exponente. De aquí que Adorno escriba: "Toda la cultura después de Auschwitz, junto con la imperiosa crítica a él, es basura (...) Quien aboga por la conservación de la andrajosa y culpable cultura se convierte en cómplice, mientras que quien la rechaza promueve dicrectamente la barbarie que demostró ser la cultura" (*Dialéctica negativa,* ed. cit.)

El encierro adorniano abre las posibilidades de su célebre *dictum*. Si después de Auschwitz no es posible escribir es porque fue la cultura la que produjo o no imposibilitó Auschwitz, que surgió de sus entrañas. ¿Cómo, entonces, criticarlo desde la cultura? Pero si apartamos la cultura, queda la barbarie. ¿Cómo criticar Auschwitz desde la barbarie si Auschwitz *es* la barbarie? De este modo, la razón demuestra la imposibilidad de la razón. Porque Auschwitz es un hecho racional. Es un triunfo de la razón instrumental. (Aquí deberíamos pensar en Hannah Arendt conceptualizando a Eichmann como burócrata del Mal. Como eficientista del Mal. Como la racionalidad banalizada del Mal.)

"La camarilla dominante en Alemania (escribe Adorno) movió a la guerra porque se hallaba excluida de las posiciones del poder imperialista" (*Minima moralia*, Taurus, p. 105). Pero tuvo a su frente a un testarudo estúpido, que llevó a Alemania a la testarudez. Y no pese a su cultura, sino *por* su cultura. Escribe Adorno: "Necesariamente hubo de sonar para los alemanes la hora de esa estupidez. Pues sólo aquellos que en economía mundial y conocimiento del mundo eran en igual medida limitados pudieron atraerlos a la guerra y encaminar su testarudez hacia una empresa no moderada por ninguna reflexión" (*ibíd.*, p. 105). Sin embargo, que esta empresa no estuviera *moderada por ninguna reflexión* fue parte de la cultura alemana. El *irracionalismo* de Auschwitz fue parte de la racionalidad de la cultura alemana. Y Adorno escribe una frase hegelianamente deslumbrante: "La estupidez de Hitler fue una astucia de la razón" (*ibíd.*, p. 105).

El desafío de Adorno nos incluye. No sólo porque somos parte de la humanidad, sino porque somos argentinos y tenemos nuestro Auschwitz. Sus víctimas fueron menos, pero no fue menor su horror. Nuestro Auschwitz es la ESMA. Así, vale para nosotros la drástica problemática adorniana. *¿Se puede escribir después de la esma?* Si la cultura argentina produjo ese horror, ¿cómo superarlo desde esa cultura? Y si se abandona la cultura, caemos en la barbarie y la barbarie es la ESMA. Algunos, rápidamente, dirán: criticar la ESMA desde otra cultura, desde una cultura antagónica a la que la produjo. Pero la cuestión no es tan sencilla. No lo fue, al menos, para Adorno. Que dijo que toda la cultura después de Auschwitz *junto con la crítica a Auschwitz* era basura.

La filosofía, decía Hegel, no tiene por qué ser edificante. Lo verdaderamente filosófico es siempre problemático. La filosofía no regala vidrios de colores ni vende esperanzas para dormir mejor. Creo que el *dictum* de Adorno es extremo, y de aquí su riqueza, su fascinante incomodidad. Creo que se puede escribir después de Auschwitz. Que se puede escribir después de la ESMA. Creo, sobre todo, que *se debe* escribir después de Auschwitz y la ESMA. Pero, por ahora, ese mandato encuentra más fundamentos en la voluntad que en la razón. Lo que no es poco y es –sobre todo– un excepcional punto de partida.[34]

---

34 Pienso, aquí, en otro célebre *dictum*: en el *dictum* gramsciano que opone al pesimismo de la inteligencia el optimismo de la voluntad. Cuando la razón o la inteligencia nos condenan a la inacción hay que salir por los atajos de la voluntad, pero salir. Si no, incurriremos en otro *dictum* de atendible problematicidad, el *dictum* del hombre del subsuelo dostoievskiano: *el fruto directo y lógico de la conciencia es la inacción.*

Pensar y escribir después de la ESMA

¿De qué hablamos cuando hablamos de un quiebre, de una *ruptura* en el devenir de la historia? Hablamos de algo definitivo: ya nada volverá a ser como era. Luego del hecho histórico que señalamos como quiebre o ruptura la historia es otra historia. Es la historia que sigue a ese hecho. Es la historia en que ese hecho (presentido, profetizado o temido) ya ocurrió. Adorno y Horkheimer señalaron a Auschwitz como el hecho que quebraba la tradición de la cultura occidental. Siempre (o, para decirlo con rigor, desde la aparición de los campos de detención clandestina en este país, el nuestro) pensé que el *dictum* adorniano acerca de Auschwitz nos incluía doblemente. Porque nosotros hemos repetido Auschwitz. No importa si en mayor o menor medida. No se puede medir el horror. Desde la perspectiva de las víctimas es siempre absoluto, y nuestra perspectiva es ésa, la de las víctimas, ya que es a partir de *ese* sufrimiento que hemos aprendido a pensar la historia al modo de Horkheimer: *como historia del dolor*.

Si Auschwitz quebró la tradición de la cultura occidental, la cultura argentina fue quebrada *in situ*, en su estricta particularidad, por los campos de exterminio de la dictadura. La ESMA es nuestro Auschwitz. Así como Adorno elige Auschwitz como el símbolo de la muerte (pese a la notoria existencia de otros campos), nosotros elegiremos la ESMA, pese, también, a la notoria existencia de otros campos. Hay un motivo: en la ESMA, como en Auschwitz, se dio la mayor confluencia de la racionalidad de la muerte. No había en la ESMA, como había en Auschwitz, un cartel que dijera: *el trabajo os hará libres*. Pero había la misma concepción de poner la racionalidad instrumental al servicio de la muerte. Acaso distinga a la ESMA la faceta de la *información*. Nadie iba a Auschwitz para que le extrajeran informaciones que pudieran llevar la represión a otros ámbitos, que permitieran atrapar otras víctimas. Auschwitz no era, como pretendía serlo la ESMA, un espacio al servicio de una *guerra*. Lo digo en este unívoco sentido: la ESMA pretendía extraer informaciones para librar la llamada *guerra sucia*, de aquí la primacía de la tortura. *En la esma, la tortura –dentro del esquema criminal– era más importante que en Auschwitz.* Los prisioneros iban a Auschwitz a morir, no a ser interrogados. A la ESMA iban primero a ser interrogados y luego a morir. O sea, iban primero a ser torturados y luego, los que no morían en la tortura, iban para ser arrojados al río en los vuelos de la muerte. Pero la ratio de la tortura le era más esencial a la ESMA que a Auschwitz.

Coinciden en la fría racionalidad de la muerte. Si Hannah Arendt extrajo de Auschwitz el concepto de la banalidad del mal es porque en el campo del horror había un orden, una racionalidad, una planificación. Y esa racionalidad se aplicaba sin pasión. Eichmann hacía el Mal como Sarmiento decía que lo hacía Rosas: *sin pasión*. Esta burocratización de la muerte es la condición de posibilidad de los campos. El torturador de la ESMA (como se ve en el film de Marco Bechis centrado en el campo de detención *Garage Olimpo*) llega a la ESMA y ficha su tarjeta de empleado. Registra su horario de entrada y su horario de salida. Después regresa a su casa y cena con su mujer y sus hijos, a los que, por supuesto, ama tan intensamente como intensamente injuria día a día a la condición humana. Esta cosificación de las víctimas es central en los campos. La víctima es, ante todo, una cosa interrogable. Una cosa que posee información. Una cosa que es un cuerpo, un cuerpo que tiene una infinita capacidad de dolor a cuyos extremos será necesario a veces llegar para extraer eso, lo que se busca, la información. En la ESMA se utiliza la electricidad y su uso está planificado. Tantos watts por kilos de peso. Más allá de cierto nivel de electricidad la cosa interrogable muere y no entrega la información. Hay ahí un error en la planificación de la tortura. La cosa interrogable, siempre, debe morir *después* de entregar la información, cuando ya no es interrogable, cuando sólo es una cosa, un pre-cadáver. Si muere antes, se tiene un cadáver y no la información.

De este modo, la ESMA implica un quiebre en la cultura argentina. No porque antes no existieran el crimen y la tortura, sino porque nunca existieron con tal nivel de planificación, de frialdad metódica y porque nunca antes su existencia implicó el plan de la desaparición de los cuerpos. Nunca la barbarie (entendiendo aquí no lo que entendía Sarmiento en su esquema civilización/barbarie, sino la barbarie como negación de los valores culturales que dan sentido y elemental dignidad a la condición humana) había sido tan extrema, tan racional, planificada, fría y cruel. Digamos: nunca la crueldad había sido tan metódica y profunda. Así, hay un antes y un después de la ESMA. No obstante, sería inadecuado que esta afirmación cubriera de inocencia el *antes*. Lo que cristaliza en la ESMA son innumerables tendencias que existían *antes* y que hacia ella confluían. Si la ESMA existió es porque nuestro pasado no es inocente y porque nuestro futuro tiene la densidad de apropiarse necesariamente de esa culpa y sobrellevarla de una y mil maneras para hacerla irrepetible. En este país, como en Alemania, se entronizó el horror, el dolor se hizo historia y ahora nos resta reflexionar sobre la historia del dolor y sus condiciones de imposibilidad. Somos cualquier cosa menos inocentes.

Hay una imagen final en *Garage Olimpo* que me ayudará a explicarme. Es una de las imágenes más poderosas, reflexivas y trágicas de nuestra cultura. Es así: las víctimas (que ya han pasado por la tortura, que ya han dejado de ser cosas interrogables, o porque entregaron la información o porque murieron) son cargadas en un avión. A los que quedaban con vida se les aplicó eso que con sórdida, cruel ironía los victimarios llamaban *pentonaval*. Ahora, el avión, con su carga de cuerpos muertos o, la mayoría, la gran mayoría, aún vivos y adormecidos por la droga de la muerte, se eleva y vuela sobre el río. Oímos, aquí, la dulce canción de nuestra infancia, la bella canción de nuestros años escolares, la canción de la bandera, la canción "Aurora", que es uno de los más impecables símbolos de la patria. Ahora acompaña al avión de la muerte y sus palabras estremecen: *Alta en el cielo un águila guerrera se eleva en vuelo triunfal. Es la bandera de la patria mía, del sol nacida que me ha dado Dios.* Y luego: *el águila es bandera.* Lo sabemos: la utilización de los símbolos nacionales fue sofocante durante la dictadura. Se adueñaron de esos símbolos como se adueñaron de la patria. Utilizaron esos símbolos para el miedo y para adornar la muerte. Creyeron y dijeron que eran la patria. Y en un hondo, lacerante, conflictivo modo, lo eran. Porque si Alemania jugó su destino ético y cultural en Auschwitz y sólo puede recuperarse reflexionando sobre las causas de esa barbarie y las condiciones para no repetirla, nosotros jugamos nuestro destino ético y cultural en la ESMA, y pensar y escribir y vivir sólo serán posibles al costo de entender ese horror como un símbolo de la patria, como un quiebre que se dio entre nosotros, en medio de nuestra cultura, y que se hará irrepetible si una y otra vez nos miramos en ese abismo, si asumimos que pasó aquí, en el país de la bandera, en el país de la dulce canción "Aurora".

Hubo víctimas y victimarios, y la filosofía, la literatura deben estar del lado de las víctimas, siempre. Pero cuando un país produce Auschwitz, cuando un país produce la ESMA, no sale adelante diciendo sencillamente *fueron ellos*. No se trata de aliviar a los criminales diciendo *fuimos todos*. Se trata de enfrentar la densidad del acontecimiento. No hay retorno. No hay sociedades de buenos y malos. Cuando hubo algo como la ESMA sólo resta preguntar: *cómo, por qué, para qué, y ahora qué*. Y la respuesta nos incluye a todos.

Leer después de la ESMA

Si Antígona, esa mujer que reclama sepultura para el cadáver de su hermano, es tan nuestra, si la sentimos tan cercana, es porque ya no hemos vuelto a leer nada del mismo modo en que lo leíamos antes de la ESMA. Si nos hemos preguntado –con Adorno– acerca de la posibilidad de escribir después de Auschwitz, si trasladando a nosotros esa pregunta nos hemos preguntado sobre la posibilidad de escribir y aun de pensar después de la ESMA, corresponde pensar cómo leer (cómo abordar textos que dábamos por leídos, comprendidos o incorporados a nuestra visión del mundo) después de los horrores que quebraron nuestra historia, que establecieron una ruptura inmensa y de lenta, ardua, dolorosa comprensión. ¿Cómo leer a Sófocles después de la ESMA, cómo leer el enfrentamiento entre Creonte y Antígona sobre el marco de las desapariciones de los cuerpos, de *nuestros* cuerpos insepultos, y del Estado erigido en ley de la muerte? Es difícil. Sólo podemos saber, incialmente, esto: la imposibilidad de leerlo como antes lo habíamos leído. Y un imperativo: no someter mecánicamente el texto de Sófocles a nuestra realidad, ya que los dos se desbordan. No estamos ni hemos estado ni estaremos en Atenas. Pero Atenas ha producido obras de arte tan perdurables que nos hablan de nosotros y nosotros hemos

449

producido tales catástrofes éticas que no podemos sino recurrir a cuanto nos sea posible buscando elucidarlas. De este modo, nos convoca la tragedia.

La tragedia *Antígona* abre con un diálogo entre dos hermanas. El tema del diálogo es un cadáver, el de un tercer hermano, Polinices, a quien el rey de Tebas ha ordenado no enterrar por considerarlo traidor a los intereses que representa, que son los del Estado. Así, Ismene, hermana de Antígona, le reprocha su osadía: "Pero ¡cómo! ¿Es que se te ha ocurrido pensar enterrarlo cuando es cosa denegada a la ciudad?" (Sófocles, *Tragedias completas*, Cátedra, p. 148). E insiste: "¿Serás capaz a pesar de que Creonte lo tiene prohibido? (...) Fíjate que hemos de morir con la más grande infamia si violando la ley llegamos a transgredir la decisión o las imposiciones del soberano. Al contrario, conviene darse cuenta, por un lado, de que nacimos mujeres, lo que implica que no estamos preparadas para combatir contra hombres" (p. 149). Se dibuja ya el que será el gran conflicto de la tragedia: *la ley del Estado contra el derecho de la familia*. Más aún, Ismene (que dice a su hermana Antígona que ella se someterá a los dictados de quienes están en la cúspide del poder) acaba de establecer una modalidad excepcional del enfrentamiento. Ha establecido que la *cúspide del poder* es masculina y la insensata, acaso imposible rebelión, es femenina. Entre nosotros, la rebelión contra la insensatez del poder –traducida esa insensatez como criminalidad y negación de los cuerpos– fue también femenina.

Ismene insiste en lo demencial del enfrentamiento que se propone Antígona: "¡Ay de mí! ¡Qué osada eres! ¡Qué miedo tengo por ti! (...) Pero la verdad es que ansías imposibles" (...) ya por principio no procede perseguir lo imposible". A lo que responde la obstinada Antígona: "Deja que yo y este mi desatino corramos ese riesgo, pues no correré ninguno tan grave hasta el punto de morir sin honor" (p. 150). Poco después

Creonte aconseja al Corifeo no transigir con quienes desafían sus órdenes, que son las del Estado. Y el Corifeo responde: "No hay nadie tan necio que pretenda morir" (p. 155). De este modo, tenemos el dibujo de Antígona: es osada, ansía imposibles, desobedece su condición de mujer pues enfrenta al soberano, a quien la mujer, especialmente, debe someterse porque el soberano es hombre y es *necia* porque pretende morir o, al menos, no le teme a la muerte con tal de realizar sus propósitos, que son los de la familia. Hasta tal punto es inconcebible, para el poder, la rebelión encarnada en lo femenino que Creonte, cuando es avisado por un guardia de que "alguien, luego de enterrar al muerto, ha escapado tras esparcir sobre el cuerpo polvo seco y tras dedicarle los rituales de rigor", pregunta furioso: "¿Qué estás diciendo? ¿Qué hombre fue el que se atrevió a esto?" (p. 156). Ningún hombre, fue una mujer, Antígona, que encarna el derecho de los dioses, no el del Estado. (Confieso que estoy siguiendo la impecable interpretación de Hegel en la *Fenomenología del espíritu*, y me dispongo a explicitarla más detenidamente.)

En el capítulo VII de la *Fenomenología del espíritu* Hegel analiza la tragedia y lo hace con *Antígona*. Ese análisis se ha vuelto, si no definitivo, clásico e insoslayable. Para Hegel, en la tragedia, la sustancia se desdobla. Ya estamos viendo el desdoblamiento en *Antígona*. Se expresa, estridentemente, en la lucha entre el *carácter masculino* y el *carácter femenino*. Los artistas de la tragedia "exteriorizan la íntima esencia, demuestran el derecho de su actuar y afirman serenamente y expresan el *pathos* al que pertenecen" (FCE, p. 425). En *Antígona* se enfrentan dos potencias. Son Antígona y Creonte. La hermana del muerto y el tío del muerto. Una quiere enterrarlo de acuerdo a las leyes de los dioses, el otro ha ordenado, ya que es el poder, que permanezca insepulto. Son "dos potencias que han sido determinadas como derecho *divino* y derecho *humano* (...) aquél la *familia*, éste el *poder del Estado*, de los cuales el primero era el *carácter femenino* y el segundo el *masculino*" (*ibíd.*, p. 427).

Hoy, después de la ESMA, tampoco leo estos pasajes de Hegel como solía leerlos. Que sea el *carácter femenino* el que se opone al poder del Estado tiene hoy otras resonancias que cuando leí la *Fenomenología del espíritu* como alumno de filosofía en la universidad de los años sesenta. Y esas resonancias surgen de un concreto *hecho histórico*: en este país, a partir de abril de 1977, la osadía, el ansia de lo imposible, la desobediencia al poder y la obediencia a las leyes familiares, establecidas por esa organización de lo divino que es la religión, fueron *femeninas*. Se encarnaron en madres que pedían los cuerpos de sus hijos.

Esta relectura de Hegel (determinada por la de Sófocles) me impide seguirlo en la totalidad del planteo. Para Hegel, la tragedia es el enfrentamiento de lo bueno contra lo bueno, de lo justo contra lo justo. O sea, ninguna de las dos partes en conflicto puede representar el *todo,* eso que Hegel llamaba la sustancia. La totalidad se trama por medio del conflicto de las particularidades y estos conflictos sólo tienen como finalidad restablecer la totalización sustancial. En suma, Hegel está con Creonte y está con Antígona y llama a este enfrentamiento de verdades *tragedia*. Así, escribe: "Lo uno es la *sustancia*, que es tanto la potencia del hogar y el espíritu de la piedad familiar como la potencia universal del Estado y del gobierno" (p. 428). Pero no. Mi lectura argentina, situada, historizada, de estos pasajes de la *Fenomenología*, me coloca del lado de Antígona. No hay una unidad que pueda incluir la piedad familiar y el poder del Estado que injurió y escamoteó los cuerpos. Hegel, tan sensible para entender los motivos de Antígona y de los dioses de la familia y la piedad, cede ante Creonte, a quien coloca en el mismo plano que Antígona porque, como buen alemán, siempre caía subyugado y fascinado ante el poder estatal. Corresponde que le dediquemos una injuria de Engels, que tiene valor porque la escribió en el mejor de sus textos, *Ludwig Feuerbach y el fin de la filosofía clásica alemana*: "Tanto Goethe como Hegel eran –escribe Engels–, cada cual en su campo, verdaderos Júpiter olímpicos, pero nunca llegaron a desprenderse por entero de lo que tenían de filisteos alemanes" (*Obras escogidas*, tomo II, p. 384).

Adorno y la ESMA (I)

Hay un texto de Theodor Adorno que lleva por título *La educación después de la esma*. Adorno invita a pensar sobre dos planos: 1) cómo fue posible la ESMA; 2) qué hacer para impedir su retorno. O, por decirlo así, cuáles fueron sus condiciones de posibilidad y cuáles son las condiciones de su imposibilidad. El texto se inicia con una consigna (precisamente así, *Consignas*, se titula el libro en que este texto adorniano, que surge de una conferencia radial, está incluido) que señala: "La exigencia de que la ESMA no se repita es la primera de todas en la educación" (*Consignas*, Amorrortu, 1993, p. 80). Es decir, si para algo deberán existir las escuelas de nuestro país será para explicitar ese horror y explicitándolo, llevándolo a la luz de la razón crítica, impedir su retorno. Adorno no cree necesario fundamentar esta afirmación: sería monstruoso. "Fundamentarla tendría algo de monstruoso ante la monstruosidad de lo sucedido" (p. 80). Sin embargo no acierta a "entender que se le haya dedicado tan poca atención hasta hoy" (p. 80). De aquí la urgencia de su reflexión. No puede perderse más tiempo. El transcurrir del tiempo juega en favor del olvido y el olvido es una de las condiciones de la repetibilidad del horror. Así, la centralidad de la temática educativa está –indiscutible– ante nosotros: "Cualquier debate sobre ideales de educación es vano e indiferente en comparación con este: *que la* ESMA *no se repita*" (p. 80, subr. mío).

Recurre a Freud. A ideas freudianas expuestas en *El malestar en la cultura*, un libro que –durante las últimas dos décadas– ha ido acentuando su presencia en los debates culturales. Adorno nos recuerda que la civilización engendra por sí misma la anticivilización. Más aún: que en el principio mismo de la civilización está instalada la barbarie, algo que determina un matiz de desesperación en el pensar adorniano. Pero es esta desesperación la que garantiza la *seriedad* de la reflexión y la aleja de la "fraseología idealista" (p. 81). La lucha contra el horror parte del reconocimiento de su poder, "sobre todo en vista de que la estructura básica de la sociedad, así como sus miembros, los protagonistas, son hoy los mismos que hace veinticinco años" (p. 81). Habrá de recordar Adorno –en base a esta certeza– una frase que Paul Valéry dijo antes del inicio de la Segunda Guerra Mundial: "La inhumanidad tiene un futuro grandioso" (p. 89). Para evitar o atenuar ese futuro lo que urge "es lo que en otra ocasión he llamado el 'giro' hacia el sujeto" (p. 82). Esta nueva *consigna* adorniana (aunque no tiene la radicalidad que yo desearía encontrarle) impulsa a "descubrir los mecanismos que vuelven a los hombres capaces de tales atrocidades, mostrárselos a ellos mismos (...) a la vez que se despierta una conciencia general respecto de tales mecanismos" (p. 82). Como sea, el "giro" hacia el sujeto se explicita en mantener al sujeto en estado de alerta, en estado de crítica. Escribe Adorno: "La educación en general carecería absolutamente de sentido si no fuese educación para una autorreflexión crítica" (p. 82). Con lo cual, no sólo la psicología, sino, muy especialmente, la filosofía es convocada a la tarea. Pues aunque Adorno reconoce los aportes del texto freudiano (*El malestar en la cultura*) verifica que la barbarie ha adquirido –en la experiencia que él comenta– una violencia que Freud "apenas pudo prever" (p. 82). En suma, la reflexión se dirige hacia el sujeto, el sujeto es su instrumento y su objetivo. *Se busca despertar la subjetividad*. Para esto deberá servir la educación. Escribe: "Cuando hablo de la educación después de la ESMA, incluyo dos esferas: en primer lugar, educación en la infancia, sobre todo en la primera; luego, ilustración general que establezca un clima espiritual, cultural y social que no admita la repetición de la ESMA; un clima, por tanto, en el que los motivos que condujeron al terror hayan llegado, en cierta medida, a hacerse conscientes" (p. 83). Importa señalar que Adorno ha escrito "ilustración general". Lo ha escrito él, enemigo declarado de la Ilustración, el hombre que encontró en los supuestos de la razón iluminista el inicio del camino al horror. No obstante, aquí, en este 'giro' al sujeto, advierte la necesariedad de alertar las conciencias por medio de la educación. Se inquieta porque sabe que aparece aquí un rasgo iluminista. Pero no le importa, tal la *desesperación* que lo urge. Hay que luchar contra la heteronomía de las conciencias. Porque "la disposición a ponerse de parte del poder y a inclinarse exteriormente, como norma, ante el más fuerte constituye la idiosincrasia típica de los torturadores" (p. 84). Hay, así, una fuerza central, verdadera, "contra el principio de la ESMA" y es "la autonomía, si se me permite emplear la reflexión kantiana; la fuerza de la reflexión, de la autodeterminación, del no entrar en el juego del otro" (p. 84). La educación, su norte, es la autonomía de las conciencias. Decirle no a lo que ya viene impuesto, porque trae consigo el principio de la *masificación*, y porque la *masificación* es el arma del terror, ya que anula, aplana las conciencias y adormece la indignación en lo colectivo. Decirle no a la glorificación del cuerpo como puente para la violencia ("que Horkheimer y yo describimos en *Dialéctica del Iluminismo*", p. 86). Decirle no a los procedimientos del deporte que, en lugar de exhibir la primacía de la caballerosidad y el procedimiento desbarbarizante de reconocer la dignidad del otro, se consagran a fomentar "la agresión, la brutalidad y el sadismo" (p. 86). Y –acaso más que otras cosas– decirle no al "ideal pedagógico del rigor" (p. 88). Aquí la reflexión de Adorno alcanza uno de sus puntos destellantes. Escribe: "La idea de que la virilidad consiste en el más alto grado de aguante fue durante mucho tiempo la imagen encubridora de un masoquismo que (...) tan fácilmente roza con el sadismo. La ponderada dureza que debe lograr la educación significa, sencillamente, indiferencia al dolor (...) Ha llegado el momento de promover una educación que ya no premie como antes el dolor y la capacidad de soportar los dolores" (p. 88).[35] De este modo, sería imperioso *desmilitarizar la educación*, tarea siempre postergada en nuestro país.

Las propuestas de Adorno se multiplican. Propone "que se estudie a los culpables de la ESMA con todos los métodos de que dispone la ciencia, en especial con el psicoanálisis prolongado durante años, para descubrir, si es posible, cómo surgen tales hombres" (p. 90). Sabe que este intento puede ser vano, pero no quiere subestimarlo. (En verdad, Adorno, en su *deseperación*, no se da el lujo de subestimar nada.) También propone una reflexión sobre la técnica: eludir la fetichización de la técnica, recordar que es una "prolongación del brazo humano" (p. 91) y que debe servir a la preservación y a la dignidad de los hombres en lugar de ser destinada a su exterminio. Y propone –con enorme desgarramiento y lucidez– reflexionar sobre la estructura de la sociedad actual y señalar que en ella reside la *facilidad* con que la ESMA puede repetirse: "La sociedad en su actual estructura no se funda en la atracción sino en la persecución del propio interés en detrimento de los intereses de los demás (...)

---

35 Véase más adelante "La pedagogía del dolor", pp. 463-465.

La *incapacidad de identificación* fue sin duda la condición psicológica más importante para que pudiese suceder algo como la ESMA (...) Lo que suele llamarse 'asentimiento' fue primariamente interés egoísta: defender el derecho propio antes que nada, y, para no correr riesgos –¡eso no!– , cerrar la boca. Es ésta una ley general en relación con el orden establecido. *El silencio bajo el terror fue solamente su consecuencia.* La frialdad de la mónada social, del competidor aislado, en cuanto indiferencia frente al destino de los demás, fue precondición de que sólo unos pocos se movieran. Bien lo saben los torturadores" (p. 92, subr. mío).

Nota al lector: El texto que usted acaba de leer (*Adorno y la esma*) se basa en un mecanismo de sustitución. Donde Adorno –en su texto frankfurtiano de 1967– escribió *Auschwitz*, yo escribí *la esma*. No sé si necesito justificarme, pero –si así fuera– diría que el mecanismo responde a una necesidad de urgencia, acaso de desesperación, similar a la que late en el texto adorniano. Hay que llevar esta temática al ámbito pedagógico argentino. Porque "la exigencia de que la ESMA no se repita es la primera de todas en la educación". Como escribió Adorno.

Adorno y la ESMA (II)

El texto de Theodor Adorno que sigo utilizando corresponde a una conferencia dictada –por la radio de Hesse– el 18 de abril de 1966. Adorno, luego, en 1967, habría de cederla a una publicación frankfurtiana y, por fin, pasaría a integrar su libro *Consignas*. El texto lleva por título "La educación después de Auschwitz". En la primera parte de mi texto reemplacé *Auschwitz* por ESMA, de modo que el texto adquiriera aún más potencia para nosotros. Aquí, ya no utilizaré ese mecanismo de sustitución. Puede correr por parte del lector.

En el *prefacio* del libro Adorno hace una cuidada referencia al texto sobre Auschwitz. Dice que no lo ha corregido, no pudo hacerlo. Le pareció que pulir el estilo o aun cierta pulcritud de redacción era imposible, ya que el tema del artículo era la expresión desaforada de la barbarie. "Cuando hablamos de 'lo horrible', de la muerte atroz, nos avergonzamos de la forma como si ésta ultrajara el sufrimiento". Se sabe que la fórmula adorniana acerca de la imposibilidad de escribir (poesía o lo que sea) *después* de Auschwitz ha llevado a todo tipo de erráticas (y, por lo general, erradas) interpretaciones. Aquí, Adorno ofrece otra pista sobre su famoso *dictum*. "Imposible escribir bien, literariamente hablando, sobre Auschwitz" (*Consignas*, p. 7). Pareciera encontrar en la búsqueda de la perfección del lenguaje una traición a la *brutalidad* que se debe expresar. No hay que disimular la "real brutalidad". "Debemos renunciar al refinamiento". Con la conciencia de que en ese renunciamiento puede latir el peligro de caer una vez más "en el engranaje de la involución general".

Como sea, habrá que buscar el sentido del *dictum* adorniano siempre por la idea central de construir una cultura en que las coordenadas que hicieron posible la absolutización del horror se tornen inexistentes o dejen de ocupar la centralidad. Lo que lleva a afirmar que no es que no se pueda escribir después de Auschwitz, sino que hay que hacerlo desde otro horizonte cultural, ya que el anterior llevó, precisamente, a Auschwitz.

Adorno establecía que era la sociedad de competencia, con la consagración de la mónada social, la que llevaba a la insensibilidad de las conciencias ante la suerte del otro, del perseguido. Cuando se pregunta por qué tantos callaron, por qué nada hicieron quienes escucharon los gritos en la noche, habrá de responder que el terror es una explicación, pero que la sociedad que se basa en el individuo y diluye la idea del vínculo es también responsable de los silencios ante el dolor de los otros. *Hay una incapacidad de identificación.*

¿En qué se basa y cómo se combate contra ella? Quienes no se identifican con los perseguidos lo hacen desde dos vertientes: 1) sólo los perseguidos serán perseguidos. Ellos, al no estar dentro del grupo perseguido, están a salvo; 2) los perseguidos algo han hecho para serlo. Lo que remite a nuestro célebre "por algo habrá sido" o "algo habrán hecho". Adorno tiene un par de cosas para decir sobre esto.

El *grupo perseguidor* –dice– es insaciable. Hay una "insaciabilidad propia del principio persecutorio". (p. 94). Y luego escribe: "Sencillamente, cualquier hombre que no pertenezca al grupo perseguidor puede ser una víctima". Éste es realmente un razonamiento poderoso. Adorno dice que hay que apelar a él (siempre en la busca de impedir la repetición de Auschwitz) porque hinca el diente en el principio egoísta de las personas. "He ahí un crudo interés egoísta al que es posible apelar" (p. 94). Sabe que es ingenuo e insuficiente apelar a la generosidad, sobre todo en una sociedad que se basa en el egoísmo smithiano. Sería entonces necesario decir (decirles por ejemplo a los argentinos): "El principio persecutorio es insaciable. Entre nosotros, lo expresó ese general que proponía fusilar progresivamente hasta, por último, fusilar a los 'tímidos'. Ese personaje expresó como nadie –como casi ningún hombre del régimen hitleriano– lo que Adorno llama 'insaciabilidad del principio persecutorio'. Que nadie se considere a salvo. Se comienza persiguiendo a una minoría y se termina por perseguir a todos, ya que el principio persecutorio se alimenta de sus propios crímenes y, así, no puede detenerse. Para impedir que Auschwitz o la ESMA se repitan hay que apelar, en la educación, a los instintos egoístas de preservación. Quienes piden que maten a los otros para vivir en una sociedad segura están instaurando el régimen que puede devorarlos. Un orden que mata termina eliminando la seguridad. Cuando una vida pierde su valor, la pierden todas. Sólo están seguros quienes pertenecen al grupo persecutorio, y ni ellos, ya que el terror puede devorarlos con cualquier excusa". La propuesta adorniana de instituir en la educación el concepto de la insaciabilidad del principio persecutorio es fundamental en la Argentina, un país que siempre encuentra culpables, y pide, por consiguiente, mano dura para ellos.

Adorno se pronuncia luego contra la "razón de Estado". Escribe: "Cuando se coloca el derecho de Estado por sobre el de sus súbditos, se pone ya potencialmente el terror" (p. 95). Luego diferencia entre los ejecutores y los asesinos de escritorio. Cree que la educación podría menguar el número de hombres dispuestos a transformarse en verdugos. Pero: "Temo que las medidas que pudiesen adoptarse en el campo de la educación, por amplias que fuesen, no impedirán que volviesen a surgir los asesinos de escritorio". La conclusión es pesimista, ya que si vuelven a surgir los asesinos de escritorio habrán de retornar los verdugos, que son muy dóciles a sus razones.

Durante los últimos días de 1975 y comienzos de 1976 la clase media de este país –o buena parte de ella– hablaba en griego. Un filósofo golpista, de apellido García Venturini, había lanzado una palabra griega que se decía *kakistocracia* y que todos –bajo indicación de ese filósofo– traducían como "gobierno de los peores". Así, en un ascensor, en la parada de un colectivo o en la oficina uno siempre se encontraba con alguien que le hacía la inevitable pregunta: "¿Usted sabe qué es *kakistocracia*?". Uno decía que no. Y el otro –orgulloso de su saber– decía: "Gobierno de los peores". Era una manera de reclamar el golpe militar que iba a instaurar el "gobierno de los mejores". Muchos de ésos que hablaron en griego antes del 24 de marzo de 1976 perdieron luego hijos, hermanos o amigos. Fueron víctimas de la insaciabilidad del principio persecutorio. Pero a Adorno le hubiera interesado conocer la relevancia que tuvo en la instauración del horror un filósofo que lanzó sobre la sociedad –*para que se sintiera culta en tanto pedía la masacre*– una palabreja en griego. Habría encontrado en su figura la perfecta encarnación del "asesino de escritorio".

La pedagogía del dolor

Siempre la misma idea: para hacerse hombre hay que hacer la colimba. Si en el Tiro Federal se aprendía a "defender a la patria" (confundiendo la patria con la buena puntería), en los cuarteles los "civiles maricones" se hacían "machos militares". Así, la colimba siempre se planteó como un momento necesario en la vida de todo hombre, el momento de hacerse hombre. Y el método para acceder a ese estadio (la hombría) era el rigor. Ya se sabe: a golpes se hacen los hombres. La colimba era la expresión más perfecta y desaforada del machismo. El machismo es una filosofía que mide a los hombres por su resistencia al sufrimiento. El que más aguanta es el más macho, el mejor. Porque ser hombre es ser fuerte, físicamente fuerte, tolerar el rigor, soportar el dolor. No llorar jamás. *Un hombre macho no debe llorar*, dice un tango de Gardel. Nadie llora en la colimba. La colimba existe para que los hombres aprendan a no llorar. Para que los machos soporten todo sin quejarse, mordiéndose los labios, masticando una puteada, pero en silencio, enteros, sin quebrarse jamás. De aquí el exasperado machismo. Los valores de la colimba son la negación del mundo femenino. Más exactamente: de eso que los machos creen y dicen que el mundo femenino es. Las mujeres lloran, los machos, no. Las mujeres son débiles, los machos, no. Las mujeres sufren, los machos, no. Las mujeres hablan con voz suave, delgada, fina, los machos vozarronean, rugen.

Todo esto –por decirlo de una vez y claramente– es nazismo puro. Toda esa pedagogía basada en la virilidad entendida como tolerancia al sufrimiento es escoria nazi. Theodor Adorno, en un texto de 1967 llamado *La educación después de Auschwitz*, reclamaba la supresión de esa pedagogía (la pedagogía del rigor) como paso esencial para lo no repetición de Auschwitz. Decía: "El ideal pedagógico del rigor (...) es totalmente falso. La idea de que la virilidad consiste en el más alto grado de aguante fue durante mucho tiempo la imagen encubridora de un masoquismo que –como lo ha demostrado la psicología– tan fácilmente roza con el sadismo. La ponderada dureza que debe lograr la educación significa, sencillamente, indiferencia al dolor. Al respecto, no se distingue demasiado entre dolor propio y ajeno (...) Ha llegado el momento de hacer consciente este mecanismo y de promover una educación que ya no premie como antes el dolor y la capacidad de soportar los dolores" (Adorno, *Consignas*, Amorrortu, p. 88).

Un sargento, pongamos, que se educó "militarmente" se educó para tolerar el dolor. Si él lo tolera, ¿cómo no habrían de tolerarlo los otros? ¿Cómo no habría él, entonces, de tener el derecho y hasta el deber de infligirles el dolor para hacerlos hombres? De aquí a la tortura hay un paso. El dolor que se le inflige al torturado es para purificarlo, para redimirlo por medio de la pedagogía del dolor. El esquema es simple y cruel: quien soporta el dolor y lo agradece como herramienta de formación, tiene el derecho de provocarlo en los otros. La ideología de la colimba es la ideología de la ESMA.

Esta ideología converge siempre en el crimen. Algunos hombres se resisten a hacerse hombres. Es necesario entonces castigarlos más, llevarlos a los extremos más hondos del sufrimiento formativo. Aquí es donde aparece el soldado Carrasco como concepto. Es el pobre colimba que no resistió la pedagogía del dolor. O acaso el que debía morir para testimoniar que esa pedagogía es extrema, no se detiene. Si hay que matar, matará. Porque no importa que *algunos* mueran en la heroica empresa de conseguir que *todos* sean hombres. Al fin y al cabo, los débiles siempre quedan en el camino. O porque huyen o porque no aguantan y se mueren; otra forma de huir, otra forma de cobardía. El que muere es un cobarde. Un perdedor. Un marica. En suma, una mujer.

La supresión de la colimba (determinada en nuestro país por el asesinato del soldado Carrasco) es una de las grandes buenas noticias de la época. Pero la colimba murió en los cuarteles porque los cuarteles murieron como herramienta del sufrimiento, del dolor, de la represión. No murió en la vida. No murió en la sociedad. Permanece en la Policía, en la ferocidad de la sociedad de competencia, en toda concepción del mundo que diga que el dolor de los otros es necesario, legítimo. Y que algunos tienen el deber de provocarlo.

El Monstruo y la fiesta

Después de verlo en tantas fotos, un día vi una en que lo llevaban preso. Iba entre dos policías, iba viejo, con el pelo blanco y escaso, más flaco que nunca, hasta parecía tambalear o era como si lo arrastraran. No se lo veía con ganas de aceptar ese destino, pero menos aún con fuerzas como para rechazarlo. Era el Monstruo. No el que Borges y Bioy imaginaron y condenaron (instrumentando el metafórico asesinato de un intelectual judío) en un endeble cuento montevideano, no el que los irritaba y agredía convocando a los cabecitas en un día festivo, no el que organizaba en la plaza histórica su fiesta interminable. Era el verdadero Monstruo, el que hizo la fiesta más sangrienta de la historia de este país, el que no la hizo en la plaza histórica sino en los sótanos del horror o en el río inmóvil. Era Videla.

Videla era flaco, huesudo. Videla era y parecía un militar sudamericano. Tenía bigote, se reía poco o se reía nada, miraba con frialdad, controlando o amenazando, o las dos cosas a la vez, porque si Videla te miraba era para que hicieras lo que él decía o para ordenar tu muerte. A veces se vestía de civil, aparecía de traje y corbata, como un estadista, como el presidente de la República. Pero no, igual metía miedo. Porque Videla con traje y corbata seguía siendo Videla, el mismo Videla: un militar sudamericano que se había puesto un traje. A veces (muchas veces) se cuadraba ante tropas que desfilaban o que se habían formado para oír su palabra. Sacaba pecho, su pecho magro de costillas como sables. A veces (muchas veces) hablaba. A las tropas les hablaba con voz áspera, con esa carraspera de los cuarteles que hasta intimida a los tanques, o a los caballos que, nerviosos, relinchan. A veces les hablaba a los ciudadanos, también con voz áspera, con carraspera de los cuarteles, y los ciudadanos, no nerviosos sino ateridos de terror, ni un relincho, nada, ni por los muertos se atrevían a preguntar.

Algunos sí. Dicen que algunos llegaron a su despacho, que el Monstruo los recibió y los recibió de espaldas, mirando a través de un ventanal, entrecruzadas las manos, con la indiferencia de un dios vengativo, que eso creía ser. Entonces daba respuestas secas, definitivas. Si usted se hubiera preocupado antes, decía. Su hijo estaría vivo, decía. No hay nada que yo pueda hacer, decía. Nosotros no empezamos esta guerra, decía. Un desaparecido no existe, decía. Es una entelequia, no está, desapareció. Todo eso decía y después dijo que hizo la guerra como había que hacerla, sin juicios ni fusilamientos públicos, ¿usted se imagina?, ¿fusilar cinco mil personas y publicarlo en los diarios? A quién se le ocurre.

Ahora, para nosotros, ya es tarde. Nunca vamos a recuperar lo que el Monstruo nos quitó. Tantos años que pudieron ser buenos. Tantos amigos que podrían estar vivos. Tantos libros que podríamos haber escrito, o haber leído. Tanta música silenciada. Tantas películas que mutilaron, que hoy vemos con dolor, azorados, preguntándonos ¿ni siquiera eso nos dejaban ver? Porque, asiduamente, eso era para el Monstruo la subversión: una teta, un beso apasionado, las piernas de Cyd Charisse, dos cuerpos buscándose, el amor.

Ya es tarde porque ni aun la Justicia nos va a devolver lo perdido, ya que la Justicia, en el mejor de los casos, condena a los asesinos pero no devuelve a los muertos. Esto no significa que no sigamos peleando por ella hasta el final, sólo significa saber eso, que lo perdido está perdido, que no habrá suplicio del Monstruo que nos lo pueda devolver. Alguien le deseó un cáncer de huevos y yo no le deseo eso porque tuve uno y ni siquiera al Monstruo se lo deseo.

El Monstruo agonizará lentamente, un eclipse sereno, en su casa. Siempre tendrá gente cercana, familiares, amigos, y también militares y empresarios y hasta alguno de esos curas que conocen las palabras exactas para deslizar en la conciencia de los carniceros de uniforme. "Su fiesta fue necesaria, general. Déjelos que hablen. Ganaron la posguerra pero la guerra la ganó usted. Hablan mucho, hablan todo el tiempo, hablan porque no pueden olvidarlo, general. Hablan porque siempre, en el círculo final de sus peores pesadillas, está usted, lo ven a usted, se reencuentran con usted, el límite absoluto de todas sus osadías. Hablan porque tienen miedo, como siempre, como usted les enseñó. Porque usted, como Dios, les enseñó el castigo. Que los pecados se pagan con el martirio de los cuerpos". Y el empresario, y el político y los hombres de saco, de corbata y de números le agradecen la fiesta, gracias por su fiesta, general, siempre agradecidos, general, porque por su fiesta pudimos tener la nuestra, y por la amenaza de su fiesta, por la velada pero cierta amenaza del terrorífico retorno de su fiesta, la vamos a seguir teniendo.

Qué cosa, qué tristeza, tener al Monstruo preso y tenerlo tan vivo. Tenerlo en una radio, pidiendo mano dura, injuriando a bolivianos, a peruanos, a paraguayos. Tenerlo en los Ministerios, planeando ajustes, echando gente a la calle. Tenerlo en las grandes provincias, garantizando la seguridad con la tortura. Tenerlo en los cuarteles, todavía hablando del trapo rojo. Tenerlo en la policía, incitando al gatillo fácil. Tenerlo en la justicia, protegiendo a los corruptos, enturbiando las pistas de la AMIA. Tenerlo en el alma. Qué cosa. Quién diría.

A partir de las 7 de la tarde

El más tempestuoso estreno en la historia del arte ocurrió en París, en el Théâtre des Champs Élysées, el 29 de mayo de 1913. Tuvo muchos protagonistas, pero nada hubiera sido posible sin la unión, sin la complementación de dos geniales artistas y un empresario obstinado y, también, genial. El empresario es Serge Diaghilev, un ruso que había nacido en 1872, que estaba al frente de los *Ballet Russes* y buscaba una música nueva para llevar por el mundo, o, tal vez, por lo que en 1913 él creía y sabía que el mundo era: el mundo era París. Los dos geniales artistas son un músico y un bailarín y coreógrafo. El músico es Igor Stravinsky, que había nacido en San Petersburgo en 1882, que había estudiado leyes bajo el imperativo de sus padres, que los había mandado al diablo cuando consiguió el amparo de Diaghilev y Rimsky-Korsakov y que, antes de esa noche de mayo de 1913, había ya compuesto dos grandes obras: *El pájaro de fuego*, en 1910, y *Petrushka* en 1912. El bailarín y coreógrafo es Vatzlav Nijinsky, que había nacido en 1890, que era la gran estrella de los *Ballet Russes* y que esa noche, la de mayo de 1913, no bailaba porque exhibía su osadía coreográfica, porque miraba a sus bailarines desde bastidores y acabaría por gritarles desesperadamente la numeración de los pasos. Pero no nos adelantemos. Esto, todavía, no ha ocurrido.

JOSÉ PABLO FEINMANN

Esa noche, los tres se jugaban la cabeza. Diaghilev como empresario, Stravinsky como músico, Nijinsky como coreógrafo. Eran épocas en que un artista se exponía extremadamente porque su arte conmocionaba conciencias, porque el arte era cuestión de vida o muerte, porque se recibía como algo fundamental, porque significaba mucho. Conjeturo que estoy escribiendo estas líneas para preguntarme qué hecho artístico podría generar hoy lo que generó en 1913 el estreno de *La consagración de la primavera*. Conjeturo que decir *ninguno* sería adelantarme, pero conjeturo, también, que no hay lector que no haya dicho ya *ninguno* no bien leyó la formulación de la pregunta. Como sea, será necesario responder por qué. Si es posible.

La obra de Stravinsky tiene cerca de treinta y cinco minutos de duración. (Para mí, la mejor versión es la que Leonard Bernstein grabó en 1972 en Inglaterra. Que un norteamericano entregue la mejor grabación de la obra de un ruso tiene, aquí, coherencia. *La consagración* es una obra esencialmente rítmica y Bernstein, desde un fascinante costado jazzístico, entrega una lectura electrizante. De todas formas, no me crean. No soy Diego Fischerman ni Monjeau; ellos saben en serio estas cosas.) Esa noche, en el Théâtre des Champs Élysées, parecía estar en juego el futuro de la música. Para algunos, si Stravinsky imponía sus disonancias y sus ritmos alterados ese futuro sería barbárico. Para otros, era un paso necesario, irrefutable. También estaba en juego el destino de la danza: Nijinsky presentaría una coreografía inusitada, tramada con pasos extraños, nada que ver con la tradición clásica, con esas sílfides de Chopin, con esos cisnes de Tchaicovsky y Saint-Saëns. Quien, lo veremos, habrá de ser uno de los protagonistas de nuestra, digamos, tumultuosa noche.

Pierre Monteux, que dirigía la orquesta, apareció, saludó y sólo se escucharon aplausos tibios. Todos estaban expectantes.

Ya los primeros acordes de *La consagración*, aunque serenos, son disonantes y atrevidos. Todos se dieron cuenta: la cosa venía pesada, tal como se preveía. No hubo que esperar mucho. La música y la coreografía de Nijinsky se encargaron de encender los espíritus. Romola Nijinsky (la mujer de Vatzlav) narra: "Creía yo que el público se agitaría mucho, pero nadie había previsto lo que iba a acontecer. Los primeros compases de la apertura fueron escuchados entre murmullos y, rápidamente, la asistencia empezó a conducirse no como se podía esperar del público siempre tan digno de París". Ocurre que la obra no se había escrito para "el público siempre tan digno de París". *La consagración*, por decirlo de algún modo, es devastadoramente sonora, estalla una y otra vez. No necesita amplificadores ni toda la parafernalia que utiliza el rock para hacerse sentir. Es música, es poderosa. Quiero decir: es aún más potente que el ruido, esa modalidad que –pongamos: en un noventa y cinco por ciento– tiene lo que hoy algunos llaman música. Stravinsky y Nijinsky arrasaron la calma del público. Volvieron loco al auditorio. Narra Romola Nijinsky: "La agitación y los gritos llegaron a su paroxismo. La gente silbaba, insultaba a los bailarines y al compositor, entre gritos y carcajadas. Monteux lanzaba desesperadas miradas a Diaghilev, el cual, sentado al lado de Astruc, el encargado del teatro, le hacía signos para que continuara tocando. Astruc, en medio de tan tremendo escándalo, dio orden de que encendieran las luces. Una dama magníficamente vestida se irguió en su palco de platea y asestó una sonora bofetada al joven del palco vecino. Su séquito se levantó precipitadamente, cambiándose tarjetas. *Aquel incidente fue seguido de un lance de honor*. Otra dama de la alta sociedad escupió en la cara a uno de los que protestaban. La princesa de P. abandonó su palco declarando: 'Tengo sesenta años y por primera vez en mi vida alguien se ha atrevido a burlarse de mí'. En el mismo instante, Diaghilev se levantó, lí-

vido, y gritó: 'Por favor, dejen acabar el espectáculo'". Pero el
gran gesto desdeñoso aún estaba por ocurrir: Camille Saint-
Saëns, que tenía setenta y ocho años, que era el patriarca de la
música parisina, el compositor de *Sansón y Dalila* y *El carnaval
de los animales*, se levantó y... se fue. Sin más, se fue. Su espalda
era la espalda del establishment musical al joven Stravinsky.
Nijinsky, entre tanto, desde bastidores, desesperado, gritaba
a los bailarines: "*¡Ras, dwa, tri!*" ("uno, dos tres"). Los bailarines bailaban su marcación más que la música. La música,
sencillamente, no podían escucharla. Pero todo termina y también terminó esa noche. Muchos le dijeron a Stravinsky que su
música perduraría. Diaghilev (según un descarnado testimonio
posterior de Stravinsky) parece haber dicho lo que diría un
empresario de hoy: "Mejor así. Todo esto es buena propaganda". Y Nijinsky tendría la peor suerte de todos ellos porque su
horizonte era la locura.

    ¿Qué hecho artístico nos llevaría hoy a batirnos a duelo?
¿Dónde está la pasión, dónde las polémicas, dónde las estéticas enfrentadas? No están ni Diaghilev, ni Stravinsky ni Nijinsky. Esa noche fue inolvidable, marcó un hito porque fue
la noche en que se estrenó *La consagración de la primavera*,
una de las cumbres de la historia de la música. Sin embargo,
sin pedir tanto, sin pedir que la pasión y las polémicas sean
despertadas por una obra destinada a la eternidad, la cuestión
es el silencio, la nada. ¿Qué discutimos hoy? ¿El *Dogma 95*?
Puede ser. Pero apenas. ¿Qué libro, qué obra musical, qué film
podría llevarnos a la desmesura de jugarnos enteros por su
causa? ¿Dónde está lo nuevo? ¿Tiene el arte algo nuevo para
decirnos o todo ha sido dicho y sólo resta el ruido, la estridencia sin contenidos, el alboroto mediático? Tal vez la evocación,
no melancólica ni quejosa, de la agitada noche de mayo de 1913
sirva para despertar lo que no está muerto, sino dormido o
ensordecido, sofocado por la hojarasca de estos tiempos, que

es inacabable. Como sea, ahí está *La consagración*. Siempre podemos escucharla y pensar que lo consagrado no debería ser, como es, la nada, el vacío, la gratuidad, sino la pasión por el arte y sus formas, el riesgo, las polémicas, las ideas. Sentir que lo nuevo– aunque no parezca, ya que todo, absolutamente todo parece resuelto y cerrado– todavía es posible. Desear, razonablemente, que uno de estos días, a partir de las siete de la tarde, un escritor presente su novela en el ICI y todos, por variados y complejos motivos, se agarren, de una vez por todas, a las piñas.

Conjeturas de Borges

El 4 de junio de 1943 hay en la Argentina un golpe de Estado. Son militares con simpatías por el Eje y con antipatías por la oligarquía tradicional pro británica que ya buscaba en Robustiano Patrón Costas al futuro presidente de la Nación. Que un personaje de la oligarquía terrateniente se llame Patrón es verdaderamente un símbolo impecable. También eran impecablemente pro fascistas los militares del '43, que hasta prohíben el lunfardo. Apena –con frecuencia– pensar este país. Y a veces no, a veces es fascinante porque el Bien no está en ninguna parte, la Verdad tampoco. Pareciera, en cambio, inalterable la permanencia trágica del Mal y del Error. ¿Qué había qué hacer el 4 de junio de 1943? ¿Salir a la calle a cantar la Marsellesa y aceptar mansamente una candidatura fraudulenta tramada entre los estancieros y la Cámara de Comercio Británica? ¿Salir a la calle a vivar al ejército antibritánico, nacional, proteccionista, patriótico, que tan horrorosamente se parecía a las hordas de Hitler? Borges hizo otra cosa: escribió un poema tan complejo como complejo es el país cuya historia de sangre y desencuentros lo inspiró.

Borges escribe algo que –conjeturalmente– piensa Narciso Laprida, en 1829, antes de morir asesinado por los montoneros de Aldao. Así, el *Poema conjetural* es un monólogo interior de

Laprida por medio del que se piensa (con mayor hondura que nunca en Borges) el complejo destino de este país.

Laprida –según todos saben o todos han olvidado– fue, como Sarmiento, un sanjuanino nacido en 1786, amigo de San Martín, entusiasta de la formación del Ejército de los Andes y el hombre que se desempeñaba como presidente del Congreso de Tucumán el día 9 del mes de julio de 1816, cuando se declaró nuestra independencia. Hombre culto, hombre de la civilización, habrá de ser miembro del Congreso Constituyente rivadaviano de 1826. Luego regresa a San Juan en busca de lo que buscan todos quienes regresan a su tierra: paz y un aceptable lugar donde dejar por fin la osamenta. Sin embargo, temeroso del poder barbárico de Juan Facundo Quiroga, huye a Mendoza. En esos avatares lo sorprende la montonera de Félix Aldao y, coherentemente, al final de una batalla que nadie recuerda, lo degüella: "Zumban las balas en la tarde última. / Hay viento y hay cenizas en el viento, / se dispersan el día y la batalla / deforme, y la victoria es de los otros". ¿Quiénes son los otros? Son los que siempre habrán de serlo para Borges: *los otros son la barbarie*. "Vencen los bárbaros, los gauchos vencen". Los otros son lo irrecuperable, lo que debe ser negado en totalidad para construir el país que los hombres de "las leyes y los cánones", los hombres cultos, quieren construir. De este modo, Laprida cree encontrar un destino inmerecido para un hombre de su condición en esa muerte brutal, a cielo abierto, a cuchillo. "Yo, que estudié las leyes y los cánones, / yo, Francisco Narciso de Laprida, / cuya voz declaró la independencia / de estas crueles provincias, derrotado / de sangre y de sudor manchado el rostro, / sin esperanza ni temor, perdido / huyo hacia el Sur por arrabales últimos". El Sur, en Borges, es siempre el territorio, la geografía de la barbarie.

Hasta aquí el planteo es lineal: el hombre que ha declarado la independencia, ese hombre de letras, ese hombre culto de la civilización rivadaviana, va a morir en manos de la barbarie. Se trata de otro momento de la antinomia que trama a este país: civilización y barbarie. Laprida, asesinado por las huestes de Aldao, es la imagen de la independencia ahogada en sangre. No obstante, el poema borgeano adopta un giro sorprendente: *incorpora a la barbarie en el dibujo perfecto de la nacionalidad*. Piensa Laprida: "Yo que anhelé ser otro, ser un hombre / de sentencias, de libros, de dictámenes / a cielo abierto yaceré entre ciénagas; / pero me endiosa el pecho inexplicable un júbilo secreto. Al fin me encuentro con mi destino sudamericano". El puñal sanguinario de las salvajes tropas del salvaje Aldao entrega a Laprida a su verdadera condición: *es un sudamericano*. Hasta ese día, el de su muerte, sólo lo había sido a medias: sólo había sido un hombre de libros y cánones. Pero un sudamericano es *también* la barbarie: es la sangre y es la muerte violenta en la batalla. Piensa Laprida: "Al fin he descubierto / la recóndita clave de mis años, / la suerte de Francisco de Laprida, / la letra que faltaba, la perfecta / forma que supo Dios desde el principio. / En el espejo de esta noche alcanzo mi insospechado rostro eterno. El círculo / se va a cerrar. Yo aguardo que así sea". Borges, aquí, imagina la nacionalidad como una mixtura imposible: la que se teje entre el puñal de los gauchos y los cánones de los cultos. Laprida, con el pecho endiosado por un júbilo secreto, descubre en su muerte el rostro del país como totalidad. Los gauchos no son los otros. Son quienes lo han entregado a la tierra y a la furia y a la sangre. Son quienes lo han completado, ya que él, Laprida, era un hombre incompleto, un hombre al que le faltaba una letra, un hombre que aún no había accedido a la secreta forma que la divinidad conocía desde el principio. Ahora, ahí, muerto tras la batalla, encuentra su rostro eterno. El círculo se ha cerrado. Y la totalización de la circularidad es la expresión inapelable de lo absoluto. (El poeta

Borges se acerca aquí, más que nunca tal vez, a la dialéctica de Hegel, filósofo del que desconocía casi todo.)

La Argentina, sin embargo, no se hizo así. La Argentina que celebró el Borges político (que era muy inferior al Borges poeta) aniquiló a la barbarie, a los otros, aniquiló la diferencia y constituyó el país desde la visión de las clases cultas. La diferencia (*la barbarie*) se obstinaría en reaparecer: con los inmigrantes, con los anarquistas, con el populismo de Yrigoyen y el populismo de Perón, que era para Borges la cifra absoluta de la barbarie.

Monstruos de Borges

Hay un cuento (poco conocido y nunca acabadamente estudiado) que Borges y Bioy escriben o, al menos, fechan en noviembre de 1947. Como sea, lo habrán escrito durante esos días, días en que gobernaba Perón y ellos se erizaban de odio ante el espectáculo desaforado del populismo. ("Este relato –dirá años después Bioy a Matilde Sánchez– está escrito con un tremendo odio. Estábamos llenos de odio durante el peronismo", *Clarín*, 17/11/1988.) Rodríguez Monegal ofrece algunos datos más: "Uno de los textos clandestinos de Borges, fue escrito en colaboración con Adolfo Bioy Casares y sólo circuló en manuscrito durante el primer gobierno de Perón. Pertenece a la serie de relatos atribuidos a H. Bustos Domecq, pero a diferencia de la mayoría de aquéllos, éste es radicalmente político, lo que explica que haya sido publicado (por mí, en Montevideo y en el semanario *Marcha*) después de la caída de Perón" (*Ficcionario*, antología de textos de Borges, FCE, p. 458).

El cuento es "La fiesta del Monstruo" y está encabezado por una estrofa del poeta unitario Hilario Ascasubi. El poema de Ascasubi se llama *La refalosa* y narra, por medio de un mazorquero, el martirio y degüello de un unitario. La estrofa que utilizan Borges-Bioy dice: "Aquí empieza su aflición". Ya Echeverría, en *El matadero*, había descrito los horrores del degüello federal: "Tiene buen pescuezo para el violín. Mejor es la resbalosa". Hay, así, una trilogía: *El matadero* (Echeverría), *La refalosa* (Ascasubi), "La fiesta del Monstruo" (Borges-Bioy). La fiesta... toma el naturalismo brutal de Echeverría y recurre a la narración en primera persona de *La refalosa*. Tanto en Ascasubi como en Borges-Bioy quienes narran son los bárbaros: un mazorquero en Ascasubi, un "muchacho peronista" en Borges-Bioy.

Así como en el texto anterior ("Conjeturas de Borges") expuse la delicada y profunda concepción de la barbarie que Borges explicita en el "Poema conjetural", corresponderá aquí la visión cruel, despiadada, unidimensional, sobrepolitizada que, junto con Bioy, presenta del Otro, del "bárbaro", en "La fiesta del Monstruo". El narrador, queda dicho, es un militante peronista. Le narra a su novia, Nelly, los avatares de una jornada en la que irán a la plaza a escuchar un discurso del Monstruo, nombre que, en el cuento, se le da a Perón. "Te prevengo, Nelly, que fue una jornada cívica en forma". La noche anterior el "muchacho" descansa como se debe: "Cuando por fin me enrosqué en la cucha, yo registraba tal cansancio en los pieses que al inmediato capté que el sueñito reparador ya era de los míos (...) No pensaba más que en el Monstruo, y que al otro día lo vería sonreírse y hablar como el gran laburante argentino que es". (Borges intenta recrear el lenguaje popular pero se acerca más a Catita que a los obreros peronistas.) En suma, hay que ir a la Plaza: "hombro con hombro con los compañeros de brecha, no quise restar mi concurso a la masa coral que despachaba a todo pulmón la marchita del Monstruo (...) No me cansaba de pensar que toda esa muchachada moderna y sana pensaba en todo como yo (...) Todos éramos argentinos, todos de corta edad, todos del Sur". Otra vez la presencia del Sur como el territoriorio de la barbarie. Pero éste no es el Sur de Juan Dahlmann, el Sur en que Dahlmann descubre que el coraje es superior al miedo y la enfermedad, que el Sur es la llanura, el cielo abierto, la muerte heroica; tampoco es el Sur en que Narciso Laprida descubre su destino sudamericano, un destino que se trama entre los libros, los cánones y la intimidad del cuchillo bárbaro, es otro Sur. Es el Sur del odio clasista. Un Sur absolutamente irrecuperable para Borges. Un Sur injuriado por la jauría fiel y desastrada del Monstruo.

El Sur de los muchachos que marchan hacia la Plaza. De pronto, dice el narrador a Nelly, encuentran un inconveniente: "hasta que vino a distraernos un sinagoga que mandaba respeto con la barba". A este "sinagoga" los muchachos del Monstruo lo dejan seguir; tal vez por la barba. "Pero no se escurrió tan fácil otro de formato menor, más manuable, más práctico, de manejo más ágil". ¿Cómo es este sinagoga? Sólo los panfletos del Reich habrán ofrecido una descripción tan horrenda de un judío (pero éste era el propósito de Borges: ya que el Monstruo era, sin más, nazi, nazis debían ser sus adictos, o comportarse como tales): "Era un miserable cuatro ojos, sin la musculatura del deportivo. El pelo era colorado, los libros, bajo el brazo y de estudio". El "sinagoga" es algo torpe: "Se registró como un distraído, que cuasi se llevaba por delante a nuestro abanderado, el Spátola". Los muchachos le exhiben la figura del Monstruo: "Bonfirraro le dijo al rusovita que mostrara un cachito más de respeto a la opinión ajena, señor, y saludara la figura del Monstruo". (El símil con *El matadero* es clarísimo: también, la "chusma del Restaurador" le exige al unitario el uso de la divisa punzó, que éste, con valentía y soberbia, abomina.) El "sinagoga" se niega: "El otro contestó con el despropósito que él también tenía su opinión. El Nene, que las explicaciones lo cansan, lo arrempujó con una mano (...) Lo rempujó a un terreno baldío, de ésos que el día menos pensado levantan una playa de estacionamiento, y el punto vino a quedar contra los nueve pisos de una pared sensa finestra ni ventana". Así, "el pobre quimicointas" queda acorralado. Lo que sigue es un despiadado asesinato callejero. Tal como el unitario de Echeverría era aniquilado por los federales del matadero, el judío de Borges cae destrozado por los muchachos de Perón. (Observemos que es la derecha oligárquica quien inventa la linea nacional Rosas-Perón del revisionismo de los setenta, la "primera" y la "segunda" tiranía.) "El primer cascotazo (...) le desparramó las encías, y la sangre era un chorro negro. Yo me calenté con la sangre y le arrimé otro viaje con un cascote que le aplasté una oreja y ya perdí la cuenta de los impactos porque el bombardeo era masivo. Fue desopilante; el jude se puso de rodillas y miró al cielo y rezó como ausente en su media lengua. Cuando sonaron las campanadas de Monserrat se cayó porque ya estaba muerto. Nosotros nos desfogamos un poco más con pedradas que ya no le dolían. Te lo juro, Nelly, pusimos el cadáver hecho una lástima (...) Presto, gordeta, quedó relegado al olvido ese episodio callejero (...) Nos puso en forma para lo que vino después: la palabra del Monstruo. Estas orejas lo escucharon, gordeta, mismo como todo el país, porque el discurso se transmite en cadena" (Cfr. *Ficcionario*, ed. cit., pp. 259-269).

Por desdicha, las opciones políticas de Borges fueron impulsadas por el odio unidimensional, racial y clasista, de "La fiesta del Monstruo" y no por las honduras conceptuales del "Poema conjetural". Si no hubiese sido así, escasamente habría adherido, como lo hizo, a las dictaduras militares que devastaron nuestro país. Sobre todo a la más horrenda, la de Videla. Si no hubiese sido así, el Premio Nobel, como lo deseaba, habría sido suyo.

La muerte del gatopardismo

Hubo un concepto que alguna vez fue célebre en política: *gatopardismo*. Simplificando –aunque no mucho–, quería decir "cambiar algo para que nada cambie". De este modo, el político gatopardista era un astuto maestro de ajedrez que sabía, siempre, qué pieza entregar para no perder la partida. O un profundo conocedor de la historia y sus rumbos, alguien que deseaba conservar ciertos valores en el veloz devenir de los tiempos y no ignoraba que para conservarlos hay que entregar siempre algo a los transformadores. El concepto surge de una novela del italiano, nacido en Palermo, Giuseppe Tomasi de Lampedusa y, en el cine, está en una gran película de Luchino Visconti, que lleva el título de la novela: *El Gatopardo*. Tomasi de Lampedusa fue un escritor tardío: nació en 1896 y su novela (que es su *única* novela) se publica en el otoño de 1958, cuando él ya ha muerto. Así, es su novela única y póstuma. "El éxito fue inmediato, sostenido por el consenso casi ininterrumpido de las reseñas y, sobre todo, por las ventas, culminando a ocho meses de la aparición del libro con el otorgamiento del Premio Strega, en 1959" (Cfr. G. Tomasi de Lampedusa, *Los relatos*, prefacio, Perfil Libros). Luego, al libro le ocurrió algo aún mejor que el Premio Strega: Visconti lo filmó. Suele ocurrir con las novelas exitosas que sean llevadas al cine, no que sea un director como Visconti quien lo haga. El film de Luchino es tan descollante como la novela, y tal vez más. Sólo la larga escena final del baile le otorga un papel induscutible, central en la historia del gran arte del siglo XX. Repasemos algunos temas de *El Gatopardo* (o su tema recurrente) y tratemos de elucidar ese concepto, el de gatopardismo, para preguntarnos, después, dónde está hoy, si es que en algún lado está.

El film es de 1963. Y narra la historia del príncipe don Fabrizio Salina (Burt Lancaster), un hombre lúcido, sensible al cambio de los tiempos pero, a la vez, deseoso de conservar los valores de su clase, la aristocracia decadente de 1860. Salina tiene un joven, petulante y fogoso sobrino al que permite –como parte de su plan, digamos, conservador– unirse a las fuerzas rebeldes de la burguesía garibaldina. Este sobrino se llama Tancredi (Alain Delon). *Primera sagacidad del príncipe*: se infiltra en las fuerzas revolucionarias por medio de los ardores combativos de un joven de su clase, a quien permite arrebatos guerreros y rebeldes. *Segunda sagacidad del príncipe*: logra que Tancredi enamore y hasta contraiga matrimonio con Angélica (Claudia Cardinale), la hija de don Calogero Sedara (Paolo Stoppa), un tosco, plebeyo y ambicioso representante de la ascendente burguesía. *Tercera sagacidad del príncipe*: acepta, recibe con calidez y hasta seducción el ingreso de Angélica en el medio aristocrático que él representa y custodia. Así, luego de un deslumbrante baile donde convergen todas estas fuerzas políticas y personales aparentemente antagónicas, don Fabrizio Salina siente, con dolor, la cercanía de su muerte pero sabe, con honda alegría y serenidad, que los valores de su clase no han muerto, que formarán parte de los nuevos tiempos. Que, en suma, la aristocracia seguirá viva porque él supo cambiar con los tiempos, supo cambiar lo que era necesario cambiar para que nada cambiara.

Surgió entonces ese concepto: *gatopardismo*. Era la lucidez que tenía una clase social para mantener, conservar sus valores dentro de los cambios revolucionarios. Don Fabrizio Salina era un aristócrata y su problema (aquello que venía a cuestionar en totalidad su mundo) era la burguesía. En los sesenta era casi inevitable (dentro de las filosofías de la historia, es decir, dentro de aquellas visiones progresistas, evolucionistas de la historia) que se reemplazara a la aristocracia por la burguesía y se viera en todo burgués conciliador a un personaje que deseaba "contener la marcha de la historia". Que se viera en todo reformista a un reflejo burgués del príncipe Salina. De este modo, todo reformista, todo conciliador, todo burgués bien intencionado era un perverso gatopardista. Un tipo casi peor que los peores reaccionarios, ya que era un taimado, un ladino, alguien que no iba de frente, alguien que no quería cambiar el mundo por motivos revolucionarios sino que meramente aceptaba y propiciaba ciertos cambios para que todo siguiera igual.

Esta versión, insisto, se basaba en una interpretación de la historia como progreso constante y era patrimonio de la izquierda, a la cual le es constitutiva la idea de progreso. (O le ha sido, ya que está en revisión y muy maltrecha.) Pero así como la burguesía había superado a la aristocracia (lo que permitía el *gatopardismo* del príncipe Salina), el proletariado superaría a la burguesía, lo que explicaba el pérfido *gatopardismo* de tantos burgueses que se disfrazaban de transformadores. Duro con ellos, no había que creerles: eran gatopardistas. No querían el verdadero cambio, el cambio revolucionario. Querían cambiar algo para que nada cambiara, como el sagaz príncipe de Salina. (Esta interpretación, entre nosotros, se le aplicó sobre todo al Perón del '46-'52 y a sus reformas sociales y políticas, las que impulsó junto a Evita. Perón era un "burgués lúcido". Un gatopardista. Si él no hubiera aparecido, la burguesía no habría podido lograr el "control social" que logró sobre los migrantes internos, sobre el nuevo proletariado industrial de los cuarenta. Así, Perón fue un populista manipulador que incorporó al proletariado al proyecto de la burguesía, controlando sus verdaderos proyectos revolucionarios. En suma, Perón habría frenado la revolución proletaria en la Argentina.)

El error radicaba siempre en el mismo punto: la visión lineal de la historia, la visión evolucionista, progresiva. Que la burguesía reemplazara a la aristocracia había sido un proceso necesario, tal como lo era que el proletariado, ahora, reemplazara a la burguesía. Pero no. Perón no había frenado nada. No existía una fuerza subterránea, identificada con el sentido de la historia y con el proletariado como clase social privilegiada, destinada a hacer la revolución en la Argentina. Existía una incipiente burguesía nacional, ligada a la sustitución de importaciones, que encontró en ese coronel populista su vehiculización política. Dentro de ese proyecto el proletariado urbano encontró mejoras largamente postergadas a las que adhirió con fervor. Nada de esto respondía a un secreto *sentido* de la historia. Perón no estaba frenando a una clase obrera dialécticamente destinada a tomar el poder. Sólo conducía una exitosa coalición entre industriales, sindicalistas y nuevos obreros urbanos. Sólo conducía eso que fue el primer peronismo y que hoy –por medio de Duhalde y sus intentos de venderlo como posible y retornante– es apenas un gesto electoralista.

¿Adónde conduce todo esto? ¿Qué conceptos para la acción política o para la intelección de nuestro presente podemos extraer de aquí? Simplemente: se murió el gatopardismo. Ha muerto esa concepción de la historia según la cual unas clases sociales sucedían necesariamente a otras, superándolas. ¿Qué sería, hoy, un gatopardista? ¿Qué hombre del poder

podría estar preocupado por el avance de una clase social destinada a reemplazar a la que él pertenece? Ya no hay reemplazo,
ya no hay progreso histórico. Tony Blair (quien, pongamos,
podría ser considerado un "burgués lúcido") no es un "burgués gatopardista". No hace lo que hace para frenar el incontenible acceso al poder de una clase social antagónica a la que él
representa. Es, en todo caso, un "burgués piadoso". O un tipo
que advierte que el mercado es demasiado cruel, que deja de-
masiada gente afuera y que a ningún sistema social le conviene
tener tantos excluidos, tantos desesperados. Para que exista el
gatopardismo tiene que existir una clase social de reemplazo,
que intente superar a la hegemónica, una clase social a la que
el gatopardista intente controlar por medio de concesiones.
Hoy, esa clase social no existe. La historia está en manos de
los dueños del mercado, que se dividen entre halcones y palomas. Los pobres, los marginados dependen de la bondad de las
palomas. Dependen, como Blanche Du Bois, de "la bondad
de los extraños".

Literatura y globalización

Cierto tiempo atrás, apenas en 1999, creo, desarrollé, en el Congreso de Escritores de Villa Gessell, un par de ideas que despertaron el enojo y hasta la agresividad (verbal, por suerte) del público. Es saludable que ocurran estas cosas en épocas en que pareciera que ya nada merece ser discutido. O que nada enciende pasiones. En lo esencial ese par de ideas era el siguiente: 1) La Argentina del siglo XIX había aceptado la globalización propuesta por las naciones europeas. Se había insertado en la modernidad capitalista y –por medio de ese proceso– había constituido su Estado-nación. Eso que solemos llamar "país" o "patria". 2) La globalización en que se inserta la Argentina de finales del siglo XX rechaza como perimida la idea de "patria" y desmantela el concepto de Estado-nación. Esto responde a la modalidad diferenciada que la globalización fin de milenio tiene con la globalización de la modernidad capitalista del siglo XIX. Si la globalización modernizadora del capitalismo del siglo XIX requería los estados nacionales, la globalización fin de milenio, no. El rechazo del Estado-nación es parte constitutiva de ella. Este rechazo (y el exitoso e incontenible desarrollo de la actual globalización) ha determinado una realidad que sería cándido no advertir en toda su crudeza: la Argentina ha dejado (o, digamos, está dejando) de existir. Si los países subdesarrollados –de acuerdo con el esquema de los años sesenta– eran países en vías de desarrollo, hoy son países en vías de extinción. Lo que no significa que se arruinen, estallen en pedazos o se hundan en el mar, sino que dejarán de existir como estados nacionales autónomos, ya que la globalización fin de milenio se globaliza aniquilándolos. No los requiere ni como administradores de cierta regionalidad. Éste es el proyecto (ya en gran parte cumplido) que determina una realidad inédita: *la Argentina ha muerto*. Si nos merecemos o no este destino, si estamos en condiciones de revertirlo, si sabemos con claridad por qué hacerlo y si contamos con los medios para lograrlo son temas que reclaman nuestra lucidez, nuestra honestidad y, sin exagerar, nuestro coraje intelectual.

Hay una enorme asimetría entre la recepción emocional del tema y la certeza fría con que muchos lo dan por resuelto. Que los estados nacionales están desapareciendo o, sin más, han desaparecido es una verdad aceptada en los círculos académicos y políticos. Es casi una verificación empírica de la modalidad que adquiere la globalización fin de milenio. No obstante, la recepción emocional es muy fuerte y rechaza ese concepto desde varios puntos de vista. Tal vez, centralmente, desde uno: *la patria libre como utopía constante*. La defensa del idioma, del arte nacional, de la literatura y de los intereses autónomos, es decir, los nuestros. La idea de una literatura sin patria (o, si se prefiere, sin país) resulta inconcebible o intolerable. Y no desde una posición nacionalista clásica, sino desde la perspectiva de escritores o habitantes de este suelo que no quieren ser devorados por el "monstruo mediático" o por la "macdonalización", colorido e ingenioso concepto con que se ha reemplazado al de "imperialismo".

La fragorosa reacción del público de Villa Gessell me ha vuelto excesivamente cauteloso con el planteamiento del tema. Debería, desde el comienzo, quedar claro que yo no deseo la dolarización de nuestra moneda o que se ponga la bandera norteamericana en los mástiles de nuestra patria. Tampoco tengo acciones en McDonald's o me financia la OTAN. Digo, sí, que el tema es insoslayable. Que es decisivo para cualquier encuadre actual de nuestra cultura, nuestro cine o nuestra narrativa. ¿Siguen siendo *nuestras* en un país que ya no existe o que, decididamente, no existe tal como solía existir?

Nuestra literatura nace con un texto desmesurado que escribe Esteban Echeverría en la década del treinta del siglo XIX: *El matadero*. Echeverría había emigrado a Montevideo y luchaba contra Rosas junto con los hombres más lúcidos y brillantes de su generación. Reclamaban la intervención extranjera. Apoyaron a la flotilla del almirante francés Leblanc cuando bloqueó el estuario del Río de la Plata. Llamaron a esa intervención "intervención de humanidad". Algunos, después, se arrepintieron. Alberdi, en una frase crepuscular, dirá: "Prefiero los tiranos de mi patria a los libertadores extranjeros". La *actualidad* de esta temática (en momentos en que la OTAN opera en Yugoslavia una *intervención de humanidad* contra un *tirano nacional*) abre espacios de conocimiento. ¿La *intervención de humanidad* que reclamaban Echeverría, Alberdi y los otros intelectuales del Plata desde el exilio montevideano reclamaba también el borramiento del Estado-nación? Todo lo contrario. Era para crear el Estado-nación (moderno y democrático) que esa intervención se pedía, ya que Rosas representaba el hispanismo, la barbarie, la sumisión a una globalización perimida, arcaica: la española. Los jóvenes del Plata luchaban por la modernización del país (en los términos en que el capitalismo central del siglo XIX lo proponía) y conceptualizaban como "barbarie" a todo cuanto se opusiera a ese proceso inserto en "el espíritu de los tiempos".

Con ese propósito escribe Echeverría *El matadero. El texto se propone exhibir la barbaridad de la barbarie.* Un joven unitario que cabalga en silla inglesa extravía sus pasos y desemboca en el matadero, donde tiene su reino la "chusma rosista". Si, en *Facundo*, Sarmiento muestra cómo la barbarie penetra en las ciudades (en la civilización), Echeverría muestra cómo la civilización penetra en la barbarie. Sólo que lo hace extraviada e indefensa. *Por eso es violada*. Así, David Viñas afirma que nuestra literatura comienza como violación. Y una de las posibles lecturas de este encuadre tan rico es la siguiente: nuestra literatura surge para demostrar que lo único que hará la barbarie con la modernidad es violarla, destrozarla hasta la infinita humillación. La "chusma rosista" es lo inmediato, lo carnal, lo primitivo, todo cuanto la cultura no ha logrado pulir. El joven unitario (su silla inglesa, sus ropas, su cultura) es lo mediado por el saber, lo constituido por el saber de la modernidad. El mensaje era estremecedor: si Rosas seguía en el poder (cuya impecable metáfora era el matadero), la civilización era imposible en la Argentina y la vejación, nuestro destino. Permaneceríamos *fuera* de la Historia, infamados por el barro y la sangre de los matarifes.

La certeza de los jóvenes montevideanos era que la civilización debía penetrar en la barbarie, pero con las tropas de Lavalle y con el respaldo de la flota del almirante Leblanc. Sentían, creían que la patria era posible, que la misión que los alentaba era la de la construcción de un país moderno, aliado a las potencias hegemónicas del mundo pero con una sólida identidad. Lo específico de ese momento histórico es que las potencias hegemónicas (las que lideraban la globalización) pensaban lo mismo: que conserven su identidad, que constituyan sus estados nacionales. Hoy no es así. Nuestros globalizadores de hoy (a quienes aceptan incondicionalmente nuestras clases dirigentes) arrasan con nuestras identidades y con lo poco que queda del Estado-nación. Dentro de este esquema, la Argentina se muere.

La espera y la esperanza

Vivimos la época de la espera. No estamos esperando al Mesías, no esperamos la Tierra Prometida, menos aún esperamos la resurrección de las almas, no esperamos el Reino de los Cielos y no esperamos la Revolución. Esperamos las elecciones de octubre.[36] Ocurre que nuestra espera nada tiene que ver con la esperanza. De aquí su originalidad.

Siempre el hombre vivió en estado de espera. Siempre creyó que había algo mejor más allá, adelante, en el futuro, y que si algún sentido tenía el transcurrir del tiempo era porque acortaba las distancias con esa temporalidad deseada. Incluso filósofos tan serios y responsables como el Sartre de sus comienzos fenomenológicos hablaban de la conciencia como trascendencia pura. Sartre acostumbró a llamar *proyecto* a esa intencionalidad.

---

36 Me refería aquí, creo, a las elecciones del 2001, que estuvieron marcadas por un desinterés agresivo por parte de la sociedad. Esta agresividad lo era hacia la clase política y la ausencia de alternativas creíbles que proponía. Algo de esto está retratado en el texto "El día que casi me olvido de votar" (pp. 247-251, en este mismo volumen). De todos modos, los períodos preelectorales, en Argentina, han devenido agua muerta para todos. Los políticos hablan, los ciudadanos no escuchan y todos esperan votar para ver cómo sigue la vida, detenida abusivamente por la espera de las urnas. De las que –y he aquí la irritación que produce la espera– nada se espera.

La conciencia no sólo existía arrojada hacia el mundo (es decir, no había una conciencia por un lado y un "mundo" por otro, sino que la conciencia era conciencia de mundo, translucidez, actividad de parte a parte, intencionalidad pura, no sustancial, ya que la conciencia no era, *era nada*, era un agujero en la plenitud del ser), sino que existía arrojada hacia el futuro. Esta pro-yección de la conciencia era lo que nos permitía hablar de una dimensión temporal que no hubiera existido sin ella. Digamos: el futuro existe porque todo acto presente lo implica. Hay futuro porque la conciencia es proyectiva. La idea de futuro es inmanente a la conciencia. Pero el futuro no es la esperanza. Abrir (como hace la fenomenología) una dimensión ontológica desde la trascendencia de la conciencia no implica que en esa dimensión se vayan a cumplir nuestros deseos. Nada está asegurado. Lo que no es tranquilizador, sino angustiante. De este modo, Kierkegaard dirá que el hombre es más hondamente humano cuanto más hondamente se angustia. Vivir el futuro como un horizonte incierto en el que pueden realizarse tanto nuestros sueños como nuestras pesadillas no es una idea edificante. Pero le entrega densidad a la condición humana. Las demás son utopías de consolación, vidrios de colores, mercancías para espíritus unidimensionales que no toleran la esencial incertidumbre del futuro.

Nuestra espera de hoy –dijimos–, esta espera argentina de estos meses que transcurren como fuera del tiempo, nada tiene que ver con la esperanza. Es más prosaica. No hay esperanzas, sólo hay espera. Se espera que esto termine, que llegue octubre, que vayamos a votar y que luego pase algo. Bueno, malo, mejor, peor, distinto, semejante, pero algo. Si quitamos la idea del Reino de Dios, constitutiva del hombre medieval, la espera argentina de estos días se parece mucho, demasiado a la espera de los mansos seres que habitaron la Edad Media. Se habla –tal vez esquemáticamente, tal vez injustamente, pero no sin

motivos– de la Edad Media como "la noche de la Historia".
Luego, el Renacimiento. ¿Qué ocurrió para que la noche de
la Historia fuera eso, un tiempo oscuro, sin acontecimientos,
sin Historia? Ocurrió la espera. Es la espera que Santo Tomás
de Aquino llevó al corazón comunitario de la sociedad medieval. El hombre vive esperando la realización de la Promesa. La Promesa es la Promesa de Dios, que ha prometido Su
Reino al hombre, que le ha asegurado que hacia él marchan
los hechos y que sólo hay que esperar el devenir, ya que el devenir, por sí mismo, conduce al Reino. De este modo, no hay
Historia posible. Si el hombre se sienta a esperar el cumpli-
miento de la Promesa divina, no hay historia. Porque la Historia es –siempre, incluso hoy– un producto de la voluntad
humana. De una esencial inconformidad de los hombres con
el devenir de las cosas. Se dirá que ésta es la Historia tal como la entendió la Modernidad a partir de la Revolución
Francesa. Y me permitiré decir que sí. Hasta podría decir que
la Historia es un invento de la Revolución. Sin la voluntad de
cambiar lo que es, el ser permanece impávido. O esperando la
Promesa divina o aceptándose y, sobre todo, proponiéndose
como inmodificable.

Bien, así es nuestra espera, la espera mansa de estos días.
Sentimos y aceptamos que el ser es inmodificable. Que no es
posible accionar sobre él. Es decir, que no se puede hacer nada, que sólo resta esperar. Tenemos la quietud mansa y resig-
nada del hombre medieval pero no tenemos el consuelo de su
fe. Porque, que yo sepa, nadie cree que en octubre habrá de
realizarse la Promesa divina. Así, los argentinos somos resignados siervos de la gleba. Resignados a la espera. Sólo los profesionales de la política viven días de efervescencia. No hay por
qué no envidiarlos. Algo del espíritu aguerrido de la Modernidad palpita en ellos. Sin embargo, se muestran inhábiles para transmitir su entusiasmo a la comunidad. *Para transformar*

la espera en alguna forma de esperanza. Creo que éste sería el reproche más hondo que me animaría a hacerle a la clase política argentina. Los hombres se encuentran cómodos en la espera, porque la espera está siempre dibujada por el escepticismo y la inacción. (Hasta el hombre medieval era escéptico. Lo era en este sentido: creía tanto en Dios, que había dejado de creer en sí mismo, en su poder para incidir sobre los hechos, que sólo podían devenir históricos por medio de su intervención. De lo contrario, no eran históricos, eran parte de un plan divino al que había que resignarse, esperando, meramente, su realización inevitable.) Una verdadera clase política no debe embriagarse con su propio vértigo. Debe entregarle una esperanza a la comunidad. Si no lo hace, fracasa

La esperanza suele identificarse con la utopía. Sin embargo, hoy, la palabra esperanza está menos gastada que la palabra utopía. Hubo muchas expresiones de la utopía. Platón, Tomás Moro, Campanella, Francis Bacon, Charles Fourier, Sarmiento (*Argirópolis*), Marx y hasta H. G. Wells o Aldous Huxley diseñaron utopías. Hay algo formidable en la utopía: *siempre parte de una crítica al estado actual de las cosas.* No acepta el ser tal como es, sino que siempre propone un deber ser. Se identifica, así, con un acto de la voluntad o, si se prefiere, de la imaginación moral. Hay algo definitivamente muerto en las utopías (o algo, al menos, que debe ser erradicado por completo): su componente fatalista, la certeza de su inevitabilidad. Nada está garantido. Los garantismos históricos han muerto. (En verdad, si algo ha caído con el Muro de Berlín es el garantismo en la Historia, esa idea sedativa que afirmaba que el mundo marchaba hacia el socialismo o que el capitalismo fatalmente perecería por sus "contradicciones internas".) Pero la muerte de las utopías garantistas no debe conducir a la muerte de la esperanza. No cualquier esperanza, claro. Sino la que es posible asumir en esta etapa de la historia.

La espera es una adecuación inmovilista con el ser como entidad inmodificable. Nada es posible, no hay Historia. La existencia es sólo espera, jamás acción. La esperanza, por el contrario, parte de una insatisfacción esencial, de un desacomodamiento con el ser. La esperanza es la lucidez de la crítica. Pero es también la lucidez de saber que el futuro no existe para que en él se cumpla mi esperanza. Que el futuro existe en tanto me proyecto hacia él, pero mi proyecto abre una dimensión ontológica (el ser del futuro, el futuro es por la trascendencia de mi proyecto), pero no abre una dimensión de plenitud, una dimensión que asegura la satisfacción –en ella, ahí– de mis deseos. Esta esperanza, que no es pasividad, que no es espera, que no es mansedumbre, pero que tampoco es certidumbre de nada, que no promete tramposamente una tierra de promisión, esta esperanza, digo, esta esperanza áspera, curtida, puesta a prueba por el desencanto, el fracaso, la derrota, debería modelar nuestro temple en estos días difíciles.

La cultura política entre 1970 y el 2000

Un hombre de unos cincuenta y cinco años, que tal vez fue periodista, o poeta, o guerrillero, o militante sindical, actor o tiracables de televisión, un tipo que ha vivido con dramática intensidad los últimos treinta dramáticos años de la Argentina, podría (si le preguntan qué sabe del futuro) decir: "Del futuro sé dos cosas. Primero, que viene después del pasado. Segundo, que siempre es peor". Este tipo se llama el *Mono*, y es un personaje de una miniserie que escribí durante estos días y acaso alguna vez se verá. Como sea, cuando leí ese texto del *Mono*, todos quienes escuchaban rieron con esa risa argentina tan herida por el desencanto. Estaban de acuerdo con las dos cualidades que el *Mono* le había encontrado al futuro en la Argentina: que siempre viene después y que siempre es peor.

Alguien dirá, en un primer acercamiento, que no, que la democracia fue mejor que la dictadura militar. De acuerdo: pero no había manera de empeorar la dictadura de los generales y los marinos y los brigadieres. O sea, aquí, cuando el futuro es mejor, sólo lo es porque en el pasado que le antecede se llegó al extremo de lo execrable. Pero es un precio demasiado alto para una mejoría tan leve.

Durante los últimos treinta años hemos pasado de la esperanza a la desesperanza. Estos diagnósticos algo simplistas están siempre basados en la cambiante experiencia de la clase media argentina. Ya se sabe: los pobres son pobres y se conforman con ser pobres. Los ricos son ricos y se conforman con ser ricos. La clase media no es rica ni pobre, de aquí que algunos quieran ser pobres *compartiendo* el destino de los pobres, es decir, luchando por causas de redención social, y otros quieran ser ricos para compartir el destino de los ricos, es decir, para ser como ellos son. Los pobres son lo que son. Los ricos también. La clase media nunca es lo que es, siempre quiere ser otra cosa. Desde el punto de vista filosófico esto explica el activismo de las clases medias: no querer ser lo que uno es, es eso que lo arranca a uno del reposo, de la quietud, de la contemplación de la mismidad, de la siesta de la adecuación. De aquí que los cuadros de la militancia y de la guerrilla setentista hayan surgido de las clases medias. Y de los jóvenes de clase media, ya que ser joven es ser también de clase media: los niños usan el mundo para jugar, los viejos para contemplarlo, los jóvenes para cambiarlo. No quieren que el mundo sea como es.

De modo que quienes fueron jóvenes hace treinta años asisten hoy a la puesta entre paréntesis de todos sus ideales. No obstante, en la Argentina ocurrió algo peor. Tanto, que no sólo se relaciona con los sueños de la joven clase media, sino con el sueño elemental de todos: *todos queríamos tener un país*. Los ricos para disfrutarlo, los pobres para padecerlo, las clases medias para transformarlo o para quejarse porque no lo hacían. Bien, es en este punto donde el desencanto abarca a todas las clases de la Argentina: el suelo fundante, lo que se quería construir, el espacio en que todos los destinos eran soñados, se ha (casi) extinguido. De aquí la desesperanza.

Se ha pasado de una cultura política de la esperanza a una cultura política de la desesperanza. En muchos casos: de la desesperación. Hace treinta años el destino de la Argentina era incierto y todos lo reclamaban. Los militantes querían el socialismo. Los sindicalistas la patria sindical. Los militares se conjuraban para luchar a muerte por los valores amenazados. Se asumían como dueños de la patria y se sentían convocados a defenderla. Los políticos iban de un lado a otro, se enredaban en mil polémicas, discutían entre ellos, o con los economistas, o con los curas, o con los empresarios. Había curas rebeldes que propiciaban una nueva fe ligada al destino de los humildes, como, decían, la había soñado Cristo. Los escritores se preocupaban por lo social. La palabra "compromiso" era un mandato. La palabra "testimonio" un fetiche insoslayable. Luego vino, sin más, la Muerte.

Con la democracia surge una cultura política del diálogo. Palabras como "consenso" o "disenso" se pronuncian sin cesar. La palabra "diálogo" y la palabra "plural" están en la boca de todos, de todos los que quieren la democracia. Y la democracia surge como una gran esperanza. No sólo como algo mejor que la dictadura, sino como lo óptimo. Y lo óptimo es el optimismo, de aquí que con la aparición de la democracia surgiera ese cándido estado del espíritu que del futuro espera lo óptimo, en gran medida porque ya lo encuentra en el presente. Así lo proponía Alfonsín cuando decía que la democracia curaba, alimentaba y educaba.

La cultura política del radicalismo (del primer radicalismo de la democracia, ya que estamos ahora viviendo el segundo) se expresó de dos modos: 1) querer y no poder; 2) hacer y deshacer, porque, en realidad, lo que se había hecho no se podía hacer. El alfonsinismo quiere y no puede. Quiere levantar las persianas de todas las fábricas, pero no puede. (*Levantar las persianas* fue un gran concepto del alfonsinismo. Una gran metáfora. Un país que tiene levantadas las persianas de sus fábricas es un país que produce, que tiene un mercado interno y que exporta. Marx –que analizó como nadie el capitalismo–

desarrolló en un texto de 1857 que amaba Louis Althusser la dialéctica entre la producción y el consumo, fundante de la economía del capital. Fundante, también, de todo posible *capitalismo nacional*. De modo que levantar las persianas de las fábricas –y levantarlas en democracia– era la utopía perfecta de la cultura política del '84: un país integrado, que produce, que consume, que tiene un mercado interno y vive en democracia. Casi nada. Esto lo quiso ese *primer* radicalismo (al que conocemos como *alfonsinismo*) y no pudo, ya que una de sus características fue no generar poder político para llevar a la práctica sus propuestas. Fue, así, un régimen de la ilusión y del desengaño. Su otra característica fue la de *hacer y deshacer* y se expresó en el área de los derechos humanos. Se *hace* el Juicio a las Juntas y se lo *deshace* con las leyes de Punto Final y Obediencia Debida porque, en verdad, no se podía hacer el Juicio a las Juntas. Se lo hizo para retractarse, para generar desaliento, irreparable sentimiento de impotencia o directamente derrota.

Con el menemismo se impone la primacía de lo económico. Conseguida la democracia, resta incluir al país en la posmo-globalización. Tenía que ser el peronismo el encargado de una etapa que requería sujetar a los sindicatos, manipular al electorado pobre cautivo de esa tradición política e incurrir en un pragmatismo tan desaforado que permitiera alianzas con los más abominados enemigos del ayer. Si Perón, en 1945, decía en la Bolsa de Comercio: "Se verá que no sólo no somos enemigos del capital, sino que somos sus verdaderos amigos" y luego permitía incluir en la marcha partidaria la célebre y patética o risible o vaya-uno-a-saber-qué estrofa que proponía combatir al capital, era porque el peronismo se proponía llegar a todos los extremos del arco político para conseguir sus objetivos. Así lo hizo (como ejemplar discípulo) el difícilmente superable Carlos Menem. Su cultura política fue la de la desmesura, la de la política-espectáculo, la farandulización, el simulacro, la mentira esplendente, el contramensaje, la ostentación, la frivolidad, la corrupción inagotable e impune. Menem se asumió como un hombre de la farándula, como un actor y estalló la cultura de la fama, del videoclipismo, de la televisión-basura, de los premios para la gilada, del despilfarro para los mirones codiciosos e impotentes. Estalló el universo siliconado de la culocracia, de las inmensas tetas-Casán, la estética del kitsch Miami, las fiestas del año o del siglo o de las mil y una noches, los personajes del año, los ganadores, los *personal trainers*, los músculos, las carnes duras, el travestismo como mercancía, la bobería cultural, los comunicadores sociales fascistas y empresariales que se devoran el aire, las divas que chillan "sos un divino" a patéticos seres que, si lo fueran, no creerían en ellas o les dirían, sin más, "andá a mentirle a otro", los analistas políticos que demuestran que el "tren de la historia" es uno, es éste y hay que subirse o reventar.

Y luego: el final. O, si se quiere, el presente. El presente como *continuidad* de las peores tendencias del pasado. Esto que llamamos el *delarruismo* recoge el no-poder alfonsinista. Así, dice que lo único que se puede hacer es lo que se hace: economía de mercado, impuestazo, macroeconomía, aniquilamiento de cualquier mínima idea de mercado interno, oídos atentos y obedientes a los mandatos (ya ni siquiera susurrados) de los organismos internacionales. (¡Un Gobierno que ha pretendido exhibir un préstamo financiero –el *blindaje*– como un elemento de "crecimiento" de la economía! *Argentina crece*. Parece un chiste de mal gusto, una broma pesada o parece, en verdad, que nos toman por irredentos imbéciles.)

Pero hay algo que el *delarruismo* ha recogido del menemismo y que ha quebrado la tradición austera de la cultura política radical. Ha recogido el nepotismo. Es lo que llamaré el síndrome Juan Duarte. A este hombre le decían el

"Cuñadísimo". Era secretario privado de Perón y hermano de Evita. También le decían "Jabón Lux" porque lo usaban "nueve de cada diez estrellas de cine". O sea, farandulización, negocios y lazos familiares. El *cuñadismo* alcanzó notables picos con Menem: Amira y Emir Yoma. Y el otro matiz del síndrome Juan Duarte ha sido clamorosamente recogido por los hijos presidenciales. Si Juancito enamoraba a Fanny Navarro y Elina Colomer, hoy el delfín presidencial tiene a la exótica Shakira. ¿Y qué impertinencias del olvidado Juancito no asoman por detrás o por delante de los ambiciosos emprendimientos del "Junior" presidencial? Sería aconsejable cierta prudencia en estos personajes-vértigo de la familia presidencial. La historia ofrece enseñanzas. Juancito Duarte se suicidó en abril de 1953 y hasta algunos dicen que lo suicidaron. El "Junior" de Menem murió de mala manera. De tan mala manera que ni siquiera sabemos cómo murió. Evita, que lo amaba, solía decirle a Juancito: "Pará la mano". Entre tanto la mujer que debiera detener el vértigo de los nuevos Juancitos... hace pesebres que a nadie importan.

El desencanto se enlaza con la resignación. Hay ciertas certezas de las que la democracia argentina pareciera no poder retornar. Un reciente libro de José Nun plantea un interrogante sobre ella: la democracia, ¿es el gobierno del pueblo o el gobierno de los políticos? Que sea lo primero y no lo segundo es todavía un motivo para no entregarse, para luchar, si no por un país o por la patria, por un territorio en el que todavía la decencia encuentre un hogar.

Transición: ¿Cómo surgen las nuevas ideas? ¿Cómo surgen los nuevos hechos? Sabemos que hay aquí una relación claramente dialéctica: los hechos producen ideas, las ideas producen hechos y, en cierto momento, es difícil saber qué ha sido primero, originario, si la idea o el hecho.

La Argentina está a la espera de un despertar y está buscándolo. Se busca a tientas. Lo nuevo no viene siempre con una ideología de anticipación, a mano, preexistente. Lo nuevo surge en medio de profundas contradicciones, de opacidades, de hechos confusos, ininteligibles. Será apropiado, de este modo, repasar algunos "despertares ideológicos" de la historia, ya que si estamos buscando uno no podemos sino estudiar cómo han sido los que han sido en el pasado. Para bien o para mal. No sólo lo bueno "despierta", lo malo también. Es más: la historia pareciera a veces un continuo despertar del Mal.

Despertares ideológicos

1. Panes y pasteles

Suele narrarse una ilustrativa anécdota a propósito de los orígenes de la Revolución Francesa. Se dice que algunos asesores de Luis XVI le informaron del creciente descontento del pueblo y de la conveniencia de sosegarlo. Se dice que Luis XVI se preocupó, pero no mucho. De modo que los asesores decidieron también poner al tanto de la explosiva situación a María Antonieta, esposa de Luis XVI y –se decía, también– desmedidamente influyente en las decisiones de su marido, hombre algo distraído o taciturno, acaso triste. Se dice que se allegaron hasta ella y le informaron sin más, crudamente, que el pueblo se encontraba al borde de la insurgencia. Se dice que María Antonieta inquirió sobre las causas de semejante estado de disgusto con el poder real, es decir, básicamente con ella.

–¿Qué quiere el pueblo? –se dice que preguntó.

–Pan –se dice que le dijeron.

Se dice que entonces ella incurrió en una rabieta histórica, en una ofensa que habría de desatar tumultos sin retorno, definitivos.

–¿No tienen pan? Que coman pasteles.

Sería simple creer que éste es el detonante de la Revolución que hicieron los franceses en 1789, pero es sin duda un símbolo del excesivo desdén del poder real, de su soberbia, de su confianza en sí mismo, en su inalterabilidad, en su imperturbable devenir histórico. No era para menos. Los reyes a quienes la Revolución vino a incomodar –hasta el extremo de cortar sus cabezas– creían gobernar por derecho divino. Creían que el rey era el representante de Dios en la tierra, que gobernaba en su nombre y que ese poder, en consecuencia, era intocable. ¿Cómo habrían de tocar los hombres un poder que había venido de Dios sin insultar a, precisamente, Dios? Así las cosas, el gran despertar del humanismo moderno radica en esta blasfemia. En la blasfemia de gritarles a los reyes:

–Ustedes no tienen origen divino. No gobiernan por delegación de Dios. Los gobiernos deben ser ejercidos por los hombres y elegidos por los hombres.

¿Cómo se llegó a este despertar? La situación concreta de miseria social fue determinante, pero si sobre una situación de miseria no se monta una conciencia social, intelectual, un sistema de ideas o, digamos así, una ideología blasfema, negadora del orden instituido, nada habrá de pasar, por más extremo que el hambre sea. La respuesta de María Antonieta (el sarcasmo hiriente, desaforadamente ofensivo de recomendarles pasteles a los pobres ya que carecían de pan) no habría producido nada si no hubiera caído en medio de la siguiente situación sociocultural:

a) Los reyes no gobiernan por derecho divino.

b) La razón humana puede cambiar y mejorar la historia.

c) Todo cambio implica la superación de las desigualdades entre los hombres.

La conciencia social que leyó como *intolerable* la frase de María Antonieta había sido laboriosamente construida por los intelectuales de la Ilustración. Por los Enciclopedistas. Por hombres como D'Alambert, Rousseau, Voltaire.

Breve nota sobre Voltaire: Voltaire está en las ideas y en la pólvora de la Revolución. El imponente Leopold Mozart, el padre de Wolfang, lo odiaba por saberlo un enemigo del poder real, ese poder ante el que Leopold exhibía a su hijo como un fenómeno circense que producía jugosas ganancias. De Voltaire había dicho: "El sin Dios Voltaire". Gran definición. Voltaire, padre del humanismo, era, en efecto, un hombre sin Dios. No creía en ese Dios que convalidaba el poder de los reyes. No creía en el Dios de Leibniz, quien había abusivamente dicho que vivíamos en *el mejor de los mundos posibles*, ya que Dios, allá, en los orígenes, puesto a crear mundos, había creado, generosamente, el mejor, que era éste, el nuestro. Si existe, en cambio, algo que define a un filósofo que impulsa una revolución, *un despertar ideológico*, es decir que no, que éste no es el mejor de los mundos posibles, que hay otros mejores. Voltaire lo había hecho de un modo brillante y popular en una breve novela que tituló *Cándido o el optimismo*. De este modo, ante las desdichas de la realidad, Cándido osaba preguntar:

–¡Ah! ¿Dónde estás tú, el mejor de los mundos posibles?

La pregunta es blasfema, ya que implica decir que éste no es el mejor de los mundos posibles: si lo fuera, no preguntaríamos dónde está, estaríamos en él, tal como nos lo dicen los ideólogos del poder. (Que siempre dirán, de una y mil maneras, distintas, eso.) Por no ignorar esto, Voltaire introduce un personaje que se ha hecho inmortal. Es un filósofo a quien llama doctor Pangloss. Colorido personaje destinado a justificar todas las calamidades y a pedir unánime resignación ante ellas. Un optimista irredimible. Pero un optimista entregado a *optimizar* lo establecido. Un enemigo de todo despertar. Un opiómano.

Justificando desdichas injustificables, dice Pangloss:

–Todo eso era indispensable; de las desventuras particulares nace el bien general; de modo que cuanto más abundan las desdichas particulares más se difunde el bien.

No obstante, Cándido, sumido en incontables infortunios, dice:

–Si éste es el mejor de los mundos imaginables, ¿cómo serán los otros? (Esta frase tan *actual* de Voltaire no la inventé ni la modifiqué. Se ubica sencillamente en la p. 63 de *Cándido y otros cuentos*, Alianza.)

Por fin, Cándido y Pangloss se encuentran con un derviche. Cándido dice:

–Pero mi reverendo padre, el mal está enseñoreado de la tierra.

El derviche responde:

–¿Qué importa que haya bien o mal? Cuando su Alteza envía un buque a Egipto, ¿le importa saber si los ratones que hay en el buque están bien o mal?

–¿Qué hacer pues? –pregunta Pangloss.

Y el derviche entrega la respuesta que niega, por esencia, todo despertar ideológico, toda rebeldía. Dice:

–Callar.

2. Entre el silencio y la rebeldía

El hombre es negación, es nihilización del ser, de lo fáctico, de lo que es y se presenta como verdadero, justo y bueno por el solo hecho de ser. Todo despertar es negación. Negamos nuestro estado anterior. Ya no dormimos. Ni dormimos ni nos atonta la soñolencia. Dormir es aceptar. Aceptar es someterse. Todo despertar es negación del estado de sometimiento. Acaso estén latiendo en estas frases algunas ideas tempranas de Sartre. De acuerdo.

¿Qué le hubiera dicho Sartre al derviche volteriano?

–No pienso callarme –le habría dicho–. Callar es aceptar. Aceptar es rendirse ante las cosas como son. Es negar lo propio del hombre, que es decir no.

La propuesta del derviche ha tenido ecos suntuosos en la filosofía. Wittgenstein, que es lo *otro* de Sartre, ha escrito en su célebre y celebrado *Tractatus logico-philosophicus*: "El método correcto de la filosofía sería propiamente éste: no decir nada más que lo que se puede decir, o sea, proposiciones de la ciencia natural –o sea, algo que nada tiene que ver con la filosofía–, y, entonces, cuantas veces alguien quisiera decir algo metafísico, probarle que en sus proposiciones no había dado significado a ciertos signos. Este método le resultaría insatisfactorio –no tendría el sentimiento de que le enseñábamos filosofía–, pero sería el único estrictamente correcto" (Alianza, p. 183). Y aquí Wittgenstein, concluyendo el *Tractatus*, dice la frase más conformista de la filosofía. Dice lo que decía el derviche cuando aconsejaba callar acerca de las calamidades del mundo.

–De lo que no se puede hablar hay que callar –dice.

Si el método correcto de la filosofía es "no decir más que lo que se puede decir" y si lo que se puede decir son "proposiciones de la ciencia natural", estamos condenados al silencio. Ocurre que el hambre, el dolor, la injusticia, la muerte, la violencia, el sometimiento, no son "proposiciones de la ciencia natural", sino realidades del mundo en que los hombres, complejamente, están. Sobre ellas dice su palabra el hombre de la rebelión. Cuya condición de posibilidad es negar el silencio, no dormir el sueño de los tontos y los sometidos. Despertar.

Porque es cierto que es imposible demostrar que *está mal* que unos hombres opriman a otros. Que *está mal* que unos tengan todo y otros poco o nada. Que *está mal* que los hombres sufran o pasen hambre. La lógica nada tiene que ver con proposiciones que se dirimen en el campo de la ética y aun de la metafísica. (Si yo digo que Dios no ha otorgado poderes a los reyes estoy en plena metafísica, ya que estoy refutando otra proposición metafísica, la contraria: que los reyes gobiernan por derecho divino.) Pero aquí es donde el hombre de la rebelión advierte que la lógica no le sirve para despertar. Porque todo despertar ideológico es un acto de la imaginación. Tengo que imaginar algo distinto a esto para decidir que esto es intolerable. De aquí que los revolucionarios del Mayo francés sintieran que existía una sola forma de ser realistas: pedir lo imposible. Es decir, lo indemostrable.

3. El despertar es un fantasma temible

El despertar de Mayo del 68 fue pródigo en consignas, se desbordó en graffitis. Todos –o, al menos, los más inteligentes, lúcidos– explicitaban una filosofía de la negación, una filosofía de la conciencia.

Por ejemplo:

No puede haber revolución más que donde hay conciencia.

La obediencia empieza por la conciencia y la conciencia por la desobediencia.

El segundo graffiti –sugiero– dice lo siguiente: hay que someter a la conciencia para imponer la sumisión. Ahí donde la conciencia es adormecida se torna imposible el despertar ideológico. Pero la condición de posibilidad de la conciencia es la desobediencia. La conciencia es conciencia cuando dice que no. Cuando desobedece al derviche y a Wittgenstein: *cuando no calla.* No callar es desobedecer. Cuando uno desobedece el mensaje omnipresente y ensordecedor del poder, accede a la conciencia. Y aquí nos volvemos sobre el primer graffiti: *no puede haber revolución más que donde hay conciencia.* Así, la conciencia –como facultad de des-obedecer, de

negar lo establecido– es siempre el fundamento del acto revolucionario, que aquí, cautelosamente, entenderemos como la
visualización de otro estado de cosas, como la posibilidad de
un futuro que niega un presente que se ha vuelto intolerable.
(Todos sabemos, a esta altura de los tiempos, que las revoluciones suelen implantar nuevas situaciones intolerables,
nuevos estados de opresión e injusticia. No importa. Lo que
importa es afirmar la posibilidad constante del despertar
ideológico. También es despertar oponerse a un régimen
que fue un despertar y se ha traicionado como tal. Acaso le
sea esencial a la historia despertar y oscurecerse para ir en
busca de un nuevo despertar.)

El despertar es siempre amenazante para el poder, para lo
establecido. Si despertar es desobedecer, todo régimen de
obediencia –y los regímenes se instauran para ser obedeci-
dos– buscará impedir la conquista de la vigilia. Para el poder,
el despertar es un fantasma, ya que es, siempre, el fantasma de
las viejas rebeliones, que vienen desde el fondo de la historia
y testimonian por la dignidad del hombre. Si –como propone
Hannah Arendt– el conflicto central de la historia humana es el
de la lucha de la libertad contra la tiranía, la libertad es siempre
la vigilia, la lucidez, la conciencia, el despertar, la asunción,
hoy, de una lucha de siglos contra el embrutecimiento, contra
el silencio, contra la siesta triste y sofocante de los sometidos al
poder. Así, para los reyes de ayer y de hoy, el despertar es un
fantasma temible porque hace suyas todas las luchas, todas las
rebeliones, porque viene para reactualizarlas.

La noción de *fantasma* es clásica en la literatura política
porque con ella inicia Marx el *Manifiesto del Partido Comunista,* que publica en Londres en febrero de 1848. Resulta notable ver cómo Marx describe el temor de la vieja sociedad
ante un despertar que la atemoriza, que recorre Europa y parece incontenible. Escribe: "Un fantasma recorre Europa: el

fantasma del comunismo. Todas las fuerzas de la vieja Europa se han unido en santa cruzada para acosar a ese fantasma: el papa y el zar, Metternich y Guizot, los radicales franceses y los polizontes alemanes". Aquí aparece una relación de hierro: *la contradicción entre la policía y los despertares*. Al defender lo establecido, *el orden imperante*, la policía está contra todo despertar. Más aún: se puede ver que, en un régimen que surgió como despertar y se ha anulado en su busca de la libertad, el abandono de los sueños fundacionales se relaciona con la consolidación de un poder policial. En *Los justos*, dolorosamente, Camus escribe: "Se comienza por querer la justicia y se acaba organizando una policía" (*Obras*, tomo II, Alianza, p. 144). Un texto de Sartre muy significativamente se titula: *El fantasma de Stalin*. O sea, si el comunismo es el fantasma de la vieja Europa, Stalin es el fantasma perenne del comunismo, su posibilidad latente, su fracaso. Así, Stalin como concepto (Stalin como poder policial, como dogmatismo ideológico) es el fantasma temible de todo despertar. Porque la lucha por la libertad ha conducido, con dolorosa frecuencia, a instaurar otro rostro de la tiranía. Sin embargo, hay algo que late en esta proposición y debemos rechazar: la resignación. Aunque la libertad, una y mil veces, haya concluido por reinstalar la tiranía, su lucha jamás debe ser abandonada.

4. Hitler: el despertar de la tiranía

La palabra *despertar* fue intensamente utilizada por el nazismo. No es casual: el nazismo se presenta como una revolución y como una reparación, la del orgullo alemán. Hitler trabaja sobre resentimientos y frustraciones de los alemanes. ¿Cuál será el despertar? El del pueblo y el de la nación alemana. Un pueblo que despierta lo hace para constituir una nación. Una nación despierta que ha accedido a la vigilia de manos de un líder que la representa. De este modo, el pueblo y el líder, juntos, surgen para abrir el horizonte de la patria.

En resumen, el nacionalsocialismo –en manos de Hitler y su ministro de Propaganda, Goebbels– puede entenderse así:

El despertar como reparación: vengar las humillaciones de la Primera Guerra Mundial expresadas en el Tratado de Versalles.

El despertar como raza: sólo los arios serán los sujetos de la nueva vigilia.

El despertar como odio: el judío es el enemigo de la patria, despertar es aborrecerlo, despertar es expulsarlo. Son los culpables de la derrota de la nación, son quienes la han explotado, son parásitos. Un parásito vive de la savia sana del pueblo, lo debilita y, al debilitarlo, impide su despertar.

El despertar como guerra y conquista: una vez que la nación y el pueblo han despertado en busca de mil años de unidad y poder, deben imponer sus valores (los valores de su despertar) al resto del mundo. Deben someterlo para asegurarse que su despertar no ha sido vano, que la patria no volverá a ser humillada como en el pasado. Aquí se abre el espacio de la conquista. La conquista como sometimiento. La conquista lleva a la guerra y la guerra implica el desarrollo de la industria de armamentos. Así, el gran capitalismo alemán también "despierta", pues por medio de Hitler, por medio del despertar nacional socialista, realiza sus mejores negocios: el despertar coincide con los intereses de la Krupp y, a la vez, los requiere. El despertar, entendido como guerra y como conquista, reclama el sofocamiento de otros pueblos, cuyos despertares (o, por decirlo así, sus ideologías, costumbres, hábitos) se diferencian del despertar nazi, siendo, por lo tanto, execrables y pasibles de extrema dominación. El nazismo despierta para esclavizar a los otros.

El despertar como exterminio: en el extremo más aberrante del despertar de la tiranía está, siempre, la exterminación de lo distinto. Digámoslo así: al final de la tiranía siempre está la muerte. Dachau y Auschwitz son el símbolo de la meta final de los tiranos: matar a los otros. El judío –convertido por los nazis no sólo en lo otro, sino en la negación de la patria y en la culpa de todas sus dolencias del pasado– será el habitante de los territorios de la muerte.

5. Stalin y la muerte de los sueños

El despertar del comunismo soviético se postula para la igualdad de los hombres, para suprimir todas las injusticias, para pasar del estado de necesidad al estado de libertad, para abolir toda forma de explotación. ¿Por qué el despertar de octubre culmina en la pesadilla staliniana?

El peligro de toda revolución es instituir otro rostro de la injusticia, es degenerar en su contrario. Es cierto que ésta es la dialéctica de la vida: lo que nace, nace para negarse, para devenir su contrario, morir y recuperarse en una nueva forma, acaso superior. Esto es muy hegeliano y el marxismo lo es. Sin embargo, la síntesis final con que soñaba Marx no implicaba la pesadilla stalinista. *Pero la contenía*. Hay un espléndido libro de Maurice Merleau-Ponty que se llama *Humanismo y terror*. Está escrito cuando las certezas de las atrocidades stalinistas eran tempranas y apenas se comenzaba a pensar sobre ellas. Merleau-Ponty escribe: "La tarea esencial del marxismo será pues buscar una violencia que se supere en el sentido del porvenir humano". O sea, hay *una* violencia que se justifica y es la que puede superarse a sí misma y llevar a los hombres a su humanización, a construir una sociedad más justa. Desde Robespierre y Saint-Just hasta, digamos, Ernesto Guevara, todo revolucionario ha incurrido en una justificación de la violencia si esta violencia se pone al servicio de la libertad de los hombres. Pero la violencia del marxismo le añade algo a la violencia jacobina: *el proletariado*. "Marx –escribe

Merleau-Ponty– cree haberla encontrado en la violencia proletaria, es decir, en el poder de esta clase de hombres que (...)
son capaces de reconocerse los unos a los otros más allá de
todas sus particularidades y crear una humanidad. La astucia, la mentira, la sangre derramada, la dictadura, se justifican
si hacen posible el poder del proletariado, y en esa medida
solamente". *Stalin es el símbolo de este fracaso*. La dictadura
no hace posible el poder del proletariado –es decir, de la mayoría desposeída–, sino el poder de los dictadores. La dialéctica entre dictadura y libertad nunca fue superada por la
teoría política marxista y su irresolución es parte de las desdichas del siglo xx.

La dictadura no es el camino a la libertad. La tiranía no se
supera desde la tiranía. La dictadura surge para consolidarse a sí misma. Cierra los caminos, no los abre. La ideología se
torna dogma. La organización de masas se torna burocracia.
El liderazgo se torna jefatura, se transforma en culto a la personalidad. Asistimos, así, al impecable y trágico pasaje del
despertar a la pesadilla. Se es lo que se quería no ser. ¿Qué
fue lo que posibilitó este *pasaje*? Interpretando textos políticos de Marx (y también de Engels), Merleau-Ponty escribía
que la astucia, la mentira, la sangre derramada y la dictadura
se justificaban si contribuían a la liberación del proletariado.
Pero no: *no se justifican nunca*. Hay aquí una reformulación
de la dialéctica de medios y fines impuesta por las lecciones
históricas del siglo xx. *Un medio malo nunca conduce a un
fin bueno*. No es posible esclavizar a los hombres para libe-
rarlos después.

Un texto de Friedrich Engels, publicado en 1874, se ha
convertido en un clásico teórico del autoritarismo. Engels
discute con los socialistas antiautoritarios, quienes piden que
–una vez triunfante la revolución social que todos anhelan–
sea abolido el Estado.

Escribe Engels: "Los antiautoritarios exigen que el Estado político autoritario sea abolido de un plumazo, aun antes de haber sido destruidas las condiciones sociales que lo hicieron nacer. Exigen que el primer acto de la revolución social sea la abolición de la autoridad". Y formula una pregunta decisiva: "¿No han visto nunca una revolución estos señores?".

Cabe, aquí, preguntar qué es una revolución (lo que venimos llamando un *despertar ideológico*) y Engels tiene una respuesta: "Una revolución es, indudablemente, la cosa más autoritaria que existe; es el medio por el cual una parte de la población impone su voluntad a la otra parte por medio de fusiles, bayonetas y cañones, medios autoritarios si los hay; y el partido victorioso, si no quiere haber luchado en vano, tiene que mantener este dominio por el terror que sus armas inspiran a los reaccionarios". De aquí el formidable título del formidable libro de Merleau-Ponty, *Humanismo y terror*. El despertar se realiza para liberar a los hombres, para establecer entre ellos relaciones más humanas, para humanizar la historia. *Pero el despertar –al utilizar al terror como medio– conduce al terror como fin.*

6. El despertar del capitalismo de mercado y la historia como frustración

Montándose sobre el fracaso de los llamados *socialismos reales* (fracaso debido a una mala resolución de la dialéctica entre medios y fines), el neoliberalismo despierta jubilosamente a partir de la célebre y paradigmática caída del Muro de Berlín. Sin embargo, a esta altura de los tiempos, el panorama es desolador. El mercado no es para todos. Ha despertado para pocos. Es una ideología restrictiva. Un sueño de la exclusión y el desamparo. La libertad es sólo la libertad del capital financiero. Un capital que planea por sobre las naciones

–cuya desaparición, que implica la desaparición del Estado-nación, del Estado de Bienestar y de las identidades nacionales– festeja como un signo del progreso.

El tema que la historia nos plantea en este momento es el del fracaso. Todo despertar parece haber surgido para instaurar una forma del fracaso. *De este modo, el fracaso pareciera ser el ser de la historia.* La Revolución Francesa llevó al terror jacobino y a Napoleón. La Revolución Rusa llevó a Stalin y al Gulag. La sociedad de mercado lleva a la extrema pobreza, a la exclusión y la marginalidad de la mayoría de la población mundial.

Seré, aquí, si se me permite, un poco anecdótico y autorreferencial. Casi al comienzo del último año de la dictadura argentina (cuya pesadilla se había cobrado treinta mil vidas) publiqué una nota en la revista *Superhumor* (que no era una revista de humor, o no sólo eso, sino un mensuario político que enfrentaba al declinante pero siempre temible terror militar) y esa nota hablaba de un tema insoslayable en esos días, el del escepticismo. Muchos pensaban que el terror retrocedía, que acaso se fuera, pero que inexorablemente –de una forma u otra– habría de volver. Porque el ser de la historia era el fracaso. Un par de años después recogí esa nota en un libro y al libro le puse su título: *El mito del eterno fracaso.* Recordemos los tiempos: comenzaba nuestra democracia, había que luchar contra los profetas del fracaso. Empezaba el "despertar democrático" en la Argentina.

Cito: "Estos largos años de desdichas argentinas han engendrado a un personaje casi previsible: *el escéptico.* Al modo de los sofistas presocráticos, también él se considera un *maestro de sabiduría,* y no es infrecuente que lo proclame. Se las sabe todas –dice– y ya nada ni nadie conseguirá su adhesión, y menos aún su entusiasmo. Ante un auditorio absorto y seducido –ya que nada seduce tanto como el fracaso, pues nos libera de culpas, responsabilidades y esfuerzos–, expone una concepción cíclica de la historia en la que cada fracaso es consecuencia de uno anterior y prefigura el que vendrá". Cito este texto porque es, precisamente, de mayo de 1983, cuando el despertar de la democracia comenzaba a dibujarse en el horizonte. Hoy, ese escéptico de 1983, dirá:

–El terror volvió. Yo lo dije. Dije que habría de volver de una forma u otra. Volvió de otra, pero volvió. Ya no es el terror de la espada militar. Pero es el terror del hambre, de la exclusión, de la desocupación, de la inseguridad, de la violencia delictiva. ¿O no es *este* terror el terror de hoy?

El escéptico insistirá:

–El ser de la historia es el fracaso. Así como el terror militar expresó el fracaso de las luchas sociales y revolucionarias de la década del setenta, el terror de hoy expresa el fracaso de la democracia.

Vuelvo al lejano texto de 1983. Se encrespaba hacia el final. Era duro con los escépticos y los profetas del fracaso porque apostaba a la esperanza (una esperanza que esa alborada de la democracia argentina tornaba posible y necesaria) y decía: "Aquí, si queremos, para fracasados servimos todos. Los jóvenes, los viejos, los que se quedaron y los que se fueron. Los jóvenes porque son jóvenes, porque se criaron bajo el Proceso, despolitizados, desmovilizados, contando con el rock como módica expresión de identidad. Los viejos porque son viejos y entonces, claro, ya nada pueden. Los que se quedaron porque el miedo los paralizó. Los que se fueron porque perdieron el país. Todos, es cierto, fracasamos. Pero, sin duda, hubo muchos que fracasaron más: los que murieron. Será por ellos, entonces, y también por nosotros, que habrá que seguir. Que habrá que creer. *Que habrá que edificar, por ejemplo, una sociedad donde todas y cada una de esas muertes sean imposibles*" (*El mito del eterno fracaso*, Legasa, p. 112).

La pregunta es: ¿la hemos creado? ¿Hemos creado una sociedad que respeta la vida, una sociedad cuya estructura se organiza para impedir la frustración y la muerte? Llevamos dieciséis años de democracia. Si la respuesta es negativa, la cuestión es grave. Porque todo despertar ideológico nace para morir alguna vez, pero no necesariamente para transformarse en su contracara, en su pesadilla. Sino para que *otro despertar* lo reemplace. Si nuestros días presentes transcurren en la modalidad de la tristeza, es porque sentimos que ese reemplazo *–que no es imposible, ya que no hay leyes ni condenas en la historia–*, hoy, todavía, se ve lejos.[37]

---

37 Acaso luego de los sucesos populares de diciembre del 2001 y del verano del 2002 muchos vean cercano ese despertar o crean que ya se ha producido. Es posible. Las cosas que vienen ocurriendo en nuestro país se parecen mucho a un "despertar". Del modo que sea, hay que seguir trabajando fuertemente porque "despertar", en la historia como en la vida, es despertar todos los días. Volveremos sobre estos temas en las *Conclusiones*.

Séptima parte

Después de las Torres Gemelas

El aprendiz de hechicero

Por no abrumar y posiblemente aterrar a los lectores de estas líneas con los informes de las organizaciones que se ocupan de la –digamos– buena salud de este planeta ahorraremos la abrumadora cantidad de datos escalofriantes sobre el vertiginoso deterioro de esa salud.[38] Por decirlo de una sola vez: este planeta está siendo destruido. No es nuevo, no es de ayer, es una larga historia que se acentúa durante los tiempos que corren en la medida en que se acentúan los medios destructivos que el destructor posee. ¿Quién es el destructor? No son pocos quienes lo han señalado. Acaso uno de los temas centrales de la filosofía del último siglo haya sido ése: la racionalidad instrumental se apodera del objeto, lo "instrumenta", lo somete y lo destruye. Así, el ataque a la razón se ha centrado en sus características apocalípticas. Una de las frases más usadas fue la de Goya, que tiene la expresividad absoluta que un artista podía entregarle: "El sueño de la razón produce monstruos". No

---

38 Este texto fue escrito cuatro días antes del atentado a las Torres Gemelas. Su frase final dice: "el abismo se acerca a nuestros hogares" y expresa la sensación de catástrofe globalizada que se adueñó de todos a partir del 11 de septiembre. Y también cómo esa catástrofe se esperaba, se sentía venir. De aquí que inicie con él esta *séptima parte*.

obstante, hay alguien que ubica esa "razón" en el campo de una clase social determinada. Lo han hecho, desde ya, Adorno y Horkheimer en la célebre *Dialéctica del Iluminismo*. Pero –conjeturo– quien ha unido con mayor fuerza conceptual el poder destructivo de la razón con el poder destructivo de la clase "instrumental" por excelencia ha sido Marx en el *Manifiesto comunista*. Nadie, como él, describió (exaltada, admirativamente) el poder destructivo de la burguesía. El tema fue abordado en un libro de Marshall Berman, *Todo lo sólido se desvanece en el aire. La experiencia de la modernidad*. Berman describe con acierto la fascinación que la negatividad destructora de la burguesía ejercía sobre Marx, un dialéctico al fin, que no podía sino ver en la "destrucción" un momento del desarrollo de la historia, más aún si, como pensaba, la violencia era su "partera" (*El capital*, tomo I, cap. XXIV). Así, Marx ve en la burguesía "la clase dominante más violentamente destructiva de la historia" (Berman, Siglo XXI, 1989, p. 97). Y Berman ve en ese dibujo que Marx hace de la burguesía no sólo al Fausto de Goethe, sino al Frankenstein de Mary Shelley. Y escribe: "Estas figuras míticas, que luchan por expandir los poderes humanos mediante la ciencia y la racionalidad, desencadenan fuerzas demoníacas que irrumpen irracionalmente, fuera del control humano, con horribles resultados" (Berman, p. 98). Y añade: "Esta visión de Marx hace que el abismo se aproxime a nuestros hogares".

Es notablemente preciso que Berman evoque a Goethe y a Mary Shelley a propósito del *Manifiesto*. Sin embargo, y sin salir de Goethe ni de lo fáustico, convocaremos aquí a otro personaje en el que se ha encarnado el espíritu demoníaco de la burguesía: el ratón Mickey. Y no porque estemos otra vez en los setenta y hayamos releído *Para leer el Pato Donald*. El tema es otro. Mickey, en nuestra interpretación, apoya una lectura crítica de la destructividad burguesa. La corporación

Disney elaboró una historia en la que sólo podía leerse (o, digamos, en la que sobre todo podía leerse) una metáfora de la razón instrumental capitalista y su poder destructivo. La frase de Marx, que condujo a Berman a Fausto y a Frankenstein y me conduce a mí a Mickey Mouse, es la siguiente: "Las relaciones burguesas de producción y de cambio, las relaciones burguesas de propiedad, toda esa sociedad burguesa que ha hecho surgir tan potentes medios de producción y de cambio se asemeja al mago que ya no es capaz de dominar las potencias infernales que ha desencadenado con sus conjuros". Y si en el siglo XIX esos magos de la destrucción fueron los doctores Fausto y Frankenstein, en el siglo XX lo fue un simpático ratoncito, metido en un largo de dibujos animados, un largo ambicioso, lleno de música y pretensiones y desbordes kitsch, que se llamó *Fantasía* y que todos vimos de niños o de grandes cuando llevamos a nuestros niños. El fragmento que protagonizaba Mickey era "El aprendiz de hechicero" y –cómo no confesarlo– a mí me llenaba de pavor. Ahí, como nunca, vi en acción a ese mago de Marx, "al mago que ya no es capaz de dominar las potencias infernales que ha desencadenado con sus conjuros".

"El aprendiz de hechicero" iba a ser un corto, un dibujito más de Mickey que se proyectaría junto a otros, pongamos, de Donald o Pluto. Pero la gente de Disney temió que *Fantasía* fuera demasiado abstracta, demasiado intelectual y ahuyentara al público. ¿Qué mayor seguridad de éxito que poner al buen Mickey en la película?[39] Así lo hicieron y el fragmento

---

39 Tanto confían los de Disney en la eficacia de "El aprendiz...", que también lo metieron en la segunda parte de *Fantasía*, que se llamó *Fantasía 2000* y era notoriamente inferior, siendo su mejor fragmento una recreación de la *Rhapsody in blue* gershwiniana basada en la estética de los geniales dibujos de Hirshfeld.

de Mickey es absolutamente el más brillante y profundo del film. Y no es casual. "El aprendiz" encuentra sus raíces en el autor del *Fausto*. No le falta linaje. Goethe, basándose en una leyenda popular, escribió una balada que se llamó *Der Zauberlehrling* y un músico francés hizo con esa balada la más célebre de sus composiciones, que no fueron muchas, ya que era, Paul Dukas, duramente autocrítico y dio poco a conocer de lo que compuso. Como sea, el poema sinfónico de Dukas, *L'Apprenti sorcier*, es una joya de expresiva instrumentación, con un tema central que puede transitar tanto lo alegre como lo pesadillesco. En Estados Unidos se estrenó el 14 de enero de 1899 y desde ahí transitó exitosamente hasta encontrarse, para la eternidad, con el ratón Mickey en 1940, fecha en que *Fantasía* adviene al mundo.

La cosa es así: vemos a un venerable Mago, algo temible, algo oscuro, pero sabio, un hombre en posesión de sus poderes y capaz de controlarlos. Luce un gran gorro con dibujos de lunas y estrellas y mueve sus manos de dedos largos y largas uñas y hace surgir una figura que primero pareciera un vampiro pero luego deviene una bellísima, gigante mariposa. Entre tanto, ahí está Mickey, el aprendiz. Su tarea consiste en llevar, en dos baldes, el agua de una fuente inagotable hacia un gran piletón que hay en la casa del Mago. Se detiene, se pasa la mano por la frente, se ve cansado. No obstante, continúa. De pronto el Mago bosteza y adivinamos que habrá de irse en busca de reposo. Así lo hace. Deja el gorro sobre la mesa y se va subiendo una alta escalera de piedra. Mickey se acerca al gorro y lo ve destellar. Se lo pone. Ahora, es otro. Empieza a sentirse poderoso, capaz de convocar prodigios. Lo primero que piensa –como todo buen capitalista– es buscarse alguien que trabaje para él. Hay, ahí, una escoba. Mickey hace pases mágicos con sus manos y la escoba cobra vida, le salen dos brazos y con esos brazos agarra los baldes de Mickey y empieza a hacer su tarea: trasladar agua de la fuente al piletón de la casa. Mickey, feliz. Se desplaza bailoteando delante de la escoba y la dirige con sus manos prodigiosas. He aquí, entonces, al mago burgués instrumentando a la naturaleza en su beneficio. La escoba es una infatigable trabajadora. Es, también, obstinada y ciega. Sabemos, desde el comienzo, que ella no habrá de detenerse a menos que Mickey se lo ordene, y sospechamos que si Mickey no consigue ordenárselo el caos es un horizonte inevitable. Nuestro ratoncito se deja caer sobre una silla y –sin dejar de mover sus manos– se duerme y sueña los sueños de la razón, es decir, sueña sueños monstruosos: se ve a sí mismo sobre una montaña dirigiendo los elementos terrenales y celestiales. Hunde estrellas y meteoros en el mar, el mar se embravece y se desborda incontenible. Mickey despierta. La que se ha desbordado es la escoba, pues no se ha detenido y ahora el agua inunda la casa. Mickey hace otra vez sus pases mágicos, pero inútilmente: nada detiene a la escoba. Así, en un acto de abierta brutalidad, el ratoncito agarra un hacha y destroza la escoba en mil pedazos. Ahora sí, se tranquiliza: el mago burgués ha dominado la instrumentalidad técnica. Pero no: de cada fragmento de la escoba nace una nueva escoba. (Este fragmento del *cartoon* es terrorífico: aterroriza tanto hoy como nos aterrorizara de niños.) A cada una de las nuevas, innumerables escobas les salen brazos y ellas, las escobas, siguen cargando de agua los baldes y los llevan hacia la casa. Ahora nada puede impedir el caos. "El mago (dice Marx) ya no es capaz de dominar las potencias infernales que ha desencadenado con sus conjuros". Y el ratón Mickey dice que sí, que el maestro del socialismo tiene razón. De este modo, Marx y Mickey, curiosa pareja, dicen lo mismo, lo que todos sabemos: que el abismo se acerca a nuestros hogares.

El Mago y sus conjuros

Torpemente, con la escasa sutileza teórica de los ideólogos de la derecha, Jean-François Revel ha intentado demostrar la "inocencia" esencial de Estados Unidos ante la gran respuesta bélica que se prepara a infligir a sus agresores terroristas. Los argumentos son del siguiente tipo: ¿acaso invadió Estados Unidos Kuwait? No, luego que no se le reproche nada de la Guerra del Golfo. ¿Acaso bombardeó Estados Unidos Pearl Harbor? No, luego que nadie le reproche las bombas sobre Hiroshima y Nagasaki. Con la misma lógica se podría decir: ¿acaso inventó Hitler a los judíos? No, ergo que nadie diga nada sobre Auschwitz. ¿Acaso inventó Videla a la "subversión"? No, ergo que nadie le señale el terrorismo de Estado. Estados Unidos no es inocente. Las Torres Gemelas han caído por el terrorismo demencial de la extrema derecha musulmana. Pero (entre muchas otras y complejas causas) la extrema derecha musulmana ha crecido bajo el apoyo de Estados Unidos. Se me podrá decir que utilizo, dándolo vuelta, el esquema argumentativo de Revel. ¿Acaso inventó Osama bin Laden a los Estados Unidos? No, luego que nadie le reproche destruirlo. No es así: nosotros sí le reprochamos a Osama su irracionalidad destructiva. No hablamos ni hablaremos de las responsabilidades de Estados Unidos para justificar a Bin Laden. Antes que decir, como se dice, "se la buscaron", habría que decir, sin vueltas, "lo crearon". Osama bin Laden es un eslabón más en la carrera destructiva de Occidente por destruir este planeta. Es la cara extrema de la destructividad del tecnocapitalismo que –ahora, trágicamente– ha engendrado a uno de sus monstruos más letales.

A raíz de haber escrito días antes del atentado a las Torres Gemelas un texto sobre la destrucción y el abismo, algunos amigos me preguntaron si pretendía ser Nostradamus. No, Nostradamus fue un embustero irredento. Mi análisis (según acabamos de ver) se basaba en Marx, Marshall Berman y Cornelius Castoriadis. Marx, en esa glorificación de la capacidad revolucionaria de la burguesía que traza en el *Manifiesto*, decía que esa clase, por medio del "sometimiento de las fuerzas de la naturaleza", había hecho surgir "tan potentes medios de producción y de cambio" que (ahora) se asemejaba "al mago que ya no es capaz de dominar las potencias infernales que ha desencadenado con sus conjuros". Berman, siguiendo al autor del *Manifiesto*, señalaba que la burguesía era la clase más destructiva de la historia y que sería capaz de destruir el planeta con tal de no amenguar sus ganancias. Irrumpe, aquí, Mickey Mouse, quien le arrebata al Mago al que sirve el bonete mágico y (aprovechando que el viejo sabio se va a dormir) empieza a desatar conjuros. Se sabe: las escobas trabajan para él. Se sabe: Mickey no puede controlarlas y se produce ese desmadre fenomenal que prefigura el estado actual del mundo. Pero, en *Fantasía* (y aquí entramos en la segunda etapa de este análisis), todavía existe el viejo y sabio Mago que reaparece y reinstala el orden, la sensata racionalidad que impide la destrucción. En Marx también existía esa fuerza que ordenaría el caos del mago burgués. Es el proletariado. Es el comunismo, el *fantasma* que recorría Europa. Hagamos un pequeño psicoanálisis del *Manifiesto* y utilicemos el término "fantasma". Si el "fantasma" es algo así como un *guión visual*, como, digamos, la dramatización de un deseo inconsciente que uno fantasmiza para controlar, este *fantasma comunista* expresaría un deseo inconsciente de la burguesía: *que alguien detenga su poder destructor*. Hay un gran *plot* policial sobre esto: un hombre adinerado, poderoso, contrata a un *killer* y le paga para que mate a un individuo que "estará hoy a las tres de la mañana" en la esquina de (tal) calle. El *killer* le pregunta por qué quiere matarlo. El hombre le dice: "Porque es un asesino serial. Un asesino compulsivo. Y hay que detenerlo". Esa noche, a las tres de la mañana, en la esquina indicada, el *killer* ve a su víctima en el exacto lugar que se le indicara y le dispara a quemarropa. La víctima cae. El *killer* le echa una mirada y reconoce a su empleador. El tipo, moribundo, le da las gracias. "Alguien tenía que detenerme", dice. Así, el *killer* es el fantasma del empleador-asesino, quien recurrió a él porque no podía detenerse por sí mismo: organizó ese guión visual para frenar su deseo inconsciente y aquietarse. ¿No juega el Mago, en el relato de "El aprendiz de hechicero", este papel? ¿Qué haría Mickey sin el Mago? ¿No es el Mago una creación de su aterrorizado inconsciente que sabe que su deseo es irrefrenable y habrá de destruirlo? De este modo, el *relato fantasmático* calma el terror a la destructividad de nuestros deseos inconscientes. La burguesía (aterrorizada por su propio poder) "desea" que el fantasma comunista detenga su compulsión destructiva. También el proletariado redentor tranquiliza al propio Marx: ¡qué tranquilizador era pensar que el proletariado encauzaría el mundo! Hoy no tenemos esa certeza. El proletariado no ha frenado el impulso destructor de la burguesía, sino que ese impulso ha destruido, incluso, al proletariado, o, al menos, lo ha debilitado extremadamente. Todo ha sido como si en el relato policial el asesino compulsivo hubiera aniquilado al *killer* que esperaba lo contuviera: ya nada lo contiene ahora.

En esto estábamos *antes* de la grosería de las Torres Gemelas (el terrorismo es esencialmente grosero, frontal, obscenamente descomedido). Estados Unidos se había retirado del Protocolo de Kyoto: prefería la rentabilidad de sus industrias a la protección del planeta. Castoriadis escribía que los "expertos" del Fondo Monetario Internacional seguían "añadiendo clavos a la tumba de los países pobres". Y también (luego de hablar de "la destrucción de las selvas tropicales y de las especies animales") notablemente escribía: "El hombre es más bien como un niño dentro de una casa de paredes de chocolate a las que ha empezado a comer, sin comprender que pronto el resto de su casa se derrumbará sobre su cabeza". Y también: "[olvidamos] que somos los inverosímiles beneficiarios de una improbable y muy estrecha franja de condiciones físicas que posibilitan la vida en un planeta excepcional que estamos destruyendo" (Cornelius Castoriadis, *Figuras de lo pensable*, FCE, 2001).

Así, Bin Laden no es, como lo pretende Samuel Huntington, lo Otro de Occidente, sino una de sus creaciones más demoníacas: acaso la fuerza más destructora que ha creado la burguesía contra sí misma. El Imperio no sólo destruye el planeta con sus industrias, también con los monstruos que genera su estrategia económico-militar. "Durante los quince años que mediaron entre 1980 y 1995 (escribe Huntington), los Estados Unidos llevaron a cabo diecisiete operaciones militares en Oriente Próximo y Oriente Medio, *todas ellas dirigidas contra musulmanes*. No se ha producido ninguna otra pauta comparable de operaciones militares estadounidenses contra el pueblo de cualquier otra civilización" (*El choque de civilizaciones*, Paidós, p. 259). Recordemos una película de 1977. Se llamó *Domingo negro* y narraba el atentado al Orange Bowl de Miami (lleno de seres humanos, blancos todos del terrorismo) por la organización *Septiembre Negro*. El FBI lograba impedir el magnicidio: *todavía ocurría así*. Pero había un diálogo notable entre una militante terrorista de nombre Dahlia (Marthe Keller) y un agente del FBI (Fritz Weaver). El hombre del Bureau le reprocha con dureza su práctica terrorista. Dahlia, inesperadamente, dice: "Yo no soy una terrorista". El del FBI la mira entre el asombro y la incredulidad. Dahlia, entonces, añade: "Cuando era niña bombardeáron mi aldea. Mataron niños, aniquilaron escuelas. Mataron a mis dos hermanos. A uno lo torturaron. Se llevaron y se llevan el petróleo de mi país". Se detiene. Y luego, serena, con total certeza, dice: "No soy una terrorista. Ustedes me hicieron". ¿Cuántos nuevos terroristas hará la guerra de Bush?

Huntington, el nuevo Fukuyama

Durante los días que corren todos buscan un libro que no está en ningún lado. Tiene el atractivo de –aparentemente– poseer y entregar a quien lo lea las claves de la historia–catástrofe que estamos viviendo. Lo escribió un profesor de Harvard, un hombre que, entre otras cosas, fue miembro del Consejo de Seguridad Nacional de la Casa Blanca entre 1977 y 1978, años en que la Seguridad Nacional se aplicaba del modo más despiadado en países como la Argentina y Chile. Si Huntington hizo algo para atenuar ese horror desde el sitio estratégico en que estaba es algo que jamás sabremos, lo que sí sabemos es que estando ahí no podía ignorarlo.

Al modo de Fukuyama, Huntington (en 1993) salta a la celebridad con un folleto de honda fiereza ideológica: "¿The Clash of Civilizations?". El de Fukuyama, de 1989, había sido, según se sabe, el que postulaba un fin para la Historia. El de Huntington, por el contrario, viene a reinstaurar la idea de "conflicto", pero no ya entre clases sociales, entre ricos y pobres, entre países centrales y periféricos, sino entre "civilizaciones". Y dibuja –no sin cierto aire entre conspirativo y paranoico– un enemigo tenaz y despiadado para el Occidente democrático: el Islam (que Huntington escribe con minúscula). No el fundamentalismo islámico, el Islam, sin vueltas, en totalidad. Así, el nuevo conflicto de la Historia, el que la hace seguir en funcionamiento, es este "choque" que se produce entre ambas civilizaciones. Unánimemente atribuido el atentado a las Torres Gemelas al demonizado Islam, a nadie sorprenderá que el libro de Huntington se haya súbitamente tornado en la aparente llave para entender una Historia que transita los caminos de la irracionalidad y la destrucción. Ahí, en esas torres en llamas, se cumplía la profecía paranoica de este ex miembro del Consejo de Seguridad Nacional del Imperio. Al cumplirse se eliminaba su condición de paranoide: la amenaza se ha vuelto real y quien la profetizó, lejos de ser un halcón poseído por visiones apocalípticas, se ha revelado un sabio de la Historia y sus secretos.

En verdad, Huntington no es sino el continuador de Fukuyama, otro buen funcionario del generoso país que los financia. No son pensadores, son hábiles ideólogos entregados a la tarea de fundamentar los conflictos (o la ausencia de ellos a causa del triunfo definitivo, en el caso de Fukuyama) de una administración, de un proyecto político que respaldan en la modalidad del cuasi sometimiento. De aquí también la certeza, la univocidad de sus juicios que consiguen arrastrar a muchos, a veces a todos, a la aceptación o el rechazo, instalando una temática que la agenda política del "Occidente democrático" quiere instalar. Así las cosas, Fukuyama y Huntington representan dos momentos de la Historia y la cobertura ideológica de ellos. Caído el Muro de Berlín era necesario que alguien apareciera para decir que ese hecho tenía la misma trascendencia que el triunfo de Napoleón y de los principios liberales y humanistas de la Revolución Francesa en la batalla de Jena. Recuerdo a un periodista de ideas que, extasiado, en esos luminosos días de 1989, dijo mirando a cámara: "La caída del Muro de Berlín es la toma de la Bastilla de nuestro tiempo". (Era el filósofo comunicacional Mariano Grondona, desde luego.) Fukuyama fue más definitivo: la toma de la Bastilla fue un símbolo pero no una consolidación. La batalla de Jena fue, sí, el triunfo definitivo de los valores de la libertad. Sobre todo (y aquí Fukuyama se apoyaba en otro implacable sepulturero de la Historia) porque así lo había dicho Hegel. Cierto que Hegel cambió este punto de vista. Porque se volvió viejo y reaccionario y vio (en tanto funcionario del Estado prusiano) el fin de la Historia en la consolidación de ese Estado que le permitía ser rector de la Universidad de Berlín. Como sea, fue nada menos que Hegel quien lanzó (durante los días en que escribía la *Fenomenología del espíritu*) esa idea de una Historia que terminaba en uno de sus momentos. Para el joven Hegel, ese momento era la batalla de Jena y su individuo histórico universal era Napoleón Bonaparte, el Espíritu Absoluto a caballo. Años después, Engels, en un formidable texto, *Ludwig Feuerbach y el fin de la filosofía clásica alemana*, señalaría, en Hegel, una oposición entre política y método. No podía ser Hegel, quien había pensado la Historia como conflicto dialéctico permanente, el que la detuviera. Y si lo había hecho la explicación estaba en la política: el viejo Hegel quería terminar (congelar) la Historia porque la misma había llegado a un momento en que él (como político) deseaba congelarla. Lo mismo ocurrió con Fukuyama.

El esquema de Fukuyama es muy simple, de aquí su efectividad: una vez terminada la bipolaridad de la Guerra Fría, una vez derrotado el comunismo, las democracias liberales quedaban dueñas de la Historia. Asistíamos a una no-Historia, a una Historia sin conflicto, al fin de la Historia. Seguirían ocurriendo "hechos", los diarios no dejarían de publicar "sucesos", pero la modalidad de la Historia permanecería instaurada para siempre: el Occidente capitalista y democrático había triunfado. "Y con cierta tristeza concluía: todo será bastante aburrido", según lo cita Huntington, quien se burla un poco de él y también de un rector de Harvard que se negó a nombrar un profesor de estudios sobre seguridad porque: "¡Aleluya! Ya no estudiamos la guerra porque ya no hay guerras!". Bien, no es así: Huntington llega para reemplazar a Fukuyama y para decir que sí, que hay y habrá guerras y que habrá, por consiguiente, Historia, una Historia tramada por el choque entre civilizaciones, o, más precisamente, el choque entre dos civilizaciones: Occidente y el Islam.

Me permito insistir en el reemplazo de Fukuyama por Huntington. El primero fue el propagandista de una batalla ganada, a la que intentó exhibir como definitiva. El segundo advierte que el Imperio tiene un nuevo y altamente agresivo frente de conflicto y viene a instalar a esa vieja motorizadora de la Historia, la guerra. Hay que volver a pelear. Dice cosas torpes y hasta crueles. Que ya no habrá conflictos entre países pobres y países ricos. Porque "en Asia y Latinoamérica el desarrollo económico está desdibujando la dicotomía simple de adinerados e indigentes". Analicemos: niega la posibilidad de conflictos entre países pobres y países ricos porque exige que "todo" Occidente sea un bloque. (Lo está pidiendo hoy Bush cuando dice "con nosotros o contra nosotros". Lo está aceptando, en otra de las tantas modalidades menemistas de su gestión, el mínimo De la Rúa cuando ofrece nuestra "colaboración" en la cruzada punitiva.) Para negar los conflictos entre pobres y ricos Huntington apela a un grosero argumento propagandístico: que los países pobres (¡Asia y Latinoamérica!) viven un proceso de "desarrollo económico" y que este proceso desdibujará la dicotomía adinerados-indigentes. La falsedad es irritante, lo es para nosotros que vivimos en un país estridentemente pobre en que (como en tantísimos países pobres) los niños se mueren de hambre y donde no vemos la más mínima posibilidad de "desarrollo económico" ni menos aún vemos el desdibujamiento entre adinerados e indigentes, ya que los adinerados pertenecen a la cultura política del capitalismo y jamás entenderán que la única manera de evitar o atenuar los conflictos es redistribuir la riqueza. No, para eludir esa posibilidad está Huntington: ahora los conflictos no son económicos sino civilizatorios. Si Fukuyama anulaba la Historia anulando la idea de conflicto, Huntington la anula cohesionando a "todo" Occidente en una guerra santa. Desplaza el conflicto: Occidente contra el Islam. Al hacerlo elimina el conflicto en Occidente. Ya hay pobres ni ricos, ya no hay culturas diferentes, identidades diferentes. Somos todos occidentales y estamos en guerra contra el Islam. Y si no, somos terroristas, tan terroristas como los fanáticos que derrumbaron las Torres Gemelas. Videla y nuestros militares, lo mismo: uno estaba con ellos o contra ellos. Y si no estaba con ellos (condición que se extendía hasta los "indiferentes" o los "tímidos") era un subversivo. Fue así como todos fuimos subversivos. Es así como hoy, a medida que esta locura continúe, todos seremos terroristas.

Fukuyama, cerca del Pentágono, lejos de las Torres

Francis Fukuyama es un teórico de lo que hoy –abusivamente a raíz del éxito del libro de Michael Hardt y Antonio Negri– se llama "Imperio". Es, asimismo, un señor acostumbrado a mentir. Mintió, al menos, cuando dijo que la historia humana había concluido sólo porque las "democracias liberales" habían derrotado al "comunismo soviético". O sea, un tipo capaz de semejante aparatejo ideológico es capaz de cosas peores. De modo que no deberemos creerle demasiado. Tampoco ahora. Tampoco a lo que se ha largado a decir luego del atentado a las Torres Gemelas. Pero, tratándose de un funcionario tan, digamos, top (un funcionario de la producción de ideasfuerza de la política), no será desatinado prestarle atención.

El texto apareció en la revista *Noticias* (Nº 1291, 22/9/01) y lleva por título "Lecciones de guerra"; lecciones que son las que Fukuyama se apresta a extraer de la tragedia del martes 11. Señalemos qué hizo Francis no bien se enteró del atentado. Lo dividió: hubo un atentado en las Torres Gemelas y otro en el Pentágono. Francis, desesperado, sin hesitación (según suele decirse) alguna, se arrojó sobre el teléfono y llamó al Pentágono. "Mi preocupación inmediata (dice) fue por mis amigos cercanos que trabajan allí". O sea, Francis tiene "amigos cercanos" en el Pentágono. (Yo, por ejemplo, ni uno. Ustedes, seguramente, tampoco. Pero justamente eso es lo que hace que Fukuyama sea Fukuyama y nosotros unos sudacas irredentos.) Puntualicemos lo que sigue: Francis no se preocupó por las víctimas de las Torres Gemelas. Ahí (según todo parece indicarlo) no tenía "amigos cercanos". Sí, según queda dicho, en el Pentágono. Francis no demora en averiguar que sus amigos están (todos) bien. Se calma y comienza a pensar la situación. De ese pensamiento surgen estas "lecciones de guerra".

Fukuyama está muy enojado con Wall Street. Dice que a partir de los noventa un "tecnolibertinaje" se apoderó del mundo de la alta tecnología y las finanzas. Lamenta la destrucción del Estado-nación. Escribe: "Los apóstoles de la nueva economía declararon la irrelevancia de todo lo inventado antes de Internet y de cualquier otra habilidad ajena a la de ellos mismos". Así, Francis, narra que un amigo (un poderoso financista, claro) le ha dicho que se irá de Estados Unidos a Bahamas para pagar menos impuestos. Francis lo considera un traidor a la patria y a la causa verdadera y pura del capitalismo. Un impecable representante de la clase tecnofinanciera que se ha apoderado de la economía y la maneja discrecionalmente, en el modo de la irresponsabilidad alimentada por la infinita sed de ganancias. Y aquí (atención) Francis empieza escribir sus frases increíbles. Porque escribe: "A este respecto, los ataques del martes fueron una saludable lección para Wall Street". Si la frase se le atribuyese a Osama bin Laden no me sorprendería. Pero no: la dijo el buen Francis, que tantos favores le ha hecho al Imperio. Y que piensa continuar haciéndo(se)los pero piensa que las cosas deben cambiar. Y (para que cambien, piensa) los ataques del martes 11 fueron "saludables" para Wall Street. Una (escribe) "saludable lección". Y la nota (recordemos) se llama "lecciones de guerra". Sin más, Osama le ha dado una "saludable" lección a Wall Street. No parece, en principio, "saludable" ninguna lección que implique siete mil cadáveres. Pero Francis no se detiene en eso. "Algo" tenía que decirles a estos insensibles economistas que iban mal. Si ese "algo" conlleva siete mil cadáveres, bueno, en fin, la historia es la historia y alguien, como Francis, que la mata y la resucita a su antojo no se va a detener en consideraciones "humanitarias". Así, Francis le dirige la palabra a la corporación tecnofinancista: "La liviandad de la nueva economía no te protegerá de los derrumbes de concreto, tu única esperanza en esta clase de crisis es el heroísmo de los bomberos y los policías. Microsoft o Goldman Sachs no enviarán aviones de transporte o F16 al Golfo para destruir a Osama bin Laden, sólo los militares lo harán". Insiste: "Los noventa vieron acrecentar la brecha social y económica entre los financistas y banqueros, abogados e ingenieros de software egresados de Stanford y Harvard y los trabajadores que fueron a su rescate". Tenemos, ahora, todos lo elementos para armar el nuevo "discurso" fukuyamiano, su discurso post-Torres Gemelas. Es así: 1) Los economistas de Wall Street habían traicionado el espíritu del capitalismo reemplazándolo por un tecnocapitalismo-financiero liviano, autorreferente, insensible. 2) El atentado del martes 11 fue, para ellos, una "saludable lección" porque, ahora, verán que son parte del mundo y parte de los Estados Unidos. Y que necesitan (insustituiblemente) de los trabajadores que los sacarán de los escombros y de los militares que lucharán contra los terroristas. Notemos, aquí, la coherencia de las primeras acciones de Francis no bien supo del atentado. No le importó quiénes habían muerto en las Torres Gemelas. *No tenía amigos ahí*. Sus amigos estaban en el Pentágono: ahí llamó por teléfono en busca de tranquilidad. En suma y tratando de concluir: Fukuyama había perdido sus amigos en Wall Street por no acordar con la política de la economía software. Y los conservaba en el Pentágono porque creía (y cree) que la corporación armada respalda como siempre el verdadero espíritu de los norteamericanos que la economía de los noventa había traicionado. Así las cosas, Fukuyama está con el Pentágono y no con Wall Street. Visualiza –coherentemente– como "saludable lección" el derrumbe de las Torres, en el que ve el derrumbe de una economía insensible y tecnificada que aislaba a Estados Unidos de su propia comunidad y del mundo. El Pentágono, en cambio, aunque algo averiado, sigue en pie. Lo dicho: Fukuyama miente. ¿Cree acaso el módico Francis que creeremos que el Pentágono era inocente de la política económica despiadada del tecnocapitalismo surgido en los noventa? *Nadie tiene amigos en el Pentágono y enemigos en Wall Street.* No se puede estar en uno de esos lugares y no en el otro. La razón la saben todos: el Pentágono es el brazo armado de Wall Street. De este modo, la "saludable lección" no ha sido saludable ni lo será. Primero: porque un atentado terrorista con siete mil cadáveres no es saludable para nadie, salvo para los halcones del Pentágono que desearán y reclamarán "su" guerra santa. Segundo: porque el terrorismo no hace la Historia, la destruye.

Lo Uno y el Terror

La Historia como monólogo de Satanás

La unicidad del mahometanismo y la unicidad del Occidente tecnocapitalista se enfrentan durante los días presentes y la modalidad de ese enfrentamiento adquiere la forma de la catástrofe y el terror. Hace más de una larga década que el pensamiento crítico ha denunciado la dogmática tecnocapitalista de lo Uno surgida luego del fin de la Guerra Fría.[40] La posguerra fría se caracterizó por la violenta imposición de un discurso único, triunfante, devastador e irrefutable: el discurso del liberalismo de mercado que sofocó las diferencias, las culturas alternativas, los estados nacionales y las identidades. Un discurso apoyado en un aparato comunicacional poderoso capaz de constituir las subjetividades del mundo sometido a él. Así, el Occidente tecnocapitalista instauró un Saber absoluto,

---

40 Algunos amigos filósofos me señalan que el concepto de "tecnocapitalismo" es tan heideggeriano como "pastor del ser". Es posible. Pero puedo usar "tecnocapitalismo" sin por eso adherir a Heidegger, cosa que es notoria en mis escritos. Podría también –como, por ejemplo, Eduardo Grüner– utilizar "tardocapitalismo" y no adheriría por eso integralmente a los postulados de Fredric Jameson, como tampoco Grüner lo hace. Por mi parte preferiría usar "tecnocapitalismo comunicacional", pero es muy largo. Aunque, desde mi punto de vista, más exacto en tanto marca la característica esencial de la dominación del capitalismo milenio: la comunicación.

un Sujeto absoluto, una centralidad absoluta y una maquinaria de guerra inédita que sostenía esos poderes. Hoy, desde otra unicidad, desde otro Uno que es, simultáneamente, lo Otro de Occidente, se agrede con una eficacia devastadora lo Uno occidental. A su vez, Occidente se prepara para arrasar con lo Uno islámico. Un apocalíptico juego especular en que lo Otro de Occidente acabe, tal vez, realizando la destructividad esencial del tecnocapitalismo y exhibiendo, en ese gesto, que es en verdad la cara oculta de Occidente, su pesadilla secreta, su inconsciente más temido, ya que –si llevamos al terreno de la filosofía política una fórmula de Jacques Lacan: *el inconsciente es el discurso del Otro*– podríamos sugerir que el discurso devastador del fundamentalismo islámico es el inconsciente del tecnocapitalismo, y viceversa. No es casual, entonces, que el planeta se encuentre al borde de la destrucción.

Hegel y Mahoma

Hegel, en su *Filosofía de la historia*, en esas clases olímpicas que daba en tanto rector de la Universidad de Berlín y filósofo dilecto del Estado prusiano, se ocupa del mahometanismo. Se trata de una "revolución del Oriente" que vendría a terminar con el aberrante culto de las particularidades en que había caído el paganismo cristiano. "Aquí lo uno convirtióse en el objeto de la conciencia y en lo último de la realidad" (Hegel, *Lecciones sobre la filosofía de la historia universal*, Alianza, 1999, p. 591 y ss.). Es una religión "fuerte y pura" que da testimonio de un "espíritu sencillo que, como el judaísmo, rompe con todos los particularismos". De este modo, judíos e islámicos comparten esa pasión por el Dios abstracto, alejado de la figuración, de lo relacional, de los particularismos. "En esta religión sólo lo uno, lo absoluto, es conocido. La intuición de lo uno debe ser lo único reconocido y lo único que rige". Esta adoración de lo Uno lleva a la negación, a la destrucción "de todas las diferencias". ¿Qué deduce Hegel de esta actitud? Adorar lo Uno y aborrecer de las diferencias "constituye el *fanatismo*". Y define: "El fanatismo consiste, en efecto, en no admitir más que una determinación, rechazando todo lo demás particular y fijo y no queriendo establecer en la realidad más que aquella única determinación". Ya veremos esta temática en el Corán. Sigamos un poco más con Hegel: "La adoración del uno es el único fin último del mahometanismo; y la subjetividad tiene sólo esta adoración como contenido de la actividad, como también el propósito de someter el mundo entero a ese uno". Acaso en este último matiz se exprese cierta paranoia occidental de Hegel, quien, sin embargo, no estaba preocupado por el, digamos, "peligro islámico". Y continúa: "El hombre tiene valor sólo como creyente. Rezar al uno, creer en él, ayunar, eliminar el sentimiento corpóreo de la particularidad, dar limosma, esto es, renunciar a la posesión particular; éstos son los simples mandamientos". Sin duda, Hegel se había hecho tiempo para frecuentar el Corán, pues la descripción es certera. Y más aún: "Pero el supremo mérito es morir por la fe y el que perece en la batalla por la fe está seguro de obtener el Paraíso". Actitud religoso-existencial que permitió la eficacia del atentado a las Torres Gemelas, porque el terrorista al que no le preocupa huir, establecer un plan de escape, es infinitamente más letal que el otro, el que pone la bomba *pero* quiere seguir vivo.

Hegel, luego, establece una simetría fascinante: une Oriente y Occidente con el lazo del terror. Señala a Robespierre y afirma, sin más, que si para el fanatismo islámico el principio es "Religión y Terror", para el fanatismo iluminista de la Revolución Francesa el principio fue "Libertad y Terror". Si establecemos un puente entre la burguesía capitalista que conquista, en 1789, el poder político y su demoníaca heredera del siglo XXI

–el capitalismo financiero tecnocomunicacional– podríamos decir que éste esgrime un principio tan destructivo como el del Islam y el de Robespierre: *Libertad de mercado y Terror*. Vamos, así, dibujando el complejo entramado civilizatorio que derrumbó las Torres e inició el siglo XXI, si es que aceptamos la modalidad de iniciar los siglos con las catástrofes.[41]

Otra simetría entre Robespierre y los califas: "Los califas tenían derecho a ejecutar a quien quisieran, a capricho. El principio de Robespierre de que para mantener la virtud es necesario el terror, era también el principio de los mahometanos". Y Hegel se remite al califa Omar, quien destruyó la Biblioteca de Alejandría, para entregarnos su más impecable ejemplo de fanatismo y negación de lo diferente. ¿Por qué destruye Omar tan magnífica bilbioteca, un espacio luminoso que cobijaba todo tipo de libros diversos? Escribe Hegel: "O esos libros –dijo [Omar, el califa]– contienen lo que ya está en el Corán o contienen cosa distinta. En ambos casos, sobran".

Hegel, entonces, ahí, en Berlín, circa 1830, termina con perfecto desdén occidental su exposición del mahometanismo: "En la actualidad el Islam ha quedado recluido en Asia y África (...) quedó hace tiempo, pues, fuera de la historia universal, retraído en la comodidad y pereza orientales". Sarmiento pensaría algo similar: el Oriente bárbaro restaba sumergido en una siesta eterna y sólo podía "importunar con su algazara" la misión civilizatoria de Occidente. Que también se desarrollaba en las provincias argentinas, ese rostro

---

41 Según vimos en nuestra *primera parte* –en un comentario lateral de "Progres de por aquí" (pp. 66-70)–, el siglo XX se inició con la catástrofe del Titanic y terminó con el éxito de *Titanic*, el *Titanic* de James Cameron, el film catástrofe más caro de la historia en el que todo el mundo vio, sin sospecharlo o acaso sí, sospechándolo, la prefiguración del *hundimiento* de las Torres.

insumiso de la barbarie sudamericana. De este modo, ese Monstruo, ese Otro absoluto que Occidente daba por terminado, "fuera de la historia universal", aparece hoy como la pesadilla devastadora de quienes lo imaginaron dormido o muerto para siempre.

Heidegger en Friburgo

Otro rector, otro estado autoritario, otro curso de filosofía; nos desplazamos así del Hegel berlinés del siglo XIX al Heidegger nacional socialista del siglo XX. En 1935, en Friburgo, Heidegger dicta su curso de *Introducción a la metafísica*. Si Oriente, en las *Lecciones* de Hegel, quedaba sepultado en la *comodidad* y la *pereza*, en el *Curso* de Heidegger no existe, tan sepultado está que no forma parte del conflicto *metafísico* que el "maestro de Alemania" explicita. ¿Cuál es ese conflicto? Escribe Heidegger: "Esta Europa en atroz ceguera y siempre a punto de apuñalarse a sí misma, yace hoy bajo la gran tenaza formada entre Rusia, por un lado, y América, por el otro. Rusia y América metafísicamente vistas son la misma cosa: la misma furia desesperada de la técnica desencadenada y de la organización abstracta del hombre normal (...) La decadencia espiritual de la tierra ha ido tan lejos que los pueblos están amenazados por perder la última fuerza del espíritu, la que todavía permitiría ver y apreciar la decadencia como tal (...) En efecto, el oscurecimiento del mundo, la huida de los dioses, la destrucción de la tierra, la masificación del hombre, la sospecha insidiosa contra todo lo creador y libre, ha alcanzado en todo el planeta tales dimensiones que, categorías tan pueriles como las del pesimismo y el optimismo, se convirtieron, desde hace tiempo, en risibles" (cap. 1: "La pregunta fundamental de la metafísica"). De este diagnóstico (que suena en nuestros oídos siglo XXI como una descarnada y brutal verdad)

Heidegger extrae conclusiones: Europa debe abrirse de las tenazas de América y Rusia y buscarse en su centro, de aquí habrán de despegar sus fuerzas histórico-espirituales. ¿Cuál es ese centro? Es Alemania. La Alemania de 1935, la Alemania nazi. Escribe Heidegger: "Estamos dentro de la tenaza. Nuestro pueblo se experimenta como hallándose en el centro de su presión más cortante (...) Todo esto trae aparejado el hecho de que esta nación, en tanto histórica, se ponga a sí misma y, al mismo tiempo, ubique el acontecer histórico de Occidente a partir del centro de su acontecer futuro, es decir, en el dominio originario de las potencias del ser" (*ibíd.*). En suma, si Europa quiere escapar a la aniquilación "deberá centrarse en el despliegue de nuevas fuerzas histórico espirituales, nacidas en su centro" (*ibíd.*). Al ser, ese centro, Alemania, su *despliegue* salvará a Occidente. Así, el diseño, digamos, geopolítico de Heidegger, ahí, en Friburgo, en 1935, como rector nacional socialista, es el siguiente: hay una *tenaza* que sofoca las fuerzas espirituales del *centro*. La tenaza tiene dos brazos (que, *metafísicamente hablando*, son lo mismo): Rusia y América. El *centro* es Alemania. Y eso es todo. Oriente, como vemos, no había "olvidado" el ser para entregarse a la exaltación del ente en tanto técnica como Rusia y América, sino que, simplemente, no tenía nada que ver con él.

Lo Uno y Occidente

Occidente no tiene que ir a buscar el fanatismo de lo Uno al Islam, ya que lo tiene en el Mediterráneo, en su hogar primitivo, entre los griegos, entre quienes, precisamente, Hegel decía que "nos sentimos como en casa". Heidegger, a su vez, habrá de rechazar la calificación de los presocráticos como *prealgo*, desde que ese "pre" expresaría un juicio de valor. De aquí que califique de "necio" hablar de Parménides como presocrático, más necio aún, dirá, que calificar a Kant de *prehegeliano*. Así las cosas, Parménides y la Escuela de Elea expresan el corazón de la filosofía de Occidente en igual medida que Platón o Aristóteles, y si Parménides es el filósofo de lo Uno, Zenón –con sus aporías– será el de la imposibilidad del movimiento. Dos caras de la misma moneda.

Ahí, entonces, en Elea, siglo V a. de J. C., Occidente se consagra a la exaltación de la unicidad. Y es Parménides, inspirándose en Hesiodo, quien habrá de escribir un poema épico cuyo título es: *Sobre la naturaleza*. Y cuyo pasaje acaso más célebre es el que sigue: "Aquella que afirma que el Ser es y el No-Ser no es, significa la vía de la persuasión –puesto que acompaña a la Verdad–, y la que dice que el No-Ser existe y que su existencia es necesaria, ésta (...) resulta un camino totalmente negado para el conocimiento (...) Porque jamás fuerza alguna someterá el principio: que el No-Ser sea". En cambio: "El Ser es increado e imperecedero, puesto que posee todos sus miembros, es inmóvil y no conoce fin. No fue jamás ni será, ya que es ahora, en toda su integridad, uno y continuo. Porque, en efecto, ¿qué origen podrías buscarle? (...) Por tanto, o ha de existir absolutamente o no ser del todo (...) No es igualmente divisible, puesto que es todo él homogéneo (...) Nada hay ni habrá fuera del Ser". En suma, el Ser es Uno, el Ser es eterno, el Ser no tiene principio ni fin, el Ser es inmóvil, el Ser es la Verdad y el Bien. Se argumentará (recurriendo a un lugar común de la historia de la filosofía) que en ese Mediterráneo de los orígenes también estaba Heráclito y su río y la imposibilidad de bañarse dos veces en él porque no cesaba de fluir. No obstante, *la centralidad retorna una y otra vez en la filosofía de Occidente*. Para congraciarnos con los seguidores del último Heidegger, con los deconstructores de la metafísica, señalemos que, sí, en Descartes la subjetividad se afirma como centro de una nueva metafísica, la subjetividad ocupa el lugar del Ser parmenídeo. Pero no dejaremos de señalar –es válido hacerlo aquí– que el deconstructor supremo de la centralidad cartesiana, Heidegger (por ejemplo: no sólo en *La época de la imagen del mundo*, sino en el tomo segundo del *Nietzsche*), el filósofo que encarna la crítica a la centralidad del sujeto, encuentra (como vimos) otra centralidad, allí, en Friburgo: la de la Alemania de 1935. El centro, lo Uno se encarna aquí en la voluntad del Führer.

¿Qué es lo que constituye a lo Uno en Uno? Lo Uno se opone a la diferenciación. A la multiplicidad. A la pluralidad. La doctrina de la Verdad, en Parménides, basándose en lo Uno, señala que lo Uno jamás será lo múltiple, y verá en lo múltiple el reino de la *ilusión*, de la *opinión*. Todo aquello que no es el Ser será lo que no es y será lo falso, lo ilusorio, lo inexistente. Vemos dibujarse así el fundamentalismo occidental: al asumirse Occidente como el Ser, todo lo que no sea Occidente es el No-Ser. De este modo, para Hegel Oriente era el No-Ser en la modalidad de la comodidad y la pereza: estaba fuera de la historia universal que es, claro, el Ser para Hegel. Para Sarmiento –lo veremos mejor– la barbarie es el No-Ser, y –sobre todo– es lo que *no debe ser*, matiz que expresa la posibilidad represiva. En Heidegger, por último, el No-Ser es lo que no está en el *centro* y –ni siquiera– existe en tanto *tenaza* del Ser. (Me refiero, exclusivamente, a los textos de *Introducción a la metafísica*.)

Lo Uno y el Islam

El concepto fundamental del Corán (de *todo* el Corán, de punta a rabo, repetido al infinito) es el de la *unicidad* de Dios. Alá es Uno y Mahoma es su Profeta. Si el culto a lo Uno es la centralidad expresiva de la fe y la sumisión ("islam" significa eso: sumisión u obediencia, y "musulmán" significa "el que obedece

la ley de Alá") el extremo pecado, el pecado de absoluta irre-
dención y que se hará pasible de los más feroces castigos es el
de no reconocer o negar o desobedecer la unicidad de Dios.
A su vez, el modo de desobedecer o negar la unicidad de Dios
es el de asociar a Dios con otros elementos. Es el *pecado de
asociación* y quienes lo cometen son los "asociadores". No
hay infierno que alcance para ellos. De esta forma, el Corán
es un libro de exigencias y castigos. También de muchas otras
cosas, ya que todo lo que un musulmán debe hacer está escrito
en el Corán, desde el matrimonio, los pesos y las medidas, la
vigilancia de los ganados, las reglas de la hospitalidad, hasta la
vestimenta, la ética, el pago de los impuestos y la justicia. No
obstante, una y otra vez, con la obsesividad de una amenaza
compulsiva, hay una exigencia fundamental y un pecado tan
fundamental como la exigencia, ya que surge de no obedecerla
y no confirmarla. La exigencia es la de someterse a la unicidad de lo Uno, el pecado es asociar lo Uno a cualquiera de los
infinitos "otros" posibles. Por ejemplo: "¿Tomaré por patrón
a otro distinto de Dios, creador de los cielos y de la tierra, que
da alimento mientras él *no* se alimenta? Di: 'He recibido orden
de ser el primero que se someta a Dios'. ¡No estés entre los
asociadores!" (6: 14). También: "Le han fabricado hijos e hijas
(...) ¿Cómo tendría un hijo si carece de compañera y ha creado todas las cosas y sobre todas las cosas es omnisciente?"
(6: 100/101). También (en una de las infinitas invectivas contra
judíos y cristianos): "Los judíos dicen: 'Uzayr es hijo de Dios'.
Los cristianos dicen: 'El Mesías es hijo de Dios'. Ésas son las
palabras de sus bocas: imitan las palabras de quienes, anterior-
mente, no creyeron. ¡Dios los mate!" (9: 30: "El Islam ante los
infieles"). También (muy marcadamente contra el cristianismo
como religión "asociadora"): "Dicen: 'Dios ha adoptado un
hijo' (...) No tenéis prueba de esto. ¿Diréis contra Dios lo que no
sabéis? Di: 'Quienes forjan contra Dios la mentira no serán

salvados'. Tendrán un breve goce en el mundo. En seguida les haremos gustar el terrible tormento, porque fueron incrédulos" (10: 70/71: "Unidad divina"). También: "En verdad les hemos dado pruebas en este Corán para que reflexionen, pero no les aumenta más que el extravío. Di: 'Si junto a Él hubiese *otros* dioses, como dicen, desearían encontrar una senda hasta el Dueño del Trono (...) No hay nada que no cante su alabanza , pero vosotros infieles no comprendéis su loor" (17: 43/46: "Unidad y Omnipotencia divinas"). Así las cosas, basándose todo el texto sagrado en la postulación de la unicidad de lo Uno y el señalamiento de la *asociación* como el más lacerante pecado, los acápites del Corán se multiplican en señalar dos cosas: 1) Unidad y Omnipotencia de Dios; 2) castigos para los infieles. Veamos: "Amenazas a los infieles" ("Si estáis en duda sobre lo que revelamos a nuestro siervo, Mahoma, pues traed una azora de su émulo y llamad a vuestros testimonios prescindiendo de Dios [...] Si lo hacéis –y no lo haréis– temed al fuego que tiene por combustible a las gentes; las piedras se han preparado para los infieles", 2: 21/22), "Extravío de los impíos", "Contra judíos, cristianos y politeístas", "Omnipotencia y unicidad divinas", "Contra los apóstatas", y muchas veces más: "Unidad divina", "Omnipotencia divina". Y pasajes de arrasadora belleza. Sobre los impíos: "¿No meditarán el Corán o encima de los corazones hay cerrojos?" (47: 26). Y si sobre sus corazones hay cerrojos: "¡Maldígalos Dios! ¡Ensordézcalos! ¡Ciegue sus ojos!" (47: 25).

Aclaremos: nada más lejos de nosotros que inducir a una lectura del Corán en tanto texto primitivo o "irracional". Podríamos señalar iguales pasajes llenos de intolerancia y amenazas feroces en el Antiguo y Nuevo Testamento. No es casual que los judíos (aunque víctimas de discriminaciones y persecuciones en el universo musulmán) no sufrieron ahí ni remotamente los castigos habituales que se les aplicaron en el

Occidente cristiano. Por decirlo claro: no hubo un Hitler islámico. Pero el texto islámico (al postular la sumisión a lo Uno y el castigo a los "asociadores") incurre en una rigidez condenatoria que abarca *demasiadas* expresiones de la condición humana. El marxismo, para el Islam, es herético y blasfemo, ya que dice que Dios es una creación del hombre, elevando, de este modo, al hombre por encima de Alá. Ni pensemos los horrores que el Islam indicaría para Nietzsche, supremo asociador y negador de Dios, a quien declara "muerto" para instalar al hombre, en tanto superhombre, en su lugar. También son asociadores los que se alejan de Alá y se asocian a los cultos materiales del dinero, el progreso científico, la tolerancia sexual, etcétera.

El Islam y el Tercer Mundo

En el film de Gillo Pontecorvo, *La batalla de Argelia*, que tanta influencia tuviera entre los movimientos insurreccionales (armados o no) de fines de los sesenta y comienzos de los setenta en la Argentina y en América Latina, había una escena decisiva. Pontecorvo narraba cómo dos militantes del argelino Frente de Liberación Nacional enfrentaban al colonialismo francés, *revolucionariamente*, re-asumiendo sus tradiciones musulmanas; esos dos militantes eran un joven y una joven que decidían establecer matrimonio según el ritual musulmán. Era una afirmación de la propia identidad en contra de la deculturación del imperialismo. Los casa un miembro del Frente de Liberación y se asume –conceptualmente– que la religión, en los países agredidos por el colonialismo, es un arma de lucha en tanto retoma la auténtica tradición nacional. Este esquema interpretativo fue –entre nosotros– utilizado brillantemente por Rodolfo Ortega Peña y Eduardo Luis Duhalde en un texto clásico de los setenta: *Facundo y la montonera*. Se daba una interpretación anticolonialista de la célebre bandera de Quiroga: *Religión o muerte*. Quiroga no postulaba el islamismo, sino el catolicismo, pero lo hacía en contra del laicismo rivadaviano empeñado en facilitar la penetración del imperialismo británico. Ortega Peña, así, hablaba de la religión como *factor nacional defensivo* en los países dependientes. Ideas como ésa –aquí– lo llevaron a morir bajo las balas hiperfundamentalistas de la Triple A.

En un sencillo pero muy serio librito sobre el Islam se aborda la temática con justeza: "La difusión del Islam siempre se ha basado en la fuerza y la sencillez de esta convicción religiosa (...) En consecuencia, resulta fácil entender por qué los pobres del Tercer Mundo –que es donde el Islam se propaga con mayor rapidez– buscan solaz en la idea del Paraíso después de la muerte. *Pero también existen motivos políticos y sociales del éxito persistente de esta religión*. El Islam es una fuerza conservadora muy vigorosa que apuntala la vida tradicional de la familia y protege a las personas y las comunidades contra los cambios gigantescos y a menudo destructivos impuestos a los países del Tercer Mundo por el contacto con el mundo capitalista desarrollado o con el comunista" (Chris Horrie y Peter Chippindale, *¿Qué es el Islam?*, p. 13). Es lo que mostraba Pontecorvo, pero, claro, en relación a la opresividad del capitalismo: el islamismo, si bien era arcaico, devenía progresista, y hasta revolucionario, porque afirmaba, retomándola, la identidad nacional contra el agresor imperialista. No es casual que hoy, desde los países pobres castigados por la globalización tecnocapitalista, muchos, secretamente, admiran a este pequeño monstruo tercermundista o atrasado o pobre que ha logrado –como nadie nunca antes– herir al coloso en el corazón de su poder. Incluso hay un chiste en boga que expresa impecablemente este sentimiento: "Superman se arroja desde los edificios, Spiderman trepa por los edificios, Musulman los destruye".[42]

Oriente en el Facundo

En el final del libro de Huntington (el libro que todos leen buscando develar el secreto de los días que transcurren y el libro, también, que guía a Bush y al Pentágono en la cruzada bélica y vengativa de Occidente contra el Islam) se lee que el choque, "el choque máximo, *el verdadero choque* a escala planetaria, (es) entre civilización y barbarie". Se trata, casi, de la *frase final* del libro, de la conclusión de todas las conclusiones. De este modo, otra vez esa antinomia absoluta, ese antagonismo irresoluble, esa contradicción insuperable, antidialéctica, trama la historia. La palabra "bárbaro" viene de los griegos y la retoman los romanos. Brevemente: designa lo Otro, lo Otro absoluto, lo inintegrable. Aquello que jamás habremos de ser, que jamás será parte nuestra, y que deberemos ignorar o, si es necesario, destruir, pues con belicosa frecuencia la barbarie se muestra, no sólo como lo Otro de la civilización, sino como una fuerza que se alza para destruirla. A lo largo de la historia, la civilización, no obstante, se las ha ingeniado para destruir a la barbarie, que es, entre tantas otras cosas, infinitamente seductora.

Lo era, al menos, para Sarmiento. En *Facundo* las alusiones a Oriente son constantes. Sarmiento busca identificar las campañas argentinas con el quedantismo oriental. Así, "la extensión de las llanuras imprime (...) a la vida del interior cierta tintura asiática" (*Facundo*, Universidad de La Plata, 1938, p. 34).

---

42 Más adelante hacemos el ineludible análisis de este chiste en el texto "Humorismo y Terror", pp. 565-569.

La civilización se viste de frac, la barbarie no: "De frac visten todos los pueblos cristianos, y cuando el sultán de Turquía Abdul-Medjil quiere introducir la civilización europea en sus estados, depone el turbante, el caftan y las bombachas para vestir frac, pantalón y corbata" (p. 148). Facundo y Rosas, por el contrario, señala indignado Sarmiento, le han hecho una guerra sin cuartel al frac y la moda.[43]

Sigue señalando, Sarmiento, simetrías entre Oriente y la campaña argentina: el color colorado, el color de la barbarie. Escribe: "¿Es casualidad que Argel, Túnez, el Japón, Marruecos, Turquía, Siam, los africanos, los salvajes (...) el verdugo y Rosas se hallen vestidos con un color proscrito hoy día por las sociedades cristianas y cultas?" (p. 147). No, ocurre que Oriente y las montoneras argentinas expresan lo Otro de la civilización. Hay, así, una guerra que cubre diversos territorios, pero es la misma guerra: "Las hordas beduinas que hoy importunan con su algazara y depredaciones la frontera de la Argelia, dan una idea exacta de la montonera argentina (...) La misma lucha de civilización y barbarie existe hoy en África; los mismos personajes, el mismo espíritu, la misma estrategia indisciplinada entre la horda y la montonera" (p. 76). Los ingleses en la India y los porteños en las provincias argentinas traman una misma lucha: entre la civilización y la barbarie, "entre la inteligencia y la materia" (p. 47). Si analizamos cómo solucionó Buenos Aires la antinomia después de la batalla de Pavón (1861), si analizamos cómo se desarrolló eso que el general Mitre llamó "guerra de policía", si pensamos que sus puntos culminantes fueron la decapitación de Peñaloza en

---

43 Sarmiento olvida aquí al Quiroga porteño de 1834, constitucionalista y obsedido por la elegancia y los salones de Dudignac y Lacombe. Es *este* Quiroga el que Menem encarna en su segunda etapa: cuando hace la política de la oligarquía liberal y se viste à la Versace.

Olta y el arrasamiento definitivo del Paraguay (ver: Belgrano Rawson, *Setembrada*, donde el símil Paraguay-Vietnam es muy claro), podremos conjeturar el espíritu que alimentará la campaña civilizatoria de Bush y los suyos: el aniquilamiento. Acaso el final de la guerra se simbolice en la cabeza de Osama bin Laden clavada en una pica en el Central Park, versión siglo XXI de la plaza de Olta.

La Historia según Satanás

Son los llamados *versos satánicos*. Cierta vez Mahoma recibió una revelación en que se le decía que concediera *condición divina* a tres diosas paganas adoradas por una tribu que necesitaba tener de su lado por motivos de estrategia guerrera. Así lo hizo. Esa tribu se convirtió al Islam y guerreó junto al Profeta. No obstante, hubo otra –terrible– revelación. En ella se le decía a Mahoma que no había sido Alá quien había susurrado la primera revelación, sino Satanás. Este episodio no se conserva en el Corán, nada hace referencia a él. Pero todos lo saben: una vez, fatídica, Satanás habló por labios de Mahoma. Si esto ocurrió una vez, ¿no habrá ocurrido siempre? ¿No será *todo* el Corán un inmenso monólogo de Satanás dicho por Mahoma? Si fuera así, ¿qué es el Islam? El tema es infinito: *toda una religión acosada por una sospecha demoníaca*. Veamos la cuestión desde la fórmula de Lacan que utilizamos al comienzo: los *versos satánicos*, lo que el islamismo niega, lo que no puede aceptar, su lado oscuro, en suma, *su inconsciente*, es, en efecto, el discurso del Otro. En este caso, el Otro de Alá, Satanás. Nosotros, que somos occidentales, hace tiempo no ignoramos que la Historia es un largo monólogo de Satanás. O también –al modo de Shakespeare y Faulkner–el relato de un idiota lleno de sonido y de furia. Acaso más que nunca lo sabemos hoy.

La osamización

No es correcto afirmar (como se hace) que Huntington (todos sabemos de qué hablamos cuando hablamos de Huntington: del politólogo que atiborra los escaparates de las librerías de Occidente como si ofreciera la llave para entender lo difícilmente entendible: el mundo post-Torres Gemelas) no incluye a América Latina en Occidente. Sucede que este ex miembro del Consejo de Seguridad Nacional de la Casa Blanca desdeña tanto a América Latina que casi la ubica fuera de la historia. O, al menos, jamás en sus centros de decisión. En 1920 América Latina no figura en tanto "gobernada por Occidente", sino como real o nominalmente independiente de Occidente. Todos sabemos (y Huntington también) que la independencia de América Latina no era real, sino nominal. Durante la Guerra Fría, América Latina figura entre los Estados no alineados. Sin embargo, como parte del Tercer Mundo, es el campo de batalla. "Durante la Guerra Fría, la política global se convirtió en bipolar, y el mundo quedó dividido en tres partes" (*El choque de civilizaciones*, p. 21), Estados Unidos, la Unión Soviética y el Tercer Mundo. Había conflictos, y graves. Pero no en los territorios de los dos grandes bloques, sino lejos. "Gran parte de ese conflicto tuvo lugar fuera de estos dos campos, en el Tercer Mundo, formado por lo general por países pobres, carentes de estabilidad política". Con lo cual –pongamos– la Revolución Cubana, la luchas de liberación en Argelia, las insurgencias latinoamericanas forman parte de un simple período de la historia. Un período en que las batallas se daban en los patios traseros. Así las cosas, aunque Huntington considera como "no alineados" a los países latinoamericanos, admite, no obstante, que en sus tierras se libraban las batallas entre los dos polos de la Guerra Fría. ¿No alineados? Kissinger, al darle mano libre a Pinochet y a Videla, ¿no los alineaba con el "Occidente cristiano"? ¿O acaso no desaparecieron treinta mil personas en la Argentina en nombre del "Occidente cristiano"? Somos, para Huntington, el patio trasero, el sucio y desdeñable patio trasero. En 1920 éramos "nominalmente independientes". Durante la Guerra Fría éramos el campo de batalla de las guerras sucias. Y en la posguerra fría no somos parte de Occidente. No es eso lo que dice. Somos parte de Occidente, pero lo somos en tanto pertenencia de Occidente. Por eso somos y no somos. Occidente es Estados Unidos, Europa, Australia y, *of course*, las islas Falklands. América Latina es coto de negocios de Occidente. Propiedad de Occidente, de las finanzas de Occidente. De terreno de la suciedad de la guerra a terreno de las inversiones, que han sido logradas por el triunfo en esa guerra. Digámoslo así: durante la Guerra Fría, Occidente libró sus batallas contra el comunismo en los patios traseros y sucios del Tercer Mundo. Luego, ganadas esas batallas, ordenados esos patios traseros, Occidente los ha entregado a sus financistas. Antes pertenecíamos a Occidente en tanto campo de batalla, ahora en tanto deudores. Nosotros somos el Occidente deudor. Y es tan honda nuestra decadencia, nuestra condición "deudora", nuestra vaciedad sociopolítica, que Huntington ni nos considera dignos de "ser" Occidente. Lo son ellos;

nosotros somos parte de Occidente en tanto deudores cautivos de los países triunfantes que lo encarnan.

Ocurre –por otra parte– que algunos se dejan seducir por la espectacularidad del terrorismo osámico. Es verdad que Osama ha logrado algo inédito: por primera vez Estados Unidos siente, sufre, padece el dolor y la humillación de ser "campo de batalla". Ya las guerras no se dan en los patios traseros. Han estallado en el corazón del Imperio. Pero mal, éste es el punto. Porque Osama bin Laden no es ni la lucha de clases, ni la revolución de nada ni la superación dialéctica de los conflictos. Osama es la antidialéctica. La dialéctica supera, pero no destruye. Jamás Marx (a quien Osama odia por "asociar" a Alá a otros dioses: al hombre revolucionario, que reemplaza a Dios) pensó en la destrucción del Occidente capitalista, sino en su superación. El proletariado representaba una contradicción interna del capitalismo: el corazón de su conflicto. De la superación de ese conflicto (y no de su destrucción) surgiría una sociedad nueva. En Occidente muchos somos occidentales porque pensamos así. Porque Occidente ha generado las ideas, los humanismos, las concepciones de la historia capaces de superar las injusticias del capitalismo. Porque podemos ser occidentales y estar en profunda, total contradicción con el poder occidental, el que defiende Huntington. Atormenta pensar que la brutalidad impolítica del osamismo servirá para borrar los movimientos antiglobalización, para llevar a primer plano a los halcones, para transformar el disenso en subversión (según dijera Susan Sontag desde el *centro* de Occidente, posibilidad de contradicción interna que hay que defender, ya que ningún talibán podría decir algo semejante de Osama sin morir asesinado en un par de horas).

Es absurdo pensar ante el mundo post-Torres Gemelas: "al fin los norteamericanos saben lo que es sufrir y morir en su tierra, tal vez ahora nos comprendan más". Falso de toda falsedad. El terrorismo no abre el camino a los "comprende-dores", sino a los halcones. La occidentalización que pro-pone Bush se hermana con la osamización. La osamización (es bueno que lo sepan los osamizadores) es hija de Estados Unidos. Responde a la misma concepción destructiva de la historia. Osama y Bush son especulares. Pretenden ser lo Otro de lo Otro. Pero son lo Uno: la historia en tanto terror y destrucción. Las bombas misilísticas que caen sobre Kabul son la perfecta contracara de los aviones-bomba que cayeron sobre las Torres Gemelas.

Pero voy a cederle mis últimas líneas a quien merece te-nerlas. Días pasados fui a un restaurante donde hay un mozo muy peculiar: lee a Walsh, a Oesterheld, a Faulkner. No debe ser el único, claro, pero lo hace con una pasión admirable. Con esa misma pasión, días pasados, decía, me muestra una fotocopia arrugada, fruto sin duda de varias lecturas: eran tres o cuatro páginas. "¿Sabe qué tengo aquí, sabe qué es esto?", pregunta. Y dice: "Es una nota de Osvaldo Bayer. 'Las partu-rientas de Kabul'. ¿La leyó?". Desde luego, le digo. Y él dice: "Mire que se escribieron cosas sobre todo esto, eh. Pero no hubo nada mejor". Le digo que sí y leemos juntos algunos fragmentos. Uno de ellos es el que sigue: "Y llega Bin Laden, el nuevo Vespucio de espada desenvainada. El alumno desa-gradecido de los Estados Unidos. Dicen que quiere liberar a su pueblo. Con la religión y millones de dólares chorreantes de petróleo. Con las mujeres a quienes se les prohíbe ir a hos-pitales y escuelas y a mostrar, lo más hermoso, sus rostros. Y a quien transgrede la moral, le pegan un tiro en la nuca en el estadio de fútbol de Kabul, ante un público desbordante de crueldad, histérico: la mujer toda cubierta recibe el balazo de no sabe dónde. Dólares y religión. Y ahora bombas. Esto en Arabia, en los países musulmanes, todo un continente lleno de riquezas dominado por reyes, jeques, sacerdotes". Y Bayer sabe muy bien entre quiénes se ha desatado esta guerra: "Es una guerra entre la derecha occidental y cristiana y la extrema derecha musulmana". Una guerra entre el occidentalismo de Bush y Huntington y el fundamentalismo ultracoránico de Bin Laden. Quienes crean que la antítesis del occidentalismo es el osamismo no saben pensar la política, ni la historia, ni la condición humana, ya que esta última (según dijera León Rozitchner en una clase dictada en la Universidad de las Madres de Plaza de Mayo) se divide en dos partes *esencialmente* antitéticas: los asesinos y los no asesinos. Nosotros no somos asesinos.

Ni esclavos ni monstruos

Entre tantas cosas que acumulan terror durante los días que corren hay una que se dispara hacia el infinito: la administración Bush necesita un elemento simbólico para restañar, para reparar la herida que el Imperio ha sufrido en su narcisismo económico, bélico y arquitectónico. Jamás la ciudad de Nueva York será la misma. Y me refiero al campo visual. Esas dos torres que arañaban las alturas más altas ya no están. Esa falta señala la derrota del Imperio: nadie pensó que se le podría infligir una herida tan profunda, tan visible, inocultable. ¿Qué símbolo compensará esa pérdida? ¿Qué debe perder el enemigo para que esa pérdida sea paralela a la que ha sufrido el Imperio?

Suele analizarse la destrucción de la ciudad alemana de Dresden (el 13 de febrero de 1945, con Alemania prácticamente vencida) como una barbarización de los Aliados a causa de luchar contra la barbarie nazi. Habrían destruido Dresden (matando, se conjetura, cerca de ciento cuarenta mil personas) por haberse "contagiado" de la ética guerrera del enemigo. Con lo cual la culpa se traslada a la víctima: los mismos alemanes (que, al cabo, habían elegido a Hitler) serían los responsables de la masacre dresdeniana. Pero no. Dresden es borrada del mapa como castigo, como reparación simbólica, como monumento a la eficacia guerrera de los vencedores. El castigo busca satisfacer el hambre de venganza de los pueblos. Pocos meses luego de Dresden, Hiroshima: ¿también aquí hubo un contagio de la barbarie del enemigo? No, hubo una estrategia política: avisarle a la Unión Soviética lo que podía esperarle en la nueva guerra que se inauguraba. Más que para terminar la guerra en el Pacífico, la bomba de Hiroshima inicia la Guerra Fría en la modalidad de la amenaza atómica: "Cuidado, miren qué arma tenemos y miren, también, cómo no vacilamos en utilizarla".

¿Qué reparación simbólica paralela a la devastación de las Torres Gemelas tiene la administración Bush? ¿Qué necesitará destruir para igualar una destrucción semejante? No hay Torres Gemelas en Afganistán. Sólo hay viento, chozas y erráticas personas con turbantes. Hubo una foto en la que se expresó la venganza. Fue horrorosa y patética. Es así: unos milicianos de la Alianza del Norte (que son, le guste o no a Estados Unidos, "su" gente, "sus" aliados, "sus" reparadores) se ensañan con un soldado talibán. Lo humillan, le quitan los pantalones. Los ojos, la mirada ciega de terror del pobre hombre, su cuerpo laxo entregado a la voracidad de los asesinos, son para siempre, formarán parte de la galería del terror de la condición humana. No vimos la cara de ninguno de los muertos en las Torres. Pero ya vimos la de un talibán asesinado por los "aliados" del "Norte". Atrás, algo alejado, otro miliciano intenta impedir el asesinato. Posiblemente ha visto al fotógrafo y sabe que esa foto dará mala prensa. O no. Acaso quiere que la matanza se demore para ser él quien dé el tiro de gracia. Hay muchos tiros de gracia. En la tercera foto, el talibán, arrancados su pantalones, yace muerto sobre la tierra y los "aliados del Norte" todavía disparan sobre él. ¿Alcanzará esto para reparar el anhelo real y simbólico de venganza del pueblo norteamericano? ¿Un pobre talibán vejado valdrá por siete mil muertos en el centro de

Manhattan? Bush necesitará más. Pero no sabrá dónde encontrarlo. De aquí el terror que late en esta situación.

Retornemos a la pregunta: ¿qué deberá destruir la administración Bush para "reparar" la destrucción de las Torres? No hay un símbolo semejante en Afganistán ni en todo el Oriente Medio. Así, Bush deberá destruir muchas cosas, una sumatoria de cosas. Tantas, que abarcarán el mundo entero. Poner –más que nunca– el mundo entero a los pies del pueblo norteamericano es la única tarea reparatoria que alcanzará para Bush. De este modo, a la globalización económica se sumará ahora la globalización militar. Todos deberemos estar al servicio de la reparación del orgullo de los Estados Unidos. Cosa que ya ocurrió a sólo una hora de haberse derrumbado las Torres: el mundo entero se unió a una administración, digámoslo, fraudulenta, ya que será bueno recordar que este poderoso gobierno que hoy está al frente de la jihad norteamericana surgió de las elecciones más ridículas, más farsescas, más "bananeras" de la historia de ese país. El terrorismo, como suele ocurrir, legitimó lo ilegítimo: Bush, que era un impostor, es hoy el guerrero de Occidente contra la "barbarie islámica". Seamos claros: al no existir en Afganistán un elemento posible de reparación simbólica, la lucha reparadora se extiende a todo el planeta. Los símbolos vendrán de todos lados, pues lo que se ha inaugurado es una guerra globalizadora: la de la "libertad" contra el "terrorismo". Así las cosas, será posible conquistar triunfos reparadores en –por ejemplo– Colombia o –por ejemplo– la triple frontera argentina. Hay otros triunfos igualmente reparadores: Tony Blair jugando de dócil chirolita y Putin también. La administración Bush puede decir: "Nos han herido, pero hemos puesto el mundo a nuestros pies".

La globalización (que ya había matado a la visión "fragmentada" del mundo típica de la posmodernidad) ha muerto. "Esa" globalización se basaba en el fenómeno informático.

Intentaba ser la realización de la sociedad transparente de la que hablaba el filósofo Gianni Vattimo en los ochenta. La información ya no está globalizada ni menos aún es transparente. La información ya no es libre. El mundo está en guerra y uno de los derechos esenciales de los países en estado beligerante es controlar la información. Entramos, de este modo, en la "etapa superior" de la globalización: la globalización bélica. Es decir, vivimos los tiempos de la globalización bélica como etapa superior de la globalización informática. Estados Unidos está en guerra contra el mundo: porque en cualquier lugar del mundo puede anidar el terrorismo. Hemos sido, otra vez, globalizados, pero en tanto potenciales enemigos, en tanto potenciales espacios de refugio de terroristas. Se le dará a esto cobertura jurídica. Se harán pactos internacionales. Pactos de sometimiento a la estrategia bélica de la administración Bush. Esta administración intentará obtener ciertas cosas: 1) la reparación del magnicidio de las Torres; 2) el control absoluto del petróleo; 3) la transformación de toda disidencia en "subversión" o "terrorismo ideológico"; 4) la consiguiente represión interna; 5) los movimientos "antiglobalización" pasarán a ser movimientos "pro terrorismo" o "antinorteamericanos"; 6) la protestas sociales de los países pobres serán infiltradas por terroristas de los servicios, justificando así su represión intensificada; 7) el acceso a la información será obliterado por la ratio militar; 8) sometimiento del cine de Hollywood a la "gesta patriótica" transformándolo en cine de propaganda (tarea a la que ya está consagrado el zar Jack Valenti); 9) sofocamiento de las diversidades independientes de la imagen; 10) intensificación del control de las poblaciones; 11) muerte del multiculturalismo del que hacía gala Occidente. Un ejemplo: el multiculturalismo (según Slavoj Zizek) era la lógica cultural del capital multinacional y se expresaba en la tolerancia por las minorías étnicas y sexuales. No más. En lo sexual, por ejemplo, se volverá a una exaltación del machismo á la John Wayne (en la tevé norteamericana, con increíble torpeza, se ha vuelto a dar la aberrante *Las boinas verdes*) y el coherente descrédito a todo "desviacionismo" que implique no ser un valiente *american fighter*. En suma, un *gay* volverá a ser un "maricón".

Todo esto puede pasar o puede no pasar. "Todo esto" es el proyecto guerrero de la administración Bush. "Todo esto" es lo que el mundo (y "también" los norteamericanos) deberá bloquear para poder seguir viviendo con cierta dignidad. Será difícil conseguirlo. Pero no imposible. Y aunque lo fuera, eso no justificaría no intentarlo. Sartre (en un prólogo que escribió al libro de un escritor argelino) decía: "El europeo no ha podido hacerse hombre sino fabricando esclavos y monstruos". Que la nueva guerra global no haga de nosotros una cosa ni la otra.

Humorismo y Terror

Somos grandes ya para andar teorizando sobre la naturaleza de los chistes, más aún si la sombra de Freud asoma por detrás con ese empeño por remitir todo a las geografías enigmáticas del inconsciente. Tiene sus motivos y son todos fascinantes, salvo cuando exagera, situación que el maestro vienés se encargó de señalar al decir eso que dijo del cigarro o de la pipa: que a veces eran solamente eso y nada más que eso, un cigarro o una pipa. Sucede que si Borges dijo que la metafísica es parte de la literatura fantástica, nos atreveremos a decir aquí que el psicoanálisis –al remitirlo todo a esa zona recóndita, oculta, misteriosa, que se filtra por todas partes, que nos posee, que nos envía sueños inquietantes, indeseables, que nos divide como Hyde dividía a Jekyll, que nos somete, que nos habla porque habla por nosotros un lenguaje que nos es ajeno, que es el discurso del Otro, que es nuestro ser oscuro, negado, protegido por tinieblas perpetuas que se resisten a la humillada razón, que es, en suma y para decirlo de buena vez, el inconsciente que habita en nosotros siendo todo eso que acabamos de decir que es–, el psicoanálisis, entonces, al remitirlo todo a ese escenario tenebroso, es parte de la literatura de terror, tal como el *Drácula* de Stoker o *Carmilla* de Sheridan Le Fanu o *El color que cayó del cielo* de Lovecraft o cualquiera de las vertiginosas narraciones prefreudianas de Edgar Poe, quien, sin más, inventó el psicoanálisis porque inventó la novela policial, donde, según todos saben, el asesino es siempre el inconsciente disfrazado de mayordomo o asesino serial, lo mismo da. No es casual que Slavoj Zizek se haya hecho célebre traduciendo a Lacan por medio de la cultura popular, centrada en Stephen King o en Hitchcock. Si lo hizo (si pudo hacerlo) es porque algo o mucho tienen que ver. Y tienen que ver lo que acabo de decir: si la metafísica es una rama de la literatura fantástica, el psicoanálisis es una rama de la literatura de terror. Así, nuestra lectura de los chistes post-Torres Gemelas no consistirá en remitirlos al inconsciente sino a la filosofía política, ya que nadie duda que son, en su esencia, parte de la literatura de terror, de ese insuperable terror que es la historia humana.

Primer chiste: Un niño y su padre, en el año 2031, pasean por Manhattan. El padre le dice: "Aquí estaban las Torres Gemelas". El niño pregunta: "¿Qué eran las Torres Gemelas?". El padre dice: "Unos rascacielos que destruyeron los árabes". El niño pregunta: "¿Qué eran los árabes?". Es el chiste del genocidio árabe. Dos torres por una entera civilización. El chiste adelanta la "venganza infinita" (éste debió haber sido el nombre de la campaña guerrera de Bush) que llevará adelante la CIA en Oriente. Que el niño haya olvidado qué eran unos rascacielos es grave, sobre todo porque en ellos había mucha gente que murió por las bombas del terrorismo. Que el niño no sepa qué era una civilización milenaria es mucho más grave, ya que implica la efectividad arrasadora de una venganza que la humanidad no logró impedir.

Algo más: el chiste revela y denuncia el tipo de campaña que Bush necesariamente deberá llevar a cabo en Afganistán. Los talibanes son inasibles. En una formidable película de John Milius se enfrentan dos titanes: el sheik Mulay el Raisuli y el presidente Theodore Roosevelt. Los avatares son infinitos y las interpretaciones de Sean Connery y Brian Keith, inolvidables. Pero hay algo definitivo. Se lo dice Mulay el Raisuli a Roosevelt y es también el título de esta película de 1975: *El viento y el león*. Raisuli le escribe una carta al hosco, duro presidente de la política del garrote y le dice que jamás podrá derrotarlo, detenerlo, "porque aunque usted es el león, yo soy el viento". ¿Qué otra sino la del viento es la estrategia del inhallable Osama? De este modo, el "león" Bush, buscando matar al viento, se verá condenado a arrasar con una entera civilización. Y el niño, en 2031, en Manhattan, hará su pregunta porque, antes, millones de árabes fueron aniquilados por un león que buscaba lo imposible: atrapar el viento. Del genocidio sólo un árabe saldrá vivo: Osama bin Laden. Para empezar otra vez.

Segundo chiste: Un comercial de American Airlanes. Dice: "American Airlanes, la única empresa de aviación que lo lleva directamente a su oficina". El chiste juega con dos elementos: 1) La efectividad del tecnocapitalismo. La competencia de mercado exige ofrecer cada vez más al cliente. Eso es, precisamente, competir. Así, American Airlanes habría superado a todas sus competidoras, ya que realiza la idea total del confort y la efectividad: deja al financista, al hombre de Wall Street, en su misma oficina. 2) La "efectividad" de American se ve deteriorada en un punto: lo deja en su oficina, pero muerto, porque el avión embiste la oficina del *Wall Street man*. O sea, en manos de los terroristas, la efectividad del tecnocapitalismo llega a un punto exquisito de precisión ("lo dejamos en su misma oficina"), pero al costo de una destrucción doble: la de la oficina y la del ejecutivo. "Lo dejamos en su misma oficina, pero muerto".

Tercer chiste: Es el de los superhéroes. Juega con el más genuino de los objetos de la cultura pop norteamericana: el cómic. El género que alimentó nuestra infancia, el género que deslumbró a Roy Lichtenstein, a Andy Warhol, a Oscar Masotta y los ditellianos de los sesenta. "Superman se arroja volando desde los edificios". Claro que sí: desde George Reeves (que se suicidó porque lo condenaron sólo a hacer de Superman) hasta Christopher Reeve (que vive paralizado en una silla de ruedas, curioso y trágico destino el de los Superman de la pantalla), todos hemos visto al "hombre de acero" volar desde las más altas cumbres de la ciudad de Metrópolis en busca de sus archivillanos, Lex Luthor sobre todo. Sigue el chiste: "Spiderman trepa por los edificios". Claro que sí: ese hombre que despliega sus telas adherentes vive en busca de las alturas con la pasión de la justicia, ya que el mundo, muy sencillamente, se divide entre buenos y malos y él está de parte de los buenos. Y el chiste encuentra su remate: "Musulman los atraviesa". O más exactamente (ya que los aviones no atravesaron las Torres): "Musulman los destruye". O más popularmente (ya que también se cuenta así): "Musulman los hace mierda".

La eficacia del chiste es demoledora. No sólo los norteamericanos tienen ahora superhéroes. Hubo un superhéroe que pudo más que los suyos, de aquí la tragedia de las Torres. Muchos, al ver la espectacularidad hollywoodense de los derrumbes, se preguntaron por qué no trabajó Bruce Willis en esa película de la CNN. Muy simple: el héroe de esa película de fabuloso rating no era Bruce, sino un nuevo superhéroe, Musulman, que hacía su estruendosa aparición en el mundo del cómic universal. Así las cosas, los norteamericanos eran derrotados en su propio terreno, por su propia estética, por un nuevo héroe surgido de su más genuino arte pop, el cómic, pero que ahora se rebelaba y luchaba para el enemigo. Una situación nueva, sorprendente, absolutamente inesperada. "¿Cómo?", se preguntan absortos en el Departamento de

Estado, en la CIA, en la Casa Blanca, "¿no era que los superhéroes son todos nuestros?". Ya no. Musulman (que aprendió
a volar no de Superman sino de Mulay el Raisuli, que era el
viento) es de otros. Acaso radique aquí esa insólita imagen de
fragilidad que por primera vez Estados Unidos exhibe al
mundo. Un Imperio que no tiene a todos los superhéroes de
su lado, peligra.

Conclusiones

El horizonte y el abismo

¿Cómo "concluir" un libro en el verano argentino de 2002? Pocas veces la historia se ha mostrado más vertiginosa, imprevisible. Las marchas de los piqueteros. Los cacerolazos de los caceroleros. Y las "asambleas populares", de una horizontalidad ejemplar, de un nivel de debate político y hasta político-conceptual pocas veces presenciado por estas latitudes. Todos tienen algo que decir, algo que hacer, todo se ha vuelto inminente, nadie quiere esperar, nadie tiene paciencia porque la paciencia se perdió entre las humillaciones del pasado.

Que sea arduo "concluir" este libro es una de las mejores cosas que le puede ocurrir a este país: la historia está abierta, no cerrada. Está irresuelta, en debate, en, precisamente, "asamblea". La "gente" o el "pueblo", o la "gente" que ha devenido "pueblo", o la "sociedad civil", o lo que sea, está en las calles. La Argentina hace ruido. Ha muerto una de las conquistas más grandes del neoliberalismo: la de afirmarse en medio de una historia clausurada, de un discurso único, de un significante absoluto. Se ve –en medio del fragor, de la bronca, de la *queja militante*, que no es la *queja-quejumbrosa* del *Martín Fierro* o de los tangos del treinta– la posibilidad de un horizonte. Se abrió un espacio que apunta al futuro, y se lo abrió desde la militancia barrial, fabril, callejera, desde el bochinche agresivo e impiadoso. Lo que llamo *horizonte* no es la manoseada *utopía* de los ochenta y los noventa. La utopía era una certeza cálida, mansa, desmovilizadora: existía, estaba allí, pasara lo que pasase estaría aguardando, sólo teníamos que dar los pasos necesarios para acercarnos a ella. El *horizonte* no es la *utopía*. El *horizonte* significa que la praxis de los hombres ha abierto un agujero en el muro del Poder, que siempre busca bloquear la historia, congelarla en la modalidad de la dominación. El *horizonte* no es garantista, la *utopía* sí. Nos dice: la plenitud aguarda y es inevitable, ya que el ser del hombre es la libertad y nada puede frenar que ella se realice. No: la historia humana es casi la historia del sojuzgamiento de la libertad, su rostro imposible. La historia de la tiranía. Insisto: la mayor conquista del Poder es exhibirnos que nada –salvo él– es posible. Y esa conquista requiere nuestra creencia en ella. El *horizonte* es una rajadura en el muro de lo imposible. No le cantemos cánticos, no le dediquemos poemas, ya que él no es lo fundante, no existimos porque él existe, sino que él existe porque nuestra praxis histórica lo crea. Los hombres existen para abrir huecos en la realidad, ya que la realidad (lo que existe) es el Poder, que es siempre fáctico, instituido, irrefutable. ¿Cómo atreverse a refutar la realidad? Nada más alejado de la idea del *horizonte* que esa frase de Perón (inspirada en el viejo Hegel sometido a la burocracia del Estado prusiano): "La única verdad es la realidad". Pues no: la realidad es reaccionaria, porque lo que existe es el Poder y negar el Poder es superarlo, ir más allá de él, discutirle su pretensión de ser "la realidad" y afirmar que otra realidad es posible, la nuestra, la que no nos oprime, la que no nos niega. *El horizonte es la diferencia*. Es establecer la posibilidad de la diferencia en el corazón opresivo del discurso único.[44]

44 Por decirlo todo: el horizonte es la posibilidad, pero no la promesa. La utopía es la posibilidad *más* la promesa, y la promesa, desde Santo Tomás de Aquino

Este libro se ha movido entre el abismo y el horizonte. La mayoría de sus páginas se consagran a una descripción (sarcástica, irónica, hiriente) del abismo. Pero ese tono fue deliberadamente elegido: no era la queja sino la ironía, un señalamiento constante de nuestros pavores, de ese estarnos quietos aceptando la inmoralidad, la vejación, la fiesta abyecta. Señalar incluso que inmensas capas del "pueblo argentino" fueron cómplices de la abyección, la toleraron porque recibían las migajas del banquete faraónico. Este país, este "pueblo", la "gente", reeligió a Carlos Menem. Los coches cero kilómetro, las licuadoras, los televisores –en suma, las cuotas mensuales– fueron más fuertes que la indignación. A nadie pareció conmoverle que grandes sectores del país se hundieran en la miseria sin retorno. La fiesta de "arriba" dejaba caer sus regalos y los argentimedios viajaban, importaban lo que querían, y veraneaban en ese paraíso de la mediocridad nacional: Miami. No había cacerolazos por entonces. Nunca –masivamente– la clase media concurrió a ninguna movilización por los derechos humanos. El día del indulto (un viernes, ya que se trataba de un fin de semana largo) muy pocos fueron a la Plaza histórica a protestar. Hay que decirlo: nada le roba a un argentimedio un fin de semana largo. Se montaron en los cero kilómetro de la "abundancia" menemista y se fueron en busca de las playas.

Sólo hay algo que le "roba" a un argentimedio un fin de semana largo, y es el corralito. De aquí la cautela con que no puedo dejar de mirar los movimientos de estos días. Una cosa son las asambleas populares, los piqueteros y otra son los caceroleros; o, al menos, su componente masivo. Conjeturo que no bien se resuelva la cuestión económica, la economicista

---

a nuestros días, es inmovilizadora, sedativa, enemiga de la imaginación, de la libertad y de la praxis sin las certezas metafísicas que la auténtica creatividad política requiere.

clase media guardará sus cacerolas. No todos, pero sí muchos, muchísimos. Otros acaso hayan aprendido una lección imborrable de estas jornadas de diciembre y enero: la verdadera democracia se hace abajo, se constituye en el llano, junto a los otros, cuando hacemos del problema del Otro "nuestro" problema. Habría que llevar a los argentimedios a esta honda certeza: este sistema no se hizo para salvarlos a ellos y hundir a los de los estratos más bajos. Este sistema –si arrastra a los obreros como ya casi los arrastró– los arrastrará a ellos. No hay "clase media" en el mundo de los banqueros del capitalismo financiero. No hay "país". No hay "territorio". No hay "soberanía" de ningún tipo.

La Argentina tiene sobre sí los ojos del mundo por muchos motivos. Es un ejemplo de los resultados del neoliberalismo "fondista". Desde 1976 (*dictada por el Fondo Monetario Internacional*, dice, sobre la economía de la Junta Militar, la *Carta* de Walsh) hasta este presente de escombros, este país es el perfecto ejemplo de la realización de las "recetas" del Fondo. Aquí estamos, señores. Somos el resultado de lo que han hecho de nosotros. Ustedes y –por supuesto– nuestras canallescas clases dirigentes, socias menores y serviles de sus "recetas". No en vano hoy, en la calle, en las asambleas, el pueblo grita: "¡Que se vayan todos!". Pero también somos ejemplo de otra cosa. Escribí: somos lo que han hecho de nosotros. Bien, es hora de que asumamos una de las grandes frases de Sartre (que Eduardo Grüner cita a menudo y tampoco yo puedo evitarla, acaso porque es inevitable): "Somos lo que hacemos con lo que han hecho de nosotros". Y en eso estamos. También por eso nos mira el mundo. Porque, los humillados, hemos decidido luchar por ser otra cosa. Por ser algo distinto de lo que han hecho de nosotros. Así, somos, por fin, uno de los rostros fuertes de la antiglobalización. En distintos lugares del mundo el cacerolazo se usa para protestar contra los financistas del tardocapitalismo. Y éste es el destino trascendente de las cacerolas ruidosas de nuestras luchas de hoy: no el corralito, sino el ataque a la totalidad de un sistema. Y la creación de una nueva idea del poder que subyace en la base *constituyente* de la sociedad. Porque hoy, en la Argentina, el poder del Estado de los banqueros y los políticos está constituido pero no es constituyente. El poder constituyente (el único vivo) reside en la sociedad, en su ardor deliberativo, cuestionador, insolente, en las asambleas barriales, en los piqueteros y en los caceroleros que cacerolean, no por los ahorros confiscados, sino por la desgracia de todos, que, al fin lo han descubierto, es la de ellos.

Otra vuelta de tuerca sobre la temática del horizonte. Tan poco asegurado está el contenido del horizonte (que allí espere la plenitud, la liberación, el reino de la libertad o el de los cielos) que ese contenido puede ser el del abismo, el de la destrucción. Abrir el horizonte implica abrir la posibilidad de lo diferente, no su realidad. Un mundo sin garantismos es un mundo en que la posibilidad es la única garantía. Luchamos por abrir una diferenciación en la sustancia monolítica del neoliberalismo. En el final, lejos de estar la plenitud de los ideales realizados, puede estar otra vez el abismo, ya que la historia es azarosa, afirma y niega, construye y destruye. Pensemos el mundo en el imaginario precolombino. Un mundo plano sostenido por un par de elefantes o un par de semidioses fornidos. Nos lanzamos a la mar en nuestros barcos y vemos el horizonte, pero en ese horizonte se acaba la tierra y caemos al abismo. Para los navegantes precolombinos el horizonte era el abismo. Llegar al horizonte era caer a la nada. Era morir en la modalidad de la catástrofe. Asumir esta idea es el verdadero coraje de la praxis del nuevo milenio. Todos los garantismos han muerto. Ninguna utopía se ha realizado, y buena parte de su irrealización se explica porque todas se presentaron como inevitables. El horizonte es la apoteosis de la posibilidad, no la cálida certidumbre de su feliz realización. Pero la certeza de la incertidumbre debe moldear, fortalecer la praxis histórica. Porque el horizonte existe en tanto existe la praxis. Sólo la praxis abre esa hendija en el bloque del discurso único, de la sustancia única. Y esa praxis surge de la negación. En *este* sentido recuperamos la dialéctica. No en el sentido de una necesidad interna de los hechos históricos que habrá de llevarlos a un final escrito en esos mismos hechos, en la materialidad, eso que las filosofías de la historia llamaron *teleología* y que radicó, esencialmente, en encontrarle un sentido a la historia. No hay sentido de la historia, sólo hay sentido de la praxis. Este mundo puede ir a cualquier lado y –en efecto– pareciera que va abrupta, torpemente al abismo. Pero la praxis antiutópica no necesita de garantismos metafísicos para desplegarse. Le alcanza con ser la militante negación de este presente oprobioso; esa negación resquebraja la monolitidad del sentido único y ese resquebrajamiento es la apertura de la posibilidad, su creación. Con ello habrá de alcanzarnos.

Si conservamos la noción de la negación dialéctica encarnada en la praxis, en la acción histórica de los sujetos históricos, conservaremos la denostada (sobre todo por la ratio posmoderna) idea de totalidad. Voy a un ejemplo muy concreto, un ejemplo argentino de estos días. El lunes 28 de enero los desocupados de La Matanza –los piqueteros– marcharon una vez más hacia el centro de la ciudad, reclamando ser escuchados por un Poder que no escucha. (De aquí, también, el "ruido" que esta Argentina de estos días se empeña en hacer.) Antes, en manifestaciones anteriores, los comerciantes del lugar, al verlos venir, cerraban sus negocios, temían que "la negrada" les rompiera las vidrieras. Porque, ésta era su certeza, ellos eran una cosa y "la negrada piquetera", otra. El lunes 28 ocurrió algo nuevo: los comerciantes recibieron a los piqueteros con aplausos y hasta les dieron comida, agua para refrescarlos, mate cocido, café con leche. ¿Qué hicieron? Salieron de la "fragmentación" (concepto fundante del posmarxismo, de las filosofías posrevolucionarias o, también, posmodernas) y "totalizaron". Ellos –se dijeron– no son ellos y nosotros no somos nosotros. Hay un solo "nosotros" y es el que formamos estas dos clases sociales que este sistema (que también es, y vaya si lo es, una totalidad) se empeña en aniquilar. Sólo una sensibilidad "totalizadora" le permite a la clase media (a lo mejor de la clase media) visualizar su destino unido al de los piqueteros. En resumen, la praxis política es una praxis totalizadora: 1) porque sabe que el sistema que la destruye es "totalizador"; 2) porque sabe que debe oponer una totalidad a otra; 3) porque la lucha debe ser solidaria, unir sus distintos frentes, considerar que los distintos conflictos responden a una misma opresión. El pequeño comerciante que cierra su negocio lo hace aniquilado por el mismo sistema que antes echó a la calle a sus empleados. De aquí que la lucha por la recuperación de la soberanía política sea policlasista, polipopular, polisectorial. Ahora bien, esta praxis que es negación (negación de la sustancia monolítica del significante único), que es diferencia (la negación es rebelión y la rebelión es diferencia), es, ante todo, acción. La praxis política se encarna en sujetos que actúan y que realizan en esa acción una ética de la libertad.

Uno de los textos de este libro se llama "Nos van a entretener hasta morir" (pp. 207-210) y aborda el *poder totalizador comunicacional* de America Online y Time Warner. Ahí está el sujeto dominador del cartesianismo, ahí está el nuevo Saber Absoluto. La dominación –en el tecnocapitalismo comunicacional de mercado– se apropia de las subjetividades, las coloniza, las esclaviza en el modo del entretenimiento y la sobreinformación. ¿Cómo habría de recuperarse el sujeto político? El sujeto político se recupera a través de la praxis. De la praxis de la negación y la totalización militante. El sujeto político apaga el televisor, se niega a escuchar el discurso colonizador del Saber Absoluto y dice "No". Aquí se abre el horizonte, ya que aquí nace la posibilidad. La posibilidad surge de la negación del significante único. Y la única posibilidad cierta de la praxis es la de totalizar: mi desdicha no es sólo mi desdicha, ni la mía ni la de mi clase social o grupo de pertenencia. Lo "sectorial" es reaccionario. Reacciona, no ante un orden necesariamente progresivo-dialéctico de la historia, sino ante mi situación de hoy, ante este vejamen, ante esta expoliación que debe terminar, a la que debo oponerme, porque, oponiéndome, oponiéndome yo y mi clase y los otros de las otras clases, recuperamos nuestra condición de sujetos libres.

Algunas de estas cuestiones pueden encontrarse en ciertos filósofos cercanos a nosotros. Creo que el tema que debemos abordar es el de la ética política, que contiene, claro, al de la praxis. Foucault, a partir de sus escritos y cursos de inicios de los años ochenta, lleva al terreno del pensamiento un tema tan unívocamente ético como el de la amistad. Acaso se trata del "último Foucault" y uno de sus exégetas argentinos lo describe así: "La filosofía entendida como *ethos* demanda ocuparse de la cuestión de la ética para responder críticamente a la situación actual. Foucault considera que el problema actual de la filosofía no es tanto conocer lo que somos sino *rechazar* lo que somos; es decir, el problema es imaginar y tratar de construir lo que podríamos llegar a ser. Habría, por ende, que promover *nuevas formas de subjetividad*" (Esther Díaz, *La filosofía de Michel Foucault*, Biblos, p. 155). Estas *nuevas formas* implican lazos (amistades relacionales, ¿o no somos *amigos* quienes vamos a una asamblea popular a negar las políticas del Fondo Monetario o de la globalización mercadista?) que crean subjetividades libres; libres, ante todo, del significante único del capitalismo comunicacional que nos quiere en tanto consumidores solitarios de imágenes predeterminadas.[45]

Otros dos filósofos que se acercan a nuestras temáticas actuales (y a los que no será tan "sorprendente" relacionar) son los italianos Toni Negri y Paolo Virno. Negri toma como punto de partida a Spinoza, con lo cual obedece un viejo mandato de Hegel: "Ser spinozista es el punto de partida esencial de toda filosofía" (*Lecciones sobre la historia de la filosofía*, tomo III). A Negri le interesa, en Spinoza, la concepción de la sustancia en tanto acto. Ser es actuar, el ser es la potencia de actuar. Así, la democracia, si es el poder del pueblo, lo será, no por los representantes institucionales de ese "pueblo", sino por la potencia de él mismo. El verdadero *poder constituyente* de una sociedad es el que el pueblo genera a partir de sí.[46] De este

---

45 Como vemos, en este exacto punto podemos remitirnos a dos grandes filósofos que colisionaron en vida y que nada nos impide, hoy, relacionar en las búsquedas de estos días: Foucault y Sartre. No costará mucho unir al Foucault que reclama –como problema actual de la filosofía– rechazar lo que somos y construir lo que podríamos llegar a ser con el Sartre que dice que habremos de ser lo que hagamos con aquello que hicieron de nosotros. Incluso, en el *prólogo* al libro de Frantz Fanon, Sartre expresa el concepto de modo más abiertamente dialéctico y esta dialéctica lo acerca a la expresión de Foucault: "No nos convertimos en lo que somos sino mediante la negación íntima y radical de lo que han hecho de nosotros". Esta *negación* que propone Sartre se hermana con la propuesta foucaultiana de *rechazar lo que somos*. El origen de la praxis política, su condición de posibilidad, es ése: "Ustedes hicieron esto de nosotros, pero nosotros –que ahora lo sabemos– haremos otra cosa y esa cosa será la negación de lo que ustedes hicieron; esta negación es, a la vez, afirmación, construcción, ya que se trata de construir lo que habremos de llegar a ser. Para ello, habremos de erradicar el 'sujeto pasivo y consumidor de información' que ustedes constituyeron y construiremos nuevas formas de subjetividad". Vemos, así, que la recomposición de la subjetividad, la conquista de un sujeto crítico que se oponga al sujeto absoluto del saber tecnocapitalista comunicacional es una gran tarea que la filosofía y la política deben emprender conjuntamente. Volveremos sobre estos temas en una próxima obra.

46 Para eludir las connotaciones hegelianas del concepto de pueblo (*Volk*) Negri instrumenta el concepto de "multitud", que, y aquí es Paolo Virno el que desarrolla esta idea, se opone a la obediencia y se inclina en favor de aquellas formas de

modo, para el spinociano Toni Negri la democracia consistiría en la "potencia de la multitud".⁴⁷ Esa "potencia", sea de la "multitud" o del "pueblo", proviene de grupos que hemos llamado a lo largo de los años "clases", "bases sociales", "poder popular", "organizaciones territoriales".⁴⁸ Aquí, además, es importante el debate alrededor del pasaje del concepto de "pueblo" al de "gente" y si las "asambles populares" están dejando de lado a "la gente", esa entidad electoral, pasiva, economicista, siempre sumisa a las "cómodas cuotas mensuales".

Las asambleas son la respuesta al poder constituyente de la miseria planificada. A ese poder constituyente se opone otro: el de la asamblea, que es el poder constituyente de la verdadera democracia. ¿Por qué? Porque *ahí* vive, respira, se

---

la democracia que no son representativas. Las "asambleas populares" que han surgido durante estos días en Argentina colmarían este ideal de Negri y Virno de "multitud" en tanto se afirman al margen de todo lazo institucional y en contradicción beligerante con él. Sin embargo, el concepto de "multitud" tiene muy mala historia entre nosotros y –conjeturo– si alguien se acercara a esas asambleas a decirles que son una multitud quedaría mal parado o, sin más, maltrecho, ya que es la ratio policíaca la que buscará demostrar que se trata de multitudes –que son, por estos lados, siempre "subversivas"– y así poder reprimirlas. Hay, aparte, entre nosotros, un libro de José María Ramos Mejía, muy instrumentado por el poder educacional, que se llama *Las multitudes argentinas* y es un arrebato racista-positivista ilevantable. Todo filósofo crea nuevos conceptos –recordemos: Borges solía decir que Heidegger meramente había inventado un "dialecto del alemán"– pero no todos esos conceptos son exportables. En un reportaje en *Clarín*, la periodista Flavia Costa, muy sensatamente, le dice a Virno que su concepto de "éxodo" ha de ser muy importante pero que "hoy esa palabra tiene para nosotros un sentido muy especial: gran cantidad de argentinos se va del país, y aun los inmigrantes de países limítrofes están volviendo a sus tierras" (*Clarín*, "Cultura y nación", 29/1/2002).

47 Cfr. Antonio Negri, *La anomalía salvaje. Ensayo sobre poder y potencia en Baruch Spinoza*, Anthropos, 1993; y Dardo Scavino, *La filosofía actual, pensar sin certezas*, Paidós, 1999.

48 Recordar, en "Siempre el establishment", la obsesividad del general Viola por explicar a los empresarios la "organización territorial de la subversión" o las "organizaciones de superficie" (pp. 203-204, en este mismo volumen).

ejerce la democracia. En esa potencia reside, en la potencia del pueblo deliberativo, cuestionador, asambleísta, que se constituye por fuera del Poder, que rechaza por completo la política tradicional que ha arruinado el país; de aquí el "Que se vayan todos", que, presumo, no debe ser entendido como una invitación a la anarquía sino como una despedida a los políticos en tanto figuras de representación. *Que se vayan todos quiere decir: ya no nos representan.* Y si ya no nos representan es porque ahora nos representamos nosotros. Me inclino a interpretar la potencia de estos agentes práctico-sociales, no en términos de "multitud", sino por medio de esa creación de nuevas subjetividades que reclamaba Foucault, de esa negación íntima que postulaba Sartre, porque –a través del saludable estruendo argentino de hoy– acaso esté asomando una nueva subjetividad, un nuevo sujeto crítico, un nuevo rostro de la rebelión.